高考蓝皮书
BLUE BOOK OF NCEE

高考评价体系解读

(2025)

INTERPRETATION OF COLLEGE
ENTRANCE EXAMINATION ASSESSMENT SYSTEM (2025)

《高考研究报告》编委会/编

《高考研究报告》编委会是高考蓝皮书《高考研究报告》的学术研究机构,《高考研究报告》是新华出版社出版的独立学术研究成果,自 2019 年以来已连续出版 7 版。该研究由国内多所大学及研究机构的高考政策研究专家共同创作,聚焦高考关键能力和学科素养,系统研究高考政策、高考改革与国家人才培养战略转型,全面总结高考综合改革实践成效。

新 华 出 版 社

图书在版编目（CIP）数据

高考评价体系解读. 2025 /《高考研究报告》编委会编.
-- 北京 : 新华出版社, 2024. 8
ISBN 978-7-5166-7537-3

Ⅰ. G632.474

中国国家版本馆CIP数据核字第2024S273B1号

高考评价体系解读. 2025
编者：《高考研究报告》编委会
出版发行：新华出版社
（北京石景山区京原路8号　邮编：100040）
印　　刷：北京联兴盛业印刷股份有限公司

成品尺寸：210mm × 297mm　1/16
印张：18.5　**字数：**437千字
版次：2024年9月第1版
印次：2024年9月第1次印刷
书号：ISBN　978-7-5166-7537-3
定价：65.00元

目　录

高考评价体系理论与实践

摘要:高考评价体系依据高校人才选拔要求和国家课程标准,落实立德树人根本任务,从服务高校人才选拔、服务引导高中教学、服务拔尖创新人才培养出发进行顶层设计,构建全面考查内容体系,是高考命题和高考评价的实践指南。高考评价体系在考查内容上实现了高考由传统的“知识立意”“能力立意”向“价值引领、素养导向、能力为重、知识为基”四维考查的转变,在考查模式上实现了由传统“考查内容”单一模式向“考查内容、考查要求、考查载体”三位一体模式的转变。准确区分“必备知识、关键能力、核心价值、学科素养”的概念边界和逻辑关系是理解和实践高考评价体系的基础前提,“核心价值金线、能力素养银线、情境载体串联线”是认识和把握高考评价体系的特定视角,“无价值,不入题;无思维,不命题;无情境,不成题;无任务,不立题”是践行高考评价体系的有效途径,信息获取与加工、逻辑推理与论证、科学探究与思维建模、批判性思维与创新思维、语言组织与表达是高考重点考查的关键能力。坚持学科素养导向、重点考查关键能力、积极引导高中教学、助力拔尖创新人才培养是高考评价体系指导下高考命题的基本要求。全面把握高考评价体系的总体特征,深入理解高考的核心功能,准确认识高考的考查内容和考查要求,恰当使用和实践高考评价体系,实现高中教育理念和课堂教学行为的转变,是广大教育工作者和一线师生应对高考综合改革的方法路径。

关键词:高考评价体系;核心价值;学科素养;关键能力;情境载体

2020年1月,教育部教育考试院正式发布《中国高考评价体系》,明确了高考的核心功能、考查内容、考查要求和考查载体,这是中国考试战线推动高考命题标准化、科学化,实现考试现代化的里程碑式举措,在考试内容创新、学科测量变革、人才培养转型、引导基础教育改革等方面产生了深远影响。高考评价体系是深化新时代高考内容改革的基础工程、理论支撑和实践指南。全面把握高考评价体系的总体特征,深入理解高考的功能、准确把握高考考查内容和考查要求,恰当使用和切实实践高考评价体系,转变教育理念和改变课堂教学行为,是广大教育工作者和一线师生应对高考综合改革的方法路径。

高考评价体系内容主要由“一核”“四层”“四翼”三部分组成。其中,“一核”为考查目的,即“立德树人、服务选才、引导教学”,是对高考核心功能的概括,回答“为什么考”的问题;“四层”为考查内容,即“核心价值、学科素养、关键能力、必备知识”,是对高考内容的提炼,回答“考什么”的问题;“四翼”为考查要求,即“基础性、综合性、应用性、创新性”,是对高考考查形式的说明,回答“怎么考”的问题。在此基础上,高考评价体系还包括考查载体,即实现考查内容和考查要求的试题情境,也即以情境为载体来承载考查内容,实现考查要求。

高考评价体系是指导全国和各省命题工作的标准测评体系与核心依据,是全国所有师生都应该重视的核心文本与指导性文件。为更好理解和把握高考评价体系,可以从“一个坚持、两个转变、三条主线、四项原则、五大能力”来对高考评价体系进行分析。其中,“一个坚持”是指落实立德树人根本任务,坚持创新人才培养在我国教育改革事业全局中的核心地位,这是我们理解和把握本轮高考综合改革的核心要旨,高考改革的全部内容和工作均围绕这“一个坚持”展开。“两个转变”是指高考命题要实现从“解答题目”向“解决问题”转变,实现从“考知识”向“考能力素养”转变,这是高考内容改革的根本转向。“三条主线”是指高考命题将紧扣“核心价值金线”“能力素养银线”“情境载体串联线”三条主线展开,坚持正确导向和育人导向,重点考查学科素养和关键能力,加强情境创设,进一步增强试题的开放性、创新性和探究性,助力我国拔尖创新人才培养和人才自主培养质量提升。“四项原则”是指高考命题呈现出典型的“无价值、不入题;无思维、不命题;无情境、不成题;无任务、不立题”这四个特征,同时也是近年来高考命题遵循的一般性原则。“五大能力”是指高考着重考查的五项关键能力,包括但不限于信息获取与加工、逻辑推理与论证、科学探究与思维建模、批判性思维与创新思维、语言组织与表达。

高考评价体系的内在逻辑和总体特征可以从“核心价值金线”“能力素养银线”和“情境载体串联线”三条线索进行理解和把握,其中“核心价值金线”贯穿高考命题和评价的始终,“能力素养银线”成为高考命题和考查的重心,情境作为考查载体,是“金线”和“银线”的串联线。纵观近几年的高考试题,不论是全国统一命制的试卷,还是分省命制的试卷,均呈现出“无价值,不入题;无思维,不命题;无任务,不立题;无情境,不成题”的典型特征,是高考评价体系在高考命题实践中的具体表现。

第一,“核心价值金线”是指围绕立德树人来考查学生的政治立场、思维观念、理想信念、道德品质以及世界观和方法论。高考试题命制将全面贯彻党的教育方针,充分发挥高考育人功能,落实立德树人根本任务,有机融入习近平新时代中国特色社会主义思想,加大对理想信念、爱国主义、品德修养、知识见识、奋斗精神、综合素质等内容在考试中的考查力度,引导学生培育和践行社会主义核心价值观。弘扬中华优秀传统文化、革命文化和社会主义先进文化,树立正确的国家观、历史观、民族观、文化观,切实增强中国特色社会主义道路自信、理论自信、制度自信、文化自信。坚持科学与理性,激发追求真理、敢于探究、勇于创新的科学精神,大力弘扬理性信念、实证精神和批判态度的价值观念。高考命题将紧扣“核心价值金线”,始终坚持正确的政治方向和价值取向,不断强化育人功能和积极导向作用。与此同时,重大社会现实问题、关键历史事件与科技前沿等,也是近年来高考命题中选题和取材的主要来源,引导学生密切关注重大社会现实问题和关键历史事件,从而提高学生的政治站位、思想立场与理想信念。“无价值,不入题”已成为近年来高考内容改革的一个鲜明特征。

第二,“能力素养银线”主要考查学生学习掌握、实践探索以及思维方法等方面的能力。高考评价体系综合统筹知识、能力、素养的关系,将高考考查内容凝练为核心价值、学科素养、关键能力、必备知识四个层面,在必备知识的基础上,加大力度考查学生的学科素养和关键能力。以课程标准和高考评价体系为指导,各学科在命制试题时,结合学科特点,以学生在解决学科问题中所要运用的关键能力为依据,着重考查学生信息获取与加工、逻辑推理与论证、科学探究与思维建模、批判性思维与创新思维、语言组织与表达能力,同时还考查学生证据识别与证据质量评估的能力,考查学生独立思考、挖掘隐含前提与开放论证的能力,考查学生语言建构与运用、审美鉴赏与创造、文化交流与文明互鉴的能力,考查学生发现问题、提出问题、分析问题与解决问题的能力等。近几年,高考试题进一步加大对学生思维品质与思维过程的考查力度,包括但不限于形象思维能力、抽象思维能力、归纳思维能力、演绎思维能力、批判性思维能力以及辩证思维能力等。将学科素养、关键能力以及思维品质贯彻到高考命题中进行考查,是高考评价体系指导下高考命题的重要特征,中国高考命题进入了“无思维,不命题”的新时期。

第三,“情境载体串联线”是指通过设计生活实践情境和学习探索情境,将其作为任务创设和基本知识能力运用考查的载体,实现对学生学科基本概念、原理、技能和思维方法的考查,着重考查学生运用所学知识、原理和思维发现问题、提出问题、分析问题和解决现实问题的能力,通过合理创设情境,设置新颖的试题呈现方式和设问方式,促使学生主动思考,发现新问题、进行新解释、找到新规律、得出新结论。高考评价体系中的“四层”考查内容和“四翼”考查要求,是通过“生活实践情境”与“学习探索情境”两类载体来实现的,即通过选取适宜的素材,再现学科理论产生的场景或是呈现现实中的问题情境,让学生在真实的问题情境下发挥核心价值的引领作用,运用必备知识和关键能力去解决实际问题,全面综合展现学科素养水平。从近年来的高考试题来看,情境类型可以进一步细分为:重大现实问题与关键历史事件情境,生产生活实践与经济社会发展情境,科学探究、实验探索与科学前沿情境,文化传统与学科史料情境等。不同学科的情境也要结合学科属性来进行界定,例如化学科试题情境主要包括日常生活情境、生产环保情境、学术探索情境、实验探究情境和化学史料情境等,英语科的考查情境包括人与自我、人与社会和人与自然等。高考评价体系要求高考全面落实情境式命题,材料丰富,情境多元,加强情境的新颖性、灵活性、探究性和开放性。高考命题呈现出“无情境,不成题”的新特征。

第四,“问题导向,任务驱动”。提问是学生思维发展的起点,问题是激发学生思维提升的源泉,提出一个问题往往比解决一个问题更重要。如何让学生具有敏锐的问题意识和宽广的问题视野,是培养卓越创新人才的关键。在高考命题中主要表现为加大科学实验的考查比重,以实际问题为测试任务,引导学生运用已有知识经验,重构知识系统,分析实验提出的问题,并找到解决问题的方案。学科素养是在一个又一个的真实情境中通过完成特定的学科任务而展现出来或生成的综合品质。课程标准在高考命题建议中强调,要“设计典型任务”,要“以情境任务作为试题的主要载体”“以综合考查作为命题导向”。高考命题的“素养本位”就是通过特定的情境创设,考查学生调动、运用必备知识与关键能力、思维方法与思维品质、情感态度与价值观高质量完成特定学科任务的综合表现。因此,如果缺乏特定的学科任务设定,高考便很难有效考查学生的学科素养。以问题为导向、以具体任务为驱动进而考查学生综合品质或学科素养是本轮高考命题改革的重要方向。近年来的高考命题,尤其是那些具有高区分度的试题,就充分体现了“问题导向、任务驱动”的命题理念。以解决实际问题和学科任务为考查目标的试题命制,真实反映学生在现实场景中所面临的任务与要求,要求学生运用所学知识、调动关键能力,寻找解决问题的方案,培养学生的实际应用能力、跨学科思维与综合运用能力。为了更好地实现高考的选拔功能,任务驱动型的试题将得到越来越多的重视,高考命题呈现出“无任务,不立题”的新趋势。

制订高考评价体系,深化考试内容和招生制度改革,就是要落实立德树人根本任务,服务高校人才选拔,服务引导高中教学,服务我国拔尖创新人才培养,进一步突出关键能力、学科素养和思维品质的考查要求,加强科学精神、创新能力、批判性思维的培养培育,构建引导学生德智体美劳全面发展和拔尖创新人才培养的招生考试制度,为全面建设社会主义现代化国家新征程注入最强大的人才动力与支撑。

第一节 “知识、能力、价值、素养”概念界定

高考评价体系规定了“四层”是高考的考查内容,即核心价值、学科素养、关键能力、必备知识,回答“考什么”的问题。“四层”成为新时代高考考查的主要内容,准确认识和区分核心价值、学科素养、关键能力和必备知识这四者的概念边界和特定指向是我们课堂教学和学习备考的前提。在一线教学实践中,不少师生对“四层”的内在逻辑关联和概念边界尚缺乏清晰的认识,导致的结果要么是将四者混为一谈或交叉使用,要么是进退失据无所适从,这给一线的课堂教学、高考备考以及人才培养转型造成了一定的障碍。

课程标准是高考命题的主要依据,高考评价体系是高考命题的实践指南。课程标准明确提出了“学科素养本位”,高考评价体系指出在“四层”构建中,“核心价值”起到方向引领作用,“学科素养”承接核心价值的方向引领,统摄关键能力与必备知识。“学科素养”在知识、能力、价值、素养这四者中起着统摄作用,是厘定这四者概念边界和逻辑关联的重要入口。

鉴于此,我们从“学科素养”这一核心概念切入来探讨知识、能力、价值和素养的关系。课程标准指出,“学科素养”是学科育人价值的集中体现,是学生通过学科学习而逐步形成的正确价值观、必备品格和关键能力。高考评价体系指出,“学科素养”是指即将进入高校的学习者在面对生活实践或学习探索情境时,能够在正确的思维价值观念指导下,合理运用科学的思维方法,有效整合学科相关知识,运用学科相关能力,高质量地认识问题、分析问题、解决问题的综合品质。通过对课程标准和高考评价体系分别给出的“学科素养”概念的剖析,我们不难得出以下结论:第一,学科素养是一个上位概念,包括了核心价值、必备知识和关键能力三个要素;第二,学科素养是一种综合品质,它是在认识问题、分析问题和解决问题的过程中生成的;第三,学科素养不是知识、能力、价值的简单相加,也不是一种静态的知识或能力,而是一个动态的综合和生成过程。

基于上述分析,我们可以得出初步的判断,“学科素养”是在真实情境中高质量完成特定学科任务所需要的必备知识、关键能力、核心价值等各种素质要素的综合性素质结构,表现出“综合性”“生成性”和“不可直接观测性”三个典型特征。“综合性”是指学科素养是多种素质要素(知识、能力、价值)的内在综合,它不是简单的拼凑或相加,是学生在正确的价值观指导下,调动、整合和运用所学知识和关键能力提出问题、分析问题和解决问题的综合表现。“生成性”是指学科素养不是一种静态的、既定的结构或品质,而是在完成特定学科任务中动态生成和演化

的。“不可直接观测性”是指学科素养作为一种综合生成的内在品质和素质，很难或不能被直接观测与衡量，它只能通过学生在处理特定学科任务时所展现出来的“关键行为表现”得到观测或衡量。

学科素养的概念界定和厘清虽然解释了学科素养的本质属性和基本构成要素，即学科素养由必备知识、关键能力和核心价值构成，其中核心价值起到方向引领作用，关键能力是支撑和体现学科素养要求的能力表征，必备知识是培养能力、达成素养的基础，但上述概念的界定并非操作性定义，在实际测评中依然难以操作或评估，因此，在测评实践中必须对学科素养进行操作化处理。所谓操作化处理，就是将学科素养通过科学有效的手段转化为可测量、可评估的行为变量或关键行为表现。

学科素养是在一个又一个真实情境中通过完成学科任务而展现出来或生成的综合品质，人们不能或很难直接观测到，尤其是在纸笔测试中，能够直接客观科学观测和衡量的是学生在处理特定学科任务时所展示出来的“关键行为表现”。高考命题的“素养导向”就是通过特定的情境创设，考查学生调动、运用必备知识与关键能力、思维方法与思维品质、情感态度与价值观，高质量地完成特定的学科任务的综合表现，而必备知识、关键能力和核心价值运用过程中可以被观测到的关键行为表现就成为学科素养操作化处理的关键抓手和主要依据。即高考在纸笔测试中最有效的学科素养测量手段可能在于考查学生如何调动、整合和运用必备知识、关键能力与核心价值完成特定学科任务的综合表现。

我们通过下图对必备知识、关键能力、核心价值和学科素养的概念边界和逻辑关联做进一步分析。

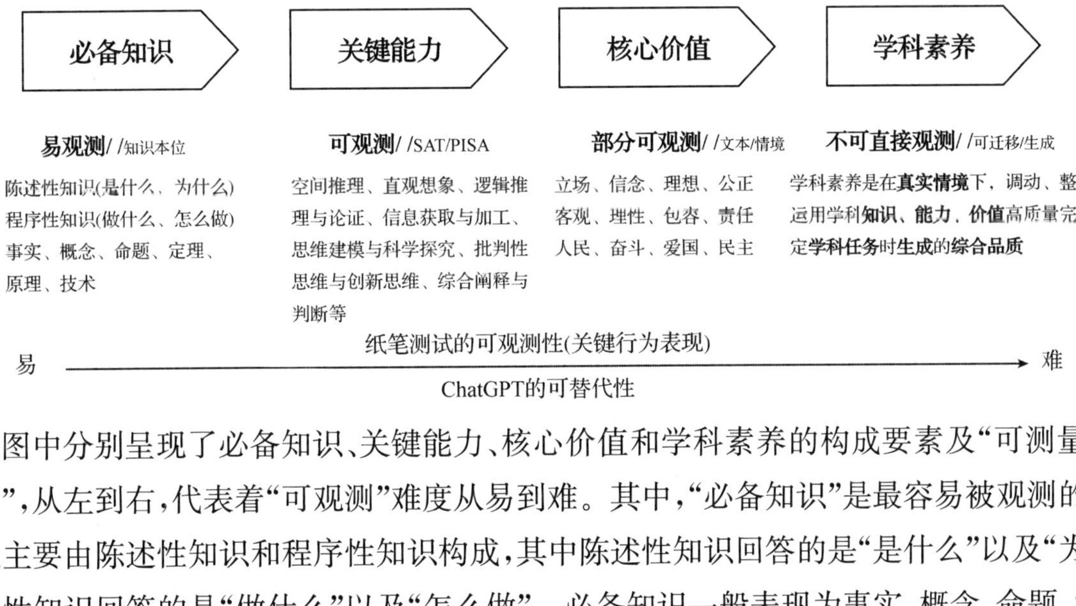

图中分别呈现了必备知识、关键能力、核心价值和学科素养的构成要素及“可测量的难易程度”，从左到右，代表着“可观测”难度从易到难。其中，“必备知识”是最容易被观测的。必备知识主要由陈述性知识和程序性知识构成，其中陈述性知识回答的是“是什么”以及“为什么”，程序性知识回答的是“做什么”以及“怎么做”。必备知识一般表现为事实、概念、命题、定理、原理、技术等基本知识，如数学公式、辩证法原理、历史事实，等等。“关键能力”属于可观测类型，国际上很多选拔性或评价性考试如SAT(美国高中毕业生学术能力水平考试)、PISA(国际学生评估项目)等主要考查的就是关键能力。关键能力能够通过客观科学的测量技术和手段进行观测，且有着相对成熟的测量技术和经验，主要包括空间推理、直观想象、逻辑推理与论证、信息获取与加工、思维建模与科学探究、批判性思维与创新思维、综合阐释与判断等。“核心价值”属于部分可观测类型,核心价值具有很强的主观性,是在各学科中起着价值引领作用的思想观念体系,是在面对现实问题情境时表现出的情感态度和价值观,包括但不限于理想信念、价值立场、爱国主义、以人民为中心的发展思想、法治意识、品德修养、奋斗精神、责任担当、科学理性等。核心价值是可以通过特定的技术手段来进行观测的。在高考试题中,通过特定的价值观情境或学科任务创设,引导正确价值观的培养培育。“学科素养”属于不能或很难被直接观测的类型,正如前文反复论证的,学科素养是在一个又一个真实情境中通过完成学科任务而展现出来或生成的综合品质,人们不能或很难直接观测到,尤其是在纸笔测试中,能够直接客观科学观测和衡量的是学生在处理特定学科任务时所展示出来的“关键行为表现”,高考在纸笔测试中最有效的学科素养测量手段可能在于考查学生如何调动、整合和运用必备知识、关键能力与核心价值完成特定学科任务的综合表现。

基于学科素养概念的界定,上面对必备知识、关键能力、核心价值和学科素养的概念边界和逻辑关联进行了讨论。基于以上讨论,作以下几点判断。

第一,课程标准和高考评价体系标志着评价标准实现由“学科知识本位”向“学科素养本位”的转变,是人才培养和考试内容改革的根本性变革,意味着传统的以知识点的多少(考试大纲)和知识掌握的深浅程度(布鲁姆的识记、理解、应用、分析、综合、评价)不再是高考的主要评价标准,新高考主要考查学生调动、整合和运用必备知识、关键能力和核心价值等素质要素高质量完成特定学科任务的综合品质,也即坚持学科素养导向。

第二,高考命题素养本位就是通过特定情境创设,考查学生调动、运用必备知识、关键能力和核心价值完成特定学科任务的综合表现,学科素养本身很难被直接观测,往往只能通过观测完成特定学科任务过程中的知识、能力和价值的关键行为表现来进行考查。“问题导向,任务驱动”成为高考命题改革的重要方向,鉴于此,我们提出了“无任务,不立题”的主张。需要指出的是,不少人可能较难对情境和任务进行区分,但这两者的指代和侧重是不同的。举例来说,在某一个实验中,情境指的是科学实验的条件(由参数、图表、数据、仪器等构成),学科任务是达成实验目标(如通过实验研制出某种新的合成物)。

第三,学科素养不是必备知识、关键能力和核心价值的简单相加,量的积累并不必然带来质的飞跃。大量的、零散的知识或单一的能力都无法有效转化为学科素养,这也就意味着传统应试教育的以量取胜、死记硬背、“机械刷题”在面对新高考时将逐步失效。

第四,关键能力是生成学科素养不可或缺的条件或前提,脱离关键能力谈学科素养有如缘木求鱼,这也意味着关键能力成为教与学以及高考命题考查的重点。学科素养的培养以及素养本位的考查离不开必备知识。脱离必备知识谈学科素养同样是无源之水,学生只有具备系统化、结构化学科知识,才能具备解决学科任务的基础。一线师生要避免从一个极端(知识唯一论)走入另一个极端(知识无用论)。

第五,知识、能力、价值和素养这四者相互关联、内在统一。任何将这四者割裂开来,或者将知识视为能力和素养的对立面,认为积累知识和培养能力是相冲突的,或者站在素养的角度认为能力和知识是过时或无用的,这些看法都是错误且有害的。

在重视考查“思维品质”的命题理念下,题目设计追求引导学生进行深入的思考和分析,关注学生的思考过程和思维能力的发展，考查他们的分析能力、推理能力、创新思维和解决问题的能力，评价更注重学生的思考深度、合理性、逻辑性和创造性，学生需要提供论证过程、逻辑推理和有理有据的观点，以及创新解决问题的思路，才能获得高分。为实现“核心价值、学科素养、关键能力、必备知识”考查的内在统一，高考试题呈现出了以下几个发展趋势。其一，增加综合性试题设计，综合性试题将多个学科知识领域或多个能力要求结合在一起，要求学生综合运用各种知识和能力来解决问题。其二，突出思维品质的考查，需要学生能够灵活运用所学的知识，提出合理的观点、论证过程以及解决方案。其三，强化知识与实践结合，高考试题可以要求学生将所学的知识应用到实际情境中，解决实际问题。这样的试题考查学生能否将知识转化为实践能力，通过运用知识解决现实问题，体现必备知识与关键能力的有机统一。其四，加强学科交叉融合，这类试题要求学生将不同学科的知识和技能相结合，同时发挥各个学科的特长，展示学科间的关键能力的有机统一。其五，进一步增加试题开放性，开放性问题没有固定答案，鼓励学生主动探索、提出自己的观点和解决方案，展现自己的批判性思维和创造性能力。

第二节　“核心价值金线”贯穿命题始终

《中国高考评价体系》最显著的特征是体现时代性、突出方向性，创造性地将立德树人的育人根本任务贯穿考试过程。高考评价体系指导下的命题工作，就是要将落实立德树人根本任务的要求融入考试的各个环节。各学科制定的命题指南，要根据各自的学科特点，确定与学科相适应的核心价值的具体内容，确保将核心价值的考查落实到每个学科中。加强对习近平新时代中国特色社会主义思想的考查，加强对理想信念、爱国主义、以人民为中心的发展思想、法治意识、思想品德、奋斗精神、责任担当、体美劳等的考查，加强对中华优秀传统文化、革命文化和社会主义先进文化的考查，根本目的是通过考试的导向作用，促使基础教育在教与学的实践中落实立德树人根本任务，使高考评价与基础教育教学一起形成德育合力，不断提高学生思想水平、政治觉悟、道德品质、文化修养。从近三年的高考试题来看，主要体现在以下方面。

理想信念与责任担当。深刻把握习近平新时代中国特色社会主义思想的精神实质与丰富内涵，系统阐释其科学性、有效性和重大实践意义，理解社会主义制度的优越性，增强中国特色社会主义道路自信、理论自信、制度自信、文化自信，立志肩负起实现中华民族伟大复兴中国梦的时代重任。重视时代重大现实问题和社会热点话题，特别是要紧扣中华民族的伟大复兴重大课题，深入认识中国共产党改变中国社会的丰功伟绩，准确理解和认识中国共产党的重大成就和历史经验、社会主义新中国的巨大成就等，鼓励青年追求伟大理想，坚定理想信念，以民族振兴激励青年担当作为。

爱国主义与奋斗精神。关注我国经济社会发展取得的伟大成就，关注科技前沿与创新，重视我国科技领域取得的最新成就，引导学生厚植爱国主义情怀，增强道路自信，激发民族自豪感与奋斗精神。近年来，我国在航天工程、空间站建设、探月工程、量子计算、太阳能燃料合成、碳中和等科技领域取得显著成效，在脱贫攻坚、全面建成小康社会、生态文明建设等方面取得举世瞩目的成就，高考围绕我国经济社会伟大成就、重大科技前沿和我国最新科技成就设题，鼓励学生拓宽学术视野，重视学术前沿，关注国家经济社会成就与科技进步，以科学创新引导青年创造未来，培养奋斗精神，增强道路自信与民族自豪感。

文化传承创新与文化自信。弘扬中华优秀传统文化、继承革命文化、发展社会主义先进文化，进一步增强文化自信是高考核心价值考查的重要主题。中华文化贯通古今，既承载历史、传承历史，又连接现实、服务现实、开拓未来。高考命题加强对中华优秀传统文化的挖掘和阐发，推动中华优秀传统文化创造性转化、创新性发展。中国古代仁人志士保家卫国、奋发有为、忧国忧民、敢于担当、经时济世、执着坚毅的情怀是当代青年的榜样，与此同时，中华传统的忠恕之道、友爱精神、民本思想、和而不同、美美与共等也为今天的社会发展提供精神滋养，中国古代在数学、科技领域的巨大成就以及传统技艺也将是重要的设题背景。与此同时，试题融入革命文化和社会主义先进文化，深耕红色文化，彰显榜样力量，引导学生铭记革命光辉历史，感受党的初心使命，走好新时代长征路，引导学生领悟“人民是历史的创造者、人民是真正的英雄”这一以人民为中心的发展思想真谛。

正确的世界观和方法论。坚持辩证唯物主义与历史唯物主义，坚持无神论，反对唯心主义与历史虚无主义。坚持一切从实际出发，实事求是，尊重客观规律，追求和传播真理。坚持理论联系实际，在实践中检验真理、修正错误。能够运用历史唯物主义的观点、方法观察分析社会历史现象，正确认识社会发展规律，顺应改革发展潮流。坚持唯物辩证法，反对形而上学，坚持用联系、发展、矛盾的观点观察和分析问题，善于透过现象看本质。坚持以人民为中心，理解人民群众是历史的创造者，是决定党和国家前途命运的根本力量；牢固树立人民群众是历史的创造者，是决定党和国家前途命运的根本力量，坚持人民史观，坚持以人民为中心，树立为人民服务的思想，立志扎根人民、奉献祖国。

科学理性精神。科学理性精神是一种追求真理、勇于探索、不断学习和实践的态度，强调通过观察、实验、理论推断来更好地认识世界。科学理性精神强调实践操作和实际问题的解决。弘扬科学理性精神，就是倡导以不断学习、探索未知的勇气和决心，不断突破固有的认知界限。科学理性精神包括质疑精神、实证精神、求实精神、求真精神、探索精神、进取精神与创新精神等。

深化体美劳教育考查，引导学生全面发展。美育引导学生形成正确的审美观，提高审美情趣，涵育审美修养，养成感受美、鉴赏美、创造美的能力。体育锻炼和增强体质既与身体强弱直接相关，更是健全人格、锤炼意志不可或缺的重要手段。劳动是个人安身立命、社会经济发展之本，引导学生崇尚劳动、尊重劳动、热爱劳动，认同劳动最光荣、劳动最崇高、劳动最伟大、劳动最美丽的观念，坚持通过辛勤劳动、诚实劳动、创造性劳动实现人生价值。高考命题通过相关的情境创设、特定文本和主题的选择，考查学生的体育、美育和劳动教育。

高考命题中对立德树人的考查，在内容上主要表现为核心价值观，具体说来，核心价值主要包含“政治立场和思想观念、世界观和方法论、道德品质和综合素质”3 个一级指标和 10 个二级指标。核心价值是对语文、数学、英语、物理、化学、生物、政治、历史、地理九大学科的共性要求，是需要着力实现的考查目标。核心价值指标体系如表 1 所示。

表1　核心价值指标体系

一级指标	二级指标	指标内涵
政治立场和思想观念	理想信念	学习领会马克思主义，特别是习近平新时代中国特色社会主义思想。树立共产主义远大理想和中国特色社会主义共同理想，增强中国特色社会主义道路自信、理论自信、制度自信、文化自信，立志肩负起实现中华民族伟大复兴中国梦的时代重任
	爱国主义情怀	热爱和拥护中国共产党。认同中华人民共和国，认同中华民族，厚植爱国主义情怀，自觉维护民族团结和国家统一，维护国家尊严与利益。认同中华文化，弘扬中华优秀传统文化，继承革命文化，发展社会主义先进文化
	以人民为中心的发展思想	理解人民群众是历史的创造者，是决定党和国家前途命运的根本力量。树立为人民服务的思想，立志扎根人民、奉献祖国
	法治意识	树立宪法法律至上、法律面前人人平等的法治理念。理解全面推进依法治国必须坚持党的领导、人民当家做主、依法治国的有机统一。能够尊法学法守法用法，自觉参加社会主义法治国家、法治社会建设。能够依法行使权力、履行义务，维护公平正义，做中国特色社会主义法治的忠实崇尚者、自觉遵守者、坚定捍卫者
世界观和方法论	正确的世界观和方法论	坚持辩证唯物主义，坚持无神论，反对唯心主义。一切从实际出发，实事求是，尊重客观规律。相信科学，尊重事实，追求和传播真理。坚持唯物辩证法，反对形而上学，坚持用联系、发展、矛盾的观点观察和分析问题，善于透过现象看本质。坚持理论联系实际，在实践中检验真理、修正错误。坚持历史唯物主义，反对历史虚无主义。能够运用历史唯物主义的观点、方法观察分析社会历史现象，正确认识社会发展规律，顺应改革发展潮流
道德品质和综合素质	品德修养	培育并践行社会主义核心价值观，要有大爱大德大情怀。遵守社会公德和职业道德，崇尚家庭美德，培育个人品德。理性面对当代社会经济、文化、科技、环境等方面的伦理问题与伦理冲突，自尊自信、意志坚强
	奋斗精神	树立高远志向，认同奋斗成就幸福、奋斗者是最幸福的观念。历练不懈奋斗的精神，具有勇于奋斗的精神状态、乐观向上的人生态度，做到刚健有为、自强不息
	责任担当	具有社会责任感，积极承担社会责任、履行义务。具有集体主义精神，以国家利益和集体利益为先。积极维护公共利益，关注并参与人类命运共同体的构建。有序参与社会公共事务，行使人民当家做主的政治权利
	健康情感	具有健康意识，注重增强体质、健全人格、锤炼意志，珍爱生命，热爱生活。具有高雅的审美情趣和良好的审美意识，在生活中能够感受美、鉴赏美、创造美
	劳动精神	崇尚劳动、尊重劳动，认同劳动最光荣、劳动最崇高、劳动最伟大、劳动最美丽的观念。坚持以辛勤劳动、诚实劳动、创造性劳动实现自己的人生价值，愿意为国家富强、社会进步和人民幸福而辛勤工作

下面以近年的高考试题为例，简要剖析“核心价值金线”在高考命题中的统领作用，准确认识和把握“无价值，不入题”的命题主旨。

一、有机融入习近平新时代中国特色社会主义思想

习近平新时代中国特色社会主义思想坚持把马克思主义基本原理同中国具体实际相结合、同中华优秀传统文化相结合，是当代中国马克思主义、二十一世纪马克思主义，是中华文化和中国精神的时代精华，实现了马克思主义中国化新的飞跃。

2022 年全国甲卷文科综合第 40 题，依据习近平总书记提出的“心中有信仰，脚下有力量”“江山就是人民，人民就是江山”重要论断，组织材料、创设情境、设置问题，引导学生思考领悟“坚定理想信念是共产党人经受住任何考验的精神支柱”的道理。2023 年新课标卷第 13 题，以党的二十大报告关于“六个必须坚持”的论述为创设情境，考查学生对习近平新时代中国特色社会主义思想的世界观和方法论以及贯穿其中的立场观点方法的地位和意义的把握水平。2023 年文科综合全国甲卷第 21 题考查学生对坚持马克思主义基本原理同中华优秀传统文化相结合原因的认识，引导学生深刻领会传承发展中华优秀传统文化对于坚持和发展马克思主义的重大意义，增强坚持“两个结合”的思想自觉和行动自觉。

2023 年语文新课标Ⅱ卷现代文阅读Ⅰ中的材料一摘自习近平总书记 2011 年 11 月 16 日在中央党校秋季学期第二批入学学员开学典礼上的讲话《谈谈调查研究》，文中强调调查研究应坚持群众路线和实事求是原则，启发广大青少年汲取其中的智慧，从人民的创造性实践中获得真知灼见。全国乙卷写作试题“一花独放不是春”中的两则材料，分别出自习近平总书记 2023 年 3 月 15 日在中国共产党与世界政党高层对话会上的主旨讲话《携手同行现代化之路》和 2014 年 3 月 27 日在法国巴黎联合国教科文组织总部的演讲《文明因交流而多彩，文明因互鉴而丰富》，倡导以“中华文明观”共同应对各种全球性挑战，推动建设更加美好的世界，推动不同文明相互尊重、和谐共处，让文明互学互鉴成为推动构建人类命运共同体的积极力量。

2024 年高考命题拓展习近平新时代中国特色社会主义思想进入试题的广度和深度，强化思想浸润和政治引领，启发学生学习领会习近平新时代中国特色社会主义思想的世界观和方法论，领会贯穿其中的立场、观点和方法，引导学生理解社会主义制度的优越性，增强制度自信和理论自信。2024 年高考语文全国甲卷论述类文本阅读材料节选自学术论文《海洋命运共同体构建与新的海洋文明》。2019 年 4 月 23 日，习近平总书记首次提出“海洋命运共同体”的理念。作为人类命运共同体的重要组成部分，海洋命运共同体是维护海上安全稳定、推进全球海洋治理的中国智慧和方案，具有从海洋层面构建合作共赢、和平安宁的命运共同体的重大现实意义。选文从构建海洋命运共同体的目标、愿景和路径等方面展开论述，引导学生了解构建海洋命运共同体的时代价值，真切体会中国智慧和大国担当。2024 年文综全国甲卷第 23 题，以党的二十大报告中关于党的理论及党与人民群众关系的论述为题材，要求学生理解人民群众既是实践的主体也是认识和价值的主体的道理，引导学生把握习近平新时代中国特色社会主义思想的世界观和方法论。2024 年文综新课标卷第 44 题以新中国装备制造业“从无到有”“从弱到强”的发展过程为切入点，展现从新中国成立到新时代中国现代化建设取得的巨大成就，引导学生了解党领导中国人民探索中国式现代化道路的奋斗历程，领悟习近平新时代中国特色社会主义思想与社会主义现代化建设成就之间的内在联系。

二、培育社会主义核心价值观，坚定爱国主义与理想信念

社会主义核心价值观是当代中国精神的集中体现，凝结着全体中国人民共同的价值追求，是凝聚人心、汇聚民力的强大力量。培育和践行社会主义核心价值观，是新时代坚持和发展中国特色社会主义的重大任务，也是凝聚社会共识、增强人民精神力量的必然要求。要通过培育和践行社会主义核心价值观，让全体人民在理想信念、价值理念、道德观念上紧紧团结在一起，不断巩固和发展全体人民团结奋斗的共同思想基础。展现伟大实践、讲好中国故事，必将进一步提振我们的发展自信，凝聚起奋进新时代的磅礴力量。

2022 年全国甲卷文学类文本阅读，通过对革命英雄以强大意志力战胜身体痛苦的描写，表现革命信仰的巨大力量，引导学生领会长征精神，走好今天的长征路。紧扣时代主题，引导青年学生将个人命运与国家命运紧密结合，以实现中华民族伟大复兴的中国梦为使命，不负韶华，谱写壮丽的青春之歌。2022 年全国乙卷作文题围绕“北京：双奥之城”组织信息，通过表格和数据展现我国的综合国力，多方面呈现国家的跨越式发展，激发学生的爱国热情，引导学生体会冬奥精神的深刻内涵，体会奥运会成功举办背后的国家力量和制度优势，将爱国和爱党、爱社会主义高度统一。2022 年新高考Ⅱ卷作文题介绍了不同行业奋发有为的典型人物，要求学生以“选择 · 创造 · 未来”为主题写一篇文章，引导学生做好个人的事业规划，争当伟大理想的追梦人。2022 年全国乙卷文学类文本阅读选取左翼作家萧红在抗战时期写的书信《“九一八”致弟弟书》，字里行间满怀对爱国青年的希冀。2022 年新高考Ⅰ卷语言文字运用Ⅰ选取中国探月工程首任总指挥栾恩杰的事迹作为材料，引导青年把青春的汗水挥洒在祖国最需要的地方。

2024 年高考语文新课标Ⅱ卷信息类文本阅读的材料围绕“探月”主题展开。材料不仅体现出“探索浩瀚宇宙是全人类的共同梦想”，更体现出我国科技工作者“努力在世界高技术领域占有重要一席之地”的卓越实践，激发学生的民族自豪感和科技报国热情。2024 年高考化学试题选取我国科学家作出的领先研究成果作为素材，在展现我国化学领域突出成就的同时，增强民族自豪感。新课标卷第 11 题以我国科学家研制的一种生物相容性纳米催化剂药物为素材，考查学生对物质结构基础知识的理解和掌握情况。全国甲卷第 9 题以我国化学工作者开发的聚乳酸催化转化为情境，考查有机物的命名、同分异构体、高分子转化与合成等知识内容。这些试题在考查化学知识的基础上，使学生充分了解我国科研工作者在相关领域取得的重要成果，激发学生的爱国主义情怀。2024 年高考英语全国卷注重体现国家发展和社会进步，试卷有机融入社会主义核心价值观，引导学生坚定理想信念、提升品德修养。全国甲卷写作第二节要求学生根据提供的关于共享单车、新能源汽车和高铁的三幅图片，撰写一篇题目为“中国交通发展”的发言稿，引导学生关注我国经济社会的发展变化，增强国家富强、民族复兴的自豪感和自信心。新课标Ⅰ卷读后续写题选取的语篇讲述了作者在出差途中，与出租车司机协商解决车费支付问题的故事，提示学生循着信任他人与遵守诺言的思路进行续写，引导学生培养诚实守信的美好品德。新课标卷第 41 题，以邻居之间的纠纷创设情境，将相邻关系、权利行使界限、侵权责任等多个知识点有机地融合在一起，考查学生运用法律知识分析解决实际法律问

题的能力,引导学生树立权利行使有边界、损害他人利益应承担法律责任的规则意识,进而增强法治意识和法治观念,做社会主义法治的忠实崇尚者、自觉遵守者、坚决捍卫者。

党的十八大以来,习近平总书记多次强调铸牢中华民族共同体意识,抓好民族团结进步事业。2024 年高考文综全国甲卷第 39 题素材源于我国西部某自治州贯彻党中央决策部署、开展民族团结创建活动建设“石榴籽家园”、推动经济社会发展的生动实践,要求学生以“铸牢中华民族共同体意识,促进各民族共同繁荣发展”为主题提炼该州经验。2024 年文综全国甲卷第 45 题以北魏时期冯太后的教育改革为背景,呈现了冯太后作为历史上的少数民族政权统治者尊崇华夏制度文化,再现了鲜卑与中原交往交流交融的史实,考查学生对鲜卑民族华夏文化认同形成意义的认识,以及魏晋南北朝时期中华民族多元一体格局的理解,引导学生领悟中华文明兼收并蓄的开放胸怀和大一统传统,启发他们认同和铸牢中华民族共同体意识。

三、弘扬中华优秀传统文化、革命文化与社会主义先进文化

文化是一个国家、一个民族的灵魂,是国家和民族自立自强的精神支撑。我国具有悠久的历史和深厚的文化积淀,发展和传承中华优秀传统文化有助于提升国家文化软实力和中华文化影响力,坚定学生的文化自信。高考命题加强对中华优秀传统文化的挖掘和阐发,推动中华优秀传统文化创造性转化和创新性发展。

2022 年新高考Ⅰ卷信息类文本阅读选用 2 则材料:材料一节选自习近平总书记在 2016 年 5 月 17 日召开的哲学社会科学工作座谈会上的重要讲话,强调加强对中华优秀传统文化的挖掘和阐发、让民族性更加符合当代中国和当今世界的发展要求;材料二摘编自郑敏的《新诗百年探索与后新诗潮》,主要讨论重建中国本土诗歌传统和传统诗论的现代转化等问题,提出“没有传统何谈创新”及古典诗论的当代人文价值等看法。第 4 题要求学生运用材料一的理论对社会现象加以分析,试题启发学生思考面对百年未有之大变局,传统观念在构建新时代和谐社会和人类命运共同体过程中的当代价值。2022 年数学新高考Ⅱ卷第 3 题以中国古代建筑中的举架结构为背景,考查学生综合应用等差数列、解析几何、三角函数等基础知识解决实际问题的能力,引导学生关注我国古代优秀成果,增强民族自尊心与自豪感。2022 年全国甲卷理科数学第 8 题取材于我国古代科学家沈括的著作《梦溪笔谈》,以其中收录的圆弧长度计算方法“会圆术”为背景,让学生直观感受我国古代科学家探究问题和解决问题的过程。2022 年英语全国乙卷语法填空语篇介绍联合国设立中国茶文化节及开展的一系列活动,宣传中国的茶文化。2022 年英语新高考全国Ⅰ卷语法填空语篇报道中国设立大熊猫保护国家公园的情况,介绍中国生态文明建设成就。2023 年高考语文全国甲卷论述类文本阅读材料节选自徐良高的《以考古学构建中国上古史》一文,论证了中国考古学取得的巨大成就,展现了中国上古史构建的广阔学术前景,列举的诸多考古发现有助于考生增强文化自信,更好地认识源远流长、博大精深的中华文明。2023 年高考语文全国甲卷文言文阅读材料选自《隆平集·儒学行义》,倡导周尧卿的忠孝亲睦、为官爱民的优良品质。2023 年高考语文全国乙卷文言文阅读选自《韩非子·十过》,激发学生思考“礼”与中华传统文化的内在关联。试题引导学生传承中华优秀传统文化基因,增强文化自豪感。2023 年高考数学北京卷第(9)题以中国传统建筑造型坡

屋顶赋以立体几何真实背景，考查学生的空间想象能力和分析问题能力，在解决问题的过程中，借助几何体的对称性使学生感受到数学的对称美，以此引导学生关注美育，培养审美意识；第(14)题以战国时期用来测量物体质量的“环权”为背景，设计了等差数列和等比数列相关的问题，展示中国在度量衡方面的成就，借助数学文化厚植爱国情怀。2023 年全国英语甲卷书面表达题设置的情境是，学校举办以用英文讲中国故事为主题的征文活动，要求考生以一位中国历史人物为题写一篇短文投稿；全国乙卷语法填空语篇讲述首都北京悠久的城市历史，主张城市发展建设一定要尊重传统、保存好城市的珍贵遗产。各套试卷中的其他语篇还提及中国历史上的女医生、华人体操教练、大熊猫等中国元素及相关知识。这些语篇通过用英语讲述发生在中国古代和现代的故事，向世界展示中华文明和体现中国精神的传统文化，引导学生传承和弘扬中华优秀传统文化，增强文化自信和价值观自信。

2024 年高考试题注重引导考生树立正确的历史观、民族观、国家观、文化观，增强爱国意识和爱国情感，增强民族自豪感和自信心。2024 年高考语文新课标Ⅱ卷文言文阅读材料分别选自《史记·魏世家》《史记·留侯世家》和《论衡·非韩》，引导学生在成长过程中将崇德重礼、尊贤敬长转化为自觉行为；古代诗歌阅读选取宋代诗人叶梦得的《雨后为山亭独卧》，引导学生厚植家国情怀，以时不我待的热情去建功立业。2024 年高考化学试题注重挖掘中华民族优秀文化成果，选取中华传统文化的瑰宝融入试题，增强学生文化自信，激发学生为中华民族伟大复兴而奋斗的责任感和使命感。在中国传统文化的继承与发扬历程中，文房四宝发挥着重要作用，是人类文明得以广泛传播的重要载体。新课标卷第 7 题选取文房四宝作为素材，考查学生对笔墨纸砚中有关化学成分的辨析能力，使学生在感受化学学科对人类生活产生重要影响的同时，认识到中华优秀传统文化对人类发展和社会进步作出的巨大贡献。2024 年高考文综全国甲卷第 26 题立足于中华文明的创新性，依托明代中期经济社会转型背景，以明代中后期士大夫广泛参与日用类书籍编纂的现象创设情境，展现士人以守正不守旧的创新精神，回应民众对日用知识的急迫需求，引导学生认识中国传统文化的创新动力。

2024 年是中华人民共和国成立 75 周年，高考试题大力弘扬革命文化，展示我国深厚的历史文化底蕴，加强爱党爱国教育，进一步培育和践行爱国主义教育，扎实引导同学们传承红色基因、增强爱国意识和爱国情感。2024 年高考语文新课标Ⅱ卷文学类文本阅读的材料节选自当代作家孙甘露的长篇小说《千里江山图》，节选部分呈现了隐蔽战线上共产党人陈千里、叶桃的鲜活形象。试题引导学生理解“江山就是人民，人民就是江山”的深刻内涵，赓续共产党人精神血脉，传承红色基因。2024 年高考语文新课标Ⅰ卷信息类文本阅读的材料一节选自毛泽东同志的《论持久战》。《论持久战》所蕴含的战略思维、所昭示的科学世界观和方法论具有跨越时空的意义与价值。选文部分文字扼要，层层深入，论辩犀利。习近平总书记多次谈到过《论持久战》，并以之为例指出“战略问题是一个政党、一个国家的根本性问题”，“要善于进行战略思维，善于从战略上看问题、想问题”，引导学生在分析问题和解决问题时从全局、长远和大势着眼。2024 年高考历史试题通过选取新民主主义革命时期、社会主义革命与建设时期、改革开放时期等历史时段的重大历史事件和历史线索，引导学生知史爱党、知史爱国。2024 年文综全国甲卷第 30 题以 1943 年陕甘宁边区佳县城关区各阶层公粮负担情况创设情境，展现中国共产党为团结一切抗日力量,调动社会各阶层支持抗日的坚强决心和不懈努力,引导学生认识中国共产党在抗日战争中的中流砥柱作用,培育爱国精神。

四、坚持“五育”并举,引导学生德智体美劳全面发展

习近平总书记指出:“建设教育强国的目的,就是培养一代又一代德智体美劳全面发展的社会主义建设者和接班人。”[①]全面提高人才自主培养质量,要聚焦于人的现代化这一目标,服务于学生的身心健康、全面发展。体育锻炼与增强体质既与身体强弱直接相关,更是健全人格、锤炼意志不可或缺的重要手段。劳动是个人安身立命、社会经济发展之本,引导学生崇尚劳动、尊重劳动、热爱劳动,认同劳动最光荣、劳动最崇高、劳动最伟大、劳动最美丽的观念,坚持通过辛勤劳动、诚实劳动、创造性劳动实现人生价值。

2022 年英语全国乙卷短文改错题选取自行车运动有利身体健康和环保的内容。2022 年新高考全国Ⅰ卷听力题选取一段在运动俱乐部讲话的材料,阅读题选取如何找到合适的健身伙伴的语篇。2022 年新高考全国Ⅱ卷阅读题选取运动促进心脏健康的语篇,写作题选取一名残疾学生积极参加跑步比赛的语篇。2023 年全国乙卷完形填空语篇讲述美国体操运动员 Gabby Douglas 在华人教练的培训下,经过刻苦努力最终获得奥运会个人全能冠军。新课标Ⅰ卷完形填空语篇讲述一名越野赛跑运动员在比赛中将受伤的运动员背至终点就医。这些语篇旨在引导学生关注体育与身心健康,提高运动意识,在体育锻炼中锤炼意志,涵养体育精神。在美育方面,2022 年全国乙卷文科综合第 43 题,要求学生既理解观景台可以满足旅游者的审美需求,又辩证分析观景台作为旅游景观对旅游者审美的影响,提升学生在旅游活动中发现美、欣赏美、评价美的能力。2022 年全国英语甲卷听力题选取一位艺术鉴赏家谈论自己经历的材料,阅读题选取介绍英国卡迪夫市艺术剧院的语篇。2022 年全国乙卷阅读题选取介绍苏格兰画家 Henry Raeburn 作品展信息的语篇。2023 年全国甲卷听力部分选取俄罗斯音乐家 Maxim 的一段讲话,谈论其作为柴可夫斯基公开赛裁判的经历。全国乙卷阅读部分 B 篇讲述一位摄影爱好者如何在美国西部拍摄出高质量的风景照片。新课标Ⅱ卷阅读部分第二节语篇向希望学习绘画的朋友提出一些建议。这些语篇旨在引导学生加深对音乐、摄影、绘画等艺术的认识,培养健康向上的审美情趣。2022 年英语各套试卷的语篇包含了山区支教、烹饪、做家务等信息,涉及多种工作场景。2023 年全国甲卷阅读部分 B 篇讲述作者 Terri 的 DIY 经历和 DIY 给她的生活带来的好处。新课标Ⅱ卷阅读部分 B 篇讲述两位教师在学校开设劳动课程,带领学生养花种菜的经过及对学生饮食习惯和身心健康产生的积极影响。这些语篇旨在引导学生养成劳动意识和热爱劳动的观念,培养良好的劳动习惯。2023 年高考语文全国甲卷文学类文本阅读选用巴金的散文《机械的诗——旅途随笔之一》,文章以独特的视角塑造工人形象,礼赞劳动。全国乙卷文学类文本阅读材料选用小说《长出一地的好荞麦》,小说主人公德贵的行为既反映了中国农民对土地的深厚情感,也体现了中华民族坚韧不拔的精神。新课标Ⅰ卷文学类文本阅读材料选自小说《给儿子》,鼓励年轻人增强体质、经受劳动的洗礼。2023 年地

---

① 习近平:《扎实推动教育强国建设》,中国政府网,https://www.gov.cn/yaowen/liebiao/202309/content_6904156.htm

理全国甲卷第 43 题，创设“窑洞养牛”的研学情境，将德智体美劳教育的引导与旅游地理知识有机融合。全国甲卷第 37 题第(3)小题，介绍耕作对地表松散层风蚀粗化的影响，需要学生对农事活动有所了解。新课标卷第 7～8 题，以莲花盆为代表，反映喀斯特地貌景观的特殊自然过程和文化审美价值。

2024 年高考命题落实考试内容改革要求，选取有关体育、美育和劳动教育的主题，引导学生注重“五育”并举，实现身心健康成长和德智体美劳全面发展。2024 年高考英语新课标Ⅱ卷阅读 A 篇介绍了秋季徒步健身活动，引导学生走近大自然，开展体育运动，文中提及多项注意事项，于潜移默化之中强调了运动安全的重要性。高考英语全国甲卷阅读 A 篇介绍了校园艺术节上丰富多彩的活动，引导学生走进画廊和博物馆，培养审美情趣，提高艺术品位。高考英语新课标Ⅰ卷阅读 A 篇介绍了一个地区生物栖息地修复工作队的工作内容和招募志愿者的要求，引导学生热爱劳动、参与劳动、享受劳动。高考物理全国甲卷理科综合第 20 题将物理知识与“蹦床”运动紧密结合，激发学生参与体育运动的热情，引导学生全面发展。2024 年思想政治全国文综新课标卷第 39 题，以习近平文化思想为指引，选取大南坡村探索美学赋能乡村振兴的典型案例创设情境，将美育同乡村振兴有机结合起来，以美育人、以美化人，让学生在答题过程中提升审美素养。2024 年北京数学卷第 18 题的保险公司保单问题，有着现实的背景，引导学生用所学的知识解决社会实践活动中的问题，试题将劳动教育与数学科内容有机融合，使学生体会劳动的价值。2024 年北京思想政治卷第 6 题“你劳动的样子真美”，反映了北京劳动教育课程建设的积极成果。北京地理卷第 19 题第(2)小题以竹笛产业发展为情境，融入美育和劳动教育。

五、坚持科学与理性，激发勇于探索与敢于创新的科学精神

科学精神是科学的灵魂，纵观人类历史，但凡取得伟大科学发现的大科学家、大发明家都具有强烈和鲜明的科学精神。科学精神说到底是一种核心价值，是理性信念、实证精神和批判态度的统一，是合客观性、合逻辑性和合理性的统一。概括来讲，科学精神以追求真理作为其逻辑起点，以实证精神和理性精神为两大支柱，秉持怀疑批判、勇于探索、敢于创新、宽容开放的价值取向。我们无法想象一个不具备科学精神的人能够成为真正的科学家。因此，我们提高拔尖创新人才的培养质量，就必须在全社会大力弘扬追求真理、勇攀高峰的科学精神，大力弘扬理性信念、实证精神和批判态度。要充分发挥高考指挥棒的正向指挥作用，引导学生逐步养成科学思维习惯，培养他们运用归纳与概括、演绎与推理、模型与建模、批判性思维、创造性思维等方法，探讨、阐释客观现象及规律的能力。通过展现国家科技发展成果，结合基础研究领域涌现的先进典型和事迹，引导学生传承老一辈科学家以身许国、心系人民的光荣传统，引导他们崇尚科学、热爱科学，积极参与科学活动，运用科学方法解决科学问题、发现科学真理，进一步激发他们敢于使用自己理性的勇气与决心，激发他们坚守理性与实证、勇于探索、敢于创新的科学精神。高考理科各学科继续弘扬科学理性精神，以科技前沿问题为主题，同时紧密联系国家社会进步和科技发展等方面的实际情境，反映当代科学技术发展的重要成果，既有效检测学生的科学能力和素养，又能在潜移默化中引导学生关注科技发展现状，充分体现自然科

学在推动科技进步和社会发展中的重要作用,引导学生树立求真务实、逻辑实证的科学理性精神,激发学生勇攀科学高峰的奋斗精神和不断探索的科学精神。

物理科试题选取社会生产实践、日常生活实际与科技前沿等真实情境,引导学生崇尚理性精神、树立科学态度以及增强社会责任感。2022 年全国甲卷理科综合第 15 题以高速列车穿过隧道为情境,紧贴学生生活实际,引导学生关注身边日常生活中的物理问题,促进学生学以致用。2022 年全国甲卷理科综合第 25 题以一种可以测量微小电流的光点式检流计为情境,与科学实践紧密结合,引导学生领悟仪器设计中蕴含的物理思想,形成认真严谨的科学态度。2022 年全国乙卷理科综合第 14 题以航天员可以在天宫二号上自由飘浮为情境,考查学生对太空失重本质的理解,展现新时代我国重大科技发展成果,弘扬科学理性精神,提升学生的民族自信心和自豪感。2023 年高考理科综合全国卷关注我国科技前沿进展,选取我国科学家的创新科研成果,引导学生树立高远的科学志向、增强科技强国的社会责任感,激发学生的科技探索精神。2023 年全国乙卷第 16 题以 2022 年 10 月全球众多天文设施观测到迄今最亮的伽马射线暴为背景,介绍我国的"慧眼"卫星、"极目"空间望远镜等在该事件观测中作出的重要贡献。2023 年新课标卷第 17 题以 2023 年 5 月成功发射的"太空快递"天舟六号为背景,介绍我国航天领域取得的伟大成就,激发学生勇攀科学高峰的奋斗精神。2024 年物理全国甲卷第 23 题以电阻型氧气传感器定标为背景,学生需要将陌生实验与熟悉的伏安法测电阻进行结合,考查基本测量方法的掌握和实验数据的获取与处理,要求学生灵活运用已有实验知识解决遇到的新问题,引导教学关注科学探究的过程和方法,并培养对结果进行反思和总结的科学理性精神。2024 年全国物理新课标卷第 17 题以三位科学家在发现和合成量子点方面的突出贡献并荣获 2023 年诺贝尔化学奖为背景,展现不同学科领域交叉融合的重要性,激发学生好奇心、想象力和探求欲,培养学生科学兴趣。

化学学科试题围绕与化学关系密切的材料、环境、能源与信息等领域,通过对应用于社会生产实践中化学原理的考查,充分体现了化学学科推动科技发展和人类社会进步的重要作用,凸显了化学学科的社会价值,弘扬科学理性精神,激发学生崇尚科学、探索未知领域的兴趣和勇气。2022 年全国乙卷理科综合第 8 题中二氧化碳固定及再利用的方法有助于我国实现"碳达峰"的目标,向学生传递绿色化学和可持续发展观念。2022 年全国甲卷理科综合第 8 题辅酶 Q_{10} 的功效和全国乙卷理科综合第 36 题药物合成的试题情况均表现出化学研究成果对人类健康的影响和作用。2022 年全国甲卷理科综合第 35 题考查北京冬奥会场馆使用的高分子材料的结构与性质的关系,展现了我国化学新材料的研发与应用。2022 年全国乙卷理科综合第 28 题通过呈现工业上硫化氢的不同处理方法,引导学生关注化学对生态环境和社会发展的影响,激发学生崇尚科学,增强社会责任感。2023 年试题凸显我国科技成就,引导学生关注科技前沿,开阔学生视野,激发学生崇尚科学,激励学生树立科技强国的远大理想。2023 年新课标卷第 10 题以我国化学工作者研发的电池为素材,展现我国科学家在清洁能源开发利用领域的创新成果。2023 年新课标卷第 9 题呈现我国在多孔配位聚合物晶体领域的前沿研究成果。2023 年全国乙卷第 35 题以我国第一辆火星车"祝融号"成功登陆为背景,展现我国在航天领域取得的技术突破进展。2023 年全国甲卷第 8 题以中药藿香蓟的有效成分为素材,展现我国中医药的神奇魅力和作用。2023年新课标卷第7题选择有代表性的中国文物，考查文物及其修复材料中成分的基本概念，引导学生崇尚科学精神，自觉传承科学文化。2024年化学学科关注科技应用成果，体现学科价值。化学在材料、生命、环境、能源与信息等领域均具有重要的学科价值，对推动人类社会进步和科技发展作出了重大贡献。2024年全国甲卷第7题以人类利用能源的历史为主线，以不同时期的典型能源为代表，既考查物质组成、能量与物质转化等基本概念，使学生充分认识到化学在社会发展中的重要作用，同时又让考生进一步了解我国能源发展方向，了解发展清洁新能源的必然性，激发学生改善人类生存环境、促进社会可持续发展的责任感。2024年全国甲卷第7题和新课标卷第7题均为化学与生活类试题，在考查学生知识面的同时，使学生充分认识到化学学科的社会价值。2024年新课标卷第8题选取点击化学合成法合成聚硫酸酯作为素材，该方法是2022年诺贝尔化学奖获得者研发的一种高效合成反应，对学生了解科学前沿，激发崇尚科学、探索未知的兴趣，培养探索性、创新性思维品质具有重要的现实意义。

生物学试题紧密结合学科内容，精心选择新型冠状病毒感染疫情防控、自然资源保护、绿色发展、农业生产、体育锻炼、全民健康等题材，强化科学理性精神，倡导社会责任和时代使命。2022年生物学试题战"疫"入题，全国乙卷理科综合第38题围绕新型冠状病毒感染病毒核酸检测和疫苗接种，考查核酸检测的基本原理和结果分析，引导学生加深对防疫措施的认识。2022年全国甲卷理科综合第31题以林地动植物资源调查入题，考查种群密度调查方法、丰富度等基本概念，并要求学生思考植物与动物之间的相互作用，引导学生认识保护生物多样性的深刻意义与内涵，增强环境保护意识。2022年全国乙卷理科综合第37题以利用制糖废液进行微生物发酵生产工业产品为情境，让学生思考废物利用的意义，培养学生注重环境保护、合理利用自然资源的意识，强化生态文明理念。2023年生物试题继续彰显学科育人价值，加强对学生的价值引领，激发学生崇尚科学、探索未知的兴趣，落实立德树人根本任务。2023年全国甲卷第32题提出成熟果实不耐储存和运输的实际问题，强调通过遗传育种培育乙烯合成缺陷的不能正常成熟的新品种，可以有效解决该问题，考查学生对遗传规律的实际应用，强调科学技术进步对农业发展的意义。2024年新课标卷第3题围绕消化吸收过程的神经调节和体液调节，考查自主神经对消化机能的调节、条件反射的建立基础、胃液中消化酶的特殊理化条件以及小肠上皮细胞吸收氨基酸等营养物质的过程，引导学生运用科学探究的基本方法理解生活中的实际问题，培养分析问题、解决问题的科学态度与思维习惯。2024年生物新课标卷第5题以PCR产物电泳结果图形式显示杂交实验中亲本和子代的基因型，要求学生根据图示信息进行分析识别、并转化得出各种带型对应的基因型，再据此分析相关遗传学问题，激发学生好奇心、想象力和探求欲，培养学生科学兴趣。2024年北京生物卷第21题以我国科研工作者对玉米籽粒发育的研究为情境，运用"假说—演绎法"，引导学生分析基因与性状的复杂关系，从而引导学生关注粮食安全，深刻体会科技在社会生产和发展中的作用，树立"科技强国、强国有我"的远大志向。2024年北京生物试卷考查涉及13个教材实验，倡导一线教学带领学生走进实验室，"真"做实验，做"真"实验，促进科学素养全面发展。

综上，高考评价体系下的高考命题就是要充分体现全面育人的鲜明导向，紧扣时代主题与时代精神,将立德树人这一核心价值融入高考试题命制中。核心价值在高考命题中聚焦在以下方面。在理想信念上,树立共产主义远大理想和中国特色社会主义共同理想,增强“四个自信”,肩负实现中华民族伟大复兴和中国梦的时代重任。在爱国主义情怀上,认同中华人民共和国、维护国家尊严与利益、维护祖国统一,认同中华民族、自觉维护民族团结和社会稳定,具有强烈的民族自豪感和实现民族复兴的使命感,认同中华文化,弘扬中华优秀传统文化,继承革命文化,发展社会主义先进文化,具备爱国、爱党和爱社会主义相统一的爱国主义精神。在以人民为中心的思想上,理解人民群众是历史的创造者,人民是决定党和国家前途命运的根本力量,树立为人民服务的发展思想,立志扎根人民、奉献祖国。在奋斗精神与责任担当上,引导学生树立高远志向,历练敢于担当、不懈奋斗、刚健有为、自强不息的精神和态度。在劳动精神上,要求学生崇尚劳动、尊重劳动,认同劳动最光荣、劳动最崇高、劳动最伟大、劳动最美丽的观念,倡导通过辛勤劳动、诚实劳动、创造性劳动实现人生价值。在健康情感上,要求学生具有健康意识,注重增强体质、健全人格,锤炼意志,培养审美意识和人文素养,热爱生活。

第三节 “能力素养银线”成为考查重点

落实立德树人根本任务,坚持素养导向,重点考查关键能力和思维品质,助力拔尖创新人才培养和人才自主培养质量提升,是本轮高考命题改革的主要方向和根本任务。学科素养是在一个又一个的真实情境中通过完成特定的学科任务而展现出来或生成的综合品质,高考命题的“素养导向”就是通过特定的情境创设,考查学生调动、运用必备知识与关键能力、思维方法与思维品质、情感态度与价值观高质量完成特定学科任务的综合表现。因学科素养本身具有的内在性和综合性特征,使得其较难被直接观测和考查,尤其是在高考这种纸笔测试中较难全面、有效地考查。因此,学科素养在高考中的考查往往通过观测学生调动所学知识、运用关键能力完成特定学科任务时所表现出来的关键行为来实现。必备知识是高中学习阶段的核心任务,其重要性无须赘言。但需要特别指出的是,如果仅仅停留在对必备知识简单学习或占有的层面上,那么无论知识掌握得有多全面、多牢固,也将会越来越难以应对学科素养导向下的高考命题改革,这是因为,缺乏关键能力的必备知识将是零碎的、僵化的乃至盲目的,它们很难系统、综合且有效地去解决一个又一个特定的学科任务。当然,这绝不是要否定必备知识的重要性,更不是要将必备知识和关键能力割裂乃至对立起来,脱离必备知识来谈关键能力不仅是机械的,而且是错误的。对于新高考而言,没有必备知识是不行的,但如果仅仅只有必备知识也是不行的。我们必须打破传统的以知识占有为唯一目标的学习惯性和思维方式,在夯实必备知识的基础上,注重关键能力的训练和培养,并在一个又一个的特定学科任务中去提高自身的学科素养。

高考评价体系综合统筹知识、能力、素养的关系,将高考考查内容凝练为核心价值、学科素养、关键能力、必备知识四个层面,在必备知识的基础上,突出考查学生的学科素养和关键能力。

首先,学科素养是指面对生活实践或学习探索问题情境时,能够在正确的思想价值观念指导下，合理运用科学的思维方法，有效整合学科相关知识，运用学科相关能力，高质量地认识问题、分析问题、解决问题的综合品质。学科素养包括“学习掌握、实践探索、思维方法”3 个一级指标和 9 个二级指标（见表 2）。“学习掌握”是指学习者在面对生活实践或学习探索问题情境时，进行有效输入、编码、储存各种形式的信息的综合品质。“实践探索”是指学习者在面对生活实践或学习探索问题情境时，组织整合相应的知识与能力、运用不同的技术方法进行各种操作活动以解决问题的综合品质。“思维方法”是指学习者在面对生活实践或学习探索问题情境时，进行独立思考和探索创新的内在认知品质。“思维方法”是思维的品质、方式和能力的综合，是个体高质量地解决生活实践或学习探索情境中的各种问题的基础。“思维方法”是认知加工的关键构件，是个体在信息时代所必须具备的核心认知品质，也是未来社会人才所需要的终身素养。

表 2　学科素养指标体系

一级指标	二级指标	指标表现
学习掌握	信息获取	适应社会信息化趋势，通过各种方式与渠道获取信息，根据应对问题情境的需要，合理地组织、调动各种相关知识与能力，完成信息获取活动
	理解掌握	根据应对问题情境的需要，合理地组织、调动各种相关知识与能力，系统化、多层面、多角度地对新信息进行加工处理，融会贯通地把握新信息的实质，把握新旧信息的联系，形成对新信息的准确判断、分析与评价
	知识整合	根据应对问题情境的需要，合理地组织、调动各种相关知识与能力，对获得的学科知识和相关信息进行概括整合，形成与生活实践或学习探索问题情境对应的产生式系统，能够将新获得的知识纳入已有知识结构或知识体系，对原有的知识结构进行合理的调整
实践探索	研究探索	根据应对新的问题情境的需要，合理地组织、调动各种相关知识与能力，实施调研、探究或实验活动。分析结果，提出新观点或发现新问题，寻求有效的问题解决方法
	操作运用	根据应对问题情境的需要，合理地组织、调动各种相关知识与能力，运用实验等动手操作方法，探究所要解决的生活实践或学习探索情境中的各种问题。综合各种技术方法进行组合创新，将创意或方案转化为有形物品或对已有物品进行改进与优化，创新性地解决现实情境问题
	语言表达	根据应对问题情境的需要，合理地组织、调动各种相关知识与能力，准确传达信息并进行交流沟通。能够根据具体情境的不同，选用口语、书面语等不同语体并灵活转换。熟练运用图像、图表、图片表达思维、观点，借助口语、书面语或绘图等方式表达抽象的概念。灵活运用各种文本形式准确表达个人的情感、思维和观点。能够根据情境需要，运用外语进行交流
思维方法	科学思维	采用严谨求真的、实证性强的逻辑思维方式应对各种问题。能够根据对问题情境的分析，运用实证数据分析事物的内部结构和问题的内在联系，以抽象的概念来反映客观事物的本质特征和内在联系。运用抽象与联想、归纳与概括、推演与计算、模型与建模等思维方法来组织、调动相关的知识与能力，解决生活实践或学习探索情境中的各种问题

续表

一级指标	二级指标	指标表现
思维方法	人文思维	运用历史的、辩证的、审美的、系统的思维方式应对各种问题。能够根据对问题情境的分析,从多元性、情境性、关联性、层次结构性、动态平衡性、开放性和时序性等方面把握问题与事物的本质。综合运用联想、类比、引申等思维方法,组织、调动相关的知识与能力,解决生活实践或学习探索情境中的各种问题
	创新思维	运用开放性、创新性的思维方式应对问题情境,组织相关的知识与能力,注重独立性、批判性、发散性的思考。综合运用直觉的、顿悟的、灵感的、形象的、逻辑的方法,提出新视角、新观点、新方法、新设想,创新性地解决生活实践或学习探索情境中的各种问题

其次,关键能力是指面对与学科相关的生活实践或学习探索情境中的问题时,有效地认识问题、分析问题、解决问题所必须具备的综合能力和学科知识。高考评价体系确立了符合考试评价规律的三个方面的关键能力群。

(1)知识获取能力群。面对与学科相关的生活实践或学习探索问题情境时,客观描述世界、科学解释世界的过程中表现出的稳定的个性心理特征,是个体认识世界、学会学习所必须具备的关键能力,主要包括语言解码能力、符号理解能力、阅读理解能力、信息搜索能力、信息整理能力,等等。

(2)实践操作能力群。面对生活实践或学习探索问题情境时,进行学以致用的学科认知操作和行动操作的过程中表现出的稳定的个性心理特征,是理论联系实际所必须具备的能力基础,主要包括实验设计能力、数据处理能力、信息转化能力、动手操作能力、应用写作能力、语言表达能力,等等。

(3)思维认知能力群。面对生活实践或学习探索问题情境时,进行学科认知加工的过程中表现出的稳定的个性心理特征,是学习者在秉持科学态度,运用严谨的理性思维和丰富的感性思维,发现新问题、运用新方法、解决新问题、获得新结论的过程中表现出来的思维能力,是激发个体好奇心、想象力、塑造创新人格所必须具备的能力基础,主要包括形象思维能力、抽象思维能力、归纳概括能力、演绎推理能力、批判性思维能力、辩证思维能力,等等。

依据《中国高考评价体系》对学科素养和关键能力的规范性界定,同时参照普通高中学科课程标准(2020 修订版)并结合高校人才选拔要求,以及总结近年来高考评价体系指导下的高考命题实践,本部分将“能力素养银线”综合概括为以下六个方面:信息获取与加工、逻辑推理与论证、科学探究与思维建模、批判性思维与创新思维、审美鉴赏与判断、语言组织与表达。聚焦学科素养,强化关键能力考查,加大对学生信息获取与加工、逻辑推理与论证、科学探究与思维建模、审美鉴赏与判断、语言组织与表达以及批判性思维等高阶思维能力的考查,是近年来新高考命题中的核心指导思想;在具体的命题实践中,无论是全国卷还是地方卷,该指导思想都得到了充分体现。下面以近 3 年高考试题为例,深入剖析“能力素养银线”在高考命题中的具体体现,充分认识和准确把握“无思维,不命题”的命题要求。

一、信息获取与加工

信息识别、获取与加工是解决问题的最重要的基础能力，要求学生能辨识模型、图表、数据、文本、符号、图形中的各种信息，从中提取关键内容，建立关键信息之间的逻辑关联，并与已学相关知识进行嫁接整合，是思维过程中的第一道关卡。高考命题通过文字、图形、表格、符号、数据等方式呈现信息，加大试题信息的广度和容量，考查学生从多种形式呈现的丰富材料中“定位、识别、筛选、分类、概括、连接、转述”关键信息的能力。其中，定位是指通过文本阅读，快速定位和提取关键信息；筛选是指区分有效与无效、主要与次要，排除干扰信息，识别关键信息，一般体现为分析的过程；概括是指从个别到一般、从多到一的归纳过程以及从个别到个别或从一般到一般的类比过程；连接是指在关键信息间建立简单的逻辑关系，形成完整一贯的逻辑链条与关系，一般表现为推理过程；转述包括图文转化、数形转化、句式转换、立场转换、坐标转换等，主要体现为理解过程。

2022 年高考语文试卷延续了注重信息获取与加工能力考查的命题风格，新高考Ⅱ卷现代文阅读Ⅰ的三则材料以《红楼梦》的翻译为例，在大量的文本信息中，要求学生获取关键信息，区别混淆信息，突出对学生关键信息获取、整理和加工能力的考查。2022 年高考全国乙卷理科数学第 13 题、新高考Ⅰ卷数学第 20 题与新高考Ⅱ卷数学第 19 题等试题均通过数据场景形式考查学生整理和加工信息的能力。2022 年高考英语试卷通过提高阅读理解试题的分值与比重，进一步强化对阅读理解能力的考查，引导学生注重对阅读理解、关键信息识别和加工能力的培养。全国甲卷第 28～30 题，突出考查理解具体信息和推断与理解主旨要义等关键能力，全国乙卷第 31 题考查信息解读与归纳，总结出适合文章的标题。2022 年高考文科试题同样聚焦考查学生信息识别、获取与加工的能力，全国乙卷文科综合第 24 题以古代中国的相关记载构建学习情境考查学生运用理解与辨识、概括与提炼等方式获取和解读历史信息的能力。2022 年高考物理试题通过呈现物理过程中关键物理量的信息，考查学生从图像中获取信息、加工信息并利用有效信息进行合理推断的能力。全国乙卷理科综合第 25 题呈现了 2 个物块在光滑水平面上发生弹性碰撞的速度—时间图像，要求学生从图像中提取 2 个物块碰撞前后的速度大小、达到共同速度的大小和时刻，掌握速度—时间图像下的面积对应物块运动的位移等，对学生信息处理能力要求较高。2022 年高考化学试题创新信息呈现方式，要求学生多角度、多层次、多维度地认识化学基本规律，在分析和解决化学问题的过程中考查学科关键能力。全国乙卷理科综合第 11 题在元素周期律等典型考查方式的基础上丰富了信息呈现形式，试题不仅提供了几种元素的结构及性质，还提供了这几种元素组成的化合物的热重曲线，考查学生整合并处理多种类型信息的能力。2022 年高考生物试题注重考查学生剥离图表信息及转化为解决问题要素的能力，引导教学注重培养读图的基本能力。全国甲卷理科综合第 5 题创设鱼苗在鱼池中生长的情境，要求学生分析该种群相关数量特征对应的曲线，考查学生图文转换的能力。

2023 年高考试题进一步加强对信息获取与加工能力的考查，更加注重考查考生对信息进行分析、比较、归纳、推理等加工操作的过程，以及如何产生有条理、有理据和有逻辑性的答案。

2023年高考语文命题加大试题信息的广度和容量,试题材料呼应教材,题干设问、答案设计注意与教材中的重点内容建立知识链接,考查学生从多种形式呈现的材料中筛选、分类、概括、连接、转述关键信息的能力。2023年新课标Ⅰ卷信息类文本阅读摘编自赫克托·麦克唐纳《后真相时代》一文,通过西方媒体在关于拉美地区藜麦生产和消费的报道中大量使用"竞争性真相"的事例引导考生深入思考信息时代理性分析和审慎判断的重要性,提醒考生在面对热点事件时应走出情绪判断的误区,明辨慎思,多角度、多层次地看待问题,重点考查学生定位获取、分析整合信息的能力,进行正确推理判断的能力,识别选项推理谬误的能力。2023年高考数学试卷对信息整理能力的考查主要表现为理解运算对象,掌握运算法则,探究运算思路,求得运算结果,聚焦在3个方面的要求:会根据概念、法则、公式进行识别筛选、变形和数据处理;能根据问题的条件,寻找与设计合理、简洁的运算途径;根据要求对数据进行估计和近似计算。例如,如新课标Ⅰ卷第17题以正弦定理、同角三角函数基本关系式、解三角形等数学内容,考查数学运算素养。新课标Ⅱ卷第22题和全国甲卷理科第21题,将导数与三角函数巧妙地结合起来,通过对导函数的分析,考查函数的单调性、极值等相关问题,通过导数、函数不等式等知识,考查分类讨论的思想、化归与转化的思想。数学试题中有非常多的试题都是通过数据场景来考查学生的信息获取与加工能力。2023年高考英语卷听力和阅读部分未直接考查基础的语言知识,而是强调语言知识在具体应用情境中的综合运用,比如听力部分要求考生能够辨析有关日常生活话题的简短对话或独白,需要考生基于真实的语言交际情境,运用交际语言知识和会话原则作答,而阅读部分主要考查考生对语篇的阅读理解能力,要求考生能够理解语篇主旨要义和文中具体信息,根据上下文识别、辨析、推断单词或短语的含义,能够根据所读内容作出判断和推理,理解文章的基本结构,理解作者的意图、观点和态度等。

2023年高考文科综合试题聚焦考查学生对材料信息获取、识别、甄选、加工和阐释的能力,通过呈现多维度、多角度、立体化的材料,加强对信息加工、逻辑推理等关键能力的考查,引导学生突破思维定式,透过现象看本质。文科综合新课标卷第42题要求学生从材料中提取有效历史信息,在归纳概括的基础上进行比较分析,透过纷繁的历史现象看到本质,综合考查学生最大限度地获取有效信息、开展论证和探讨问题的能力。全国乙卷第34题围绕20世纪30年代美国法西斯组织活动猖獗的史实创设情境,考查学生在找准题干关键信息的基础上调动所学知识进行推理判断的能力。2023年高考理科学科试题同样突出了对信息识别和加工能力的考查,运用数据表格、变化曲线、结构模型图等信息呈现方式,要求考生能够准确理解试题信息,考查考生从这些信息中提取和筛选关键数据、进行数据转化,将题干重要信息进行识别和加工并与所学知识进行匹配和运用,提升分析和解决实际问题的能力。化学试题创新试题呈现方式,要求学生能够阅读和理解文本、符号、图形、表格等信息,深度挖掘数据,客观全面地提取有效信息,准确概括和描述所涉及现象的特征及其相互关系,透过现象看本质,发现信息中蕴含的规律或原理。全国乙卷第21题考查从文本中获取信息,"当物块从木板右端离开时"包含了物块的位移等于木板的位移与木板长度的和、物块的速度大于木板的速度等信息,这些信息都是解决问题的关键;北京物理卷第14题,题目给出了接收器接收到的光的频率公式,这个公式对学生来讲是陌生的,这就考查了学生接收并应用新信息的能力;全国甲卷第21题考查学生从物理图像中获取信息的能力，第 18 题考查从题图中获取信息的能力，利用电场线的分布情况，确定粒子可能的运动轨迹；江苏卷的第 1 题、第 5 题、第 6 题也考查了从题图中获取信息的能力，在第 7 题中还加入了干扰信息“四条腿与竖直方向的夹角均为 θ”，考查学生从众多信息中提取有效信息的能力。

2024 年高考语文试卷中的现代文阅读命题材料，体裁有小说、散文、随笔、科普等，作者有国家领导人、现当代学者、现当代作家等，内容丰富多彩。命题选材较之从前选材范围更宽，类型更丰富，信息的广度和深度都有所加强。考查内容有意识地呼应教材，题干、选项与答案设计注重与教材内容建立有效的知识和能力链接。从记忆、筛选、分类、概括，到连接、转述、加工、整合，对学生获取和加工关键信息的能力提出了更高要求。2024 年高考英语全国卷精选语篇，扩大选材范围和材料类型，强调对文章整体结构和关键信息的理解能力。文本精细阅读要求考生不仅能从文本中直接提取具体细节信息，如数字、时间、地点、任务，以及活动的起因、过程、方式、结果等重要信息，而且能通过归纳概括，理解概念性信息，推断作者的观点和态度等。新课标卷通过提高阅读理解试题的分值比重，进一步加强对信息加工、关键概念以及阅读理解能力的考查，引导中学英语教学重视信息识别加工能力和阅读理解能力的培养。文本、图像和示意图等信息是物理试题必用且最直接、最主要的呈现形式。文本中往往包含着解决问题所必需的隐含信息、符合物理规律的条件信息、打开解决问题突破口的关键信息等，需要从文本中获取有效信息并对信息进行加工。2024 年高考物理新课标卷第 15 题，要求从题目的文本中获取关键信息，构建起平抛运动的模型，根据平抛运动的规律，题目就可以迎刃而解。全国甲卷第 21 题设置半开放问题情境，要求学生正确提取图像中的关键信息，分析各种可能的运动情况，考查学生获取、加工信息以及利用关键信息推理论证的能力。2024 年化学试卷丰富试题呈现形式，考查信息获取与加工能力。化学是一门实践应用性极强的学科，信息获取与加工能力对于化学研究至关重要。高考化学试题提供多种图表形式的信息，深入考查学生的信息获取与加工能力。全国甲卷第 28 题以化工领域具有重要意义的甲烷转化为载体，借助浓度时间图像和催化反应机理等方式提供信息，考查化学反应原理方面的知识。学生需要理解所给信息，根据图文进行综合分析，并对相关数据进行加工应用。2024 年高考历史试题注重增强试题的开放性、综合性，灵活设计设问方式，考查学生调取信息、分析信息、综合处理信息的能力。2024 年新课标卷第 44 题以新中国装备制造业从无到有、从弱到强的发展过程为切入点，展现新中国成立以来中国现代化建设所取得的巨大成就，要求学生从材料中提取有效历史信息，考量具体的时空环境，结合所学知识予以解读，概述出新中国成立以来装备制造业的发展历程，综合考查学生最大限度地获取有效信息、开展论证和探讨问题的能力。全国甲卷第 42 题以 1900 年与 2000 年的世界城市分布地图设置情境，要求学生提取材料中的有效信息，概括出 1900—2000 年的世界变化趋势，对学生的筛选、概括和转述等逻辑思维能力进行了较好的考查。全国甲卷第 26 题围绕明朝进士编纂农村生产生活的指导书籍创设情境，考查学生联系明朝中后期的特定背景，在找准题干关键信息的基础上对士大夫阶层广泛参与日用类书籍编纂作出合理历史解释的能力。

二、逻辑推理与论证

逻辑推理与论证是学生形成科学思维不可或缺的能力，无论科学发现还是理论建立，抑或是工程师寻找解决问题的方案，都依赖于推理与论证技能。通过培养学生的推理与论证技能，可以让学生学会如何提出问题、论证推理、得出结论、修正观点，并能选择和运用证据支持自己的观点，为研究问题建构合理的解释。在推理和论证过程中，学生的思维能力和思维品质尤其是科学思维得到有效提高，而且这种思维能力可以有效运用和迁移到其他的任何情境、学科和问题中。通过推理与论证过程，学生将学会如何针对一个主张表达自己的观点，以及如何评价别人的主张。另外，良好的逻辑推理与论证能力训练能够帮助学生大幅提高其论文写作和表达的能力，引导学生在写作中呈现概念清晰、逻辑严谨、边界明确、证据可靠、论证充分的论证过程及结论。

逻辑推理与论证是指从已知的事实或理论（前提、条件或假设）出发，经由准确、充分的证据链（有效信息）和清晰、严密的逻辑链（相关性、因果性），推导出合理结论的思维过程。逻辑推理与论证着重考查学生根据已有前提和证据逻辑一贯地得出可靠结论的能力，一方面强调逻辑的有效性，另一方面要求证据的可靠性。逻辑推理与论证一般由前提（条件或假设）、证据（数据、文献、史料、理论观点等）、逻辑关系（归纳、演绎、因果、类比等）和结论（观点或主张）四个部分构成。通过比较、概括、推理、综合等思维方法的学习运用提高学生的逻辑论证能力，促使学生思考时做到清晰、准确、规范、严谨，表达时做到言之有物、言之有理、言之有据。

课程标准对各个学科的核心素养都提出了要加强学生逻辑思维的发展，促进思维品质的提升，《中国高考评价体系》明确规定了高考命题改革就是要加强对学生思维品质和思维过程的考查，尤其是归纳推理、演绎推理等逻辑思维能力的考查。如果不掌握基本的逻辑推理和有效论证方法，将在整个高中学习和高考备考中举步维艰、事倍功半。我们日常生活和学习中，逻辑推理与论证无所不在，而且每个人都要面对他人的推理和论证。学习逻辑和推理，可以使思维更缜密，论证更严谨，结论更可靠，语言表达更准确有力。逻辑推理与论证能力是高品质思维的核心构成要素，是高素质人才培养的必备条件。良好的思考、推理和论证能力，都是要通过系统学习和规范训练得到改进和提高的。规范、系统的逻辑训练是具备良好推理和论证能力的基础，我们至少应该对规范的逻辑形式及论证方法做系统训练，这些逻辑形式和论证方法包括但不限于演绎法（如直言三段论、选言三段论、假言三段论、构造性两难等）、归纳法（如概括法、简单枚举法、科学归纳法、统计归纳法等）、类比法（如类比的加强与减弱、类比的五要素等）、因果推理（如穆勒法的契合法、差异法、契合差异并用法、共变法、剩余法）、识别常见的逻辑谬误（如概念偷换、以偏概全、不当类比、虚假因果、因果倒置、稻草人谬误、熏鲱谬误、滑坡谬误、否定前件谬误、肯定后件谬误、合成谬误、分解谬误、循环论证、证据偏见等）、论证的结构（如垂直模型、水平模型、共同前提、多重结论等）、论证的评估（如评估三要素：观点、证据、逻辑；评估五准则：清晰、可靠、相关、完整、合理）、论证的构成（如图尔敏模型）等。

2022 年语文新高考Ⅰ卷作文题围绕围棋学习中的三个术语“本手、妙手、俗手”进行论述，学生可以写成驳论文，批驳生活中那些不重视“本手”、只刻意追求“妙手”的现象；写作此文要先破后立，这对学生的独立思考、逻辑论证、概念辨析以及证据选择等能力提出了较高要求。2022 年语文全国甲卷作文题选择《红楼梦》中众人给大观园中桥上亭子的匾额题名的事，向学生解释了何为“借用”、何为“化用”、何为“创新”，以此创设了写作情境，要求学生在三个关键词中选择某个关键词进行着重论证，考查学生论点清晰、持论有据、逻辑一贯、表达准确的能力。2022 年全国甲卷文科综合第 33 题以 17—18 世纪不同时期英国东印度公司进口的部分亚洲货物价值占比信息创设情境，考查学生进行信息加工和逻辑推理的能力。全国乙卷文科综合第 42 题选取《后汉书》等史籍中关于东汉良吏与老虎相关的史事记载，要求学生自选角度发现问题，并得出相应的结论。文科综合全国甲卷第 37 题第(4)小题，通过设置开放性设问，鼓励学生自行提出明确合理的科学观点并展开有理有据的分析论证。

2023 年高考语文试题从能否形成观点、能否合理推理、能否严谨论证、能否准确表达等多个方面对逻辑思维能力进行考查。全国甲卷写作试题材料给出“人・技术・时间”的话题，指出“人们因技术发展得以更好地掌控时间，但也有人因此成了时间的仆人”。试题从话题出发，结合个人体验或对社会生活的观察，分析、归纳、反思相关现象，凝练成自己的观点，再寻找并使用恰当的证据支撑观点。作文题试题材料简洁，要求考生调动推理能力，发现问题、形成观点、展开论证，这对学生的独立思考、逻辑推理、概念辨析、证据选择以及论证展开等能力提出了较高要求，具体考查学生论点清晰、持论有据、逻辑一贯、表达准确等关键能力。新课标Ⅰ卷现代文阅读Ⅰ材料摘编自赫克托・麦克唐纳的《后真相时代》，书中讲述西方媒体在关于拉美地区藜麦生产和消费的新闻报道中大量使用“竞争性真相”，试题通过这一事例引导考生深入思考信息时代理性分析与审慎判断的重要性，提醒考生在面对热点事件时应走出情绪判断的误区，多角度、多层次地看待问题。

近年来，语文的信息类文本阅读题主要考查学生的逻辑推理与判断能力，该类选择题通常会设置相关干扰项，考查学生在充分掌握信息基础上进行推理判断与逻辑谬误识别的能力，经常出现的逻辑谬误包括概念偷换、以偏概全、虚假因果、错失主旨、错置关系、不当类比、循环论证、滑坡谬误、合成谬误、分解谬误等。考生如果能够在快速信息处理的基础上，准确识别选项中的逻辑谬误，将极大地提高答题的准确性和效率。与此同时，近年来的信息类文本还设置了论证某一观点的开放性题型，要求学生有效甄别或选择某一观点并提供有力的论证，包括论证的结构、证据的选择、观点/结论的得出等，这些对学生的逻辑推理和有效论证能力提出了较高的要求。2024 年新课标Ⅰ卷文言文试题材料一节选自《资治通鉴・汉纪》中李陵请命抗击匈奴、战败后投降的一段，材料二节选自王夫之《读通鉴论》，是针对《资治通鉴》所记载的李陵事迹而作的一段议论。该试题考查批判性思维能力，引导学生全方位、多角度地思考问题，明辨是非而不拘于一隅之见。全国甲卷古诗文阅读题选取吕本中的《次韵钱逊叔泛舟虹桥》为材料，其颔联“舟比蜉蝣千顷外，□同斥鷃一枝栖”中出现一个缺字，第 14 题 C 项就此设计：斥鷃见于《庄子・逍遥游》，用来与鹏做对比，因此诗中缺字应是“鹏”。这有助于引导考生提高逻辑思维能力。

2023 年历史试题强调综合运用科学方法对历史现象进行梳理、论证和探讨，全国甲卷第 41 题引入学术界近年来对《塞尔登中国地图》的研究成果，要求学生根据材料信息判断该地图为中国人所绘制的依据，对判断、推理等逻辑思维能力进行了较好的考查。全国甲卷第42题要求学生结合史实阐释一则新中国的“国家记忆”，答题要求：体现国家意义，观点正确，史论结合，逻辑严谨。全国乙卷第42题要求学生对材料中观点提出自己的看法，并加以阐述，要求看法具体明确，史论结合，论据充分，表达清晰。山东卷第19题，结合材料，以“深圳·窗口”为题写一则历史短文，要求：表述成文，叙述完整；立论正确，史论结合；逻辑严密，条理清晰。湖南卷第18题要求学生结合所学知识，对上海厚生纱厂招募湖南女工一事引发的争议进行评析，答题要求史实准确，符合逻辑，表述清晰。湖南卷第19题要求学生根据材料，结合所学知识，围绕葡萄酒的历史提炼一个论题，加以阐述，答题要求写明论题，史论结合，表述清晰。上述这些开放性试题在设问和答题要求上都明确要求学生观点清晰、言之成理、证据可靠、逻辑严谨、表达正确，着重考查学生逻辑推理与论证的能力，这已成为近年来高考文科试题的一般性要求。地理试题从要素综合、时空综合、区域综合的角度，强调地理要素之间相互作用、相互影响，引导学生摆脱思维定式，提升学生灵活运用基本原理的能力。地理阐释类试题不仅需要给出结论和观点，还要提供论据，需要对条件和结论进行完整的阐释，对逻辑推理与论证的能力提出了新的要求。如全国乙卷第37题，若要在亚欧大陆建设一座能够反映全球二氧化碳浓度变化的观测站，请提出合适的站址并说明理由。湖南卷第19题，科研小组预测两条河流会发生袭夺，请判断袭夺关系，并说明理由。福建卷第19题，研究表明P处北侧附近没有海洋入侵的痕迹，现作为野外科考队，欲寻找证据证明，请从两个方面分别论证说明。广东卷第19题，有人认为现代对马暖流形成于距今约8000年，但也有人并不认同，基于所给材料，请表明你支持的观点，并说明理由。上述试题都要求学生在给出结论或观点的同时还要结合证据进行有效的论证，对学生的逻辑推理与论证能力提出了较高的要求。

2024年高考语文信息类文本阅读的选择题很多选项的正误判断主要考查学生能否快速识别逻辑谬误，新课标Ⅰ卷信息类文本阅读题第Ⅰ题，主要考查学生是否能快速识别选项B犯了“以偏概全”的逻辑谬误(从一个特定对象的规律推出一个普遍性的结论)。逻辑推理是获得数学结论、构建数学理论体系的重要方式，是数学严谨性的基本保证，是人们在数学活动中进行交流的基本思维品质。逻辑推理素养是高考数学的重点考查内容，要求考生掌握逻辑推理的基本形式和规则，探索和表述论证过程，有逻辑地进行表达和交流。2024年数学新课标Ⅰ卷第8题考查对抽象函数的理解以及基础的逻辑推理能力，熟悉逻辑推理和不等式的学生无须任何计算即可排除选项C、D，再在选项A、B中作简单的推算即可得出正确答案，充分体现了重视逻辑推理和多想少算的命题理念。新课标Ⅰ卷第18题，以基本求导公式及求导法则、利用导数判断函数单调性的方法为素材，考查灵活运用导数工具分析、解决问题的能力，考查学生的逻辑推理能力、运算求解能力。新课标Ⅱ卷第18题以二项分布、离散性随机变量的分布列为工具，考查分类讨论的思想和推理论证能力。

2024年高考英语命题将继续加强内容和形式创新，优化试题设问角度和方式，增强试题的开放性和灵活性，引导学生独立思考和判断，培养逻辑思维能力和创新思维能力。新课标Ⅰ卷阅读D篇选取的语篇探究市民科学家使用移动应用程序收集的生物样本数据在生物学研究中的可用性，指出实证研究发现的问题并提出提高数据有效性的措施。基于语篇命制的四道试题循着"了解现状—聚焦问题—分析原因—提出建议"的逻辑进行设计，考查学生能否准确理解每个环节的关键内容，引导学生培养科学探究精神，合理运用逻辑思维和批判思维方法，提升发现问题、分析问题、解决问题的能力。各套试卷总体结构一致，均包括听力、阅读、语言运用和写作四个部分，考查要点覆盖较为全面。听力部分主要考查学生能否听懂日常交际和学习场景中的简短对话或独白，考查的微技能包括在理解对话或独白内容的基础上结合交际情境获取具体信息、理解主旨要义、进行简单推断等；阅读部分主要考查学生能否读懂各种类型和不同主题的简短语篇，考查的微技能包括在理解语篇主要内容的基础上获取具体信息、概括主旨要义、辨析观点或态度、识别作者目的、进行逻辑推断等。

文科学科包括思想政治、历史和地理，不论是开放性综合试题还是封闭型的选择题，不论是全国卷还是分省卷，对逻辑推理与论证能力的考查成为命题的基本要求和普遍特征。2024年高考试题创设了开放性的设题特点和答题要求，对学生围绕相关主题进行独立思考，收集、组织并运用高质量的史料或证据对某一观点进行逻辑严密的论证提出了明确要求。历史试卷以历史事件、历史现象、历史人物等的发展演变为背景，考查学生分析并全面解读历史信息，辨别历史事实与历史结论、历史观点，进而发现历史问题，独立提出观点，并结合相关历史证据和事实予以逻辑严谨的论证，从而明确得出个人观点的综合能力。思想政治高考命题越来越重视逻辑推理与论证能力的考查，演绎推理在开放性试题中得到了广泛的运用，该类试题要求学生在准确把握辩证法或唯物史观基本原理的基础上，提炼出推理论证的大前提，再从材料信息中概括出推理论证的小前提，然后运用演绎推理得出观点或结论，这类试题充分体现了逻辑推理与论证能力在思想政治科目命题中的重要性。2024年高考政治新课标卷第23题结合公交客流量与票价之间的关系这一社会生活话题构建情境，要求学生运用充分条件假言推理的知识对现实问题进行正确判断，引导学生逐步形成对现实问题的逻辑认知，进而提高逻辑思维能力。

理科学科包括物理、化学和生物，近年来高考试题加大了对逻辑推理和论证能力的考查力度，要求学生从一般原理或规律出发，运用数学演算或逻辑推理得出特殊事实应遵循的规律。高考物理命题突出推理论证能力的考查，更加注重考查思维过程，鼓励学生运用创造性、发散性思维多角度分析解决问题。逻辑推理包括归纳推理和演绎推理，其他常见的推理方式还有类比推理、分析与综合推理等。高考物理新课标卷第26题运用较为新颖的表征方式描写物理状态，要求学生通过速度坐标系获取粒子的运动信息，建立粒子速度空间和运动空间的关联，考查学生推理论证、分析综合能力。全国甲卷第18题通过给出点电荷电势的表达式，考查学生结合已学的物理规律进行推理的能力。全国甲卷第21题设置半开放问题情境，要求学生分析线框以不同速度进入磁场中的运动情形，考查学生利用关键信息推理论证的能力。2024年高考化学试题考查学生的探索归纳与论证能力，要求学生灵活运用所学知识，向学生渗透科学思维。全国甲卷第13题和新课标卷第13题均提供溶液中离子浓度的数据图，学生需要分析出各数据曲线所代表的微粒种类，考查学生利用数据进行归纳论证的能力。全国甲卷第10题给出四瓶无色溶液之间的反应关系图，学生需要分析物质之间相互转化的信息，经过逻辑推导和探索归纳得出各无色溶液所代表的物质种类并加以论证。

三、科学探究与思维建模

科学探究是围绕“科学问题”展开的一系列“求解”过程，是科学思维的具体体现，要求学生合理组织、调动相关学科知识，实施调研、探究或实验的活动，采用严谨求真、实证性的逻辑思维方法发现问题、提出问题、分析问题，并寻求有效的问题解决方案。科学探究是指观察、发现和提出科学问题，形成猜想与假设，获取和处理信息，基于证据得出结论并作出解释，以及对科学探究过程和所得结果进行评估和反思。以证据为基础，运用各种信息分析和逻辑推理得出结论是科学研究的主要活动。

科学探究主要包括问题、证据、解释和评估反思四个要素。其中，“问题”是指具有科学探究意识，能在学习和日常生活中发现问题，提出合理的猜想与假设。“证据”是指具有设计探究方案和获取证据的能力，能正确实施科学探究方案，使用各种科技手段和方法收集信息，包括通过观察、调查和实验等方法收集证据，准确使用实验器材、设计实验方案和收集实验数据等。“解释”是指具有分析论证的能力，会使用各种方法和手段分析、处理信息，描述、解释探究结果和变化趋势，基于证据得出合理结论等，包括基于证据分析现象背后的原因、对证据的可靠性进行评估、评价结论的可靠性与有效性等。“评估反思”是指具有交流和合作的意愿与能力，能准确表述、评估和反思探究过程以及科学探究所得到的结果。

与科学探究具有一定的相似性，思维建模(包括数学建模、物理建模等)能力是将思维过程模型化、可视化、可运算的能力，主要包括科学抽象、关键变量选择、模型建构、理想实验、科学推理与数学运算等环节。思维建模一般可分为理想模型和理论模型。理想模型是根据研究对象和问题的特点，在一定条件下对研究对象进行抽象，抓住主要的、本质的因素，建立一个易于研究、能反映研究对象主要特征的新形象。理想模型是科学抽象和概括的结果，是科学家为了描述客观事物的规律将研究对象抽象为理想模型。理论模型是在观察、实验的基础上，经过理性思维，对某一研究客体和研究对象的结构、相互作用、运动规律等所做的一种简化描述，这种模型通常是以假说的形式出现，它能解释某些客观现象和实验事实，反映研究对象的主要特征，理论模型的正确性和有效性要经由实验来检验，并且得到不断的修正和完善。建模方法是科学研究的常见方法，模型思维是极为重要的科学思维。科学探究与思维建模能力的考查在数学、物理、化学、生物等理科学科中更为突出，主要以各种情境模拟的科学实验与科学场景，把科学研究活动中的重要步骤、核心环节、主要参数，以图文或数据形式展开问题设置，考查学生科学探究的能力。科学探究和思维建模是科学人才培养的关键，是科技攻关的必备前提。突出科学探究与思维建模能力的考查，是我国拔尖创新人才培养的内在要求。

数学试题着重考查数学探究过程，包括观察分析事实、提出有意义的数学问题、猜测其结论或规律、发现数学命题。2022 年全国乙卷理科数学第 9 题、文科数学第 12 题研究球内四棱锥体积的最大值问题，要求学生有较强的空间想象能力和分析问题能力，只需将问题转化为三次函数的最值问题，进而利用导数求解。2022 年新高考Ⅱ卷数学第 8 题对思维的灵活性有较高要求，在抽象的情境中发现函数周期性是解题的关键。2022 年全国甲卷理科数学第 20 题、文科数学第 21 题，考查了直线、抛物线、三角函数、不等式的基本性质以及解析几何的基本思想方法，要求学生在复杂的直线与抛物线的位置关系中，抓住问题的本质，发现解决问题的关键，选择合理的方法。2023 年高考数学科在命制情境化试题过程中，兼顾情境的多样性，丰富情境类型，同时加强问题情境抽象转化为数学问题过程的考查，实现数学必备知识和关键能力的考查要求。如新课标Ⅰ卷第 10 题，利用对数函数研究噪声声压水平，通过对声压级的研究，考查学生科学探究与思维建模的能力。新课标Ⅱ卷第 19 题，要求合理平衡漏诊率和误诊率，制定检测标准，试题考查频率分布直方图，样本估计总体等统计知识，考查数学建模和数学应用能力。全国甲卷文、理科第 19 题，研究臭氧环境对小白鼠生长的影响，将小白鼠随机分配到试验组和对照组，利用成对数据制成 2×2 列联表，进行独立性检验，考查学生的科学探究与建模能力。2024 年数学新课标Ⅰ卷第 19 题以等差数列为知识背景，创新设问方式，设置数学新定义，搭建思维平台，引导学生积极思考，在思维过程中领悟数学方法，自主选择路径和策略分析问题、解决问题。

自然科学的本质属性使得科学探究或实验探究能力成为高考理科试题最重要的考查目标之一。高考理科学科（物理、化学、生物）特别重视对科学探究和模型建构能力的考查，具体表现在考查学生如何选取实验材料、设计实验方案、分析实验结果、理想建模与模型求解等方面。建构与应用模型是物理科最重要的研究方法之一，也是物理科的核心学科特色。模型建构能力是指在研究比较复杂的物理科研究对象过程中，抓住主要因素，忽略次要因素，对实际问题进行理想化处理，建立起能够描述客观事物本质的抽象的物理模型。高考物理试题注重物理模型建构能力的考查，通过创设情境，引导学生建构模型，进而解决问题。2022 年全国甲卷理科综合第 22 题要求学生根据实验目的和提供的实验器材，画出测量微安表内阻的实验电路原理图，具有一定的探究性。全国甲卷理科综合第 23 题利用气垫导轨对弹性碰撞进行研究，展示完整的实验探究过程，在形成结论部分，要求学生将理论与实验相结合，培养学生的证据意识。全国乙卷理科综合第 23 题要求学生选择合适的器材、设计实验电路原理图，探究待测电阻的伏安特性。2023 年全国甲卷第 22 题测绘小灯泡的伏安特性曲线，考查学生对电流表内接、外接两种基本测量电路原理的理解与探究。全国甲卷第 23 题探究物体做直线运动时平均速度与时间的关系，类似伽利略最初研究斜面运动时探究位移和时间关系的实验，考查学生的实验探究能力。新课标卷第 22 题观察电容器的充、放电现象，要求学生能够正确使用多用电表，分析电阻大小对电容器充电电流随时间变化曲线的影响以及曲线下面积的物理意义；2024 年高考物理试题同时在实验原理的理解、实验方案的设计、实验仪器的选择、基本仪器的使用、实验数据的处理、实验结论的得出及解释等方面加强设计，考查考生的实验能力与科学探究能力。全国甲卷第 15 题考查的是探究物体加速度与力和质量的关系这个实验的误差分析。全国甲卷第 22 题以物理概念建构过程中的演示实验为素材，设置电梯中的超重和失重问题情境，考查学生对基本仪器的使用，引导教学重视实验探究。全国甲卷第 23 题以给电阻型氧气传感器定标为背景创设问题，考查其对基本测量方法的掌握和实验数据的获取与处理，实验对考生的实验探究能力提出了要求。新课标卷第 22 题通过实验题设问，引导学生深入思考实验设计的原理。辽宁卷第 12 题以半圆拱形的积木为素材创设探究影响简谐运动因素的实验。江西卷第 9 题考查的是用双缝干涉测光的波长的实验。甘肃卷第 7 题考查观察电容器的充、放电现象,等等。2024 年高考全国甲卷第 26 题第(2)问建构全反射状态模型。新课标卷第 26 题,建构带电粒子在电场、磁场中的运动模型。湖南卷第 12 题考查了简谐运动模型,等等。

高考化学试题在实验原理的理解、实验方案的设计、实验仪器的选择、基本仪器的使用、实验数据的处理、实验结论的得出和解释等方面加强设计,考查学生的实验能力和科学探究能力,充分发挥对高中实验教学的积极导向作用,引导教学重视实验探究,引导学生自己动手做实验,切实提升实验能力。2022 年全国甲卷理科综合第 27 题以纯化硫化钠粗品为背景,考查学生分析实验操作方法、选择合理仪器、阐释实验异常原因等方面的实验探究能力。全国乙卷理科综合第 27 题以二草酸合铜(Ⅱ)酸钾的制备为背景,考查学生选取实验器材、选择加热方法、分析实验原理和解释实验现象等实验探究能力。2023 年全国乙卷第 9 题在考查化学原理理解、物质性质掌握、实验装置设计等化学基础能力的同时,考查学生处理化学实验问题的综合思维品质和实践操作能力,引领学生重视化学基本实验技能学习,为复杂问题的深度探究性实验打好基础。山东卷第 8 题以乙酸酐醇解反应为切入点,利用此反应定量测定有机醇中的羟基含量,考查酸碱中和滴定实验基本操作及步骤;第 9 题以乙酸酐醇解反应为切入点,利用此反应定量测定有机醇中的羟基含量,考查化学计算;第 10 题以乙酸酐醇解反应为切入点,利用此反应定量测定有机醇中的羟基含量,考查定量实验误差分析。2024 年化学全国甲卷第 27 题以合成固体氧化剂过氧化脲为载体,以物质合成、性质检测、化学分析为主线,综合考查化学实验中的基本操作,从操作的规范性、方法的严谨性、分析的缜密性等不同维度考查学生的探究能力。实验原理与规范操作的有机结合是实验能力的一个重要体现。新课标卷第 8 题选取点击化学合成法合成聚硫酸酯作为素材,综合考查学生观察对比、分析推理、迁移创新的科学思维。新课标卷第 9 题涉及铁与水蒸气的反应,考查学生操作规范、产物检验、仪器使用等科学研究的能力。新课标卷第 28 题以合成吡咯的实验为载体,考查学生认知物质性质、规范实验操作、信息解读、现象分析与解释等不同层面的能力,引导学生提升科学探究能力。

高考生物试题紧密结合实验,进一步丰富实验探究能力的考查方式和角度,提高学生实验操作的兴趣,加大对学生实验探究和思维建模能力的考查力度,包括实验材料的选取、实验方案的设计、实验结果的分析等方面,从多个角度评价学生科学探究和实验操作的能力。2022 年全国甲卷理科综合第 2 题给出 3 种不同植物细胞在蔗糖溶液中细胞形态变化的结果,要求学生分析细胞液浓度与蔗糖溶液浓度之间的差异,考查学生对实验结果的分析能力;第 38 题以利用胚胎工程保留优良品种为情境,考查精液保存、精子获能、囊胚培养等实验操作的关键步骤,考查学生对实验操作关键信息的理解和把握。全国乙卷理科综合第 37 题以生物学研究中常见的最适浓度探究为问题情境,要求学生写出实验思路,考查学生的实验设计能力。2023 年高考生物从实验设计、实验操作、实验结果分析等多个维度考查学生的科学探究能力,引导学生注重科学思维的培养。全国乙卷第 38 题创设通过基因工程技术获得多种颜色的荧光蛋白的问题情境,考查基因文库、基因突变、目的基因表达载体构建等基本概念的理解,要求学生设计实验探究突变基因在真核细胞中能否表达,考查学生的实验探究能力。2024 年生物全国甲卷第 30 题要求学生设计实验方案验证蛋白质抗原片段在吞噬细胞的溶酶体中出现,考查学生运用实验方法与技术解决新问题的实验探究能力。新课标卷第 32 题要求学生设计实验方案检验血液样品中的 HIV 病毒，该问题可以选取多种方案，给学生提供丰富的思考空间。全国甲卷第 37 题以合理使用消毒液以减少传染病的传播为情境，考查学生微生物培养、计数、涂布平板法、实验结果分析等实验操作和科学探究能力。全国甲卷第 38 题以基因工程表达目的蛋白为背景，考查质粒载体的双酶切、感受态细胞的制备等关键环节的原理和目的，使学生在解决科学探究问题的过程中理解科学精神与科学原理。

四、批判性思维与创新思维

发展学生批判性思维有利于学生在学习中慎重鉴别、筛选和运用纷繁复杂的信息，保持客观而深刻的认识，敢于挑战固有观念或权威结论，是学生形成独立人格的前提，也是学生自主创新的基础。批判性思维是科学思维和理性思维的重要构成要件，是创新人才培养不可或缺的前提。批判性思维属于高阶思维能力，考查学生在面对各种复杂问题时运用已有知识进行审慎思考、分析推理、实证验证等方面的能力。批判性思维以探究和创新为导向，以理性和开放精神为核心。具体来讲，批判性思维是一种自觉通过质疑、查证和推理考查论证的合理性从而决定信什么和做什么的思维。一个完整的批判性思维过程包括理解主题论点、分析论证结构、澄清观念意义、审查理由质量、评价推理关系、挖掘隐含假设、考察替代论证、综合组织论证等步骤或要素。批判性思维与创新思维要求学生具有独立思考的能力，能够自觉运用分析推理、逻辑论证、甄别加工等方法，使用可靠的证据，得出自己的观点，解决实际问题。对于高考试题而言，批判性思维考查形式一般表现为：澄清相关概念、独立提出问题、评估证据与理由、揭示隐含前提、开放与竞争性结论、寻求多种解决方法、构造替代论证、阐释或评估可能的后果等。概括来讲，批判性思维以质疑和提出问题为起点，以获取证据、进行分析推理为过程，以得出有说服力的结论为结果。心智开放、独立思考、敢于质疑是批判性思维的必备品质，训练有素的逻辑推理与论证分析能力以及高水平的证据获取、评估与运用能力是批判性思维的必备技能。

辩证思维旨在反映事物的本来面目，揭露事物内部的深层次矛盾。由于辩证思维是一种深度思维，是从对象的内在矛盾的运动变化中去回答事物的“为什么”与“怎么样”。在理科试题中，要求考生运用开放性、流动性和发散性思维，提出新问题、创建新设想、发现新方法、得出新观点；在文科试题中，试题涉及辨析“观点”、说明“理由”、分析“根本原因”以及评价“意义”的时候，要求考生能够灵活运用辩证思维，从事物的相互联系与动态发展中进行深度考察，以便从整体上、本质上完整地认识对象。

创新思维的目的是造就高水平的拔尖人才，促进社会的整体性进步。通过思维方式的创新，破除迷信，超越陈规，不断推进思想进步和实践发展。创新思维强调革旧布新和创造新事物的能力。批判性思维教育除了引导学生树立理智、公正、开放的人格品质和价值观念，其核心功能还体现在对创新思维的激发和创新能力的提升。批判性思维与创新能力各有侧重，但两者高度吻合乃至重叠的地方非常多。普遍的观点认为，批判性思维与创新思维有着密切的、不可分离的关联，我们无法脱离批判性思维来谈创新思维或创新能力。从某种程度上来讲，创新能力往往是对创新活动的一般性描述，而批判性思维是对创新活动所应具备的价值观和工具方法的具体阐明。批判性思维与创新思维均强调独立开放、敢于质疑、勇于探索、开放包容、严谨推理、观点明确、批判态度等思维方式及技术方法。批判性思维与创新思维就是要引导高中教学打破追求标准答案、总结答题套路、重复机械训练等堕化学生思维、违背教育规律的不良做法。

高考语文试题通过设置新题型、丰富情境化考查方式、增强试题的开放性与灵活性，使学生正确有效地运用习得的语文知识与能力，在学习和生活实践中学以致用；通过科学布局，实现对以批判性思维为代表的高阶思维能力的全面考查。无论是现代文阅读、古代诗文阅读，还是语言文字运用、写作，均注重高阶思维能力的考查。2021 年新高考Ⅰ卷作文“体育之效，强弱之变”，考查学生挖掘其中内含的逻辑关系，运用批判性思维梳理其辩证关系，并运用可靠的证据提供逻辑一致的论证过程的能力。2022 年高考语文四套全国卷均进一步增强了试题的开放性，改变了相对固化的试题形式，使用新题型，增强试题的开放性与灵活性，材料文体和组合形式更加多样，试题考点更加灵活，试题设问更加开放，进一步降低死记硬背和机械刷题的收益。语文新高考Ⅰ卷文学类文本阅读节选自冯至的历史小说《伍子胥》，试题要求学生比较“渔夫拒剑”改写前后文学效果的差别，引导学生根据自己的阅读经验和审美趣味进行个性化解读。试题不设置唯一答案或标准答案，而是给出多个要点供阅卷参考，学生答案只要与之部分相符即可得满分；在已给出的要点之外，学生可以有其他答案，只要言之成理，就可得分。新高考Ⅰ卷写作题，借围棋学习中的三个术语“本手、妙手、俗手”类比，引导学生理解“基础”与“创新”之间的辩证关系。2023 年高考语文全国甲卷论述类文本阅读考查学生分析论点、论据和论证的能力，引导学生梳理全文的论证思路并得出自己的观点，识别并排除选项中的推理谬误。例如，四套试卷的文言文阅读材料题的形式和考查侧重点各有不同。新课标Ⅰ卷文言文阅读的两则材料分别选自《韩非子・难一》和《孔丛子・答问》，聚焦赏罚问题，展现法家和儒家主张的差异及两家立论驳论的交锋，两则材料之间形成一种张力，其中第 14 题针对两则材料设题，要求考生进行比较阅读、批判性阅读，并思考子鲋在批驳韩非时如何抓住其论述的关键漏洞。新课标Ⅱ卷的两则材料分别选自《百战奇略》和《唐太宗李卫公问对》，前者是对淝水之战史实及战略的记述，后者是基于史实及战略的评论，两则材料构成对话关系，要求学生对两则材料进行甄别和判断，提出自己的观点并进行充分的论证。2024 年高考语文新课标Ⅰ卷写作试题以“提出一个问题往往比解决一个问题更重要”这一观点设题：“随着互联网的普及、人工智能的应用，越来越多的问题能很快得到答案。那么，我们的问题是否会越来越少？”要求学生根据材料引发的联想和思考进行写作。试题的开放性强，要求学生打破非此即彼的思维定式，从不同的角度进行思考和写作，围绕核心观点进行充分的论证。新课标Ⅰ卷文言文试题材料由两段文言文组合而成，两则材料在内容上深度关联，材料分别从不同的角度对李陵之降形成完全不同的判断。试题要求从材料一中提取和概括支持王夫之观点的证据，引导考生全方位、多角度地思考问题，明辨是非而不拘于一隅之见，对相关事件、人物从不同角度进行多元评判，以此引导学生批判性思维能力的训练与提高。

高考数学命题创新试题形式，增强试题开放性，鼓励学生运用创造性、批判性、发散性思维分析问题和解决问题，引导教学注重培育学生的创新精神。在多选题的设计上，增强试题的基础性和开放性。2022 年数学新高考Ⅰ卷、Ⅱ卷均设置了 4 道多选题，多选题重视深化基础性考查，强调分析问题、解决问题能力，突出发散性思维和创新性思维。填空题在答案设计上体现开放性。新高考Ⅰ卷第 14 题，要求写出一条与两个已知圆都相切的直线方程，对数形结合的素养和思维的灵活性进行了考查。同时，数学试题中结构不良问题创新试题设计，新高考Ⅱ卷第 21 题，也进一步增强试题的开放性。开放性试题为学生提供了发挥的空间和选择的权利，这种选择包括选择适合自己特点的问题，选择解决问题的方向，选择更简便的解题方法，这是理性思维的高度体现，需要有较强的独立思考能力和批判性思维品质。2023 年高考数学试题体现了创新性要求，通过命题创新，创设新颖的试题情境、新颖的题目条件、新颖的设问方式，尤其是加大结构不良试题的考查力度，有效考查考生思维的灵活性、批判性与创造性。结构不良试题往往表现为条件开放和结论开放，一般包括以下形态：问题条件或数据部分缺失、问题目标界定不明确、具有多种解决方法或途径、具有多种评价解决方法的标准、所涉及的概念、规则和原理不确定或不唯一。2023 年新课标Ⅱ卷第 15 题是一道开放题，有多个答案，考查直线与圆的位置关系、点到直线距离及圆内接三角形性质等知识内容。新课标Ⅱ卷第 12 题以信号传输为情境考查二项分布及其应用，试题设计两种传输方式：单次传输和三次传输，依次研究各种传输方式得到正确信号的概率，考查学生独立思考、挖掘隐含前提的批判性思维与创新能力。2024 年高考数学新课标卷调整试卷结构，减少试题数量，创新能力考查策略，设计全新的试题情境、呈现方式和设问方式，加强解答题部分对基本能力的考查，提升压轴题的思维量，突出理性思维和数学探究，考查学生运用数学思维和数学方法发现问题、分析问题和解决问题的能力。新课标Ⅰ、Ⅱ卷的两道压轴题突出探索性和创新性，灵活运用转化思想，提高思维的有效性，引导学生从不同角度认识问题，鼓励学生主动思考、发散思维，考查思维过程、探究过程和数学创新思维能力，考查学生面对新情境、解决新问题的创新能力。两道题同时还具有很好的引导作用，着力于“反套路、反刷题”，引导中学教学破除题海战术，消除解题套路，重视学生思维能力和学科素养的培养。

高考英语试题高度重视批判性思维与创新思维的考查，强调思维的逻辑性、批判性和创新性。各套英语试卷阅读理解部分的多数试题着重考查推断、归纳、概括、探究、开放等批判性思维高阶能力。2022 年全国卷阅读理解中有 50%以上的试题考查推断、归纳和概括等高阶阅读理解能力。从主题来看，阅读理解部分选取如何避免食物浪费的讨论、悉尼新旧文化冲突、新媒体对家庭教育和生活的影响、英国征收糖税政策的起因和效果等语篇，以夹叙夹议的方式，启发学生运用批判性思维深入思考语篇的主旨要义和思想内涵。2023 年高考英语试题加强批判性思维考查，强调思维的逻辑性、批判性和创新性。试卷阅读部分选取了数字生活理念、都市生活环境中体味自然、灰熊与人类和谐共存方式以及从历史文物中客观认识历史的全貌等语篇。这些语篇启发考生批判性地思考文章的主旨要义和思想内涵，要求学生通过观察、判断、分析、推理、独立思考等方面的能力运用，对文章的论点、作者的观点、作者的态度以及中外文化异同等进行评估和判断，引导学生的批判性思维能力发展。写作部分包括续写题型考查考生在给定的情境中运用相关常识、经验、思想和语言知识进行有效的文字表达、完成特定的写作任务的能力。这些要求考生不断假设、尝试、验证自己的语言表达，且对学生有效得出自己的观点并紧守已有的证据提出了较高的要求,是运用批判性思维与创新思维能力的典型表现。2024 年高考英语试题联系生活实际,加强对批判性思维能力的考查。全国卷通过选取具有探讨价值的语篇,如纸质阅读与数字阅读(可视化学习)的研究成果、现代生物采样数据的科学性、人工智能设计:与人工智能共生的计划、如何应对过度旅游等语篇启发考生运用批判性思维与创新思维深入思考。通过设置推理判断、主旨大意归纳、观点态度辨析等各类高阶思维类试题充分引导考生调动批判性思维与创新思维,根据语篇内容进行逻辑推理论证,通过归纳和概括等作出回答。考生在分析理解文章观点、作者意图和情感态度的过程和积累中,不断思考中外文化异同,引导多元思维和批判性思维习惯的养成。

文科学科(思想政治、历史、地理)试题强调多个知识点的综合运用以及从不同角度进行分析,启发考生自主发现问题、进行合理推理与论证,鼓励独立思考和质疑,并形成独立见解等。2022 年全国甲卷文科综合第 42 题要求学生通过对材料的理解分析,提出自己对国家发展维度的见解。学生可以选择不同历史时期,通过归纳、总结和概括发现不同国家所具有的共同特点,并得出合理结论。全国甲卷文科综合第 37 题第(4)小题,通过设置开放性问题,鼓励学生自行提出明确合理的科学观点并展开有理有据的分析论证,引导学生跳出死记硬背的窠臼,激发创新思维活力。全国乙卷文科综合第 37 题,通过具有进阶性、创造性的设问,要求学生综合内、外力因素,对不同地点海岸线变化的方向和幅度进行描述、概括和比较,引导学生突破气候变暖必然导致海平面上升的思维定式,培养学生实事求是的科学态度、具体问题具体分析的思维方法及敢于突破的创新精神。2023 年文科综合新课标卷第 33 题引入 1808 年欧洲的时事漫画《蛛网里的科西嘉蜘蛛》,引导学生对漫画的内容、性质和价值进行初步鉴别,培养学生对历史问题自主探究的能力。全国甲卷第 36 题以埃塞俄比亚灌溉农机的推广与发展为主题,倡导用辩证的观点看待区域发展问题。全国乙卷第 42 题以梁启超关于"民德"的观点为主题,要求学生对材料中的观点提出自己的看法,并进行论证。2024 年高考文综全国甲卷第 27 题以清代小说的刊印传播和被禁为素材,通过创设对比强烈的历史情境,引导学生理解清朝统治者在借鉴和吸收中原文化的同时不断加强文化控制的历史史实。文综新课标卷第 28 题围绕清代农业租佃关系创设情境,借佃户之口说明"卖田以佃田"的好处,学生需从封建制度、土地生产方式、赋税制度变革等多个维度,理解中国传统农耕生产方式的特点,引导学生强化对中国传统社会发展的长时段思考。

理科学科(物理、化学、生物)各科试题紧密联系生产生活实践,创设日常生活生产实践、技术进步、科学前沿等方面的情境,通过模型建构、科学推理、科学论证、理性思考、实证验证、质疑创新等方面对考生的批判性思维和创新思维进行考查。2022 年全国甲卷理科综合第 24 题、第 25 题,全国乙卷理科综合第 18 题,全国甲卷理科综合第 26 题,全国乙卷理科综合第 26 题,全国甲卷理科综合第 32 题,全国乙卷理科综合第 29 题等,考查学生运用所学知识,进行独立思考解决实际问题的能力,引导学生从"解答题目"到"解决问题"的转变,积极推动学生批判性思维和创新思维能力的培养。2023 年高考命题更加注重试题的设问环节,优化试题呈现方式,注重考查考生的思维品质,避免将学生导向细枝末节知识的过度辨析、典型题套路和技巧的运用,引导教学减少机械刷题现象。全国甲卷第 20 题,设问最少经几次碰撞,粒子就可能从小孔射出？是否射入小孔时粒子的速度越大，在圆内运动时间越短？问题都极具发散性，很好地考查了学生的发散性思维。全国乙卷第 20 题，根据接线柱之间的电压反推黑箱内的电路结构，存在多种可能性，答案不唯一，需要多尝试，思维要缜密，考虑要周全。新课标卷第 23 题的实验，考查学生自主发现问题，提出解决方案。2023 年化学新课标卷第 9 题以新颖的形式呈现由多种元素构成的晶体的结构，要求学生根据晶体中原子成键方式推断元素。全国乙卷第 5 题以含有一种特殊氨基酸的肽链的生物合成为情境，要求学生根据试题信息进行独立判断，考查学生基于生物学事实和证据，质疑、批判进而提出创造性见解的批判性思维能力。2024 年高考物理试题明显加强了对批判性思维能力的考查，主要体现在：第一，试题背景中的隐含前提，在探讨力和运动的试题中，能量守恒就是一个隐含前提，能量守恒定律总是成立的；第二，寻找物理过程中的临界条件，这是高考命题的一个重要方向，如求解极值的问题；第三，结构不良问题，如周期性运动中的多解问题，初始条件的不确定造成结果的多种可能性；第四，发散思维，同一个问题从不同角度解决。2024 年全国甲卷第 21 题，因初始条件的不确定，图像存在若干可能性。新课标卷第 18 题小球的质量、电量大小关系均不确定。新课标卷第 26 题运用对学生而言新颖的表征方式描写物理状态，要求学生通过速度坐标系获取粒子的运动信息，建立粒子速度空间和运动空间的关联，考查学生创新思维。全国甲卷第 18 题通过给出点电荷电势的表达式，考查学生根据物理规律进行推理的能力。

五、语言组织与表达

思维是语言的内涵，语言是思维的载体。语言组织与表达是指信息输入和认知加工之后的具体呈现，它同时也是一个人学科知识、专业素养、思维过程、逻辑论证的具体表现。语言组织与表达是指根据应对问题情境的需要，合理地组织、调动各种相关的知识与能力，准确传达信息并进行交流沟通。能够根据具体情境的不同，选用口语、书面语等不同语体并灵活转换。熟练运用图像、图表、图画表达思维、观点，借助口头语言、书写或绘图工具等表达抽象的概念。语言表达同时也是一个人学科知识、专业素养、思维过程、逻辑论证的具体表现，语言表达考查学生能够运用规范和富有逻辑性的语言进行清晰、有条理的书面表达，能够准确地运用学科术语表达抽象的概念和学科知识。

语言表达考查学生能够运用规范和富有逻辑性的语言进行清晰、有条理的书面表达，能够准确地运用学科术语表达抽象的概念和学科知识。可以说，语言组织与表达是思维世界的具体呈现，也是高考“无思维，不命题”最直接的体现。语言组织与表达一般包括以下几个要素：核心概念、逻辑推理与论证的过程、事实证据、观点与结论、专业的术语或符号等。

语文试题中语言文字运用部分重点考查语句补写、文段压缩、语病辨析、成语和标点符号的使用等，同时也通过作文写作，突出对语言表达能力的考查。数学是一门富有逻辑的语言，数学中的语言表达能力不是一般意义的能够运用口头语言和书面语言进行沟通交流的能力，而是在表达数学的严谨性（逻辑推理、数学运算）、数学的应用性（数学建模、数据分析）和数学的一般性（数学抽象、直观想象）上具有特殊思维性的一种重要能力，数学试题主要考查学生运用数学语言和符号进行解题和表达的能力。英语通过设置特定的情境任务和写作要求，考查学生运用所学语言知识描述解释现象的能力,新高考英语试卷启用读写结合的短文续写新题型,加强对英语语言表达能力的考查。文科综合试题强调能够运用规范和富有逻辑性的语言进行清晰、有条理的书面表达;历史试题、政治试题都通过增加主观题设问的针对性,要求考生以简练、概括和符合逻辑的语言予以论证,重点考查考生的语言组织、逻辑思维、写作表达能力,考查考生面对复杂情境和多层次、连环设问进行语言组织和逻辑表达的能力,考查考生围绕论题组织可靠史料证据进行充分论证和准确表达的能力。理科综合试题则是结合学科特点,通过"简要写出实验思路"等作答要求对语言表达能力提出了要求,引导考生注重应用写作能力的培养。高考物理计算题要求考生运用物理学的专业术语、有逻辑地展示解题的过程,体现出对考生运用物理学专业术语进行表达交流的要求。化学学科的语言表达是交流和展示理论学习成果、撰写实验报告、发表科研论文的基础,将基础知识融入物质合成与转化、材料结构与性质以及实验探究等方面,考查考生对相似概念、重要学科术语的比较辨析和使用专业术语表达的能力。

2023 年高考试题进一步强化对语言组织与表达的考查,要求学生能够从大量的信息中选择出关键和重要的内容,并进行精练和概括,同时能够对思维和观点进行清晰、有条理的组织,包括能够整合和归纳信息,形成严密的逻辑结构,使得所表达的意思连贯、完整和易于理解。2023 年语文四套试卷的语言文字运用题的形式和考点各不相同。全国甲卷语言文字运用题的形式是"一拖五",考点是俗语使用、句子修改、仿写、评论、成语讲解要点;全国乙卷语言文字运用Ⅰ卷和Ⅱ卷的试题形式分别是"一拖三""一拖二",考点是词语用法、句式含义、句式表达效果、语句补写、语段删改;新课标Ⅰ卷语言文字运用Ⅰ卷和Ⅱ卷的试题形式分别是"一拖二""一拖三",考点是语句补写、病句修改、重叠词语的含义、标点的表现力、词语在不同语境中的含义;新课标Ⅱ卷语言文字运用Ⅰ卷和Ⅱ卷的试题形式分别是"一拖二""一拖三",考点是成语填写、语句表达效果、疑问代词用法、语句补写、病句修改。2023 年英语突出阅读理解和书面表达等关键能力的考查,旨在引导学生在英语学习过程中,通过听、说、读、看、写等不同的学习方式和实践活动,深入思考和领悟各项能力之间的关系,协同发展各项关键能力。2023 年英语写作部分强调对书面表达能力的考查,要求考生准确使用语法和词汇,运用一定的句型清楚、连贯地表达自己的意思。书面表达试题要求考生根据题目要求完成写作任务,形式既包括信件、邮件、通知等应用文,也包括根据提纲要点或图片、图表等提示材料书写短文等。短文续写题要求考生阅读一个 300 字左右的语篇之后完成两段文字的连续书面表达。全国甲卷和全国乙卷的写作部分包含短文改错和书面表达两种题型,考查考生基于一定情境的语言表达能力,要求能够理解试题任务要求,改正短文中的语言错误,或撰写征稿和邮件等不同文体的作文;新课标Ⅰ卷和新课标Ⅱ卷的写作部分包含应用文写作和短文续写两种题型,不仅考查基于一定情境的应用文写作能力,还考查阅读理解信息、逻辑思考文章后续发展和准确、连贯表达的能力。

2024 年高考语文全国甲卷语言文字运用第 21 题,设置了一个生活中常见的"患者—医生"的交际情境,考查特定语境下识别和提取必要信息并根据需求和对象进行表达交流的能力。新课标Ⅱ卷语言文字运用第 22 题,考查学生结合具体语境分辨词语语义和情感上的细微差别的能力,体现了语言运用的实践本质。新课标Ⅰ卷信息类文本阅读第 4 题考查设问和反问在文中的论证效果，全国甲卷古代诗歌阅读考查了学生对古代诗歌中练字所取得的艺术效果的赏析能力，都体现了语言文字的基础性和应用性。2024年高考英语全国卷继续深化语言能力基础性考查，强调对语音、词汇、语法、语篇、语用等知识的内化掌握和恰当运用，以及对中外文化知识的理解掌握，强调结合具体语境和交际情境，运用基本语言能力实现准确理解和有效表达。英语科通过设置特定的情境任务和写作要求，考查考生运用所学语言知识描述解释现象的能力。新课标英语试卷启用读写结合的短文续写新题型，加强对英语语言表达能力的考查。读后续写是一种将阅读与写作紧密结合的考查形式，旨在考查学生的综合语言运用能力。与应用文不同，读后续写除了要求学生掌握丰富的词汇和句式外，还注重学生的内容构思和情节衔接的能力。读后续写所需阅读的短文在350个词以内，多以记叙文故事类文章或者夹叙夹议类文章为主，故事情节有曲折、有起伏，但是，故事线索的逻辑性比较强，引导学生协同发展各项语言技能，提升综合语言运用能力。2024年文科综合试卷强调能够运用规范和富有逻辑性的语言进行清晰、有条理的书面表达；历史试题、政治试题都通过增加主观题设问的针对性，加强对考生语言表达和组织论述能力的考查。文科综合要求考生以简练、概括和符合逻辑的语言予以论证，重点考查考生的语言组织、逻辑论证、写作表达能力，考查考生面对复杂情境和多层次、连环设问进行语言组织和逻辑表达的能力，考查考生围绕论题组织可靠史料证据进行充分论证和准确表达的能力。

需要指出的是，上述五大关键能力是相对于所有学科共性而言的，各学科在能力侧重点和表现形式上有所差异，譬如，科学探究与思维建模能力往往在理科学科中表现显著，而在文科学科中则不是那么突出。我们对于学科关键能力的理解不能一概而论，要结合学科属性和特征来理解和把握。如语文的关键能力主要表现为信息获取与加工、逻辑推理与论证、审美鉴赏与创造、语言构建与运用、批判性思维与创新思维等；数学关键能力包括数学抽象、直观想象、数学逻辑、数学建模、数学运算、批判性思维；英语关键能力包括信息获取与加工、逻辑推理与论证、语言理解与表达、批判性思维、文化交流等；物理关键能力包括信息获取与加工、逻辑推理与论证、物理建模、科学探究、批判性思维等；化学关键能力包括信息获取与加工、逻辑推理与论证、科学探究与创新、模型建构与应用、批判性思维等；生物关键能力包括信息获取与加工、逻辑推理与论证、模型建构与应用、科学探究与实验、批判性思维等；历史关键能力包括信息获取与加工、逻辑推理与论证、唯物史观、辩证思维、批判性思维、语言组织与表达等；政治关键能力包括信息获取与加工、逻辑推理与论证、唯物史观、辩证思维、批判性思维、语言组织与表达等；地理关键能力包括信息获取与加工、逻辑推理与论证、模型建构与应用、区域认知、综合思维与比较思维、批判性思维、语言组织与表达等。

六、思维品质：可视化、过程化与规范化

思维品质成为近年来高考命题的一个高频词。思维品质是指思维能力的特点及其表现水平。人们在思维活动过程中表现出不同的特点及差异，就是我们所说的思维品质。思维品质主要包括：思维的逻辑性、思维的广阔性、思维的深刻性、思维的独立性、思维的灵活性、思维的敏捷性、思维的批判性以及思维的创造性等。对高中教育而言，思维品质指学生在正确价值观

指导下,调动、整合、运用所学必备知识、关键能力发现问题、分析问题和解决问题过程中表现出来的可迁移的思维特点及层级水平,是激发个体好奇心、想象力、塑造创新人格所必须具备的基础。

高考评价体系指导下的高考命题就是要加大对学生思维品质的考查力度。通过优化试卷结构,丰富呈现方式、创新设问角度,拓展思维考查的空间,强化思维过程和思维方式的考查,引导学生提升思维品质,减少死记硬背和机械刷题,引导学生在独立思考、深入探索的过程中增强创新意识,培育创新精神。如何有效提高和训练学生的思维品质是当前高中教育面临的重大课题,也是很多一线师生面临的难题。思维品质很多时候被认为是一个抽象概念,较难操作化和实践化,在一线教学实践和学习训练中无法落地。我们认为,思维品质不是一种神秘的、只可意会不可言传的东西,思维能力是可认识、可把握、可训练、可评估的实实在在之物。将思维打开、让思维看得见,是我们进行规范思维训练的前提。因此,要切实有效提高学生的思维品质,首先要认识到思维可视化、过程化和规范化的重要性,并在此基础上,进行有针对性的思维训练,让学生真正做到"知其然而知其所以然",培养可迁移的思维能力,通过"解剖一道/几道题"实现"解决一类题"。

"思维可视化"是指要将思维或能力清晰地整理和呈现出来。这首先要求我们打破思维的模糊性,将思维能力进行清晰的分类和界定,如五大关键能力,就是思维可视化的一种具体操作。将关键能力清晰地界定为信息获取与加工、逻辑推理与论证、科学探究与思维建模、批判性思维与创新思维、语言组织与表达等。针对特定学科,要结合学科属性和特征对其关键能力进行界定,如语文关键能力包括信息获取与加工、逻辑推理与论证、语言建构与表达、文学鉴赏与审美、批判性思维等,数学关键能力包括数学抽象、直观想象、数学逻辑、数学建模、批判性思维等。其次,思维可视化要求让思维的过程和形式能够看得见,可以通过思维导图、推理过程呈现、关键步骤分析、核心构成要素等方式,让思维的过程和形式都清晰地呈现出来。思维可视化对培养和训练我们的思维品质和关键能力尤为重要。

"思维过程化"是指要对思维或关键能力进行分解,尤其是要对它的过程进行分解,严格界定每一个思维或关键能力的过程形式、关键方法以及构成要素,让思维成为一种可认识、可学习、可操作的实在之物。思维过程化要求我们规范、准确、有效地解释和呈现试题解答的过程要素和思维要点,包括要素、结构、步骤和结果等方面。思维过程化是一种典型的系统思维和科学思维,它要求我们与人类思维的交叉、模糊以及混沌等做切割,强调思维的清晰、准确和稳定。例如信息获取与加工能力,一般可分解为关键信息定位、关键信息概括与提取、信息逻辑关系连接、信息转换以及推理判断等思维过程;又如数学建模能力一般可分解为提出问题、提出假设、确定变量、选择模型以及模型求解与评估等思维过程。思维过程化是思维可视化的前提,只有将思维过程进行有效的分解和界定,思维可视化才成为可能。

"思维规范化"是指我们的思维或能力必须是专业、正确和准确的。每个人都会思维,但并不意味着每个人都会正确、规范地思维。人类思维中充斥着各种逻辑谬误、非理性、偏执和错误,规范、准确的思维是需要经由严格系统的训练才可达成的。比如,我们很多人在做逻辑推理和论证分析时,根本分不清演绎推理直言三段论的基本构成、逻辑形式与逻辑规则(如大前提、小前提、推论、大项、中项、小项以及各自的位置等），也无法辨识直言三段论中的逻辑谬误，完全是凭经验凭感觉望文生义地套用"大前提、小前提、推论"等概念术语，势必带来逻辑混乱的推理与漏洞百出的结论。我们无法想象不具备规范、专业的逻辑基础知识（如演绎逻辑的直言三段论的式与格、选言三段论、假言三段论、构造性两难等，归纳逻辑的简单枚举法、统计归纳法、科学归纳法、类比法、穆勒法等，论证的识别、论证的结构、论证的构建、形式逻辑谬误、非形式逻辑谬误、证据的真伪、证据的评估与选择等），而单凭经验或朴素的认知能够写出高质量的逻辑推理论证分析出来。又比如，在进行批判性思维分析时，没有真正理解和把握批判性思维的核心指向与实质要素。以"揭示隐含前提"为例，隐含前提一定是那些对解题具有直接影响且不能从题干中直接得出的前提或假设，这些被隐含前提往往构成了解题不可或缺的前提条件（如直言三段论中的大前提或小前提），我们很多的分析就是套用一下"揭示隐含前提"这个帽子，既没有真正有效地揭示出关键的前提，更不知道揭示出的这个"前提"有什么用。再比如，在进行科学探究或思维建模时，我们很多时候也只是在套用科学探究或思维建模的帽子，没有对科学探究或建模的过程与要素等进行准确、清晰的界定和剖析。科学探究包括提出具体的科学问题、形成猜想与假设、获取和处理关键信息、设计相关实验方案与确立关键变量、基于证据得出结论并作出解释等环节，这些重要环节或过程的分析都必须具体、准确、专业。以上这些都是思维不规范的具体体现，这种不规范的思维是思维品质低劣的典型表现，它与提高人才培养质量和拔尖创新人才培养的目标背道而驰，同时，这种不规范的思维也无法有效地应对新高考。思维规范化要经过系统、专业、持续的训练过程，我们必须在高考评价体系和课程标准的指导下，加强关键能力如信息获取与加工、逻辑推理与论证、科学探究与思维建模、批判性思维与创新思维、语言组织与表达的规范性训练。

从现有的高考命题来看，体现思维品质的思维可视化、思维过程化和思维规范化得到了越来越多的强调和重视，这也是我们一线师生需要深刻理解和认识的。在平时的教学和学习中，只有通过规范的方法讲解，真题示例以及进行相应的专项训练，思维过程化、可视化和规范化才有可能取得显著的成效。与此同时，我们要重视思维能力或思维品质的可迁移性。思维品质和关键能力不同于静态的知识，它具有可迁移性，也即同一样能力或思维能够迁移到不同的学科、不同的情境或不同的时空，比如一个人一旦养成了严格的逻辑思维习惯和推理论证能力，那么他就能游刃有余地应对语文或数学或历史等学科的逻辑推理及论证类题目。概言之，思维可视化、思维过程化、思维规范化是提高思维品质、训练关键能力、提升学科素养的必由之路，也是我们一线师生高效应对新高考的必由之路。

为了体现思维可视化、过程化和规范化的考查，高考试题通常采用以下方法。第一，复杂问题解决：设计试题时可以提供一些复杂的问题，要求学生提出解决问题的步骤、策略和推理过程。这样能够考查学生的分析能力、创造性思维以及解决问题的能力。第二，推理和论证题目：试题要求学生分析事物的逻辑关系、提出合理的论证和推理过程，最终得出结论。第三，设计型问题：要求学生进行实验或者方案设计，需要他们展示设计过程、从问题分析到解决方案的提出过程。第四，开放式问题：设计试题时可以给学生提供多样化的解答方式，鼓励他们展示不同的思维过程，要求他们运用不同的分析方法、解决方案或论证方式来回答问题。第五，反思和评价:试题设计也可以要求学生进行反思和评价,要求他们分析其中的问题和优缺点,提出自己的观点并给出理由。

综上所述,高考评价体系指导下的高考内容和命题改革,就是要实现从“考知识”向“考能力素养”的转变,实现从“解答题目”向“解决问题”的转变,实现从传统的“考查内容”一维模式向“考查内容、考查要求、考查载体”三位一体模式的转变,着重考查学生的思维品质、思维过程和关键能力,进一步深化试题的情境创设和呈现方式,加大试题的开放性和探究性,积极引导高中教学过程中注重对学生学科素养、关键能力、创新精神和解决实际问题能力的培养。关键能力是实现改革目标最重要的改革抓手,只有深刻认识高考命题改革与关键能力及思维品质之间的内在关联,重视思维的可视化、过程化和规范化,着力培养学生的学科素养、关键能力和思维品质,才能有效应对新高考。

第四节 “情境载体串联线”常考常新

高考内容改革倡导加强理论联系实际,紧密结合国家经济社会发展、科学技术进步、生产生活实际等创设情境,充分考虑学生学习和生活实际,把课本知识与“具体真实的世界”联系起来,考查学生灵活运用所学知识、方法发现问题、分析问题和解决实际问题的能力,引导学生在解决实际问题的过程中建构知识、培养能力、提升素养。情境正是实现这种“价值引领、素养导向、能力为重、知识为基”的综合考查的载体,是“金线”和“银线”考查的串联线,通过“四层”考查内容将学科能力考查与思想道德渗透有机结合,利用“学科素养”这一关键连接层实现了融合知识、能力、价值的综合测评,从而使“立德树人”真正在高考评价实践中落地。

情境式命题主要目标是增强试题的开放性、探究性和创新性,引导学生进行独立思考和理性判断,完成开放性或探究性的学科任务,发现新问题、找出新规律、得出新结论,以解决现实问题和科学前沿探索为主旨。不论是客观性测试还是主观性试题,考点必须“生长”在产生知识或应用知识的“土壤”之中。近年来的高考命题呈现出了“无情境,不成题”的典型特征。

高考命题中的情境,就活动场景与解题思维过程的相关性程度而言,可分为“强情境”与“弱情境”。“强情境”是指试题活动场景或背景与考查内容紧密相关,如果缺乏相应的情境知识和认知,会直接影响答题的效率与准确性,强情境的情境内容在很大程度上决定了解题的方向、思路、过程与结论。“弱情境”是指活动场景只是一个简单的背景、引子或话题,不直接影响答题的效率或准确性,换句话说,如果抛开情境内容,同样能顺利且有效地答题。

高考评价体系中的“情境”即“问题情境”,指的是真实的问题背景,是以问题或任务为中心构成的场景。根据目前高考的考查方式,高考内容的问题情境是通过文字与符号描述的方式即纸笔形式进行建构的,而情境活动也同样是通过文字与符号的形式进行的。高考命题中的情境,以活动场景的出场方式而言,分为“生活实践情境”和“学习探索情境”。“生活实践情境”与日常生活生产实践密切相关,考查学生运用所学知识解释日常现象、解决现实问题的能力。“学习探索情境”源于真实的研究过程或实际探索过程,同时包括学科前沿与实验场景等。

高考情境命题设计通常有以下四种类型。一是以基础性为主的试题。在命制试题时，以问题情境为载体，加强对基本概念、原理、思想方法的考查，体现高考试题的“基础性”。二是以综合性为主的试题。在命制试题时，注重选择生产生活中的真实案例，参照学生的实际认知水平，进行合理的简化或处理来设置问题情境，从而体现出高考试题的“综合性”。三是以应用性为主的试题。在命制试题时，命制结论开放、解题方法多样、答案不唯一的试题，增强试题的开放性和探究性，引导学生打破常规进行独立思考和判断，提出解决问题的方案，考查学生学以致用、应对生活实践问题的能力，体现了高考试题的“应用性”。四是以创新为主的试题。在命制试题时，紧密结合我国社会亟待解决的紧迫问题、科学技术前沿理论、工程技术领域的重大项目等进行模拟，这类试题旨在考查学生独立思考、对问题或观点提出不同看法并进行论证的能力，考查学生敢于质疑、敢于批判的思维能力，考查学生创新性地运用知识发现新规律、研发新理论、开发新技术，为制定新政策、开拓新领域提供支撑的能力，体现了高考试题的“创新性”。

情境是每个学科考查的载体，在各个学科中，情境设计并不一致。如地理学科分为生活实践情境和学习探索情境；历史学科分为简单情境、综合情境和复杂情境；思想政治学科分为简单情境、一般情境、复杂情境；生物学学科分为生活、学习和实践情境，科学实验和探究情境，生命科学史情境；化学学科分为日常生活情境、生产环保情境、学术探索情境、实验探索情境和化学史料情境；物理学科分为生活实践问题情境和学习探索问题情境；英语学科分为人与自我、人与社会、人与自然情境；数学学科分为课程学习情境、探索创新情境、生活实践情境；语文学科分为个人体验情境、学习与认知情境、社会生活情境。

高考命题的理想情境一般具有典型性、复杂性、新颖性和结构不良性四个特征。其中，“典型性”是指在真实世界或学习探索中具有代表性、能够充分考查学科素养和关键能力、具有可操作性且符合学生认知和学科发展规律的情境；“复杂性”是指涉及多种关联活动、涉及多种影响因素、涉及多个参与主体以及要求调动多种关键能力的情境；“新颖性”是指学生未经历过，或者真实世界新出现的、呈现方式新鲜少见的情境；“结构不良性”是指冗余信息多、隐含信息多、问题创设开放、结论不设定唯一、解决方案多元的情境。课程标准和高考评价体系要求高考全面落实情境式命题，材料丰富，情境多元，加强情境的新颖性、灵活性、探究性和开放性。未来那些具有选拔区分度的试题将在情境创设上下功夫，可能呈现出由“简单情境”向“复杂情境”、由“熟悉情境”向“新颖情境”、由“结构良好情境”向“结构不良情境”的转换。

下面以近三年的高考试题为例，深入剖析“情境载体串联线”在高考命题中的运用方式，准确认识和把握“无情境，不成题”的命题特点。

一、重大现实问题与关键历史事件情境

高考试题紧扣时代主题，关注青年成长，反映根植于中国特色社会主义伟大实践的社会主义先进文化，引导青年学生将个人命运与国家命运紧密结合，鼓励青年热爱祖国、坚定信念、砥砺奋进、勇于创新。

2022 年适逢北京冬奥会成功举办、中国共产主义青年团成立 100 周年等重大历史事件，

2022年高考试题展现新时代社会主义现代化建设的历史性成就,反映中华民族从站起来、富起来到强起来的伟大飞跃,引导学生坚定“四个自信”,激发学生的爱国热情。

2023年语文新课标Ⅱ卷现代文阅读Ⅰ中的材料一摘自习近平总书记2011年11月16日在中央党校秋季学期第二批入学学员开学典礼上的讲话《谈谈调查研究》,文中强调调查研究应坚持群众路线和实事求是原则,启发广大青少年汲取其中的智慧,从人民的创造性实践中获得真知灼见。2023年文科综合全国甲卷第21题考查学生对坚持马克思主义基本原理同中华优秀传统文化相结合原因的认识,引导学生深刻领会传承发展中华优秀传统文化对于坚持和发展马克思主义的重大意义,增强坚持“两个结合”的思想自觉和行动自觉。2023年文科综合新课标卷第13题以党的二十大报告关于“六个必须坚持”的论述创设情境,考查学生对习近平新时代中国特色社会主义思想的世界观和方法论以及贯穿其中的立场观点方法的地位和意义的把握水平,引导学生把党的创新理论的世界观、方法论和贯穿其中的立场观点方法转化为自己的思想方法,掌握认识问题、解决问题的“总钥匙”。地理科试题摘选党的二十大报告及习近平总书记重要讲话材料,引导学生从地理视角理解与认同习近平生态文明思想,如文科综合全国甲卷第44题围绕山水林田湖草沙一体化保护和系统治理,要求学生阐释与运用自然环境整体性原理,理解党的二十大报告所蕴含的科学内涵。

2024年高考语文全国甲卷论述类文本阅读的材料节选自学术论文《海洋命运共同体构建与新的海洋文明》。2019年4月23日,习近平总书记首次提出“海洋命运共同体”的理念。作为“人类命运共同体”的重要组成部分,“海洋命运共同体”是维护海上安全稳定、推进全球海洋治理的中国智慧和方案,具有从海洋层面构建合作共赢、和平安宁的命运共同体的重大现实意义。选文从构建“海洋命运共同体”的目标、愿景和路径等方面展开论述。2024高考地理学科注重引导学生增强保护资源与环境的意识,树立维护国家安全、发展利益的观念。全国甲卷第44题,以某研究小组在“以水定绿”思想指导下探索合理的人工防风阻沙方式为情境,要求学生结合区域背景条件设计实验方案,探索水资源约束下具有最佳阻沙效果的灌草种植方式。考查学生对实验方案设计的把握,引导学生树立科学的生态安全观。新课标卷9～11题,围绕一个以提高降水—土壤水转化效率为目标的人工降雨实验,加深学生对地表径流产生过程及其影响因素的认识,促使考生思考环境变化和人类活动共同作用下的水循环与水安全。全国甲卷4～5题,以我国三江平原农垦系统某农场为案例,结合具体区域特点,引导学生以动态的视角,辩证地看待生态环境保护与维护国家粮食安全的关系。

二、生产实践与经济社会发展情境

高考试题命制重视理论联系实际,紧密结合国家经济社会发展和生产生活实际等创设情境,引导学生在解决实际问题中提高能力与素养。高考理科试题尤其重视自然科学与生产生活实际的密切联系,加强应用性,强调理论联系实际,突出学以致用,引导学生养成科学思考日常生活问题的习惯,倡导利用基础知识和基本原理分析解决生活实践和工业生产中的实际问题。

2022年语文全国乙卷语言文字运用Ⅱ以熬夜看手机对视力造成损害的内容设置情境,引导学生正确使用手机，倡导健康的生活方式。2022年语文全国甲卷语言文字运用Ⅱ选择以节食减肥的话题创设情境，引导学生关注现实生活，了解科学的减肥知识，养成科学健康的生活方式。高考数学试题背景素材一般会紧密联系国家社会经济发展和生产生活实际。例如，2022年新高考Ⅰ卷数学第4题以我国的重大建设成就"南水北调"工程为背景材料，考查学生的数学建模能力。2022年全国乙卷文、理科数学第19题，以生态环境建设为背景材料，考查学生应用统计的基本知识和基础方法解决实际问题的能力。英语高考试题历来重视日常生产生活情境的创设，2022年英语试题包括十分熟悉的日常生活话题，如外出就餐、学习安排、选购礼物、公司搬家、艺术鉴赏、南极旅游、山区支教、如何避免食物浪费、禁止开车使用手机、运动促进心脏健康、无人机在铁路交通中的应用等，通过设置与学生日常学习和生活相贴近的情境，引导学生关注日常生产生活实践，考查学生对英语语言知识的综合运用能力。

2023年理科综合全国甲卷第31题以某旅游城市加强生态保护和环境治理后城市环境发生的变化为背景，展现水体清澈、鱼跃鸟鸣、人与自然和谐共处的美好画面，体现生物多样性的价值和意义，引导学生感悟新时代生态环境保护和城市环境综合整治的新局面。新课标卷第10题以我国化学工作者研发的$Zn-V_2O_5$电池为素材，展现了我国科学家在清洁能源开发利用领域的创新成果。新课标卷第17题以2023年5月成功发射的世界现役运输能力最大的货运飞船——天舟六号为背景，引导学生增强文化自信，树立科技强国的远大理想。全国乙卷第16题以2022年10月全球众多天文设施观测到迄今最亮的伽马射线暴为背景，显示我国的"慧眼"卫星、"极目"空间望远镜等在该事件观测中作出的重要贡献，凸显我国科技成就，引导学生关注科技前沿，开阔学生视野，激发学习兴趣。全国乙卷第35题以中国第一辆火星车"祝融号"成功登陆火星为背景，展现了我国在航天领域取得的伟大建设成就，激发学生的民族自信心和自豪感。2023年文科综合全国甲卷第1～3题讲述了泉州大规模胡萝卜出口基地由原先依靠进口种子到实现国产种子替代的故事，说明农业科技进步的重要性，考查学生对农业区位因素及其变化的理解，增进学生对国家、对家乡未来发展的自信心。全国乙卷第1～3题展现了劳动密集型、附加值低、产业链短的小小打火机产业在区位条件并不突出的湖南邵东市诞生、成长、壮大的历程，考查产业链、产业竞争力、产业附加值、地区发展优势等知识，引领学生思考我国轻工业或劳动密集型产业如何实现可持续发展的问题，试题选取把小产品作出大产业、有力促进区域经济发展的典型案例，展现时代新貌。

2024年化学全国甲卷第7题以人类利用能源的历史为主线，以不同时期的典型能源为代表，既考查物质组成、能量与物质转化等基本概念，使学生充分认识到化学在社会发展中的重要作用，同时又让考生进一步了解我国能源发展方向，了解发展清洁新能源的必要性，激发学生改善人类生存环境、促进社会可持续发展的责任感。全国甲卷第28题以化工领域具有重要意义的甲烷转化为载体，借助浓度—时间图像和催化反应机理等方式提供信息，考查化学反应原理方面的知识。2024年新课标生物卷第33题以厦门筼筜湖为主题，考查水质评价中监测氮元素的原因、红树植物碳中和的生理过程、鸟类等消费者对于生态系统的关键作用等，以此引导学生思考保护生物多样性的意义，传达"绿水青山就是金山银山"的价值理念，让学生在思考作答过程中领悟习近平生态文明思想的精神特质，使之成为自觉践行生态文明的行动者。

2024年思想政治学科命题紧扣党的创新理论，引导学生领会新发展理念的深刻内涵。文综全国甲卷第40题，以某市坚持科技创新推动新质生产力发展的案例创设情境，考查学生对文化创新、系统优化等知识的掌握水平，以及运用这些知识分析和解决发展新质生产力问题的能力。试题以习近平总书记关于发展新质生产力的重要论断为引领，反映新质生产力同创新、科技、人才、教育的内在联系，引导学生立志献身科技强国事业，成为堪当民族复兴重任的时代新人。

三、科学探究、实验探索与科技前沿情境

通过创设实验探索和科学探究等情境，引导学生深入思考、勇于探索、实证求真，实现从"解题"向"解决问题"转变，助力高中育人方式的改革。物理、化学、生物等自然科学类学科试题中，设置科学探究与实验探索的情境越来越多。实验是培养学生科学素养的重要途径，高考试题紧密联系科学实践，在实验方案设计、实验结果分析、实验结论得出等多个维度进行考查，引导教学注重实验探究能力的培养，促进学生科学素养的发展。

物理试题在实验原理的理解、实验方案的设计、实验仪器的选择、基本仪器的使用、实验数据的处理、实验结论的得出和解释等方面加强设计，考查学生的实验能力和科学探究能力，引导学生自己动手做实验，切实提升实验能力。2022年全国甲卷理科综合第22题要求学生根据实验目的和提供的实验器材，画出测量微安表内阻的实验电路原理图。全国甲卷理科综合第23题利用气垫导轨对弹性碰撞进行研究，展示完整的实验探究过程。全国乙卷理科综合第23题要求学生选择合适的器材、设计实验电路原理图，探究待测电阻的伏安特性。全国甲卷理科综合第24题、第25题、全国乙卷理科综合第18题也都是以实验为设题情境，考查学生科学探究和实验探索的能力和素养。2023年物理试题突出真实问题情境的设计，引导学生从生活中发现问题、提出问题，注重培养学生的物理学科核心素养。物理新课标卷第26题涉及法拉第电磁感应定律、安培力、牛顿定律、电阻的串联与并联、欧姆定律、能量守恒定律等物理概念和规律，考查学生综合运用物理学知识解决问题的能力。新课标卷第15题以无风时雨滴受空气阻力的作用在地面附近以恒定的速率竖直下落为情境，考查学生对做功这个基本物理概念的理解。2024年高考理科综合新课标卷第15题以我国自主设计建造的首艘弹射型航空母舰——福建舰为背景，鼓励学生关注新时代我国重大科技发展成果，在以国之重器增强学生的民族自信心和自豪感的同时，强调物理学基本规律在前沿科研中的重要应用，引导学生重视基础物理知识的学习。全国甲卷第16题以嫦娥六号开启人类首次从月背采样返回之旅为情境，展现我国在航天领域的伟大成就，增强科技自信、自立自强，激励学生树立科技报国的远大志向。

实验探索和学科前沿情境在化学高考试题中尤为突出。2022年高考化学试题围绕"盐类水解的应用""铁及其化合物的性质""探究影响化学平衡移动的因素""有机化合物中常见官能团的检验"等重要实验，考查利用化学反应基本原理、基于实验目的分析实验现象并得出结论的能力。理科综合全国甲卷第13题考查水解常数、氢离子对铬酸根平衡移动的影响、醇的性质及浓盐酸与$KMnO_4$溶液的反应。理科综合全国乙卷第10题考查糖的性质、氯溴碘性质递变规律等，第37题以生物学研究中常见的最适浓度探究为问题情境，要求学生写出实验思路，

考查学生的实验设计能力。2023 年化学试题紧密联系工业生产实际，强化对基础知识深入理解基础上的综合运用。新课标卷第 29 题以高中化学课程中的经典内容合成氨为素材，紧密联系工业生产实际，要求学生综合运用化学反应与能量变化、化学反应速率与限度、物质结构与性质等知识，具有鲜明的综合性特征，促进学生知识体系构建。理科综合全国甲卷第 37 题以蛋白质的分离纯化为主题，综合考查凝胶色谱和 SDS－聚丙烯酰胺凝胶电泳两种常用技术方法的原理和应用，要求学生能够对其共性与差异有深入的理解，并能够灵活运用。全国乙卷第 36 题采用结构较为复杂的药物奥培米芬的合成路线作为素材，将高中阶段学过的有机化学反应和新反应结合起来，新反应通过已知条件给出，将基础和创新融入试题，设问由浅入深，既考查学生对教材中有机化学基础知识的掌握，又考查其对有机化学相关知识的综合运用。2024 年新课标卷第 8 题选取点击化学合成法合成聚硫酸酯作为素材，从结构决定性质的化学观念出发设计问题，在考查聚合反应途径、聚合物稳定性等有机化学必备知识的同时，综合考查学生观察对比、分析推理、迁移创新的科学思维。该方法是 2022 年诺贝尔化学奖获得者研发的一种高效合成反应，对学生了解科学前沿，激发崇尚科学、探索未知的兴趣，培养探索性、创新性思维品质具有重要的现实意义。

四、日常生活与体美劳情境

高考试题突出对应用性的考查，强调学以致用，通过创设自然真实的生活实践、学习探索等问题情境，将理论知识与实际问题相结合，考查学生有机整合运用所学知识方法分析问题、解决问题的能力，引导学生主动探索并思考解决日常生活中的问题，不断增强实践能力。试题以促进学生全面发展为导向，在引导体育、美育、劳动教育上持续发力。在试题素材选取方面，注重结合中学生的心理发展特点，力求能够引起学生的情感共鸣；在题目情境设计上，注重结合中学生的实际生活，使之能有深入其中的感受与体验；在问题设计上，注重契合中学生的思维方式，提供充足的思考与发挥空间，引导其领会体美劳教育对于个人成长成才的必要性，激发学生的参与热情，引导中学不断优化教学理念，促进学生全面发展。

2022 年高考英语全国甲卷听力题选取一位艺术鉴赏家谈论自己经历的材料，阅读题选取介绍英国卡迪夫市艺术剧院的语篇。全国乙卷阅读题选取介绍苏格兰画家 Henry Raeburn 作品展信息的语篇。2022 年高考英语全国甲卷听力题包含对一位短跑运动员的采访材料。全国乙卷短文改错题选取自行车运动有利身体健康和环保的内容。新高考全国Ⅰ卷听力题选取一段在运动俱乐部讲话的材料，阅读题选取如何找到合适的健身伙伴的语篇。新高考全国Ⅱ卷阅读题选取运动促进心脏健康的语篇，写作题选取一名残疾学生积极参加跑步比赛的语篇。

2023 年高考试卷进一步结合实际日常生活，加强对体美劳的考查，引导学生加深对艺术的认识，树立健康向上的审美情趣，引导学生形成劳动观念，培养劳动精神，养成热爱劳动的美好品德。2023 年语文试题充分发挥学科优势，润物无声地以美陶冶性情、滋养心灵，在美的熏陶中培养审美感知和创造表现。新课标Ⅱ卷的古代诗歌题以北宋林逋的七律《湖上晚归》为阅读材料，该诗写诗人秋日傍晚乘舟归家所见，于景物描写中展现诗人的恬淡心情。第 16 题考查学生正确理解中国古代独具特色的形象化理论话语的审美感受力，领悟古典诗词的隽永魅力。语文全国甲卷的文学类文本阅读材料为现代作家巴金作品《机械的诗——旅途随笔之一》,体裁是散文,题材则是劳动,文章赞美机械具有“创造的喜悦”和“散布生命”的诗性,以独特的视角塑造工人形象,礼赞劳动,引导学生思考“机械的诗”背后是工人辛勤的创造。2023年英语科全国乙卷完形填空语篇讲述美国体操运动员 Gabby Douglas 在华人教练的培训下,经过刻苦努力最终获得奥运会个人全能冠军。新课标Ⅰ卷完形填空语篇讲述一名越野赛跑运动员在比赛中将受伤的运动员背至终点就医。这些语篇旨在引导学生关注体育与身心健康,提高运动意识,在体育锻炼中锤炼意志,涵养体育精神。全国甲卷听力部分选取俄罗斯音乐家 Maxim 的一段讲话,谈论其作为柴可夫斯基公开赛裁判的经历。全国乙卷阅读部分 B 篇讲述一位摄影爱好者如何在美国西部拍摄出高质量的风景照片。新课标Ⅱ卷阅读部分第二节语篇向希望学习绘画的朋友提出一些建议。这些语篇旨在引导学生加深对音乐、摄影、绘画等艺术的认识,培养健康向上的审美情趣。全国甲卷阅读部分 B 篇讲述作者 Terri 的 DIY 经历和 DIY 给她的生活带来的好处。新课标Ⅱ卷阅读部分 B 篇讲述两位教师在学校开设劳动课程,带领学生养花种菜的经过及对学生饮食习惯和身心健康产生的积极影响。这些语篇旨在引导学生养成劳动意识和热爱劳动的观念,培养良好的劳动习惯。2023 年理科综合全国甲卷第 14 题以学生推铅球为背景,理科综合全国乙卷第 14 题以学生垫排球为情境,两道题均将物理与体育锻炼相结合,引导学生热爱体育运动、积极参加体育锻炼。理科综合新课标卷第 32 题展现运动时的生理变化以及机体通过神经调节和体液调节以适应运动时的特殊生理需求,要求学生分析心跳加快、呼吸运动加快、血糖平衡、水盐平衡维持的生物学原理,引导学生在运动过程中思考各项生理指标变化的原因和作用机制,提升运动的科学性和准确性,激发锻炼热情,强健体魄。

2024 年英语新课标Ⅱ卷阅读 A 篇介绍了秋季徒步健身活动,引导学生走近大自然,开展体育运动,文中提及多项注意事项,于潜移默化之中强调了运动安全的重要性。2024 年英语全国甲卷阅读 A 篇介绍了校园艺术节上丰富多彩的活动,引导学生走进画廊和博物馆,培养审美情趣,提高艺术品位。在劳动教育方面,新课标Ⅰ卷阅读 A 篇介绍了一个地区生物栖息地修复工作队的工作内容和招募志愿者的要求,引导学生热爱劳动、参与劳动、享受劳动。

五、文化传统与学科史料情境

以丰富的传统文化、革命文化与学科史料作为设题情境是近年来高考试题的鲜明特征和趋势。中华优秀传统文化是中华民族的文化根脉、精神标识,也是实现中华民族伟大复兴的力量源泉。高考试题选材注重体现中华优秀传统文化和革命文化的精髓,试题设问既引导学生在深刻理解其内涵的基础上借鉴古人智慧、汲取精神力量、树立文化信心,又引导学生立足当下现实、融通古今资源、面向未来创新,准确把握中华优秀传统文化的内涵与价值,深入思考中华文明在当代的创造性转化、创新性发展。

2022 年语文新高考Ⅰ卷信息类文本阅读题以习近平总书记在哲学社会科学工作座谈会上的重要讲话以及郑敏《新诗百年探索与后新诗潮》为设题情境,引导学生深入认识和领会中华优秀传统文化如何实现传承和创造性转化及其当代价值。语文全国乙卷文言文阅读材料选自《说苑·贵德》，以吴起告诫魏武侯国之宝在德不在险、晏子劝说齐景公供养老弱孤寡等历史记载，引导学生领悟儒家思想中“以德化人”的德治主张和“政在养民”的民本思想。2022年语文全国甲卷文学类文本阅读的2则材料分别选自王愿坚的小说《支队政委》与哈里森·索尔兹伯里的纪实作品《长征：前所未闻的故事》，生动阐释了“理想信念之火一经点燃，就永远不会熄灭”的道理。2022年语文新高考Ⅱ卷文学类文本阅读材料选自李广田的散文《到橘子林去》，引导学生领悟“人民是历史的创造者、人民是真正的英雄”的真谛。2022年高考数学全国卷也通过考查我国古代优秀科技文化的相关内容，让学生领略中华民族的智慧和数学研究成果，对数学应用形成更深刻的认知。新高考Ⅱ卷数学第3题以我国古代建筑中的举架结构为背景，考查学生综合应用相关数学知识解决实际问题的能力以及数学建模能力，试题设置相关情境引导学生关注我国古建筑，感悟我国古代工匠的非凡智慧。全国甲卷理科数学第8题以我国古代计算圆弧长度的“会圆术”为背景，使学生直观感受我国古代数学家解决问题的具体过程，激发学生的学习兴趣，具有积极的教育意义。

2023年语文全国甲卷语言文字运用部分第21题巧置情境，假设学生受邀给小学生讲解成语，要从“卧薪尝胆”“庖丁解牛”“一鼓作气”三个成语中任选一个，拟出讲解要点，引导学生注重对成语、典故等中华优秀传统文化知识的继承和弘扬。英语全国甲卷书面表达题设置的情境是学校举办以用英文讲中国故事为主题的征文活动，要求学生以一位中国历史人物为题写一篇短文投稿；全国乙卷语法填空题语篇讲述北京悠久的城市历史，揭示城市发展建设一定要尊重传统、保存好城市的珍贵遗产。新课标Ⅰ卷语法填空题语篇讲述中华美食小笼包的美妙滋味与制作知识，增强学生对中华优秀传统文化的自信。2023年文科综合甲卷第47题以春秋时期孔子的“乐教”设置问题情境，展现“乐教”育人才、齐风俗、实现政治与社会理想的独特功能，启发学生认识“乐教”对儒家文化的丰富和发展，以及对于增强中华民族凝聚力的作用。文科综合新课标卷第43题呈现了中华文明多元一体的特征，引导学生从熟悉的地域入手，思考该地域与中华文明内涵丰富发展之间的互动关系，将家国情怀与时空观念相融合，启发学生由爱家、爱乡到爱国，争做中华文明的拥护者、传承者。文科综合全国乙卷第40题选择近年来传统文化类节目在电视台热播、形成持续不断的传统文化热现象为背景，引导学生正确看待传统文化，思考传统文化的时代价值，思考传统文化传承发展和青年的责任担当，领会推动中华优秀传统文化创造性转化、创新性发展的道理，自觉做中华优秀传统文化的传承者、发展者。

2024年文综全国甲卷第26题立足于中华文明的创新性，依托明代中期经济社会转型背景，以明代中后期士大夫广泛参与日用类书籍编纂的现象创设情境，展现士人以守正不守旧的创新精神，回应民众对日用知识的急迫需求，引导学生认识中国传统文化的创新动力。2024年高考化学试题注重挖掘中华民族优秀文化成果，选取中华传统文化的瑰宝融入试题，增强学生文化自信，激发学生为中华民族伟大复兴而奋斗的责任感和使命感。

综上，高考评价体系中的“四翼”（基础性、综合性、应用性、创新性）考查要求是通过问题情境来实现的，目的是在较高的认知层次上提高学生的心智活动和认知能力，从而引导学生自觉培养科学思维和关键能力，激发科学探究活力。通过合理创设试题情境，加强问题导向，注重学用结合,加大试题的开放性与探究性,鼓励学生理论联系实际,关心日常生活、生产活动中蕴含的实际问题,设置新颖的试题呈现方式和设问方式,培养学生主动思考、敢于探索、勇于发现问题以及从不同角度分析问题与解决问题的科学精神,引导学生发现新问题、提出新问题,找到新规律、得出新结论,从而有效考查学生思维品质和思维过程,更好地服务高校人才选拔,服务引导高中教学,服务拔尖创新人才培养。

第五节　高考改革与教育观念转换

新一轮科技革命和产业变革日益深入,围绕高素质人才和科技制高点的国际竞争空前激烈,我们要把科技的命脉牢牢掌握在自己手中,在科技自立自强上取得更大进展,归根结底要依靠高水平的创新人才,这对我们的人才培养提出了新的更高要求。近年来,高考试题以问题为导向,实现从"考知识"向"考能力素养"的转变,实现从"解答题目"向"解决问题"的转变,进一步加大试题的开放性、探究性和创新性,进一步打破固化形式、优化试卷结构、丰富呈现方式、创新设问角度、拓展思维空间,破除唯一标准答案束缚,强化关键能力、思维过程和思维方式的考查,引导学生提升思维品质和思维能力,减少死记硬背和机械刷题,激发学生崇尚科学、探索未知的兴趣与勇于创新、敢于探究的科学精神。在拔尖创新人才培养成为国家战略这样的大背景下,传统的那套以知识传授和知识理解程度深浅为主要目标的教学模式面临挑战,原有的教育理念和教学观念都需要反思与重构,主要体现在以下几个方面。

一、思维就是力量

弗兰西斯·培根那句振聋发聩的"知识就是力量"响彻神州、深入人心,几乎成为我们过去对教育和人才培养的全部认知,并由此奠基了我国教育的基本底色:以传授知识作为课堂教学和教育活动的根本目标。正是在这样一种观念的支配下,我们对教育的理解和认知,主要表现为教师传授知识是其职责所在,学生获取知识乃天经地义。传统的应试教育就是一种以知识为中心的教育模式,考试的核心目的就是对学生掌握知识多少以及对知识理解深浅程度的考查与检验。学生的职责就是学习知识,教师的职责就是传授知识。清华大学钱颖一教授指出我们对教育从认知到实践都存在一种系统性的偏差,这个偏差就是把教育等同于知识,并局限在知识上,知识几乎成了教育的全部内容。这是我国教育存在的最主要问题。钱颖一教授进一步指出,人工智能将使中国教育优势(广而全的知识传授与练习)荡然无存。

不可否认,自现代社会诞生以来,知识成为改变世界的重要力量,知识是现代文明的主要特征之一。培根的"知识就是力量"一反中世纪神学及经院哲学神启及信仰至上的痼疾,凸显人类理性的光辉与感性经验的优先性,同时明确指出求知的过程就是要破除人类心智的种种迷障,实现理智的真正解放。知识和理性奠定了现代世界的根基。同样不可否认,过去三四十年间,知识是推动中国经济社会发展取得巨大成就的核心力量,知识也改变了无数人的命运。正是在这样的一种认知惯性和路径依赖中,以知识为中心的教育观念便成了顺理成章的事,并由此形成了一整套以掌握知识点为目的且行之有效的教育、学习和备考方法。将知识进行细分和梳理，死记硬背知识点、基本原理、基本公式、标准答案，并通过题海战术和机械刷题来快速识别试题类型、提炼答题技巧、总结解题套路等，从而达到有效提分和精准应考的目的。

以知识为中心的教育模式在过去的几十年时间内为我国提供了大批优秀技术人才和工程师，适应了我国特定历史发展阶段的人才需求，为我国经济社会的发展作出了巨大贡献。但随着强人工智能时代的来临，特别是新一轮科技革命和产业变革日益深入，国际竞争格局发生深刻变化，创新人才培养已经成为国与国竞争的核心力量，传统的以知识为中心的教育模式已经很难或无法适应国家战略和时代发展的需要了。这是因为，创新人才的培养不是知识的简单传递或获取，而是新知识、新理论、新方法的发现和创造。我们必须要重新确立一种以知识发现和知识创造为中心的教育观念。知识获取并不等同于知识创造或知识发现，知识创造和知识发现依靠的是人的思维。正如 20 世纪最伟大的科学家爱因斯坦所言“大学教育的价值，不在于学习多少事实，而在于训练大脑会思考”。爱因斯坦这里说的事实就是知识，他认为教育的本质和价值不是记住很多知识，而是训练大脑的思维。知识固然重要，我们无法脱离知识来谈知识发现、能力培养和素养提升，但知识不能构成教育的全部，特别是在创新发展驱动和强人工智能快速发展的当下，创造知识和发现知识成为教育的本质要求。换句话来说，在新的竞争格局和强人工智能时代背景下，不论是个人成长还是国家发展，没有知识是不行的，而仅仅只有知识也是不行的。

思维是指通过分析、推理和判断，在对问题进行深入、独立和批判思考的基础上，逻辑一贯、证据可靠地得出自己的结论，并能对得出的结论进行评估和反思。思维是一个人的心智活动和认知模式，表现出内生和难以直接观测的特征，但思维并非天生的，而是一种可获得性能力，也即这种能力可通过后天专门的训练得到提高，而且思维能力具有可迁移的特性。思维品质反映了个体智力、思维水平和思维能力的差异，思维品质的衡量主要包括深刻性、灵活性、独创性、批判性、敏捷性和系统性六个方面。思维能力是知识发现和知识创造的核心，是拔尖创新人才培养的关键。本轮高考综合改革就是要对学生思维品质和思维能力的重要性和优先性进行充分的强调，重点考查学生综合运用所学知识发现问题、分析问题和解决实际问题的能力，聚焦关键能力、思维品质和思维过程的考查。思维能力或关键能力包括但不限于信息获取与加工、逻辑推理与论证、科学探究与思维建模、批判性思维、辩证思维与创新思维、语言组织与表达等。因此，在这样一种背景下，我们要打破传统的以知识为中心的教育模式，重视知识创造和知识发现背后人类思维的重要性，实现从“知识就是力量”向“思维就是力量”这一教育理念的转换。

二、学生主体角色确立与知识建构

正如上文讨论，“以知识为中心”的教育观念根深蒂固，深刻影响着一线的教育实践和课堂教学。课程往往被看作众多专业知识模块的组合，以物理的方式叠加在一起形成完整的课程体系。课堂以教师向学生讲解知识的形式为主，教师按照自身的教学设计，将课标要求或自认为有价值的知识通过讲授、作业、练习、讨论等方式传授给学生，这些传授的知识往往是单一、浅表、碎片化且有确定答案的。事实证明,这种重碎片化知识培养、轻综合能力培养的课程与教学无法有效促进学生核心素养的发展。当面对复杂、深入、没有确定性答案且很难找到唯一路径的问题,学生大多茫然无措、束手无策。课程标准和高考评价体系指导下的高考内容和命题改革就是要考查学生面对复杂情境时,调动、整合和运用所学知识和关键能力高水平完成特定学科任务的综合品质,也即学科素养。这种考查表现出典型的开放性、探究性、复杂性和综合性特征,很显然,"以知识传递为中心"的教学方式无法训练和培养学生面对复杂情境、解决学科任务的关键能力和核心素养。因此,面对高考综合改革的新要求,对于一线的课堂教学和教学实践而言,必须由"知识传递"转向"知识建构"。

从"知识传递"转向"知识建构",最核心的要素包括三个层面:课堂的主体要由"教师的教"转向"学生的学",课堂的内容要由"预设的标准答案"转向"探究生成的观点",课堂的目标要由"量的累积"转向"质的提升"。正如有学者指出,教学是"教师的教"和"学生的学"两个方面的活动,施教之功就在于启发、引导、点拨、开窍,充分调动学生学习的自觉性和主动性,促使他们积极地发挥认识主体的作用。采取专题式教学、探究式教学、任务式教学、参与式课堂等方式,打破教师预设标准答案的思维惯性,鼓励学生大胆质疑和提出问题,学生以自主、探究、合作的角色参与课堂,通过不断生成、深入探究、批判质疑的过程,培养学生的问题意识与解决问题的能力。学生在经历了完整的质疑、提出问题、问题界定、概念辨析、分析论证、推理判断、综合评价与批判反思等思维活动后,便能建立起建构知识的能力。与此同时,对于关键能力和学科素养而言,量的积累并不必然带来质的飞跃。通过大量重复的知识训练并不能带来能力素养的提升。只有真正实现了课堂主体、课堂内容和课堂目标的三个转变,我们才有可能培养学生建构知识的能力和素养,才有可能培养学生面对复杂情境和特定学科任务时提出问题、分析问题和解决问题的能力。而这种建构知识和解决问题的能力恰恰是可迁移的,它区别于静态、固化的知识,成为发现知识、创造知识最重要的基础和条件。

三、加强理性思维与规范思维训练

人类思维包括理性思维和感性思维两种。其中,理性是指人们形成概念、进行判断、分析、综合、比较、推理、计算等方面的能力,它基于现有的理论、数据,通过合理的逻辑推导得出确定的结论或观点。感性是指心理结构上的本能意识或无意识,是一种典型的非逻辑认知形式,表现为想象、激情、直觉、灵感、顿悟等。理性思维和感性思维在人类认知和科学发现上均发挥着重要且不可互相替代的作用。理性思维所主张的合逻辑性、合客观性和合理性是科学精神的灵魂,是现代科学诞生和发展的基石。感性思维呈现出的灵感、直觉和顿悟等在人类伟大的科学发现过程中发挥了不可或缺的作用。理性思维和感性思维共同作用推动着人类文明和现代科学的进步。创新人才的培养很大程度上是科学精神、科学思维和科学探究能力的培养,而理性思维又是科学精神和科学思维的前提。因此,我们的课堂教学和教育工作在充分发挥直觉、顿悟、联想优势的同时,也要充分重视理性思维的逻辑性与规范性。我们的教育观念和课堂教学要从"感性顿悟"转向"理性规范"。这里需要说明的是,这种转向并非要否定感性顿悟的价值,而是要突出和强调理性规范思维的重要性。

概括来讲，教育教研和课堂教学不能单方面强调顿悟、直觉和联想在思维训练中的重要性，而要加大理性思维包括逻辑推理、科学论证、证据评估、反思批判等能力的训练和培养。尤其是要揭开理性思维的神秘面纱，实现思维的过程化、可视化和规范化，在教学过程中让思维可认识、可观测、可训练和可提升，清晰准确地呈现思维的过程、结构和关键要素，让学生真正做到“知其然而知其所以然”，通过有针对性的训练，提高学生的理性思维，培养其科学精神与科学探究的能力。“思维可视化”是指要将思维或能力清晰地整理和呈现出来。这要求我们打破思维的模糊性与混沌性，对思维能力进行清晰的分类和界定，正如前文我们强调的五大关键能力，就是思维可视化的一种具体操作。“思维过程化”是指要对思维或关键能力进行分解，尤其是要对它的过程进行分解，严格界定每一个思维或关键能力的过程形式、关键方法以及构成要素，让思维成为一种可认识、可学习、可操作的实在之物。思维过程化要求我们规范、准确、有效地解释和呈现试题的过程要素和思维要点，包括要素、结构、步骤和结果等方面。思维过程化是一种典型的系统思维和科学思维，它要求我们摆脱人类感性思维中的交叉、模糊以及混沌等，强调思维的清晰、准确和稳定。“思维规范化”是指我们的思维或能力必须是专业、正确和准确的。每个人都会思维，但并不意味着每个人都会正确、规范地思维。人类思维中充斥着各种逻辑谬误、非理性、偏执和错误，规范、准确的思维是需要经由严格系统的训练才可达成的。

四、走出高分低能的困局

“高分低能”是应试教育最大的诟病，而“高分高能”是高考人才选拔和创新性人才培养的理想状态，也是高考评价体系下的高考命题改革要实现的目标。传统应试教育背景下，“高分”往往是指在各类考试评价（尤其是纸笔测试）中取得优异成绩，代表学生在学科知识掌握和考试应试技能方面的突出表现，但是考试高分并不一定代表着学生具有高水平的思维品质和解决问题的综合能力。一般而言，我们所讲的“高能”是指学生在掌握必备知识的基础上，具备批判性思维、创造力、实践能力、社交沟通等综合能力，能运用所学知识、调动关键能力高水平完成一个又一个的学科任务。高能的培养旨在提高学生发现问题、提出问题、分析问题和解决问题的能力，以及良好的创新和适应能力，使学生能高效、准确处理经验世界或学科探究中的复杂、结构不良等问题。因此，追求高分与高能的统一就成为教育改革和评价上的一个重要命题。高分与高能相统一是指在教育评价和培养过程中，追求学生综合能力的全面提升，既重视学生的学科知识水平，也注重培养学生的学科素养、关键能力和思维品质，既重视学生掌握牢固的基础知识与基本原理，也注重培养学生发现知识和创造知识的能力。高考评价体系指导下的高考内容改革就是要通过专业、科学的试题命制，让那些具有良好学科素养和关键能力的人脱颖而出，尽量减少传统应试教育备受诟病的“高分低能”现象。同时，通过“高分高能”的高考选拔机制，积极引导我国基础教育更加重视对学生学科素养、关键能力和思维品质的培养，更加注重培养学生的高阶思维能力和知识迁移应用能力，切实改变“重知识、轻能力”“重知识、轻思维”的教育模式，服务国家拔尖创新人才培养和人才自主培养质量提升。

五、授人以鱼不如授人以渔

不少进入新高考省份的考生和教师，一时难以适应高考命题内容和考查方式的变化。而这种情况往往来自命题逻辑的变革和试题形式的创新，也即高考命题理念由原来的“学科知识立意”转向了“学科素养立意”，由原来的“知识技能考查”转向了“价值引领、素养导向、能力为重、知识为基”的四维考查，同时增加了试题的开放性、探究性和创新性，尤其强调了对思维品质和关键能力的考查要求。长期以来，高考复习采用“题型＋套路＋海量重复练习”的模式，广大一线师生为了适应新高考付出了很多的努力。有不少学校和师生采用“以不变应万变”的应对方式，也即依旧采取传统的备考策略：总结近年高考新题型＋提取和归纳解题套路＋实施题海战术。这种“授人以鱼”的备考方式从一开始就注定与新高考背道而驰。进入新高考的考生会发现这种题海战术和机械刷题越来越难起作用，其收益也将逐步降低。正如我们反复分析和论证的，高考关键能力、思维品质和学科素养成为新高考的考查重心，开放性、探究性和创新性已成为高考命题的一般要求，而传统的解题套路化和题海战术在提高学生的关键能力、思维品质和学科素养上是低效率的甚至是起反作用的。所以，有效应对新高考的策略应该是“授人以渔”，即通过系统、规范、针对性的训练加强关键能力和学科素养的训练，提升思维品质，而非“授人以鱼”(总结解题套路并实施题海战术)。这里讲到的“授人以渔”是指通过长期、规范、专业的针对性训练，培养学生一整套可迁移的包括关键能力和学科素养在内的高阶思维能力。关键能力包括但不限于信息获取与加工、逻辑推理与论证、科学探究与思维建模、批判性思维与创新思维、语言组织与表达。而学科素养是指在一个又一个的真实情境中通过完成特定的学科任务而展现出来或生成的综合品质。高考命题的“素养导向”就是通过特定的情境创设，考查学生调动、运用必备知识与关键能力、思维方法与思维品质、情感态度与价值观高质量完成特定学科任务的综合表现。只有通过系统规范的训练，掌握这一套关键能力和学科素养的“渔”，学生才能更好、更高效地应对高考综合改革。

基于高考评价体系的语文科命题解读

《中国高考评价体系》是深化新时代高考内容改革、指导高考命题工作的理论支撑和实践指南,它指明和规定了高考的核心功能、考查内容、考查要求和考查载体。基于高考综合改革的语文科考试内容和命题改革遵循高考评价体系“一核四层四翼”的框架,在明确语文学科考试功能定位的基础上,科学构建语文科的考查内容、考查要求和考查载体,充分发挥语文学科的学科功能和育人价值。高考评价体系在考查内容上实现了高考由传统的“知识立意”“能力立意”向“价值引领、素养导向、能力为重、知识为基”综合考查的转变,在考查模式上实现了由传统“考查内容”一维模式向“考查内容、考查要求、考查载体”三位一体模式的转变。

“核心价值金线、能力素养银线、情境载体串联线”这三条“线”是理解和把握高考评价体系的有效途径,“无价值,不入题;无思维,不命题;无情境,不成题;无任务,不立题”是认识和实践高考评价体系的方法路径。自《中国高考评价体系》发布以来,语文科命题以此为指导,依据《普通高中语文课程标准(2017年版2020年修订)》,落实立德树人根本任务,坚持学科素养导向,强化关键能力和思维品质考查,优化情境创设,加大试题的开放性、探究性和创新性,实现“价值引领、素养导向、能力为重、知识为基”的四维考查目标,贯彻基础性、综合性、应用性、创新性的考查要求,服务于人才自主培养质量提升和拔尖创新人才培养。

一、高考语文科的功能定位

《普通高中语文课程标准(2017年版2020年修订)》对语文的课程性质和基本理念作出了明确的界定。语文课程是一门学习祖国语言文字运用的综合性、实践性课程。工具性与人文性的统一,是语文课程的基本特点。语文课程应引导学生在真实的语言运用情境中,通过自主的语言实践活动,积累言语经验,把握祖国语言文字的特点和运用规律,加深对祖国语言文字的理解与热爱,培养运用祖国语言文字的能力;同时,发展思辨能力,提升思维品质,培育社会主义核心价值观,培养高尚的审美情趣,积累丰厚的文化底蕴,理解文化多样性。①

语文课程的核心目标主要包括:(1)语文课程必须坚持立德树人,增强文化自信,充分发挥语文课程的育人功能,继承和弘扬中华优秀传统文化、革命文化、社会主义先进文化,培养文化自信,推动文化的创新发展;(2)语文课程必须以核心素养为本,引导学生丰富语言积累,培养良好语感,掌握学习语文的基本方法,养成良好的学习习惯,提高运用祖国语言文字的能力;(3)语文教育必须促进学生思维能力的发展与思维品质的提升,培养自觉的审美意识和高尚的审美情趣,引导学生自觉继承中华优秀传统文化和革命文化,吸收世界各民族文化精华,积极参与中国特色社会主义先进文化的建设与传播;(4)语文教育要引导学生在语言文字运用的过

① 教育部:《普通高中语文课程标准(2017年版2020年修订)》,人民教育出版社2020年修订版,第1页。

程中发现问题,培养探究意识和发现问题的敏感性,探求解决问题和语言表达的创新路径。[①]

语文学科素养主要包括"语言建构与运用""思维发展与提升""审美鉴赏与创造""文化传承与理解"四个方面。其中,"语言建构与运用"是指学生在丰富的语言实践中,通过主动的积累、梳理和整合,逐步掌握祖国语言文字特点及其运用规律,形成个体言语经验,发展在具体语言情境中正确有效地运用祖国语言文字进行交流沟通的能力。"思维发展与提升"是指学生在语文学习过程中,通过语言运用,获得直觉思维、形象思维、逻辑思维、辩证思维和创造思维的发展,促进深刻性、敏捷性、灵活性、批判性和独创性等思维品质的提升。"审美鉴赏与创造"是指学生在语文学习中,通过审美体验、评价等活动形成正确的审美意识、健康向上的审美情趣与鉴赏品位,并在此过程中逐步掌握表现美、创造美的方法。"文化传承与理解"是指学生在语文学习中,继承和弘扬中华优秀传统文化、革命文化、社会主义先进文化,理解和借鉴不同民族和地区的文化,拓展文化视野,增强文化自觉,提升中国特色社会主义文化自信,热爱祖国语言文字,热爱中华文化,防止文化上的民族虚无主义。[②]

以语文学科素养为导向的学业水平考试和高考命题,应该遵循以下原则。(1)以语文学科核心素养为考查目标,依据高中学生语文学业质量标准相应水平要求,通过阅读与鉴赏、表达与交流、梳理与探究等语文实践活动,呈现核心素养的发展过程与现有水平。(2)以情境任务作为试题主要载体,让学生在个人体验、社会生活和学科认知等特定情境中完成不同学习任务,以呈现学生语文素养的多样化表现。(3)以综合考查作为命题导向,通过综合性语言实践活动,考查学生语文学习的能力和水平。避免以单纯的知识点和能力点设计考题,避免死记硬背。倡导综合性的测试形式,可围绕情境选择相关材料,设置一组有内在联系的、指向核心素养的问题或任务。(4)选用的语言材料要具有时代性、典型性和多样性,贴近学生生活,充分体现语文学科特点,避免出现偏题、怪题。要重视中华优秀传统文化材料的选用,引导学生从中获得对当代文化问题的思考。(5)测试形式要创新,多设置可供学生选择的题目,体现学生个性;多设置主观性、开放性的题目,展现学生智慧,鼓励学生发挥和创造。试卷结构和测试形式不应固化,以避免形成新的应试模式。[③] 通过以上语文命题原则的剖析,我们不难发现,语文高考命题将呈现出以下典型特征:坚持学科素养导向、考查关键能力、优化情境创设、典型任务驱动、突出试题的开放性与创新性等。

2020年1月正式发布的《中国高考评价体系》是深化新时代高考内容改革、指导高考命题工作的理论支撑和实践指南,明确了"一核""四层""四翼"的概念及其在素质教育发展中的内涵。其中,"一核"为核心功能,即"立德树人、服务选才、引导教学",是对素质教育中高考核心功能的概括,回答"为什么考"的问题;"四层"为考查内容,即"核心价值、学科素养、关键能力、必备知识",是素质教育目标在高考中的提炼,回答"考什么"的问题;"四翼"为考查要求,即"基础性、综合性、应用性、创新性",是素质教育的评价维度在高考中的体现,回答"怎么考"的问题。同时,高考评价体系还规定了高考的考查载体——情境,以此承载考查内容,实现考查要

① 教育部:《普通高中语文课程标准(2017年版2020年修订)》,人民教育出版社2020年修订版,第2—3页。

② 教育部:《普通高中语文课程标准(2017年版2020年修订)》,人民教育出版社2020年修订版,第4—5页。

③ 教育部:《普通高中语文课程标准(2017年版2020年修订)》,人民教育出版社2020年修订版,第49页。

求。[①] 高考评价体系创造性地提出高考命题理念从“知识立意”“能力立意”向“价值引领、素养导向、能力为重、知识为基”的转变，对“一核”“四层”“四翼”的概念边界和内在关系进行了充分的说明。

高考语文科考试内容改革，力求体现中国特色，符合时代要求，遵循教育教学和考试规律，重点把握以下三项原则。

第一，坚定立场与方向。语文科考试内容改革和命题工作，始终坚持以习近平新时代中国特色社会主义思想为指导，全面贯彻党的教育方针，落实立德树人根本任务；充分发挥语文的强大育人功能和不可替代的优势，有机融入社会主义核心价值观教育，继承和弘扬中华优秀传统文化、革命文化、社会主义先进文化，加强法治意识、国家安全、民族团结、生态文明等方面的教育，培养具有良好政治素质、道德品质和健全人格的社会主义建设者和接班人，增强中国特色社会主义道路自信、理论自信、制度自信和文化自信；关注学生个性化、多样化发展需求在高考语文中的体现，关注与高中语文课程改革理念与实践的衔接，大力促进学生语文核心素养的形成与发展。

第二，坚持科学与创新。面对新时代对提高全体国民素质和人才培养质量的新要求，面对我国高中教育基本普及，人民群众对更高质量、更加公平、更具个性的教育的需求愈加迫切的新形势，语文科考试内容改革从科教兴国战略和人才强国战略出发，依据高校人才选拔要求和《语文课程标准(2017 年版 2020 年修订)》，努力体现各类高校选拔人才在语文素养方面的共性需求；关注先进的教育思想和理念，关注教育测评理论和技术的新进展，科学把握语文教学与测评以及人才选拔的规律，努力提升高考语文和高考选才的效度，及时更新、不断创新高考语文的内容和话语体系。

第三，坚守传统与特色。我国历史悠久，语文教育和考试文化源远流长、博大精深，在长期的教育和考试发展历程中，形成了以德为先、注重公平、尊重知识等独具特色的人才培养和选拔观念。现代语文独立设科一百多年来，语文的教学与测评也已形成了鲜明的传统与特色。新中国成立以后，特别是恢复高考四十余年来，语文课程改革的热潮不断，高考语文命题工作也始终是语文教育的关键一环、重中之重。为了实现科学、公平、合理、稳定的测评目标，高考语文形成了较为稳定的命题队伍和命题机制，积累了较为丰富的命题经验，形成了以语文科考试大纲为代表的成果内容。所有这些，都需要进行系统梳理、总结提升，以丰富和发展具有中国特色的教育评价理论与语文测评实践，确保高考语文改革的连续性，在继承中前行，在改革中完善。

在此基础上，高考语文科以选才育人的核心价值为引领，以语文学科核心素养为导向，以阅读与表达为关键能力，以语言、文学、文化等必备知识为学科基础，重在考查考生综合运用所学语文知识的能力，灵活、有效地分析问题和解决问题。

1. 坚持以“一核”为核心功能

(1)高考语文命题以“立德树人、服务选才、引导教学”为根本任务，有机融入习近平新时代中国特色社会主义思想，充分挖掘中华优秀传统文化的当代价值，汲取革命文化和社会主义先

① 教育部考试中心：《中国高考评价体系》，人民教育出版社 2019 年版，第 6—7 页。

进文化蕴藏的深厚力量，生动体现中国精神、中国价值、中国力量；展现新时代伟大成就，激发青年奋进的潜力，鼓励广大青年学子积极投身新时代的伟大斗争、伟大工程、伟大事业，勇于在实践中长志气、强骨气、厚底气，共同谱写为实现中华民族伟大复兴而奋斗的青春乐章。

(2)高考语文试题立足于服务国家、服务高校选才这一基本点，紧扣时代主题，关注青年的成长，反映根植于中国特色社会主义伟大实践的社会主义先进文化，引导青年学生将个人命运与国家命运紧密结合，鼓励青年热爱祖国、坚定信念、砥砺奋进、勇于创新，以实现中华民族伟大复兴的中国梦为使命，不负时代，不负韶华，不负党和人民的殷切期望，在全面建设社会主义现代化国家新征程上，谱写壮丽的青春之歌。

(3)高考语文试题坚持引导教学。高考语文命题在考教衔接上精耕细作，充分释放服务"双减"改革的鲜明信号。试题强调深化基础，严格依据课标，着意关联教材，创新试题形式；引导教学依据课标授课、提升课堂质量，引导学生减少机械刷题、提高能力素养，强化学校教育主阵地作用，为学生德智体美劳全面发展营造良好的生态环境。

2. 坚持以"四层"为考查内容

(1)高考语文试题通过考试内容引导学生在历史与现实、时代与发展中，感受中华优秀传统文化、革命文化和社会主义先进文化，从而坚定学生的理想信念，培养学生的爱国热情；通过品格之美浸润和熏陶学生，帮助学生提升思想道德品行，树立正确的道德观念，全面提升个人的人格境界和精神文明水平；通过鉴赏古今中外文学佳作感受意象之美、形象之美、色彩之美，以及语言文字精练之美，帮助学生形成正确的审美观，提高审美情趣，涵育审美修养，养成感受美、鉴赏美、创造美的能力。

(2)高考语文学科素养的基本构成和决定要素是阅读素养和表达素养。近年来高考语文试题要求学生能够根据阅读目的或阅读要求，依据文本类型、文本长度及文本的复杂或熟悉程度，准确、灵活地调动阅读策略与技能，既能够多角度、多层面地阅读，又能够创造性地、批判性地阅读；同时，让学生能够基于表达目的或表达要求，充分考虑语境因素，使自己的表达目标清晰、对象明确、话题集中，充实而简明，鲜明又生动。这是培养创新型、复合型、应用型人才的需要，也是落实语文学科育人价值的集中体现。

(3)语文关键能力是语文学科外显功能的集中体现，是落实命题立意的平台和中枢。近年来，高考语文试题对语文关键能力的主体内容通过阅读能力和表达能力两个方面进行总体设计，并予以分类、分层地呈现，借以检测或推断学生应对复杂情境，解决非规则、不确定性真实问题的实操能力。

(4)必备知识是高中课程标准规定的知识内容，也是进入高校进行专业学习所必需的基础性、通用性知识。高考语文试题对语文学科要求的必备知识进行了综合考查，但是把静态的知识考查转变为动态的考查，考查方式更为灵活多变，对学生的掌握水平提出了更高的要求。

3. 坚持以"四翼"为考查要求

高考语文命题充分发挥基础学科的作用，考查语文基础知识、基本技能和基本方法，突出语文综合性、实践性和应用性，重点考查阅读能力和表达素养；精准落实基础性、综合性、应用性、创新性的考查要求，持续深化考试内容改革，增长学生知识见识，提高学生能力素养，凸显语文学科的应用导向，突出试题命制的情境设计。

(1)在基础性方面，高考语文试题继承以往命题实践的成功经验，并不直接设置单独的知识考查试题，而是选取丰富多彩而又鲜活精美的素材，以对语文学科最为核心的阅读素养、表达素养及语文关键能力的考查为导向，寓基础性考查要求于知识、能力与素养的融会贯通中，追求语文知识、能力与素养的融会贯通。

(2)在综合性方面，突出考查掌握知识体系的完整性和不同知识间的交叉渗透，引导学生全面完整认识问题的复杂性与动态性，综合运用语文学科的知识、方法，灵活调动阅读与表达策略，以有效解决复杂情境中的各种语文任务。

(3)在应用性方面，通过设置新颖的问题情境，将学科内容与国家经济社会发展、社会生活实际等紧密联系起来，引导学生增强语文联系实际的能力，善于观察、体验，主动灵活运用所学知识解决实际问题。

(4)在创新性方面，通过设计开放性和探究性的情境与设问，培养学生辩证思维和创新思维能力，引导学生独立思考、敢于创新，大胆提出自己的观点和结论，允许学生根据自己的理解，从不同角度加以探讨，对同一问题或现象得出不同的结论。①

二、核心价值金线与语文命题实践

近年来，高考语文命题立足高考评价体系，遵照语文学科特点，通过科学设计试题，落实立德树人根本任务，有机融入习近平新时代中国特色社会主义思想，厚植家国情怀，倡导品德修养，引导学生传承爱国精神，艰苦奋斗，谱写新时代中国青年的奋进之歌。在历史与现实、时代与发展中，感受中华优秀传统文化、革命文化和社会主义先进文化，充分发挥育人功能，坚持“五育”并举，引导青年学生为实现中华民族伟大复兴而奋斗，坚定文化自信，厚植爱国主义情怀。

1. 有机融入习近平新时代中国特色社会主义思想

习近平新时代中国特色社会主义思想坚持把马克思主义基本原理同中国具体实际相结合、同中华优秀传统文化相结合，是当代中国马克思主义、二十一世纪马克思主义，是中华文化和中国精神的时代精华，实现了马克思主义中国化新的飞跃。

高考命题拓展习近平新时代中国特色社会主义思想进入试题的广度和深度，强化思想浸润和政治引领，启发学生学习领会习近平新时代中国特色社会主义思想的世界观和方法论，领会贯穿其中的立场、观点和方法，引导学生理解社会主义制度的优越性，增强制度自信和理论自信。2023 年语文新课标Ⅱ卷现代文阅读Ⅰ中的材料一摘自习近平总书记 2011 年 11 月 16 日在中央党校秋季学期第二批入学学员开学典礼上的讲话《谈谈调查研究》，文中强调调查研究应坚持群众路线和实事求是原则，启发广大青少年汲取其中的智慧，从人民的创造性实践中获得真知灼见。全国乙卷写作试题“一花独放不是春”中的两则材料，分别出自习近平总书记 2023 年 3 月 15 日在中国共产党与世界政党高层对话会上的主旨讲话《携手同行现代化之路》和 2014 年 3 月 27 日在法国巴黎联合国教科文组织总部的演讲《文明因交流而多彩，文明因互鉴而丰富》，倡导以“中华文明观”共同应对各种全球性挑战，推动建设更加美好的世界，推动不同文明相互尊重、和谐共处，让文明互学互鉴成为推动构建人类命运共同体的积极力量。2024

① 张开：《基于高考评价体系的语文科考试内容改革实施路径》，《中国考试》2019 年第 12 期，第 21—26 页。

年高考语文全国甲卷论述类文本阅读材料节选自学术论文《海洋命运共同体构建与新的海洋文明》。2019 年 4 月 23 日,习近平总书记首次提出"海洋命运共同体"的理念。作为人类命运共同体的重要组成部分,海洋命运共同体是维护海上安全稳定、推进全球海洋治理的中国智慧和方案,具有从海洋层面构建合作共赢、和平安宁的命运共同体的重大现实意义。选文从构建海洋命运共同体的目标、愿景和路径等方面展开论述,引导学生了解构建海洋命运共同体的时代价值,真切体会中国智慧和大国担当。

2. 培育社会主义核心价值观,坚定爱国主义与理想信念

社会主义核心价值观是当代中国精神的集中体现,凝结着全体中国人民共同的价值追求,是凝聚人心、汇聚民力的强大力量。培育和践行社会主义核心价值观,是新时代坚持和发展中国特色社会主义的重大任务,也是凝聚社会共识、增强人民精神力量的必然要求。要通过培育和践行社会主义核心价值观,让全体人民在理想信念、价值理念、道德观念上紧紧团结在一起,不断巩固和发展全体人民团结奋斗的共同思想基础。展现伟大实践、讲好中国故事,必将进一步提振我们的发展自信,凝聚起奋进新时代的磅礴力量。

2022 年全国甲卷文学类文本阅读,通过对革命英雄以强大意志力战胜身体痛苦的描写,表现革命信仰的巨大力量,引导学生领会长征精神,走好今天的长征路。紧扣时代主题,引导青年学生将个人命运与国家命运紧密结合,以实现中华民族伟大复兴的中国梦为使命,不负韶华,谱写壮丽的青春之歌。2022 年全国乙卷作文题围绕"北京:双奥之城"组织信息,通过表格和数据展现我国的综合国力,多方面呈现国家的跨越式发展,激发学生的爱国热情,引导学生体会冬奥精神的深刻内涵,体会奥运会成功举办背后的国家力量和制度优势,将爱国和爱党、爱社会主义高度统一。2022 年新高考Ⅱ卷作文题介绍了不同行业奋发有为的典型人物,要求学生以"选择·创造·未来"为主题写一篇文章,引导学生做好个人的事业规划,争当伟大理想的追梦人。2022 年全国乙卷文学类文本阅读选取左翼作家萧红在抗战时期写的书信《"九一八"致弟弟书》,字里行间满怀对爱国青年的希冀。2022 年新高考Ⅰ卷语言文字运用Ⅰ选取中国探月工程首任总指挥栾恩杰的事迹作为材料,引导青年把青春的汗水挥洒在祖国最需要的地方。2024 年高考语文新课标Ⅱ卷信息类文本阅读的材料围绕"探月"主题展开。材料不仅体现出"探索浩瀚宇宙是全人类的共同梦想",更体现出我国科技工作者"努力在世界高技术领域占有重要一席之地"的卓越实践,激发学生的民族自豪感和科技报国热情。

3. 弘扬中华优秀传统文化、革命文化与社会主义先进文化

文化是一个国家、一个民族的灵魂,是国家和民族自立自强的精神支撑。我国具有悠久的历史和深厚的文化积淀,发展和传承中华优秀传统文化有助于提升国家文化软实力和中华文化影响力,坚定学生的文化自信。高考命题加强对中华优秀传统文化的挖掘和阐发,推动中华优秀传统文化创造性转化和创新性发展。

2022 年新高考Ⅰ卷信息类文本阅读选用 2 则材料:材料一节选自习近平总书记在 2016 年 5 月 17 日召开的哲学社会科学工作座谈会上的重要讲话,强调加强对中华优秀传统文化的挖掘和阐发、让民族性更加符合当代中国和当今世界的发展要求;材料二摘编自郑敏的《新诗百年探索与后新诗潮》,主要讨论重建中国本土诗歌传统和传统诗论的现代转化等问题,提出"没有传统何谈创新"及古典诗论的当代人文价值等看法。第 4 题要求学生运用材料一的理论对社会现象加以分析,试题启发学生思考面对百年未有之大变局,传统观念在构建新时代和谐社会和人类命运共同体过程中的当代价值。2023年高考语文全国甲卷论述类文本阅读材料节选自徐良高的《以考古学构建中国上古史》一文，论证了中国考古学取得的巨大成就，展现了中国上古史构建的广阔学术前景，列举的诸多考古发现有助于考生增强文化自信，更好地认识源远流长、博大精深的中华文明。全国甲卷文言文阅读材料选自《隆平集·儒学行义》，倡导周尧卿的忠孝亲睦、为官爱民的优良品质。全国乙卷文言文阅读选自《韩非子·十过》，激发学生思考"礼"与中华传统文化的内在关联。试题引导学生传承中华优秀传统文化基因，增强文化自豪感。

2024年高考试题注重引导考生树立正确的历史观、民族观、国家观、文化观，增强爱国意识和爱国情感，增强民族自豪感和自信心。2024年高考语文新课标Ⅱ卷文言文阅读材料分别选自《史记·魏世家》《史记·留侯世家》和《论衡·非韩》，引导学生在成长过程中将崇德重礼、尊贤敬长转化为自觉行为；古代诗歌阅读选取宋代诗人叶梦得的《雨后为山亭独卧》，引导学生厚植家国情怀，以时不我待的热情去建功立业。2024年是中华人民共和国成立75周年，高考试题大力弘扬革命文化，展示我国深厚的历史文化底蕴，加强爱党爱国教育，进一步培育和践行爱国主义教育，扎实引导同学们传承红色基因、增强爱国意识和爱国情感。2024年高考语文新课标Ⅱ卷文学类文本阅读的材料节选自当代作家孙甘露的长篇小说《千里江山图》，节选部分呈现了隐蔽战线上共产党人陈千里、叶桃的鲜活形象。试题引导学生理解"江山就是人民，人民就是江山"的深刻内涵，赓续共产党人精神血脉，传承红色基因。2024年新课标Ⅰ卷信息类文本阅读的材料一节选自毛泽东同志的《论持久战》。《论持久战》所蕴含的战略思维、所昭示的科学世界观和方法论具有跨越时空的意义与价值。选文部分文字扼要，层层深入，论辩犀利。习近平总书记多次谈到过《论持久战》，并以之为例指出"战略问题是一个政党、一个国家的根本性问题"，"要善于进行战略思维，善于从战略上看问题、想问题"，引导学生在分析问题和解决问题时从全局、长远和大势着眼。

4. 坚持"五育"并举，引导学生德智体美劳全面发展

"五育"并举的关键在于德育、智育、体育、美育、劳动教育全面均衡发展，发展素质教育的核心就是全面落实党的教育方针，培养德智体美劳全面发展的社会主义建设者和接班人。体育锻炼与增强体质既与身体强弱直接相关，更是健全人格、锤炼意志不可或缺的重要手段。劳动是个人安身立命、社会经济发展之本，引导学生崇尚劳动、尊重劳动、热爱劳动，认同劳动最光荣、劳动最崇高、劳动最伟大、劳动最美丽的观念，坚持通过辛勤劳动、诚实劳动、创造性劳动实现人生价值。2021年新高考Ⅰ卷作文的材料选自毛泽东《体育之研究》一文，材料立足"体育之效"，说明体育与身体强弱的关系，使学生认识体育对人生的意义，引导学生增强体质、健全人格、锤炼意志。2021年新高考Ⅱ卷的古代诗歌阅读选取陆游的诗歌《示儿子》，诗中写道："为农为士亦奚异，事国事亲惟不欺。道在六经宁有尽，躬耕百亩可无饥。"在陆游看来，为农为士没有高下之别，所以他告诉儿子不仅要学习圣人之道，更要重视农事，使之明白勤勉为人、脚踏实地是安身立命的根本。又如2021年全国甲卷的语言文字运用选取某校开设劳动教育课程"家常菜"的相关材料，让学生品味做菜的辛苦和乐趣，培养学生热爱劳动的情感。2023年全国甲卷文学类文本阅读选取巴金的散文《机械的诗——旅途随笔之一》，文章以独特的视角塑造工人形象，礼赞劳动。2023年全国乙卷文学类文本阅读选取小说《长出一地的好荞麦》，小说主人公德贵的行为既反映了中国农民对土地的深厚情感，也体现了中华民族坚韧不拔的精神。新高考Ⅰ卷文学类文本阅读选取小说《给儿子》,鼓励年轻人增强体质、经受劳动的洗礼。

在高考中起引领作用,核心价值“金线”主要是围绕立德树人来考查学生的政治立场和思想观念、世界观、方法论以及道德品质。核心价值主要聚焦理想信念、爱国主义、奋斗精神、“四个自信”、新时代思想、中华优秀传统文化、革命文化和社会主义先进文化等,关注重大现实问题和关键历史事件,切实引导学生坚定理想信念、厚植爱国主义情怀、加强品德修养、增长知识见识、培养奋斗精神、增强综合素质。下面是对2022—2024年三年全国卷高考试题各部分核心价值体现统计表。

核心价值	2022年				2023年				2024年			
	现代文阅读	古代诗文阅读	语言文字运用	写作	现代文阅读	古代诗文阅读	语言文字运用	写作	现代文阅读	古代诗文阅读	语言文字运用	写作
中华优秀传统文化	√	√	√	√	√	√	√	√	√	√	√	
革命文化和社会主义先进文化	√			√	√			√	√		√	√
世界各国优秀文化	√				√				√			
新时代新思想新征程	√		√	√	√		√	√	√			√
理想信念爱国情怀	√	√		√	√	√	√	√	√	√		√
道德品质自我修养	√	√		√	√	√	√	√	√	√	√	√
人文智慧科学精神	√		√		√	√	√	√	√	√	√	√

从表中可以看出,三年来的高考语文试题在体现核心价值上是多角度、全方位的。纵向来看,各项核心价值在每年度的高考试题中都有程度不同的呈现,有些还是多层面反复呈现;横向来看,高考试题的每一个考查项目都对核心价值有所呈现,有些项目还是多角度、多方面地呈现。

以三年来全国卷高考试题中现代文阅读题为例,不管是信息类文本阅读还是文学类文本阅读,命题选取的材料都是形式多样内容各异,对核心价值的体现也是各有特色。在信息类文本阅读材料中,有些反映现实生活中重大问题,引导学生关注国家前途和社会发展,如2022年新高考Ⅰ卷的构建中国特色哲学社会科学问题,2022年新高考Ⅱ卷的重视调查研究问题;2024年全国甲卷海洋命运共同体的构建。有些反映社会科学各方面的学术成就,倡导严谨认真、探索创新的研究态度,如2022年新高考Ⅱ卷的汉译英翻译学研究、全国甲卷的中国金银器工艺研究和全国乙卷的中国叙事学研究，2023 年全国甲卷的考古学研究和全国乙卷的文学史研究，2024 年新课标Ⅰ卷的论持久战。有些展现中外科学家的科研成果，传达广纳博取、求真务实的科学精神，如 2022 年全国甲卷的杂交水稻实验、全国乙卷的雪花形态观察，2023 年全国甲卷的植物信息传导、全国乙卷的地下世界探索，2024 年新课标Ⅱ卷的登上月球背面。

如果说信息类文本对核心价值的呈现主要通过“理”来实现，文学类文本对核心价值的呈现则主要通过“情”，呈现方式比较含蕴委婉，同时也更能够深入人心。有些文学作品表现近现代革命者和人民群众不懈奋斗、顽强斗争的事迹和精神，如 2022 年全国甲卷的《支队政委》、全国乙卷《“九一八”致弟弟书》，2024 年新课标Ⅱ卷《千里江山图》。有些作品赞扬了诚信、勤劳、善良、勇毅等人世间种种美好的品德和行为，如 2022 年新高考Ⅰ卷的《江上》、新高考Ⅱ卷的《到橘子林去》，2023 年新课标Ⅰ卷的《给儿子》、全国甲卷的《机械的诗》、全国乙卷的《长出一地好荞麦》，2024 年全国甲卷的《霜降夜》。

最直接、最集中呈现核心价值的是写作题。多年来的全国卷高考写作题的命题材料，始终与时代前进的步伐保持一致，对每年的重大时事热点总是有所呼应。如 2019 年全国Ⅱ卷涉及五四运动 100 周年和中华人民共和国成立 70 周年，2020 年新高考Ⅰ卷的作文主题是“疫情中的距离与联系”，2021 年全国Ⅱ卷的材料与中国共产党成立 100 周年密切相关，2022 年新高考Ⅱ卷、全国乙卷分别取材共青团成立 100 周年和北京冬奥会。

全国卷高考作文命题材料的另一个取材重点是中华优秀传统文化。材料发掘传统文化中的精华，引导学生借鉴先人的思想和智慧，认识和解决现实生活和自身成长过程中出现的形形色色的问题。如 2020 年全国Ⅰ卷有关齐桓公、管仲、鲍叔齐心协力振兴齐国的历史故事，2021 年新高考Ⅱ卷蕴含丰富人生哲理的书法描红漫画，同年全国Ⅰ卷借以比喻追求、实现理想的传统射箭技术，2022 年新高考Ⅰ卷中的围棋术语本手、妙手和俗手，同年全国甲卷出自《红楼梦》的移用、化用和独创。2024 年新课标Ⅰ卷写作以“问题”为核心，具有较强的思辨性，立足于学生创新性思维品质的培养，考生可以就某个论题加以充分论证，对某个现象进行深度揭示，甚至也可以从更为乐观积极的角度去畅想未来科技的发展。新课标Ⅱ卷并以“太空之旅”一词照应材料一，展现出人类的月球探索历程。作文材料最后一句“正如人类的太空之旅，我们每个人也都在不断抵达未知之境”，将伟大的人类探索之旅拉回到考生的生活学习情景，其中的关键短语“抵达未知之境”，既包含了“抵达未知之境”之前的探索进程，充满艰辛，饱含期待；也蕴含着“抵达未知之境”之后永不止步的愿望，充满信心，渴望再度踏上征程。与考生此刻身处考场的情境不谋而合。全国甲卷选择“相处”“相遇”这样一个高中生的常见话题，从贴近学生生活的现象出发构建作文素材，希望借此引导学生用自己的文字表达出自己的理性思考或真情实感。

三、能力素养银线与语文命题实践

学科素养和关键能力的明确界定和考查要求是高考评价体系最大的突破点和创新点，体现了高考内容改革的时代性和新颖性，体现了人才培养战略转型下我国对高水平、创新人才选拔和培养的现实需求。高考评价体系提出的“核心价值、学科素养、关键能力、必备知识”的四层考查内容，是实现由传统的“知识考查”向“知识为基、能力为重”考查转变的具体表现。高考评价体系综合统筹知识、能力、素养的关系，将高考考查内容凝练为核心价值、学科素养、关键能力、必备知识四个层面，在必备知识的基础上，突出考查学生的学科素养和关键能力。

高考语文试题涉及多方面的关键能力，包括信息获取与加工、逻辑推理与论证、批判性思维与辩证思维、审美鉴赏与创造、语言组织与表达。近几年的高考语文试题进一步地贯彻落实新高考评价体系，加强对学科素养与关键能力的考核，聚焦于思维过程、思维质量的考查。试题强调深化基础，严格依据课标，着意关联教材，创新试题形式；引导教学依据课标授课，提升课堂质量，引导学生减少机械刷题，提高能力素养；强化学校教育主阵地作用，为学生德智体美劳全面发展营造良好的环境。近年来高考语文试题呈现出典型的“无思维，不命题”的特征。

1. 信息获取与加工

信息识别、获取与加工是解决问题的最重要的基础能力，要求学生能辨识模型、图表、数据、文本、符号、图形中的各种信息，从中提取关键内容，建立关键信息之间的逻辑关联，并与已学相关知识进行嫁接整合，是思维过程中的第一道关卡。高考命题通过文字、图形、表格、符号、数据等方式呈现信息，加大试题信息的广度和容量，考查学生从多种形式呈现的丰富材料中“定位、识别、筛选、分类、概括、连接、转述”关键信息的能力。其中，定位是指通过文本阅读，快速定位和提取关键信息；筛选是指区分有效与无效、主要与次要，排除干扰信息，识别关键信息，一般体现为分析的过程；概括是指从个别到一般、从多到一的归纳过程以及从个别到个别或从一般到一般的类比过程；连接是指在关键信息间建立简单的逻辑关系，形成完整一贯的逻辑链条与关系，一般表现为推理过程；转述包括图文转化、数形转化、句式转换、立场转换、坐标转换等，主要体现为理解过程。

信息获取与加工能力是高考语文考查的最基础也是最重要的能力之一。2022 年高考语文试卷延续了注重信息获取与加工能力考查的命题风格，新高考Ⅱ卷现代文阅读Ⅰ的三则材料以《红楼梦》的翻译为例，在大量的文本信息中，要求学生获取关键信息，区别混淆信息，突出对学生关键信息获取、整理和加工能力的考查。2023 年高考语文命题加大试题信息的广度和容量，试题材料呼应教材，题干设问、答案设计注意与教材中的重点内容建立知识链接，考查学生从多种形式呈现的材料中筛选、分类、概括、连接、转述关键信息的能力。2023 年新课标Ⅰ卷信息类文本阅读摘编自赫克托·麦克唐纳《后真相时代》一文，通过西方媒体在关于拉美地区藜麦生产和消费的报道中大量使用“竞争性真相”的事例引导考生深入思考信息时代理性分析和审慎判断的重要性，提醒考生在面对热点事件时应走出情绪判断的误区，明辨慎思，多角度、多层次地看待问题，重点考查学生定位获取、分析整合信息的能力，进行正确推理判断的能力，识别选项推理谬误的能力。2024 年高考语文试卷中的现代文阅读命题材料，体裁有小说、散文、随笔、科普等，作者有国家领导人、现当代学者、现当代作家等，内容丰富多彩。命题选材较之从前选材范围更宽，类型更丰富，信息的广度和深度都有所加强。考查内容有意识地呼应教材，题干、选项与答案设计注重与教材内容建立有效的知识和能力链接。从记忆、筛选、分类、概括，到连接、转述、加工、整合，对学生获取和加工关键信息的能力提出了更高要求。

2. 逻辑推理与论证

逻辑推理与论证是学生形成科学思维不可或缺的能力，无论科学发现还是理论建立，抑或是工程师寻找解决问题的方案，都依赖于推理与论证技能。通过培养学生的推理与论证技能，可以让学生学会如何提出问题、论证推理、得出结论、修正观点，并能选择和运用证据支持自己的观点，为研究问题建构合理的解释。在推理和论证过程中，学生的思维能力和思维品质尤其是科学思维得到有效提高，而且这种思维能力可以有效运用和迁移到其他的任何情境、学科和问题中。通过推理与论证过程，学生将学会如何针对一个主张表达自己的观点，以及如何评价别人的主张。另外，良好的逻辑推理与论证能力训练能够帮助学生大幅提高其论文写作和表达的能力，引导学生在写作中呈现概念清晰、逻辑严谨、边界明确、证据可靠、论证充分的论证过程及结论。

逻辑推理与论证是指从已知的事实或理论（前提、条件或假设）出发，经由准确、充分的证据链（有效信息）和清晰、严密的逻辑链（相关性、因果性），推导出合理结论的思维过程。逻辑推理与论证着重考查学生根据已有前提和证据逻辑一贯地得出可靠结论的能力，一方面强调逻辑的有效性，另一方面要求证据的可靠性。逻辑推理与论证一般由前提（条件或假设）、证据（数据、文献、史料、理论观点等）、逻辑关系（归纳、演绎、因果、类比等）和结论（观点或主张）四个部分构成。通过比较、概括、推理、综合等思维方法的学习运用提高学生的逻辑论证能力，促使学生思考时做到清晰、准确、规范、严谨，表达时做到言之有物、言之有理、言之有据。

2022 年语文新高考Ⅰ卷作文题围绕围棋学习中的三个术语“本手、妙手、俗手”进行论述，学生可以写成驳论文，批驳生活中那些不重视“本手”、只刻意追求“妙手”的现象；写作此文要先破后立，这对学生的独立思考、逻辑论证、概念辨析以及证据选择等能力提出了较高要求。2022 年语文全国甲卷作文题选择《红楼梦》中众人给大观园中桥上亭子的匾额题名的事，向学生解释了何为“借用”、何为“化用”、何为“创新”，以此创设了写作情境，要求学生在三个关键词中选择某个关键词进行着重论证，考查学生论点清晰、持论有据、逻辑一贯、表达准确的能力。2022 年全国甲卷文科综合第 33 题以 17—18 世纪不同时期英国东印度公司进口的部分亚洲货物价值占比信息创设情境，考查学生进行信息加工和逻辑推理的能力。全国乙卷文科综合第 42 题选取《后汉书》等史籍中关于东汉良吏与老虎相关的史事记载，要求学生自选角度发现问题，并得出相应的结论。

2023 年高考语文试题从能否形成观点、能否合理推理、能否严谨论证、能否准确表达等多个方面对逻辑思维能力进行考查。全国甲卷写作试题材料给出“人·技术·时间”的话题，指出“人们因技术发展得以更好地掌控时间，但也有人因此成了时间的仆人”。试题从话题出发，结合个人体验或对社会生活的观察，分析、归纳、反思相关现象，凝练成自己的观点，再寻找并使用恰当的证据支撑观点。作文题试题材料简洁，要求考生调动推理能力，发现问题、形成观点、展开论证，这对学生的独立思考、逻辑推理、概念辨析、证据选择以及论证展开等能力提出了较高要求，具体考查学生论点清晰、持论有据、逻辑一贯、表达准确等关键能力。

近年来，语文的信息类文本阅读题主要考查学生的逻辑推理与判断能力，该类选择题通常会设置相关干扰项，考查学生在充分掌握信息的基础上进行推理判断与逻辑谬误识别的能力，经常出现的逻辑谬误包括概念偷换、以偏概全、虚假因果、错失主旨、错置关系、不当类比、循环论证、滑坡谬误、合成谬误、分解谬误等。考生如果能够在快速信息处理的基础上,准确识别选项中的逻辑谬误,将极大地提高答题的准确性和效率。与此同时,近年来的信息类文本还设置了论证某一观点的开放性题型,要求学生有效甄别或选择某一观点并提供有力的论证,包括论证的结构、证据的选择、观点/结论的得出等,这些对学生的逻辑推理和有效论证能力提出了较高的要求。2024 年新课标Ⅰ卷文言文试题材料一节选自《资治通鉴·汉纪》中李陵请命抗击匈奴、战败后投降的一段,材料二节选自王夫之《读通鉴论》,是针对《资治通鉴》所记载的李陵事迹而作的一段议论。该试题考查批判性思维能力,引导学生全方位、多角度地思考问题,明辨是非而不拘于一隅之见。全国甲卷古诗文阅读题选取吕本中的《次韵钱逊叔泛舟虹桥》为材料,其颔联“舟比蜉蝣千顷外,□同斥鷃一枝栖”中出现一个缺字,第 14 题 C 项就此设计:斥鷃见于《庄子·逍遥游》,用来与鹏做对比,因此诗中缺字应是“鹏”。这有助于引导考生提高逻辑思维能力。

3. 批判性思维与辩证思维

发展学生批判性思维有利于学生在学习中慎重鉴别、筛选和运用纷繁复杂的信息,保持客观而深刻的认识,敢于挑战固有观念或权威结论,是学生形成独立人格的前提,也是学生自主创新的基础。[①] 批判性思维是科学思维和理性思维的重要构成要件,是创新人才培养不可或缺的前提。批判性思维属于高阶思维能力,考查学生在面对各种复杂问题时运用已有知识进行审慎思考、分析推理、实证验证等方面的能力。批判性思维以探究和创新为导向,以理性和开放精神为核心。具体来讲,批判性思维是一种自觉通过质疑、查证和推理考查论证的合理性从而决定信什么和做什么的思维。一个完整的批判性思维过程包括理解主题论点、分析论证结构、澄清观念意义、审查理由质量、评价推理关系、挖掘隐含假设、考察替代论证、综合组织论证等步骤或要素。批判性思维与辩证思维要求学生具有独立思考的能力,能够自觉运用分析推理、逻辑论证、甄别加工等方法,使用可靠的证据,得出自己的观点,解决实际问题。对于高考试题而言,批判性思维考查形式一般表现为:澄清相关概念、独立提出问题、评估证据与理由、揭示隐含前提、开放与竞争性结论、寻求多种解决方法、构造替代论证、阐释或评估可能的后果等。概括来讲,批判性思维以质疑和提出问题为起点,以获取证据、进行分析推理为过程,以得出有说服力的结论为结果。心智开放、独立思考、敢于质疑是批判性思维的必备品质,训练有素的逻辑推理与论证分析能力以及高水平的证据获取、评估与运用能力是批判性思维的必备技能。

高考语文试题通过设置新题型、丰富情境化考查方式、增强试题的开放性与灵活性,使学生正确有效地运用习得的语文知识与能力,在学习和生活实践中学以致用;通过科学布局,实现对以批判性思维为代表的高阶思维能力的全面考查。无论是现代文阅读、古代诗文阅读,还是语言文字运用、写作,均注重高阶思维能力的考查。2021 年新高考Ⅰ卷作文“体育之效,强弱之变”,考查学生挖掘其中内含的逻辑关系,运用批判性思维梳理其辩证关系,并运用可靠的

---

① 王宁、曹宗祺:《普通高中语文课程标准解读》,高等教育出版社,2020 年版,第 39 页。

证据提供逻辑一致的论证过程的能力。2022年高考语文四套全国卷均进一步增强了试题的开放性，改变了相对固化的试题形式，使用新题型，增强试题的开放性与灵活性，材料文体和组合形式更加多样，试题考点更加灵活，试题设问更加开放，进一步降低死记硬背和机械刷题的收益。语文新高考Ⅰ卷文学类文本阅读节选自冯至的历史小说《伍子胥》，试题要求学生比较“渔夫拒剑”改写前后文学效果的差别，引导学生根据自己的阅读经验和审美趣味进行个性化解读。试题不设置唯一答案或标准答案，而是给出多个要点供阅卷参考，学生答案只要与之部分相符即可得满分；在已给出的要点之外，学生可以有其他答案，只要言之成理，就可得分。新高考Ⅰ卷写作题，借围棋学习中的三个术语“本手、妙手、俗手”类比，引导学生理解“基础”与“创新”之间的辩证关系。2023年高考语文全国甲卷论述类文本阅读考查学生分析论点、论据和论证的能力，引导学生梳理全文的论证思路并得出自己的观点，识别并排除选项中的推理谬误。例如，四套试卷的文言文阅读材料题的形式和考查侧重点各有不同。新课标Ⅰ卷文言文阅读的两则材料分别选自《韩非子·难一》和《孔丛子·答问》，聚焦赏罚问题，展现法家和儒家主张的差异及两家立论驳论的交锋，两则材料之间形成一种张力，其中第14题针对两则材料设题，要求考生进行比较阅读、批判性阅读，并思考子鲋在批驳韩非时如何抓住其论述的关键漏洞。新课标Ⅱ卷的两则材料分别选自《百战奇略》和《唐太宗李卫公问对》，前者是对淝水之战史实及战略的记述，后者是基于史实及战略的评论，两则材料构成对话关系，要求学生对两则材料进行甄别和判断，提出自己的观点并进行充分的论证。2024年高考语文新课标Ⅰ卷写作试题以“提出一个问题往往比解决一个问题更重要”这一观点设题：“随着互联网的普及、人工智能的应用，越来越多的问题能很快得到答案。那么，我们的问题是否会越来越少？”要求学生根据材料引发的联想和思考进行写作。试题的开放性强，要求学生打破非此即彼的思维定式，从不同的角度进行思考和写作，围绕核心观点进行充分的论证。新课标Ⅰ卷文言文试题材料由两段文言文组合而成，两则材料在内容上深度关联，材料分别从不同的角度对李陵之降形成完全不同的判断。试题要求从材料一中提取和概括支持王夫之观点的证据，引导考生全方位、多角度地思考问题，明辨是非而不拘于一隅之见，对相关事件、人物从不同角度进行多元评判，以此引导学生批判性思维能力的训练与提高。

4. 审美鉴赏与创造

审美鉴赏与创造是指学生在语文活动中体验、欣赏、评价、表现和创造美的能力及品质。其中，形象思维是文学艺术创作过程中的主要思维方式，对丰富精神、净化心灵、提高修养至关重要。它包括以下几个方面的内容：(1)能感受和体验语言文字作品所表现的形象美和情感美；(2)能欣赏、鉴别和评价不同体裁、不同风格的语言和文学作品；(3)能分析语言文字作品的思想情感和语言特点；(4)能运用语言文字表达自己的审美体验、表达自己对美好事物的情感、态度和观念；(5)能创造自己心中的美好形象等。

在高考试题中的呈现方式包括但不限于以下几种情况。(1)文学作品分析题：这类题目要求考生需要理解文学作品的主题、情节、人物形象，以及作者运用的修辞手法和语言表达，进行文本解读和鉴赏。在这个过程中，考生需要准确理解和解读文学作品，把握作者的意图，发表自己的观点和见解,并用合适的语言进行表达。(2)诗歌鉴赏题:这类题目要求考生阅读并鉴赏给定的诗歌作品,包括理解诗歌的意境、节奏、韵律、意象和情感表达等。考生需要通过对诗歌的审美体验和感悟,描述自己的观感和理解,并用恰当的语言表达诗歌的美感和内涵。(3)小说鉴赏题:这类题目要求考生对给定的小说进行鉴赏和评价。考生需要分析小说的情节、人物形象、主题及文学风格,审视作者的创作手法和写作技巧,通过文本分析和理解,发表自己对小说的评价和审美判断,并用适当的语言进行表达。(4)文学史、文学理论题:这类题目要求考生对文学史、文学理论中的相关概念、流派、作品进行分析和解释。考生需要理解文学史的发展脉络和重要意义,掌握文学理论的核心思想和学术观点,运用相应的理论来解读作品,对文学的发展和创作进行评价和思辨,并用准确的语言进行表达。

2023 年高考语文试题充分发挥学科优势,精选文学作品,针对作品特点设问,带领考生感受祖国语言文字之美,引导学生在直观体验的基础上调动联想和想象,表达对文学形象的感受、理解、思考。例如,全国乙卷语言文字运用Ⅰ材料节选自汪曾祺的短篇小说《俩老头》,文章语言精练、富有特色,节选部分以寥寥数笔刻画人物特征,形神毕肖。试题考查学生对文学文本语言的理解和把握,要求学生领会作者恰当运用文学语言增强小说审美表现力的做法。新课标Ⅱ卷文学类文本阅读材料节选自沈从文的代表作《长河》,节选部分描写萝卜溪社戏的盛况,情节集中,富于民俗趣味,其中的舞台场景描写热闹酣畅、自然风景描写清幽秀丽、人物描写具有传统世情小说的风韵。又如,新课标Ⅱ卷古代诗歌材料选用北宋林逋的七律《湖上晚归》,描写诗人秋日傍晚乘舟归家所见,于景物描写中见诗人的恬淡心情。第 16 题要求学生思考王国维"以我观物,故物皆著我之色彩"的观点如何在诗中得到印证,引导考查学生领悟古典诗词的隽永魅力。新课标Ⅰ卷古代诗歌阅读材料选取南宋林希逸的七律《答友人论学》,以诗歌的形式讨论治学的道理。尾联"卖花担上看桃李,此语吾今忆鹤山",化用魏了翁的名言"不欲于卖花担上看桃李,须树头枝底方见活精神也"。第 16 题由此设题,启发考生思考:卖花担上的桃李,虽然也缤纷绚烂,但活力已经不再,唯有回归本原,方能获得学问真谛,就如同在树头枝底欣赏桃李,方能体会其活泼精神。再如,全国甲卷古代诗歌阅读材料选用宋代晁补之的《临江仙》,这是一首典型的"言情"之作,词人面对未来与友人的离别,愈加珍视当下的相聚时光,词作以细腻的笔触表达两人深厚的情谊,其中"柳垂江上影,梅谢雪中枝"两句被后人赞为"绝妙"。第 15 题要求学生分析两句词的妙处,引导学生借助联想和想象丰富自己对文学作品的体验和感受,品味诗词的语言之美。"审美鉴赏与创造"类题目要求学生通过对文学作品的分析、理解与评价,展示对文学作品的鉴赏能力和审美判断力。备考时,学生应通过大量的阅读和研究,理解文学作品的艺术特点和意义,掌握文学分析方法和文学理论,培养自己的文学鉴赏能力和审美判断力,以提高在文学相关试题中的应试能力。2024 年各套高考试题无一例外地都有文学类文本阅读和古代诗歌阅读这两项大的题目类型,其中选择题的大部分选项都是从文学鉴赏与审美的角度设置的,设错点也主要集中在主旨把握、语意理解、手法鉴别等方面。文学类文本阅读和古代诗歌阅读的表达题很多都是从文学鉴赏与审美的角度设置的。如全国甲卷第 8 题"乌乡霜降夜,作者'感觉到生命与节气之间发生了某种密切的联系,有很强烈的体验感’，文章是从哪些方面来抒写这种体验感的？请简要分析”。新课标Ⅰ卷第8题“文章为何说‘放牛给了我一个几近完美的少年时代？’新高考Ⅱ卷第9题“文本中频频出现‘一年以后’‘现在想来’‘他知道这情况时’之类标示时间线索的语句，产生了怎样的叙述效果？请简要分析”。

5. 语言组织与表达

思维是语言的内涵，语言是思维的载体。语言组织与表达是指信息输入和认知加工之后的具体呈现，它同时也是一个人学科知识、专业素养、思维过程、逻辑论证的具体表现。语言组织与表达是指根据应对问题情境的需要，合理地组织、调动各种相关的知识与能力，准确传达信息并进行交流沟通。能够根据具体情境的不同，选用口语、书面语等不同语体并灵活转换。熟练运用图像、图表、图画表达思维、观点，借助口头语言、书写或绘图工具等表达抽象的概念。语言表达同时也是一个人学科知识、专业素养、思维过程、逻辑论证的具体表现，语言表达考查学生能够运用规范和富有逻辑性的语言进行清晰、有条理的书面表达，能够准确地运用学科术语表达抽象的概念和学科知识。

语言表达考查学生能够运用规范和富有逻辑性的语言进行清晰、有条理的书面表达，能够准确地运用学科术语表达抽象的概念和学科知识。可以说，语言组织与表达是思维世界的具体呈现，也是高考“无思维，不命题”最直接的体现。语言组织与表达一般包括以下几个要素：核心概念、逻辑推理与论证的过程、事实证据、观点与结论、专业的术语或符号等。

语文试题中语言文字运用部分重点考查语句补写、文段压缩、语病辨析、成语和标点符号的使用等，同时也通过作文写作，突出对语言表达能力的考查。2023年语文四套试卷的语言文字运用题的形式和考点各不相同。全国甲卷语言文字运用题的形式是“一拖五”，考点是俗语使用、句子修改、仿写、评论、成语讲解要点；全国乙卷语言文字运用Ⅰ和Ⅱ的试题形式分别是“一拖三”“一拖二”，考点是词语用法、句式含义、句式表达效果、语句补写、语段删改；新课标Ⅰ卷语言文字运用Ⅰ和Ⅱ的试题形式分别是“一拖二”“一拖三”，考点是语句补写、病句修改、重叠词语的含义、标点的表现力、词语在不同语境中的含义；新课标Ⅱ卷语言文字运用Ⅰ和Ⅱ的试题形式分别是“一拖二”“一拖三”，考点是成语填写、语句表达效果、疑问代词用法、语句补写、病句修改。2024年高考语文全国甲卷语言文字运用第21题，设置了一个生活中常见的“患者—医生”的交际情境，考查特定语境下识别和提取必要信息并根据需求和对象进行表达交流的能力。新课标Ⅱ卷语言文字运用第22题，考查学生结合具体语境分辨词语语义和情感上的细微差别的能力，体现了语言运用的实践本质。新课标Ⅰ卷信息类文本阅读第4题考查设问和反问在文中的论证效果，全国甲卷古代诗歌阅读考查了学生对古代诗歌中炼字所取得的艺术效果的赏析能力，都体现了语言文字的基础性和应用性。

综上所述，高考评价体系指导下的高考内容和命题改革，就是要实现从“考知识”向“考能力素养”的转变，实现从“解答题目”向“解决问题”的转变，实现从传统的“考查内容”一维模式向“考查内容、考查要求、考查载体”三位一体模式的转变，着重考查学生的思维品质、思维过程和关键能力，进一步深化试题的情境创设和呈现方式，加大试题的开放性和探究性，积极引导高中教学过程中注重对学生学科素养、关键能力、创新精神和解决实际问题能力的培养。上述关键能力是实现上述改革目标最重要的改革抓手，只有深刻认识高考命题改革与关键能力及思维品质之间的内在关联，着力培养学生的学科素养、关键能力和思维品质，才能有效应对新高考。

纵观近年来的高考语文命题实践，高考语文试题对关键能力的考查主要呈现为以下特点。

(1)精心选材，科学布局，实现对关键能力的全面综合考查

从整体上看，高考试题的命题专家所选材料以经典著作和名家佳作为主，又特别注重材料的多样性，为全面考查语文关键能力提供了基本的前提。在关键能力的选择和分布上，他们也是精心策划，科学布局，使试题对关键能力的考查呈现全方位、多层面、多角度、多样式的基本特点。

下面是2022—2024年三年全国卷高考语文试题关键能力呈现统计表。

关键能力	2022年				2023年				2024年			
	现代文阅读	古代诗文阅读	语言文字运用	写作	现代文阅读	古代诗文阅读	语言文字运用	写作	现代文阅读	古代诗文阅读	语言文字运用	写作
信息获取与加工	√	√	√	√	√	√	√	√	√	√	√	√
逻辑推理与论证	√		√	√	√		√	√	√		√	√
审美鉴赏与创造	√	√	√		√	√	√	√	√	√	√	
文化传承与理解	√	√	√	√	√	√		√	√	√	√	
批判性思维与辩证思维	√			√	√			√	√		√	√
语言建构与表达	√	√	√	√	√	√	√	√	√	√	√	√

从表中可以看出，三年来的高考语文试题对关键能力的覆盖是全方位的，无论是现代文阅读和古代诗文阅读，还是语言文字运用和写作，都注重能力考查的综合性、全面性、层次性和多样性。

除了在整体设计上，注重能力的全面性以外，在局部题目的设计上也体现出能力考查的多样性。

【例1】(2024年新课标Ⅰ卷信息类文本阅读第1题)1. 下列对材料相关内容的理解和分析，不正确的一项是(　　)

A.《论持久战》在分析抗战走势时，并未局限于中日两国，而是展现出对世界整体局势变化的宏观把握。

B. 落后大国面对先进小国的侵略，不可能速胜，必然要经历由劣势到平衡、由平衡到优势的持久战争过程。

C.“不但看到武器，而且看到人力”，指在承认军力和经济力差距的前提下，相信人力和人心才是胜利之本。

D. 中国共产党的抗日持久战思想不只体现在判断抗战将会长久，更体现在对战争走向作出了全面科学的分析。

选项	逻辑关系辨析/逻辑谬误识别
A	在分析抗战走势时，毛泽东并没有局限于中日两国，而是从整个世界的全局的角度分析。因此，A项正确
B	原文材料指的是中日两个特定国家在特定条件下的战争过程和必然趋势（中国由劣势到平衡到优势，日本由优势到平衡到劣势），并没有断定所有落后大国和先进小国之间的战争也必然经历该过程和发展趋势。选项B从一个特定对象的规律推出一个普遍性的结论，犯了以偏概全的谬误，因此，B项错误
C	材料强调武器是战争的重要因素，但不绝对，决定因素是“人”，也就是选项说的人力和人心。因此，C项正确
D	此选项既涉及中国共产党对战争的长久判断，更涉及对战争走向的分析，通过材料二最后一段可以推断出以上两点。因此，D项正确

本题从总体上考查学生的信息获取与加工、逻辑推理与论证等能力，而每个选项考查的具体内容各有侧重，其能力考查的综合性与全面性可见一斑。

【例2】（2024年全国甲卷的古代诗歌阅读第14～15题）

次韵[①]钱逊叔泛舟虹桥

吕本中

半篙春涨绿平溪，二月江城草色齐。

舟比蜉蝣千顷外，□同斥鷃一枝栖[②]。

野桥柳线斜风软，自曲槛花光夕照低。

却讶探骊[③]人不至，清樽画舫倩分题[④]。

[注]①次韵：依次用所和诗中的韵作诗。②本句首字原缺。③探骊：这里指精通写诗作文。④分题：诗人聚会，分题目而赋诗。

14. 下列对这首诗的理解和赏析，不正确的一项是（　　）

A. 诗歌开篇写春水、草色，围绕色彩落笔，营造出一种愉悦的情感氛围。

B. 春水新涨，水面辽阔宽广，在波间漂浮的船只显得如同蜉蝣一样细小。

C. 斥鷃见于《庄子·逍遥游》，用来与鹏做对比，因此诗中缺字应是“鹏”。

D. 诗歌的尾联写到了“分题”，以此收束，与题目中的“次韵”形成照应。

15. 颈联中“软”“低”二字的使用取得了很好的艺术效果，请简要赏析。

项目	关键能力
整题	信息获取与加工、文学鉴赏与审美、文化传承与理解、语言建构与表达

续表

项目		关键能力
14题	选项A	作品内容与作者情感
	选项B	诗歌内容与描写手法
	选项C	作品语言与意境
	选项D	作品结构与内容
15题		语言建构与诗歌鉴赏

本题整体上既考查一般语文试题都有的信息获取与加工能力和语言建构与表达能力，也考查古代诗歌阅读题特有的文化传承与审美能力和文学鉴赏与审美能力；而具体到每一道小题和每一个选项，则涉及诗歌思想内容、作者情感、作品意境、表现手法等多方面的能力。

(2)巧妙设置问题情境和任务要求，融多种关键能力考查于一体

从试卷中的具体题目上，也能看出命题专家的良苦用心。他们在选好命题材料的基础上，精心设计每一道题目，特别重视问题情境和任务要求的设置，使这些题目分别承担着自身特有的功能，题目之间又相互呼应，共同支撑起整套试卷的多重功能。在这方面，近两年的高考语文试题因文设题、一料多题、一题多用的特点比较突出。2024年新课标Ⅰ卷语言文字运用题就很好地体现了这些特点。

【例3】(课标Ⅰ卷，第18～22题)阅读下面的文字，完成18～22题。

当你觉得劳累而懒得说话，情绪低落、胃口不佳且脑子不转时，往往是身体在提醒你："电量已经触底，需要立即充电。"常用的充电方式，包括合理睡眠、适度运动、调整饮食等多种，其中睡眠最为重要。①如果睡眠不足和睡眠过度都会加重人的疲惫感，②引发多种疾病，③所以，④通过睡眠如何快速让自己精力充沛，⑤才是问题的关键。

睡眠时长是保证身体正常运转的必要条件。至于每天要睡多久才能保证身体健康，相信喜爱健康科普节目的人，都已经耳熟能详了。实际上，我们所需的睡眠时长是____A____的，有人不睡够9个小时难以清醒，有人睡上4个小时就能活力满满；有人睡了很长时间仍然精神萎靡，有人只要打个盹儿就能____B____。因此，能够保证自己心情舒畅、精神饱满的睡眠时长，就是最适合自己的睡眠时长。

睡眠不足会导致疲劳无法缓解而残留下来，长此以往，疲劳会像负债一样逐渐累积并且利上滚利，掏空你的"家底"，进而引发多种疾病。(甲)也很简单：在节假日睡到自然醒，记下你的睡眠时长，然后减去工作日的睡眠时长，如果多出2个小时以上，即说明你正处于"睡眠负债"的状态，需要及时补充调整。但另一方面，一次性补充过多的睡眠，又会扰乱人体生物钟，使你的睡眠质量大打折扣，同时引发新的疲劳。所以对于"睡眠负债"，要采取"分期偿还"的方式求得解决。其实，(乙)。如果睡眠质量不佳，睡眠时间再长也难以恢复疲劳。而提高睡眠质量的方法有很多种，如在固定时间起床，以调整身体节律；在睡眠前洗热水澡，以尽量放松身心。只有睡得够，睡得好，坚持不懈，才能从"感觉身心疲惫"成功转化成"感觉棒极了"。

18. 文中第一段用"电"比喻人的精力体力，使用了借喻的修辞手法。请以"云"为本体写一个句子。要求：语意完整，使用借喻；借喻贴切，表达流畅。

19.请在文中画横线处填入恰当的成语。

20.文中第一段标序号的部分有两处表述不当，请指出其序号并做修改，使语言准确流畅，逻辑严密，不得改变原意。

21.请在文中括号内补写恰当的语句，使整段文字语意完整连贯，内容贴切，逻辑严密，每处不超过15个字。

22.文中画波浪线的“恢复疲劳”，有人说不合逻辑，有人说可以使用。你的看法是什么？请简要说明理由。

文段内容		睡眠负债				
文体		社科论文				
题号		18	19	20	21	22
考查内容		修辞	成语	修改病句	补写语句	阐释词语
题型		简答	简答	简答	简答	简答
分值		5	2	4	4	3
能力素养	信息获取与加工	√	√	√	√	√
	逻辑推理与论证		√	√	√	
	批判性思维与辩证思维				√	√
	文学鉴赏与审美	√				
	文化传承与理解		√			√
	语言建构与运用	√	√	√	√	√

可以看出，这道语言文字运用题的各小题之间有很高的区分度，彼此又能够互相补充和呼应，达到了全面考查学生关键能力的目的。

高考写作题考查学生信息获取与加工、逻辑推理与判断、思维语言建构与运用等多种关键能力，是最具有综合性的题目。以2024年新高考Ⅰ卷写作题为例试题聚焦新科技快速发展和应用的背景下问题的多与少这一热门话题，引导学生由材料中的“问题”和“答案”出发，得出自己写作的中心论题。试题的开放性较强，可以就问题的“多与少”“浅与深”“得与失”“真与假”进行思考和写作。试题并不是简单让学生作“是”与“否”的判断，而是希望他们结合自己生活中的体验、对社会的观察，在认真思考后提炼出自己的观点。试题适合多种文体的写作。

23.阅读下面的材料，根据要求写作。

随着互联网的普及、人工智能的应用，越来越多的问题能很快得到答案。那么，我们的问题是否会越来越少？

以上材料引发了你怎样的联想和思考？请写一篇文章。

要求：选准角度，确定立意，明确文体，自拟标题；不要套作，不得抄袭；不得泄露个人信息；不少于800字。

信息获取与加工	逻辑推理与判断	语言建构与运用
材料由两句话构成。第一句话指出工人智能发展的现状:越来越多的问题能很快得到答案。第二句话是由此引发的思考:我们的问题是否会越来越少?材料意蕴丰富,具有很强的思辨性,关键词是“问题”。 “问题”的内涵有两层:既可以指需要解答的疑问和难题,又可以指存在的缺陷和毛病。从第一个层面来讲,在互联网普及和人工智能应用这个大前提下,人类有限认知中的很多问题都可以通过互联网得到全面的解答,或通过人工智能应用得到妥善的解决。这样看来,需要解答的疑问和难题确实越来越少。但实际上,社会和人类都是动态发展的,当旧的问题找到了答案和解决方法,人们的认知和能力就得到了提升,视野更阔,眼界更高,原有的解答会变得或过于肤浅或过于片面,内心的疑问只会更多更难,要解答的疑问和难题就会越来越多。也正因为如此,人类才不断进步和飞速发展,从辩证的角度来讲互联网和人工智能并非万能,其给出的答案和解决方案很可能千篇一律,人云亦云,或是浅表式的分析和非专业性的解答,更多具体的、复杂的、情感的、观念的问题,都因人因事而异,互联网和人工智能无法给出最合适的解答和深层的分析,更无法做到对一个问题做出千变万化的解答。 从第二个层面来讲,当人们的疑问总能快速便捷地得到解答时,被压抑的惰性就很容易抬头,渐渐地很可能会依赖于这些智能工具,不愿思考,不愿探索,懒得积累,懒得归纳。看似智能工具解决了所有的问题,实际上人们可能会渐渐丧失提问的能力,甚至某些生存的技能,这样看来,我们的问题可能会越来越多。而这个可能性本身又是我们不能忽略的	材料中前后两个“问题”概念要辨析清楚: 前一个“问题”主要是得到答案,倾向于知识性、技术性问题;后一个“问题”指没有得到答案,新出现的问题,更倾向于依靠现在技术无法解决的新问题、麻烦、困惑、矛盾等,具体如可能对人类生存的威胁、对人类道德的颠覆、创新能力的弱化等。 将两个问题区别思考,看到联系与区别。 “问题是否越来越多/少”不能作为评判高下的依据,“是”“否”“无变化”均可,重在“联想和思考”;甚至在“是”“否”之外提出另一个新问题,只要这个问题与具体情境相关,只要这个问题不是抽象化为脱离具体情境的抽象问题,就算合题	行文时,若写议论文,可以运用辩证思维,采用并列式结构,辩证分析“问题会越来越多”或“问题会越来越少”或“问题多少视情况而定”的现状和原因,并指出具体的解决方法;若写记叙文,可选取自身经历或身边的人和事,运用多种叙述手法,讲述智能时代人物“问题”多寡的故事

3. 改变相对固化的试题形式,增强关键能力考查的开放性与创新性

近年来的高考语文命题落实《深化新时代教育评价改革总体方案》,在“改变相对固化的试题形式,增强试题开放性,减少死记硬背和‘机械刷题’现象”等方面继续探索,使用新题型,扩大试题的开放性与灵活度,进一步降低死记硬背和机械刷题的得分收益,使考生正确有效地运用习得的语文知识与能力,在学习和生活实践中学以致用。

第一,命题材料的文体选择和组合形式更加多样。下面是2021—2023年全国卷高考试题类型、材料文体及文本数量统计表。

	试题类型	材料文体	文本数量
2022 年	信息类文本阅读	政论文、学术论文、科普	单文本、双文本、三文本
	文学类文本阅读	小说、散文、纪实文学	单文本、双文本
	文言文阅读	国别体、人物传记、杂史	单文本
	古代诗歌阅读	唐诗、宋诗、宋词	单文本、双文本
	语言文字运用	新闻、科普、散文	双文本
2023 年	信息类文本阅读	政论文、学术论文、科普	单文本、双文本
	文学类文本阅读	小说、散文	单文本
	文言文阅读	诸子散文、人物传记、杂史	单文本、双文本
	古代诗歌阅读	宋诗、宋词	单文本
	语言文字运用	科普、小说、散文	单文本、双文本
2024 年	信息类文本阅读	政论文、学术论文、科普	双文本、三文本
	文学类文本阅读	小说、散文	单文本
	文言文阅读	读史杂记、人物评论、事件评论	单文本、双文本、三文本
	古代诗歌阅读	宋诗	单文本、双文本
	语言文字运用	科普、散文	单文本、双文本

从表中可以看出，三年高考试题命题材料的文体及组合形式没有任何一年、任何一项是完全相同的，显示高度的灵活性；同时，进入试卷的文体种类有逐渐增多、随机变化的趋势。

第二，试题考点设置更加灵活。全国卷语文试题对各考点的覆盖面越来越宽，考查方式也越来越机动灵活。以文言文阅读的第 11 题为例，2023 年高考个别选项开始出现对文言实词的考查；2024 年高考对文言实词的考查已占有绝对优势地位，甚至扩展到文言句式、常用熟语（包括成语）等知识点，文化常识虽没有完全消失，但已经明显淡化，退居末席了。再如语言文字运用题，2022 年和 2023 年的四套全国卷试题彼此之间比较协调统一，考查要点也相对较小；而到了 2024 年高考，三试卷的 15 道小题，竟然涵盖了填写成语、选填俗语、补写句子、修改病句、比较词语用法、修辞考查、语言逻辑、长短句变换、语句作用、阐释成语等十几个考查要点，彼此重合的只有补写句子、修改病句等极少数几个项目，其他都是各自为战、各有特色，呈现出因文设题、机动灵活的鲜明特征。

第三，试题设问更加开放。全国卷语文试题在问题设置角度和形式上也越来越趋向于开放多元。模式化、套路化的传统型题目越来越少，取而代之的是与命题材料特点高度匹配、创新和个性化色彩浓厚的题目类型。如 2022 年高考语文试题语言文字应用中对成语的考查由选择题变为直接填写答案的填空题。试题答案并不唯一，学生作答只要符合上下文语境即可得分，考点也相应从侧重考查近义成语差异的辨析变为侧重考查成语的积累与应用。新高考Ⅰ卷文学类文本阅读节选自冯至改写自历史故事的小说《伍子胥》，试题要求学生比较“渔夫拒剑”改写前后文学效果的差别，引导学生根据自己的阅读经验和审美趣味进行个性化解读。试题不设置唯一答案或标准答案，而是给出多个要点供阅卷参考，学生答案只要与此部分相符即可得满分;在已给出的要点之外,学生可以有其他答案,只要言之成理,就可得分。2024 年高考试题在这一方面也有所突破。比如,新课标Ⅱ卷根据材料信息对火箭登月过程中的分离进行排序。再如,全国甲卷实用类文本第 5 题,根据文本内容补写词语,间接考查考生对文本的理解情况。

2023 年语文全国卷的试题充分体现了反套路、反模式的特点,试题设问更加开放和灵活。新课标Ⅰ卷第 9 题:读书小组要为此文写一则文学短评。经讨论,甲组提出一组关键词:未来·回忆·成长;乙组提出一个关键词:河流。请任选一个小组加入,围绕关键词写出你的短评思路。新课标Ⅰ卷第 16 题:诗的尾联提到魏了翁的名言:"不欲于卖花担上看桃李,须树头枝底方见活精神也。"结合本诗主题,谈谈你对这句话的理解。新课标Ⅱ卷第 9 题:文中记述社戏的筹备及演出过程,多处使用"依照往年成例""照习惯""照例"等,含有哪些意味?请结合全文谈谈你的理解。全国乙卷第 8 题:文中画线部分的描写,人、牛、犁浑然一体,这种艺术效果是如何营造出来的?请简要赏析。

2024 年高考语文命题继续贯彻落实《深化新时代教育评价改革总体方案》,在"改变相对固化的试题形式,增强试题开放性,减少死记硬背和'机械刷题'现象"等方面进一步深入探索,不断创新命题方式和试题类型,从材料信息的丰富性、试题要素的灵活性、解题路径的多样性等方面增强试题的开放性与灵活度,强调思维过程和思维品质,鼓励学生多角度主动思考、深入探究,发现新问题、找到新规律,进一步降低死记硬背和机械刷题的得分收益,使考生正确有效地运用习得的语文知识与能力,在学习和生活实践中学以致用。命题材料更加丰富多样。如信息类文本阅读方面,2024 年教育部考试中心命制的三套高考试题的命题材料有政论文,有学术论文,有科普文;材料的组合方式也多种多样,全国甲卷沿用论述类文本与实用类文本分别考查的方式,两套新高考试卷则将两类文本合并随机考查,新课标Ⅰ卷是双文本论述材料,新课标Ⅱ卷则是三文本论述类文本。文言文阅读的命题材料分别出自《师说》《鸿门宴》《周亚夫军细柳》《陈涉世家》《桃花源记》《记承天寺夜游》《老子》《孔雀东南飞》《爱莲说》《项脊轩志》,其中新课标Ⅰ卷采用双文本,新课标Ⅱ卷第一次采用了三文本材料形式。语言表达运用的命题材料也更趋多样,其中增加了文学类材料的分量(新课标Ⅰ卷和全国甲卷),也出现了一则材料命 5 道题目的新类型(新课标Ⅰ卷)。写作题的命题材料延续了 2023 年以试卷中语言表达题材料为话题的新类型(新课标Ⅱ卷)。

四、情境载体串联线与语文命题实践

高考评价体系"一核四层四翼"的实现需要借助情境化的设计理念与实践。情境是实现考查内容和考查要求的载体,能确保改革设计目标的落实落地。高考语文试题以真实、典型、具体的语文实践活动情境为载体,要求学生在特定情境中完成现代文阅读、古诗文阅读、语言文字运用和写作任务。高考评价体系中所谓的"情境"即"问题情境",指的是真实的问题背景,是以问题或任务为中心构成的活动场域。"情境活动"是指人们在情境中所进行的解决问题或完成任务的活动。根据目前高考的考查方式,高考内容的问题情境是通过文字与符号描述的方式即纸笔形式进行建构的,而情境活动也同样是通过文字与符号的形式进行的。

情境试题对学生的学科素养和关键能力提出了更高的要求，它要求学生由“解答试题”转向“解决问题”；通过优化考查内容、丰富呈现方式、创新设问角度等途径，突出对关键能力的考查，让善于独立思考、认知能力强的学生脱颖而出。高考命题中的情境，主要指的是真实的问题背景，是以问题或任务为中心构成的活动场景，主要包括两大类情境：第一类是“生活实践情境”，这类情境与日常生活生产实践密切相关，考查学生运用所学知识解释日常现象、解决现实问题的能力；第二类是“学习探索情境”，源于真实的研究过程或实际探索过程，同时包括学科前沿与实验场景等。情境设计的主要目标是增强试题的开放性和探究性，引导学生进行独立思考和理性判断，完成开放性或探究性的任务。情境可以进一步细分为：历史话题情境与生活实践情境、学科史料与传统文化情境、科学探究与实验探索情境、学科前沿与科学实践情境等。语文实践活动情境主要包括个人体验与生活情境、学科认知情境和社会生活情境。个人体验与生活情境指向学生个体独自开展的语文实践活动，如在文学作品阅读过程中体验丰富的情感，尝试不同的阅读方法以及创作文学作品等。学科认知情境指向学生探究与语文学科本体相关的问题，并在此过程中发展语文学科认知能力。社会生活情境指向校内外具体的社会生活，强调学生在具体生活场域中开展的语文实践活动，强调语言交际活动的对象、目的和表述方式等。

1. 重大现实问题情境

高考试题紧扣时代主题，关注青年成长，反映根植于中国特色社会主义伟大实践的社会主义先进文化，引导青年学生将个人命运与国家命运紧密结合，鼓励青年热爱祖国、坚定信念、砥砺奋进、勇于创新。2022 年适逢北京冬奥会成功举办、中国共产主义青年团成立 100 周年等重大历史事件，2022 年高考试题展现新时代社会主义现代化建设的历史性成就，反映中华民族从站起来、富起来到强起来的伟大飞跃，引导学生坚定“四个自信”，激发学生的爱国热情。如 2022 年语文全国乙卷作文围绕“北京：双奥之城”组织信息，从两次奥运会比赛成绩到两次奥运会举办时的综合国力，多方面呈现体育精神、社会进步、科技创新和国家发展。2023 年语文新课标Ⅱ卷现代文阅读Ⅰ中的材料一摘自习近平总书记 2011 年 11 月 16 日在中央党校秋季学期第二批入学学员开学典礼上的讲话《谈谈调查研究》，文中强调调查研究应坚持群众路线和实事求是原则，启发广大青少年汲取其中的智慧，从人民的创造性实践中获得真知灼见。2024 年高考语文全国甲卷论述类文本阅读的材料节选自学术论文《海洋命运共同体构建与新的海洋文明》。2019 年 4 月 23 日，习近平总书记首次提出“海洋命运共同体”的理念。作为“人类命运共同体”的重要组成部分，“海洋命运共同体”是维护海上安全稳定、推进全球海洋治理的中国智慧和方案，具有从海洋层面构建合作共赢、和平安宁的命运共同体的重大现实意义。选文从构建海洋命运共同体的目标、愿景和路径等方面展开论述。

2. 个人体验与生活情境

试题以促进学生全面发展为导向，在引导体育、美育、劳动教育上持续发力。在试题素材选取方面，注重结合中学生的心理发展特点，力求能够引起学生的情感共鸣；在题目情境设计上，注重结合中学生的实际生活，使之能有深入其中的感受与体验；在问题设计上，注重契合中学生的思维方式，为其提供充足的思考与发挥空间，引导其领会体美劳教育对于个人成长成才的必要性，激发学生的参与热情，引导中学不断优化教学理念，促进学生全面发展。语文试题充分发挥学科优势，润物无声地以美陶冶性情、滋养心灵，在美的熏陶中培养审美感知和创造表现能力。2022 年全国乙卷语言文字运用Ⅱ以熬夜看手机对视力造成损害的内容设置情境，引导学生正确使用手机，倡导健康的生活方式。2023 年新课标Ⅱ卷的古代诗歌题以北宋林逋的七律《湖上晚归》为阅读材料，该诗写诗人秋日傍晚乘舟归家所见，于景物描写中展现诗人的恬淡心情；第 16 题考查学生正确理解中国古代独具特色的形象化理论话语的审美感受力，领悟古典诗词的隽永魅力。2023 年全国甲卷的文学类文本阅读材料为现代作家巴金的作品《机械的诗——旅途随笔之一》，体裁是散文，题材则是劳动，文章赞美机械具有“创造的喜悦”和“散布生命”的诗性，以独特的视角塑造工人形象，礼赞劳动，引导学生思考“机械的诗”背后是工人辛勤的创造，把劳动的种子深植在他们心中。

3. 学科认知情境

以中华优秀传统文化、革命文化与学科认知作为设题情境是近年来高考试题的鲜明特征和趋势。中华优秀传统文化是中华民族的文化根脉、精神标识，也是实现中华民族伟大复兴的力量源泉。高考试题选材注重体现中华优秀传统文化和革命文化的精髓，试题设问既引导学生在深刻理解其内涵的基础上借鉴古人智慧、汲取精神力量、树立文化信心，又引导学生立足当下现实、融通古今资源、面向未来创新，从而准确把握中华优秀传统文化的内涵与价值，深入思考中华文明在当代的创造性转化、创新性发展。2022 年语文新高考Ⅰ卷信息类文本阅读题以习近平总书记在哲学社会科学工作座谈会上的重要讲话以及郑敏《新诗百年探索与后新诗潮》为设题情境，引导学生深入认识和领会中华优秀传统文化如何实现传承和创造性转化及其当代价值。2022 年语文全国乙卷文言文阅读材料选自《说苑・贵德》，以吴起告诫魏武侯国之宝在德不在险、晏子劝说齐景公供养老弱孤寡等历史记载，引导学生领悟儒家思想中“以德化人”的德治主张和“政在养民”的民本思想。2022 年语文全国甲卷文学类文本阅读的 2 则材料分别选自王愿坚的小说《支队政委》与哈里森・索尔兹伯里的纪实作品《长征：前所未闻的故事》，生动阐释了“理想信念之火一经点燃，就永远不会熄灭”的道理。2022 年语文新高考Ⅱ卷文学类文本阅读材料选自李广田的散文《到橘子林去》，引导学生领悟“人民是历史的创造者、人民是真正的英雄”的真谛。2023 年语文全国甲卷语言文字运用部分第 21 题巧置情境，假设学生受邀给小学生讲解成语，要从“卧薪尝胆”“庖丁解牛”“一鼓作气”三个成语中任选一个，拟出讲解要点，引导学生注重对成语、典故等中华优秀传统文化知识的继承和弘扬。

综上，高考评价体系中的“四翼”(基础性、综合性、应用性、创新性)考查要求是通过问题情境来实现的，目的是在较高的认知层次上提高学生的心智活动和认知能力，从而引导学生自觉培养科学思维和关键能力，激发科学探究活力。通过合理创设试题情境，加强问题导向，注重学用结合，加大试题的开放性与探究性，鼓励学生理论联系实际，关心日常生活、生产活动中蕴含的实际问题，设置新颖的试题呈现方式和设问方式，培养学生主动思考、敢于探索、勇于发现问题以及从不同角度分析问题与解决问题的科学精神，引导学生发现新问题、提出新问题，找到新规律、得出新结论，从而有效考查学生思维品质和思维过程，更好地服务高校人才选拔，服务引导高中教学，服务拔尖创新人才培养。

高考内容改革倡导加强理论联系实际，紧密结合国家经济社会发展、科学技术进步、生产生活实际等创设情境，充分考虑学生学习和生活实际，把课本知识与“具体真实的世界”联系起来，考查学生灵活运用所学知识方法发现问题、分析问题和解决实际问题的能力，引导学生在解决实际问题的过程中建构知识、培养能力、提升素养。情境设计的主要目标是增强试题的开放性和探究性，引导学生进行独立思考和理性判断，完成开放性或探究性的任务，发现新问题、找出新规律、得出新结论，以解决现实问题和科学前沿探索为主旨。不论是客观性测试还是主观性测试，考点必须“生长”在产生知识或应用知识的“土壤”之中。近年来的高考命题呈现出了“无情境，不成题”的典型特征。

五、高考语文学科命题中的必备知识考查

必备知识是高中课程标准规定的知识内容，也是进入高校进行专业学习所必需的基础性、通用性知识。语文学科必备知识既是构成一个人语文素养的基本内容，也是语文试卷的专业性标志，通过语文必备知识的检测可考查学生对语文学科知识的掌握情况，因此，命题实践中常常依托语文学科必备知识来设置考点。语文高考必备知识主要指向日常教学的语言学、文章学、写作学、修辞学等语文知识的考查。如下图所示。

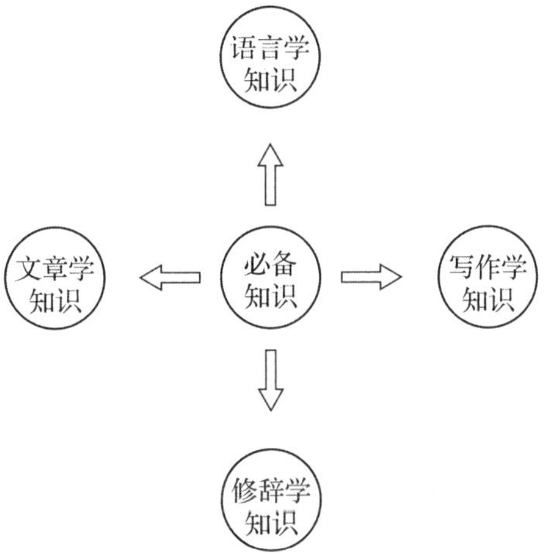

语文学科高考必备知识考查

高考语文命题实践一直重视基础，在增长知识见识上下功夫，寓基础性考查要求于知识、能力与素养的融会贯通中，引导考生增长知识见识。近几年的全国卷高考语文命题，基本遵循了这个原则，考查词汇、语法、文化常识、标点符号用法、各种文体及相关的修辞、表现手法、论证手法等必备知识时，并不直接设置单独的知识考查题，而是设置在现代文阅读、古代诗文阅读、语言文字运用、写作四个模块中，这就把对语文必备知识的考查，融会在语文学科最为核心的阅读素养、表达素养的考查中。

六、高考评价体系下的语文命题展望

党的二十大指出：“培养什么人、怎样培养人、为谁培养人是教育的根本问题。育人的根本在于立德。全面贯彻党的教育方针，落实立德树人根本任务，培养德智体美劳全面发展的社会主义建设者和接班人。”高考连接高等教育和基础教育，是教育的重要一环，在落实立德树人根

本任务的过程中，必然要最大限度地发挥正向引导作用，服务高校人才选拔，服务引导高中教学，服务拔尖创新人才培养。

纵观近几年的高考试题，命题紧扣“核心价值金线”“能力素养银线”“情境载体串联线”三条主线，呈现出“无价值，不入题；无思维，不命题；无情境，不成题；无任务，不立题”的典型特征，“四无四不”也是高考命题的重要原则。准确理解和掌握“三线”逻辑和“四无四不”原则，是全面理解高考评价体系和课程标准总体特征、准确把握高考考查内容和考查要求的有效途径。

适应新时代高素质人才需求，未来的语文高考命题必定会全面落实立德树人根本任务，紧密衔接高中课程标准，精准落实对基础性、综合性、应用性、创新性的考查要求，持续深化考试内容改革，增长考生知识见识，提高考生能力素养，凸显语文学科的应用导向，突出试题命制的情境设计。将试题设置与生活现实相结合，创设开放的问题情境，贴近考生生活实际，强化选材的实践应用导向，有助于引导考生在生活中发现语文、理解语文、应用语文，在应用语文中感受生活、理解生活，参与社会、服务社会。

第一，加强价值引领，落实立德树人根本任务。“核心价值金线”是指围绕立德树人来考查学生的政治立场和思维观念、世界观和方法论以及道德品质。高考作为教育改革的重要领域、素质教育的关键环节，要旗帜鲜明地将立德树人作为根本任务，始终坚持正确的政治方向和价值取向，不断强化育人功能和积极导向作用，培养和选拔德智体美劳全面发展的社会主义建设者和接班人。高考试题命制将全面贯彻党的教育方针，强化理想信念、爱国主义情怀、品德修养、知识见识、奋斗精神、综合素质等内容在考试中的要求。加强对习近平新时代中国特色社会主义思想的考查，加强对社会主义核心价值观、依法治国理念、中华优秀传统文化、革命文化和社会主义先进文化的考查，引导学生树立正确的国家观、历史观、民族观、文化观，增强中国特色社会主义道路自信、理论自信、制度自信、文化自信，提高思想水平、政治觉悟、道德品质、文化素养等。高考命题紧扣“核心价值金线”，始终坚持正确的政治方向和价值取向，不断强化育人功能和积极导向作用。“无价值，不入题”已成为近年来高考内容改革和命题的一个鲜明特征。高考语文命题要落实立德树人根本任务，加强价值引领，凸显考试的育人功能，有机融入习近平新时代中国特色社会主义思想，用社会主义核心价值观实现政治引领和价值引导，服务全面育人、全面发展社会主义先进文化，弘扬革命文化，传承中华优秀传统文化，引导学生自觉践行社会主义核心价值观，增强中国特色社会主义道路自信、理论自信、制度自信、文化自信，形成正确的世界观、人生观、价值观，并鼓励广大青年学子积极投身新时代伟大事业，努力成长为担当民族复兴大任的时代新人。

第二，坚持学科素养导向，加强关键能力考查。坚持学科素养导向，加强关键能力考查是高考命题改革的重要特征和发展趋势，语文高考试题同样充分体现了这一特征和趋势。高考评价体系综合统筹知识、能力、素养、价值的关系，将高考考查内容凝练为核心价值、学科素养、关键能力、必备知识四个层面，在必备知识的基础上，加大力度考查学生的学科素养和关键能力。语文学科在命制试题时，结合学科特点，以学生在解决学科问题中所要运用的能力为依据，着重考查学生信息获取与加工的能力，考查学生逻辑推理与论证的能力，考查学生证据识别与证据质量评估的能力，考查学生审美鉴赏与创造的能力，考查学生文化传承与理解的能力，考查学生独立思考与开放论证的批判性思维与创新能力，考查学生语言组织与表达能力，考查学生发现问题、分析问题与解决问题的能力等。语文试卷通过对关键能力的考查，有效鉴别考生的思维品质和发展潜能，通过新颖的呈现方式和设问方式，突出试题的创新性、应用性、开放性和灵活性，增强逻辑思维、辩证思维、批判性思维和创新思维的考查力度，引导考生从知识获取和解题技能的习得转向思维能力的学习与训练，从浅表的零碎信息的获取到深层次的理解与应用，从机械重复式学习转向主动思维训练，减少机械刷题和题海战术。通过对近年来高考试题的剖析不难发现，信息获取与加工、逻辑推理与论证、审美鉴赏与创造、文化传承与理解、语言组织与表达、开放式论证与阐释、证据评估与选择、批判性思维、辩证思维等关键能力已经成为考查的重点。将学科素养、关键能力以及思维品质贯彻到高考命题中进行考查，是高考评价体系指导下高考命题的重要特征，高考进入了“无思维，不命题”的新时期。

第三，进一步增强试题的开放性、探究性和创新性。传统的高考试题一般是封闭型的试题，试题条件完善封闭，试题的设问指向明确，试题的结论固定唯一。今后的高考命题方式，将对试题的设计进行革命性的突破，会通过提供多种形式的材料，设计条件或结论开放、解题方法多样、答案不唯一的试题，增强试题的开放性和探究性，引导学生打破常规进行思考，自主发现问题，提出解决方案，做出独立的判断和解答，创造性地解决问题。创设新颖情境，创新试题呈现方式。新的能力考查要求需要新的考试呈现形式。在设置试题情境时，会努力实现试题呈现方式的多样化，为考生提供更加丰富新颖的信息。例如，在传统的文字呈现的基础上，增加具有综合性和形式独特的信息，如多文本、图像、表格、统计数据、实景照片等内容。设计试题时，对于情境的描述会结合考生所学的知识，实现素材与情境的融合。让考生依据语文学科的基本规律进行分析、判断和预测，既有助于提高学生学习的热情，也有助于解决实际问题，更有利于激发考生的探索欲望，培养学生的创新精神。除此之外，高考命题会进一步加强试题与教材的联系。一是在选取试题材料时，将所涉及内容是否在学生熟悉的范围、学生生活中能否接触到作为重要的衡量标准。二是在试题命制方式上，将试题与课程标准中学习任务群、课本中的学习内容相对接，引导学生利用课堂上学习的知识解决遇到的新问题，从而使教考衔接，以考促教，以考促学，实现教、学、考的有机统一。

第四，转变教学理念和教育观念。高考试题以问题为导向，实现从“考知识”向“考能力素养”的转变，实现从“解答题目”向“解决问题”的转变，进一步加大试题的开放性、探究性和创新性，进一步打破固化形式、优化试卷结构、丰富呈现方式、创新设问角度、拓展思维空间，破除唯一标准答案束缚，强化关键能力、思维过程和思维方式的考查，引导学生提升思维品质和思维能力，减少死记硬背和机械刷题，激发学生崇尚科学、探索未知的兴趣与勇于创新、敢于探究的科学精神。在拔尖创新人才培养成为国家战略这样的大背景下，传统的那套以知识传授和知识理解程度深浅为主要目标的教学模式面临挑战，原有的教育理念和教学观念要进行转换，主要表现在：从“知识就是力量”转向“思维就是力量”、从“知识传递”转向“知识建构”、从“授人以鱼”转向“授人以渔”等。

基于高考评价体系的数学科命题解读

《中国高考评价体系》是深化新时代高考内容改革的基础工程、理论支撑和实践指南，全面把握高考评价体系的总体特征，深入理解高考的核心功能，准确把握高考的考查内容、考查要求和考查载体，恰当使用和实践高考评价体系，是一线师生有效应对高考综合改革的重要路径。

《中国高考评价体系》创造性地提出了高考命题理念从“知识立意”“能力立意”向“价值引领、素养导向、能力为重、知识为基”的转变。“核心价值金线、能力素养银线、情境载体串联线”是理解和把握高考评价体系的有效途径，“无价值，不入题；无思维，不命题；无情境，不成题；无任务，不立题”是认识和实践高考评价体系的方法路径。自《中国高考评价体系》发布以来，数学科命题以评价体系为指导，以课程标准为依据，落实立德树人根本任务，坚持学科素养导向，强化关键能力和思维品质考查，全面考查数学抽象、数学逻辑、数学建模、直观想象、数学运算等关键能力，通过设置课程学习情境、探索创新情境、生活实践情境 3 类试题情境落实考查内容和考查要求，试题考主干、考能力、考素养，重思维、重创新、重应用，突出考查思维过程、思维方法和创新能力，强化素养导向，服务拔尖创新人才选拔与培养。

一、高考数学科的功能定位

《普通高中数学课程标准(2017 年版 2020 年修订)》(以下简称《数学课程标准》)对数学的课程性质、基本理念、课程目标以及命题原则作出了明确的界定或要求。数学是研究数量关系和空间形式的一门科学。数学源于对现实世界的抽象，基于抽象结构，通过符号运算、形式推理、模型构建等，理解和表达现实世界中事物的本质、关系和规律。①

数学科素养包括：数学抽象、逻辑推理、数学建模、直观想象、数学运算和数据分析。其中，(1)“数学抽象”是指通过对数量关系与空间形式的抽象，得到数学研究对象的素养。主要包括：从数量与数量关系、图形与图形关系中抽象出数学概念及概念之间的关系，从事物的具体背景中抽象出一般规律和结构，并用数学语言予以表征。数学抽象主要表现为：获得数学概念和规则，提出数学命题和模型，形成数学方法与思想，认识数学结构与体系。(2)“逻辑推理”是指从一些事实和命题出发，依据规则推出其他命题的素养。主要包括两类：一类是从特殊到一般的推理，推理形式主要有归纳、类比；一类是从一般到特殊的推理，推理形式主要有演绎。逻辑推理主要表现为：掌握推理基本形式和规则，发现问题和提出命题，探索和表述论证过程，理解命题体系，有逻辑地表达与交流。(3)“数学建模”是对现实问题进行数学抽象，用数学语言表达问题、用数学方法构建模型解决问题的素养。数学建模过程主要包括：在实际情境中从数学的视角发现问题、提出问题，分析问题、建立模型，确定参数、计算求解，检验结果、改进模型，最终解决实际问题。数学建模主要表现为：发现和提出问题，建立和求解模型，检验和完善模

---

① 教育部：《普通高中数学课程标准(2017 年版 2020 年修订)》，人民教育出版社 2020 年修订版，第 1 页。

型,分析和解决问题。(4)"直观想象"是指借助几何直观和空间想象感知事物的形态与变化,利用空间形式特别是图形,理解和解决数学问题的素养。主要包括:借助空间形式认识事物的位置关系、形态变化与运动规律;利用图形描述、分析数学问题;建立形与数的联系,构建数学问题的直观模型,探索解决问题的思路。直观想象主要表现为:建立形与数的联系,利用几何图形描述问题,借助几何直观理解问题,运用空间想象认识事物。(5)"数学运算"是指在明晰运算对象的基础上,依据运算法则解决数学问题的素养。主要包括:理解运算对象,掌握运算法则,探究运算思路,选择运算方法,设计运算程序,求得运算结果等。数学运算主要表现为:理解运算对象,掌握运算法则,探究运算思路,求得运算结果。数据分析是指针对研究对象获取数据,运用数学方法对数据进行整理、分析和推断,形成关于研究对象知识的素养。(6)"数据分析"过程主要包括:收集数据,整理数据,提取信息,构建模型,进行推断,获得结论。数据分析主要表现为:收集和整理数据,理解和处理数据,获得和解释结论,概括和形成知识。①

以数学科素养为导向的高考命题,遵循以下原则。(1)命题应依据学业质量标准和课程内容,注重对学生数学科核心素养的考查,处理好数学科核心素养与知识技能的关系。(2)考查内容应围绕数学内容主线,聚焦学生对重要数学概念、定理、方法、思想的理解和应用,强调基础性、综合性;注重数学本质,淡化解题技巧;融入数学文化。(3)命题时,应有一定数量的应用问题,还应包括开放性问题和探究性问题,重点考查学生的思维过程、实践能力和创新意识,问题情境的设计应自然、合理。(4)处理好考试时间和题量的关系,合理设置题量,给学生充足的思考时间;逐步减少选择题、填空题的题量;适度增加试题的思维量;关注内容与难度的分布、数学科核心素养的比重与水平的分布。②

2020 年 1 月正式发布的《中国高考评价体系》是深化新时代高考内容改革、指导高考命题工作的理论支撑和实践指南,明确了"一核""四层""四翼"的概念及其在素质教育发展中的内涵。其中,"一核"为考查目的,即"立德树人、服务选才、引导教学",是对高考核心功能的概括,回答"为什么考"的问题;"四层"为考查内容,即"核心价值、学科素养、关键能力、必备知识",是对高考内容的提炼,回答"考什么"的问题;"四翼"为考查要求,即"基础性、综合性、应用性、创新性",是对高考考查形式的说明,回答"怎么考"的问题。在此基础上,高考评价体系还包括考查载体,即实现考查内容和考查要求的试题情境,也即以情境为载体来承载考查内容,实现考查要求。③《中国高考评价体系》创造性地提出高考命题理念从"知识立意""能力立意"向"价值引领、素养导向、能力为重、知识为基"的转变,对"一核""四层""四翼"的概念边界和内在关系进行了充分的说明。

1."一核":高考核心功能

高考"立德树人、服务选才、引导教学"的核心功能,全方位、系统化地阐释了"为什么考"的问题。首先,高考必须强化理想信念、爱国主义、品德修养、知识见识、奋斗精神、综合素质等方面的考查要求,加强对习近平新时代中国特色社会主义思想的考查,加强对社会主义核心价值观、依法治国理念、中华优秀传统文化、革命文化和社会主义先进文化的考查,落实立德树人根本任务,充分发挥高考的育人功能。其次,高考试题立足于服务国家、服务高校选才这一基本

① 教育部:《普通高中数学课程标准(2017 年版 2020 年修订)》,人民教育出版社 2020 年修订版,第 5—7 页。
② 教育部:《普通高中数学课程标准(2017 年版 2020 年修订)》,人民教育出版社 2020 年修订版,第 88—89 页。
③ 教育部考试中心:《中国高考评价体系》,人民教育出版社 2019 年版,第 6—7 页。

点,紧扣时代主题,关注青年的成长,反映根植于中国特色社会主义伟大实践的社会主义先进文化,引导青年学生将个人命运与国家命运紧密结合,鼓励青年热爱祖国、坚定信念、砥砺奋进、勇于创新,以实现中华民族伟大复兴的中国梦为使命,在全面建设社会主义现代化国家新征程上奉献自己的力量。最后,高考试题坚持引导教学,高考命题在考教衔接上精耕细作,充分释放服务“双减”改革信号,强调深化基础,严格依据课程标准,关联教材,创新试题形式;引导教学依据课标授课、提升课堂质量,引导学生减少机械刷题、提高能力素养,强化学校教育主阵地作用,为学生德智体美劳全面发展营造良好的教育生态。

2.“四层”:高考考查内容

(1)核心价值。突出立德树人,强调对德智体美劳全面考查。核心价值是指即将进入高等学校的学习者应当具备的良好政治素质、道德品质和科学思想方法的综合,是在各学科中起着价值引领作用的思想观念体系,是学生面对现实的问题情境时应当表现出来的正确的情感态度和价值观的综合。高考数学试题的核心价值主要体现对德智体美劳的全面考查,包括“理想信念、爱国主义、四个自信、品德修养、奋斗精神、审美情趣、健康意识、劳动体验”等方面。

(2)学科素养。突出素养立意,注重考查数学主干内容的基础。学科素养主要指的是即将进入高等学校的学习者在面对生活实践或学习探索问题情境时,能够在正确的思想观念指导下,合理运用科学的思维方法,有效整合学科相关知识,运用学科相关能力,高质量地认识问题、分析问题、解决问题的综合品质。数学科素养主要包括数学抽象、逻辑推理、数学建模、直观想象、数学运算、数据分析。如2023年高考数学重点考查了六大主干知识:函数与导数、三角函数及解三角形、数列、立体几何、解析几何、概率与统计,并在主干知识中考查基础概念和技能,注重基础知识的延伸和拓展,重点考查学生的逻辑推理、直观想象和数学运算等学科素养。

(3)关键能力。关键能力主要指独立思考能力和运用所学知识分析解决问题的能力。要求高校新生在面对与学科相关的社会生活实践或学习探索问题情境时,具备高质量高效率地认识问题、分析问题、解决问题所必备的能力,是培育核心价值、发展学科素养所必备的能力基础。高考数学的关键能力包括逻辑思维、运算求解、空间想象、数学建模和创新能力等。

(4)必备知识。必备知识主要指学习高校课程和终身学习的必备知识。要求高校新生在面对社会生活实践或学习探索问题情境时,高质量地认识问题、分析问题、解决问题所必须具备的知识。它是由人文社会科学和自然科学各学科的基本事实、基本概念、基本技能与基本原理组成的基本知识体系。这一知识体系由陈述性知识和程序性知识构成。数学科甄选必备知识的原则是有利于高考与《数学课程标准》的对接,有利于高考与中学教学的对接,有利于考生整体把握数学知识体系。

3.“四翼”:高考考查要求

高考数学的基础性强调数学的通用性和工具性,关注学生未来工作、学习必须具备的知识基础和学科主干内容,通过全面系统的考查核心概念、基本原理、基本方法,使学生形成牢固的知识根基,掌握解决问题的工具。高考数学的综合性要求对同一层面的知识、能力、素养能够横向融会贯通,形成完整的知识结构和能力结构;对不同层面的知识、能力、素养能够纵向融会贯通,了解必备知识与关键能力、学科素养、核心价值之间是紧密相连、具备内在逻辑联系的整体。高考数学的应用性强调学以致用,将抽象的数学概念与实际生活相结合,运用数学知识、思想和方法对实际问题进行分析与研究，进而解决问题，通过联系生产生活实际的试题情境设计，考查学生有效解决实际问题的方法和能力。高考数学的创新性强调发散思维、逆向思维、批判思维等思维品质，通过命制开放性试题、结构不良试题，让具备良好创新思维的学生能够摆脱思维定式的束缚，善于独立思考，大胆创新创造。创新性要求设置新颖的试题呈现方式和设问方式用来测量和评价考生在新颖或陌生的情境中发现新问题、找到新规律、得出新结论，完成开放性或探究性任务的能力和水平。概括来讲，基础性强调学科主干知识，综合性强调知识的融会贯通，应用性强调学以致用，创新性强调独立思考和创新思维。

4. 情境：高考考查载体

高考评价体系中的“情境”即“问题情境”，指的是真实的、可测量的问题背景，是以问题或任务为中心构成的活动场域，“情境活动”是指人们在情境中所进行的解决问题或完成学科任务的活动。“四层”考查内容和“四翼”考查要求，是通过情境与情境活动两类载体来实现的，高考通过设置不同层级的情境活动来考查学生在“四层”内容上的表现水平。命题时根据数学科特点选择不同的情境，发挥不同水平必备知识、关键能力和学科素养的功能，共同实现核心价值的引领作用。基于“四层”考查内容与“四翼”考查要求的关系，高考命题将设计以下四种类型的题目。一是以基础性为主的试题。命题时以一般性问题情境为载体，加强对基本概念、原理、思想方法和知识形成过程的考查，体现“基础性”。二是以综合性为主的试题。命题时注重选择生产生活中的真实案例，参考学生的实际认知水平来设置问题情境，考查学生整合所学知识并运用实践思维解决综合性和复杂性问题的能力。三是以应用性为主的试题。选取工业生产、产品制造、技术论证以及政策讨论等实际问题，通过提供多种形式的材料，命制结论开放、解题方法多样、答案不唯一的试题，增强试题的开放性和探究性，引导学生打破常规进行独立思考和判断，提出解决问题的方案，考查学生学以致用、应对生活实践问题情境的学科素养。四是以创新性为主的试题。创新性试题要紧密结合我国社会亟待解决的问题、科技前沿理论、工程技术重大项目等进行试题命制。这类试题旨在考查学生独立思考、对问题或观点提出不同看法并进行论证的能力，考查学生敢于质疑、敢于批判的思维能力，考查学生创新性地运用知识去发现新规律、研发新理论、开发新技术，为制定新政策、开拓新领域提供支撑的能力。

二、核心价值金线与数学命题实践

作为高考统考科目，数学科不仅担负着重要的选拔功能，还担负着重要的育人功能。《中国高考评价体系》最显著的特征是体现时代性、突出方向性，创造性地将立德树人的育人根本任务贯穿考试全过程。高考评价体系指导下的命题工作，就是要将落实立德树人根本任务的要求融入考试的各个环节。数学科根据自身的学科特点，确定与学科相适应的核心价值的具体内容，确保将核心价值的考查落实到数学科中。加强对习近平新时代中国特色社会主义思想的考查，加强对理想信念、爱国主义情怀、奋斗精神、责任担当、体美劳等的考查，加强对中华优秀传统文化、革命文化和社会主义先进文化的考查，根本目的是通过考试的导向作用，促使基础教育在教与学的实践中落实立德树人根本任务，使高考评价与基础教育教学一起形成德育合力，不断提高学生思想水平、政治觉悟、道德品质、文化修养。

高考数学试卷全面贯彻党的教育方针，落实立德树人根本任务，促进学生德智体美劳全面发展；反映新时代基础教育课程理念，落实考试评价改革、高中育人方式改革等相关要求，有效融合对体美劳的考查与引导；理论联系实践，倡导学以致用，试题以我国社会主义建设和科技发展的重大成就为情境，深入挖掘我国社会经济建设和科技发展等方面的学科素材，引导学生关注我国社会现实与经济、科技进步与发展，增强民族自豪感与自信心，增强国家认同和爱国情怀，坚定理想信念。

1. 弘扬中华优秀传统文化，树立民族自信心和自豪感

2022 年数学新高考Ⅱ卷第 3 题以中国古代建筑中的举架结构为背景，考查学生综合应用等差数列、解析几何、三角函数等基础知识解决实际问题的能力，引导学生关注我国古代优秀成果，增强民族自尊心与自豪感。2022 年全国甲卷理科数学第 8 题取材于我国古代科学家沈括的著作《梦溪笔谈》，以其中收录的圆弧长度计算方法“会圆术”为背景，让学生直观感受我国古代科学家探究问题和解决问题的过程。2023 年高考数学北京卷第(9)题以中国传统建筑造型坡屋顶赋以立体几何真实背景，考查学生的空间想象能力和分析问题能力，在解决问题的过程中，借助几何体的对称性使学生感受到数学的对称美，以此引导学生关注美育，培养审美意识；第(14)题以战国时期用来测量物体质量的“环权”为背景，设计了等差数列和等比数列相关的问题，展示中国在度量衡方面的成就，借助数学文化厚植爱国情怀。

2. 关注经济社会发展，倡导学以致用

2022 年新高考Ⅰ卷数学第 4 题以我国的重大建设成就“南水北调”工程为背景，考查学生的空间想象能力和运算求解能力，试题引导学生关注社会主义建设的成果。2022 年全国甲卷文、理科数学第 2 题以社区环境建设中的“垃圾分类”为背景考查学生的数据分析和处理的能力。2022 年全国乙卷文、理科数学第 19 题以生态环境建设为背景材料，考查学生应用统计的基本知识和基础方法解决实际问题的能力，对数据分析与数学运算素养也作了相应的考查。2023 年全国甲卷文、理科第 19 题，研究臭氧环境对小白鼠生长的影响，将小白鼠随机分配到试验组和对照组，利用成对数据制成列联表，进行独立性检验，在科学研究情境中引导学生热爱科学。2023 年新课标Ⅱ卷第 19 题，要求合理平衡漏诊率和误诊率，制定检测标准，试题情境既有现实意义，又体现数学科的应用价值。2024 年高考数学新课标Ⅰ卷第 9 题以农产品出口为背景，引导考生关注数学与生活的联系。2024 年高考数学新课标Ⅰ卷第 11 题以生活中的飘带图案为背景，考查解析几何的相关知识，引导考生关注生活中的数学问题。2024 年高考数学新课标Ⅱ卷第 4 题依据稻田上种植水稻的亩产量为载体，考查统计知识。2024 年高考数学全国甲卷第 17 题以抽取车间产品检验优级品率为载体考查将概率统计知识运用到生产实践中去。

3. 关注科技进步，培养学生科学精神和奋斗意识

高考数学试题选取我国科技发展与进步中取得的重要成就作为背景，体现数学的应用价值和时代特征，考查学生的空间想象能力和数学建模能力，同时培养民族自信与社会责任感。2022 年全国乙卷理科数学第 4 题以嫦娥二号卫星在完成探月任务后，继续进行深空探测，成为我国第一颗环绕太阳飞行的人造行星为情境，考查学生综合应用数列、函数、不等式等基础知识解决问题的能力。2023 年全国乙卷文、理科第 17 题，取材于橡胶生产的实际情境，比较甲、乙两种工艺对橡胶产品伸缩率的处理效应。在工业生产中,改进工艺是重要环节。通过抽取样本,并运用合理的方法分析对比,判断不同的工艺对产品质量的影响,需要运用大量数学工具,特别是概率统计的知识,这是统计学的一个重要应用领域。

三、能力素养银线与数学命题实践

学科素养是指即将进入高等学校的学习者在面对生活实践或学习探索问题情境时,能够在正确的思想价值观念指导下,合理运用科学的思维方法,有效整合学科相关知识,运用学科相关能力,高质量地认识问题、分析问题、解决问题的综合品质。学科素养包括"学习掌握、实践探索、思维方法"3 个一级指标和 9 个二级指标。

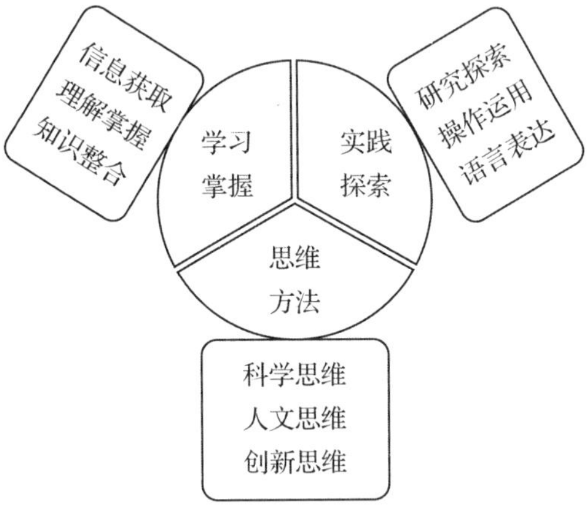

学科素养指标体系

学科素养在高考中的考查往往通过观测学生调动所学知识、运用关键能力完成特定学科任务时所表现出来的关键行为来实现。关键能力成为当前高考命题的考查重心,主要考查学生的知识获取、实践操作以及思维认知等方面的高阶思维能力,把考查的重点放在学生运用所学知识发现问题、分析问题和解决实际问题的能力上,聚焦于思维过程和思维品质的考查。

根据高考评价体系对关键能力的创新性认识,数学科的关键能力也可以分解为知识获取能力群、实践操作能力群、思维认知能力群三个层次。值得注意的是,在数学科中,《数学课程标准》提出的能力要求也较为明显地体现了这种能力群的学科化要求,高考评价体系对关键能力也进行了阐述。在数学科高考命题和测量过程中,能力考查体现出综合性和结构性特点,即一道试题可能考查多种能力,多道试题可能都涉及同一种能力,一份完整的试卷应该对各种关键能力都有所体现。近年来,高考数学试题坚持学科素养导向,重点考查关键能力,主要包括信息获取与加工、数学抽象、空间想象、运算求解、数学建模、逻辑推理、批判性思维等方面。关键能力是学业要求的综合化表现,是学科素养在特定形式下的具体内涵和技能表现。

1. 信息获取与加工

信息识别、获取与加工是解决问题的最重要的基础能力,要求学生能辨识模型、图表、数据、文本、符号、图形中的各种信息,从中提取关键内容,建立关键信息之间的逻辑关联,并与已学相关知识进行嫁接整合,是思维过程中的第一道关卡。高考命题通过文字、图形、表格、符号、数据等方式呈现信息,加大试题信息的广度和容量,考查学生从多种形式呈现的丰富材料中“定位、识别、筛选、分类、概括、连接、转述”关键信息的能力。其中,定位是指通过文本阅读,快速定位和提取关键信息;筛选是指区分有效与无效、主要与次要,排除干扰信息,识别关键信息,一般体现为分析的过程;概括是指从个别到一般、从多到一的归纳过程以及从个别到个别或从一般到一般的类比过程;连接是指在关键信息间建立简单的逻辑关系,形成完整一贯的逻辑链条与关系,一般表现为推理过程;转述包括图文转化、数形转化、句式转换、立场转换、坐标转换等,主要体现为理解过程。

高考命题越来越重视对学生信息获取与加工能力的考查,不论是文科试题还是理科试题,如果缺乏良好的信息处理能力,那么将越来越难以应对未来的高考。数学的信息获取与加工能力主要表现为通过各种方式与渠道获取关键信息,并根据问题要求合理组织、调动各种相关知识与能力,系统化、多层面、多角度地对新信息进行加工处理,准确把握新信息的实质,把握新旧信息的联系,形成对新信息的准确判断、分析与评价。

题源	能力解读
2024 年新课标Ⅰ卷第 14 题	本题以抽取卡片为载体,类似于抽签,考查古典概型的概率,计算出比赛甲、乙随机出卡片的所有情况有 $A_4^4A_4^4=576$ 种;四轮比赛结束后甲得分情况可能为 0,1,2,3 分,不可能为 4 分;乙得分情况可能为 1,2,3,4 分,不可能为 0 分,所求的是事件“甲得分为 2 分和 3 分”的概率,需要计算甲得 2 分的样本点个数和甲得 3 分的样本点个数之和,利用古典概型的计算公式求得概率
2024 年新课标Ⅱ卷第 8 题	本题以一次函数和对数函数构成的复合函数为载体,考查函数的性质和数学逻辑推理能力,根据 $f(x)=(x+a)\ln(x+b)\geqslant 0$,可知函数的定义域$(-b,+\infty)$,并求得 $f(x)=0$ 的根$-a$ 和 $1-b$,依次讨论$-a$ 与$-b$、$1-b$ 的关系,求使得 $f(x)\geqslant 0$ 成立的 a 与 b 关系,把求解 a^2+b^2 最小值问题转化为一元二次函数求最小值问题
2024 年全国甲卷文科第 21 题、理科第 20 题	本题需要根据题干准确作出示意图,第 1 问根据“点 $M\left(1,\dfrac{3}{2}\right)$ 在 C 上,且 $MF\perp x$ 轴”确定点 M 的坐标是 $M\left(c,\dfrac{b^2}{a}\right)$,进而可得结果,第 2 问证明:$AQ\perp y$ 轴,获取的信息是证明点 A 和点 Q 的纵坐标相同,可以考虑用 A 点坐标表示 Q 点的坐标,故设 AB 的方程,进而求得 Q 点的纵坐标,证明 A,Q 两点的纵坐标相等即可
2023 年新课标Ⅰ卷第 10 题	该试题以噪声污染问题为背景,给出描述不同声源的声压级的有关图表信息,考查学生从相关表格中快速获取与距离、声压级范围的相关的信息,并将图表信息转换为数学条件的能力
2023 年新课标Ⅱ卷第 12 题	该试题以信号传输为背景,给出两种信号传输方案,考查学生从文字中快速获取有效信息,在真实情境下对信息进行整理加工、分析建模以及实际应用的能力
2023 年全国甲卷文、理科第 19 题	以研究臭氧效应为背景,给出描述实验组和对照组的文本与离散的数据,考查学生从相关文本与数据中快速获取相关的信息,并将文本与数据信息转换为数学基础知识进行推理和求解的能力
2022 年高考Ⅰ卷第 4 题	该试题以南水北调工程为背景,给出描述水位与水面面积的有关文字信息,考查学生从相关文本中快速获取与水量、面积相关的信息,并将文本信息转换为数学条件的能力

续表

题源	能力解读
2022 年新高考Ⅱ卷第 19 题	该试题以疾病调查为背景，给出频率分布直方图，考查学生从文字与图表中快速获取有效信息，在真实情境下对信息进行整理加工、分析建模以及实际应用的能力
2022 年全国甲卷理科第 2 题	以社区公益讲座为背景，给出描述关于讲座前后问卷答题的正确率的文本与散点图，考查学生从相关文本与图表中快速获取相关的信息，并将文本与图表信息转换为基础知识进行求解的能力

2. 数学抽象与直观想象

数学抽象与直观想象能力主要是指学生对客观事物的空间形式进行观察、分析、抽象、思考和创新的能力。在教学上，力求做到使学生能将空间物体形态抽象为空间几何图形，能从给定的立体图形想象出实体形状以及几何元素在空间的实际位置关系，并能用语言符号或式子表达出来且能正确解题。数学抽象主要表现为：获得数学概念和规则；提出数学命题和模型；形成数学方法与思想；认识数学结构与体系。直观想象主要表现为：建立形与数的联系，利用几何图形描述问题，借助几何直观理解问题，运用空间想象认识事物。直观想象能力具体包括以下几个方面：①熟悉基本几何图形（平面或空间），并能找出其概念原型，能正确地画出实物或用语言、数学符号表述；②能分析图形中基本元素之间的位置关系及度量关系，明确几何图形与实物空间形式的区别与联系；③能借助图形来反映并思考客观事物或用数学语言表达的空间形状和位置关系。

题源	能力解读
2024 年新课标Ⅰ卷第 11 题	本题以轨迹方程为载体，考查解析几何求动点轨迹、曲线与方程的关系、曲线上点的范围问题，根据“C 上的点满足横坐标大于 -2，到点 $F(2,0)$ 的距离与到定直线 $x=a(a<0)$ 的距离之积为 4”抽象为“曲线 C 满足的方程 $\sqrt{(x-2)^2+y^2}\times\lvert x-a\rvert=4(x>-2)$”
2024 年新课标Ⅱ卷第 7 题	本题考查以正三棱台为载体，分析出图形中元素之间的位置关系及度量关系，先作出三棱台的平面图，在图形中根据定义找出线面角，通过补形，形成正三棱锥后解决问题
2023 年全国乙卷第 8 题	根据条件准确作出几何体圆锥 PO，根据图形找准题干给出的数据。通过数形结合解决问题
2023 年新课标Ⅱ卷第 5 题	作出椭圆图形，运用几何法找到“$\triangle F_1AB$”面积是“$\triangle F_2AB$”面积的 2 倍，对应的几何关系，考查学生正确地分析出图形中基本元素及其相互关系的能力
2022 年新高考Ⅰ卷第 16 题	根据条件“过F_1且垂直于 AF_2的直线与 C 交于 D，E 两点”作出正确的图形，根据图形准确作出要求的三角形，通过数形结合解决问题
2022 年全国甲卷文科第 9 题、理科第 7 题	运用几何法找到相应的线面角借助边长间关系得到结论，考查学生正确地分析出图形中基本元素及其相互关系的能力

3. 数学建模

数学建模是对现实问题进行数学抽象，用数学语言表达问题、用数学方法构建模型解决问题的素养。数学建模过程主要包括：在实际情境中从数学的视角发现问题、提出问题，分析问题、建立模型,确定参数、计算求解,检验结果、改进模型,最终解决实际问题。数学建模的步骤一般包括四步:发现和提出问题,建立和求解模型,检验和完善模型,分析和解决问题。

在高考数学中对数学建模这一核心素养进行考查,其关键点在于:考生能结合题目的情境,针对问题建立数学模型,然后运用相关数学知识求解模型。

数学建模的思维核心在于建构"现实与理想、原型与变型"之间的数学关系,是用字母、数字和其他数学符号构成的等式或不等式,或用图表、图像、框图、数理逻辑等来描述事物的特征及其内部联系或与外界联系的一种抽象表达。数学建模是联系现实世界与数学世界的桥梁,始于现实世界并终于现实世界。在高考试题中,常用的数学模型有:方程(组)、不等式(组)、函数、几何、概率统计、数列等。数学建模通常与设置的问题的性质、建模目的等有关,基本流程为:问题分析,提出假设,模型选择或建构,模型求解。针对不同数学模型,采用解方程、几何求解、证明定理、逻辑推理、数学运算等方法,依据相关的约束条件,结合给定的相关数据,进行求解。

题源	能力解读
2024 年新课标Ⅱ卷第 18 题	根据篮球赛问题,构建了相互独立事件、独立重复试验、离散型随机变量的分布列与数学期望模型,借助概率知识考查了能在实际情境中从数学的视角发现问题、提出问题、分析问题、建立模型、确定参数、计算求解、检验结果、改进模型的能力
2024 年新课标Ⅱ卷第 19 题	在第二问中,过 $P_n(x_n,y_n)$ 且斜率为 k 的直线为与双曲线联立,由韦达定理得 Q_n,判断 Q_n 也在双曲线左支上,从而得到 P_{n+1},通过运算化简寻找 $x_{n+1}-y_{n+1}$ 与 (x_n-y_n) 的关系,第三问中要证明 $S_n=S_{n+1}$ 需证明 $S_{\triangle P_nP_{n+1}P_{n+2}}=S_{\triangle P_{n+1}P_{n+2}P_{n+3}}$,即证 $\overrightarrow{P_nP_{n+3}}$ 和 $\overrightarrow{P_{n+1}P_{n+2}}$ 平行即可,都用到了数学建模关键能力
2023 年全国乙卷理科第 17 题	根据橡胶产品的伸缩率是否显著提高的问题,借助概率知识考查在实际情境中从数学的视角发现问题、提出问题,分析问题、建立模型,确定参数、计算求解,检验结果、改进模型的能力
2023 年新课标Ⅰ卷第 12 题	由正方体容器里面是否能容纳有条件的几何体问题,考查在生活立体几何情境中从数学的视角发现问题、提出问题,分析问题、建立模型的数学建模能力
2022 年新高考Ⅰ卷第 7 题	构造函数的过程,考查在实际情境中从数学的视角发现问题、提出问题,分析问题、建立模型,确定参数、计算求解,检验结果、改进模型的能力
2022 年全国乙卷理科第 12 题	由函数的性质赋特殊函数的过程,考查在实际情境中从数学的视角发现问题、提出问题,分析问题、建立模型的数学建模能力

4. 数学逻辑

逻辑推理是指从一些事实和命题出发,依据规则推出其他命题的过程。主要包括两类:一类是从特殊到一般的推理,推理形式主要有归纳、类比;一类是从一般到特殊的推理,推理形式主要有演绎。逻辑推理主要表现为:掌握推理基本形式和规则,发现问题和提出命题,探索和表述论证过程,理解命题体系,有逻辑地表达与交流。逻辑推理是得出数学结论和构建数学体系的一种重要方式,是数学具备严谨性的保证,也是数学活动中交流的基本思维。逻辑推理能力要求学生会对问题或资料进行观察、比较、分析、综合、抽象与概括;会用演绎、归纳和类比进行推理;能准确、清晰、有条理地进行表述。在高考数学中考查逻辑推理能力题目比重较大,解决此类题目的关键是:学生能够发现并提出问题。能够掌握逻辑推理的形式及论证的过程,能够理解知识之间的逻辑关系等。

题源	能力解读
2024 年新课标Ⅰ卷第 8 题	本题以抽象函数和一个一次函数为载体,考查函数的性质和数学逻辑推理能力,明确去寻求使得选项成立的充分条件,先计算 $f(1)$、$f(2)$,然后推理求得 $f(3)$的范围,依次计算 $f(3)$、$f(4)$、$f(5)\cdots\cdots f(20)$的范围。考查考生掌握逻辑推理的形式及论证的过程
2024 年新课标Ⅱ卷第 2 题	该题重点考查逻辑思维能力,对于命题 P,采取举反例的方法;对于命题 Q,只需要举一个例子就能判断其真假
2024 年全国甲卷理科第 21 题	在第一问中,第一步是确定函数的定义域,并求导;第二步,利用复合函数的单调性判断 $f'(x)$的单调性,求出极值点,从而判断 $f(x)$的单调性;第三步,求出函数 $f(x)$的极值;第二问中,第一步是对 $f(x)$求导并构造新函数,第二步是对已知条件、新函数进行分析,找出需满足的条件,求出 a 的取值范围,第三步是对 a 的取值范围进一步分析、判断,得出结论。整个解题过程都用到了逻辑推理中"要求学生会对问题或资料进行观察、比较、分析、综合、抽象与概括"
2023 年新课标Ⅰ卷第 11 题	①由 $f(xy)=y^2f(x)+x^2f(y)$的关系,令 $x=y=0$ 和 $x=y=1$ 求得 $f(0)=0$ 和 $f(1)=0$。②判断函数的奇偶性,定义域关于原点对称,关键找 $f(x)$和 $f(-x)$之间的关系,可令 $y=-1$ 得到 $f(-x)=f(x)+x^2f(-1)$,由以上结论可得,解题关键在于求 $f(-1)$,令 $x=y=-1$ 可得 $f(-1)=0$,即 $f(-x)=f(x)$。③判断 0 为 $f(x)$的极小值点,由极小值点的定义可知,需判断 0 处左右邻域$(-\delta,0)$和$(0,\delta)$上的单调性,即判断区间上 x_2-x_1和 $f(x_2)-f(x_1)$的符号情况,非常困难,但可以通过赋特殊函数的方法说明。都是考查学生对问题或资料进行观察、比较、分析、综合、抽象与概括的推理能力
2023 年新课标Ⅰ卷第 7 题	利用充分条件、必要条件的定义及等差数列的定义,再结合数列前 n 项和与 n 项的关系推理判断作答。考查学生根据问题的条件,寻找与设计合理、简捷的运算途径的能力,以及对问题或资料进行观察、比较、分析、综合、抽象与概括的能力
2022 年新高考Ⅰ卷第 18 题	理解并会运用二倍角公式、正弦定理、均值不等式等基础知识。考查学生根据问题的条件,寻找与设计合理、简捷的运算途径的能力,以及对问题或资料进行观察、比较、分析、综合、抽象与概括的能力

5. 批判性思维

批判性思维是合理的、反思性的思维,考查学生在面对各种复杂问题时运用已有知识进行审慎思考、分析推理、实证验证等方面的能力。批判性思维和辩证思维要求学生具有独立思考的能力,能够自觉运用分析推理、逻辑论证、甄别加工等方法,使用可靠的证据,得出自己的观点,解决实际问题。对于高考试题而言,批判性思维考查形式一般表现为:独立提出问题、评估证据与理由、揭示隐含前提、开放与竞争性结论、构造替代论证、阐释或评估可能的后果等。概括来讲,批判性思维以质疑和提出问题为起点,以获取证据、进行分析推理为过程,以得出有说服力的结论为结果。心智开放、独立思考、敢于质疑是批判性思维的必备品质,训练有素的逻辑推理与论证分析能力以及高水平的证据获取、评估与运用能力是批判性思维的必备技能。

数学中的批判性思维融合了数学归纳、数学演绎、数学分析、数学推论、假定性设定及研究等基本内容。批判性思维贯穿于数学解题的全过程，即考查信息或者证据、寻找方案、批判性反思、辩论或者检验。加强对批判性思维考查是近年来高考命题的重要指导思想，目的就是要将素质教育要求具体落实到高考试题中来，更好地引导学生培养独立思考、创新精神和综合实践能力，减少题海战术和机械刷题的收益，促进学生发散思维的培养和学以致用。高考命题将会进一步增加试题的开放度，通过提供多种素材、设计条件或结论开放、多角度思考、答案不唯一的试题，进一步打破试题的封闭性，引导学生打破常规进行思考，自主发现问题，提出解决方案，作出独立的判断和解答，从而创造性地解决问题。批判性思维是重要的能力素养，批判性思维的培养对于培养人的思维品质和创造力具有重要的意义。高考数学突出对批判性思维能力的考查，考查学生推理论证、发现错误、修正错误的能力。

题源	能力解读
2024年新课标Ⅱ卷第11题	本题以一个三次函数为载体，考查函数的零点、极值点和对称性，四个选项分别采用了不同的方法来解决问题。选项A，根据单调性和极值情况刻画函数图像，用零点存在性定理判定零点个数；选项B，判断导函数两侧的符号，即两侧的单调性情况；选项C，利用反证法可以证明；选项D，方法一：利用对称中心的表达式化简；方法二：直接利用拐点结论得到，是一道典型的考查学生批判性思维的题目，主要是推理论证、发现错误、修正错误的能力，以及发现解决问题的方向和方法的能力
2024年全国甲卷文科第16题	原问题$\Leftrightarrow x^3-3x=-(x-1)^2+a$在$(0,+\infty)$上有两个不同的实根 思路一：$y=x^3+x^2-5x+1-a$与$x$轴在$(0,+\infty)$上有两个不同的交点； 思路二：分离参数$a$后，研究直线$y=a$与新函数的图像在$(0,+\infty)$上有两个不同的交点。该题考查学生发现问题、提出问题的能力，要求学生综合与灵活地应用所学的数学知识、思想方法，选择有效的方法和手段分析信息，进行独立思考、探索和研究，从而解决问题
2023年新课标Ⅱ卷第15题	根据直线与圆的位置关系，求出弦长$\|AB\|$以及点C到直线AB的距离，结合面积公式得到若干个答案，需要考生提取有效信息，进行独立思考、探索和研究，提出解决问题的思路，创造性地解决问题的能力
2023年全国甲卷文科第11题	由$f(x)=e^{-(x-1)^2}$可知，外层函数为$y=e^x$，内层函数为$y=-(x-1)^2$，由外层函数和内层函数的单调性可知$f(x)$在$(-\infty,1)$上单调递增，在$(1,+\infty)$上单调递减；由$g(x)=-(x-1)^2$的对称性可知$g\left(\frac{2}{2}\right)<g\left(\frac{6}{2}\right)<g\left(\frac{3}{2}\right)$。考查学生发现问题、提出问题，综合与灵活地应用所学的数学知识、思想方法，选择有效的方法和手段分析信息，进行独立思考、探索和研究，从而提高解决问题的能力
2022年全国甲卷文科第15题	要求能根据题干运用直线与圆锥曲线的关系建立起a,b,c之间的关系，进而求得离心率，主要考查学生对题干问题进行分析、综合、抽象与概括并能准确、清晰、有条理地进行表述的能力。试题结果为取值范围，但要求考生写出范围内的一个结果即可，让不同的考生运用不同的思路进行求解
2022年新高考Ⅱ卷第21题	将①②③三个条件恰当地用代数问题表达。同时答案不唯一，需要考生选择其中两个作为条件，证明另一个条件成立，主要考查学生对题干问题进行分析、综合、抽象与概括并能准确、清晰以及综合与灵活地应用所学的数学知识、思想方法，选择有效的方法和手段分析信息，进行独立思考、探索和研究，提出解决问题的思路，创造性地解决问题的能力

四、情境载体串联线与数学命题实践

“情境载体串联线”是指通过设计生活实践情境和学习探索情境，将其作为任务创设和基本知识能力运用考查的载体，实现对学生学科基本概念、原理、技能和思维方法的考查和选拔，着重考查学生运用所学知识、原理和思维发现问题、解决现实问题的能力。通过合理创设情境，设置新颖的试题呈现方式和设问方式，促使学生主动思考，发现新问题、进行新解释、找到新规律、得出新结论。

高考命题的理想试题情境一般具有典型性、复杂性、新颖性和结构不良性四个特征。其中，“典型性”是指在真实世界或学习探索中具有代表性，能够充分考查学科素养和关键能力，具有可操作性且符合学生认知和学科发展规律；“复杂性”是指涉及多种关联活动、涉及多种影响因素、涉及多个参与主体以及要求调动多种关键能力；“新颖性”是指学生未经历过，或者真实世界新出现的，或者呈现方式新鲜少见；“结构不良性”是指冗余信息较多、隐含信息较多、问题创设比较开放、结论设定不唯一、解决方案多元。课程标准和高考评价体系要求高考全面落实情境式命题，材料丰富，情境多元，加强情境的新颖性、灵活性、探究性和开放性。高考命题呈现出“无情境，不成题”的特征。未来那些具有选拔区分度的试题将在情境创设上下功夫，可能呈现出由“简单情境”向“复杂情境”、由“熟悉情境”向“新颖情境”、由“结构良好情境”向“结构不良情境”的转换。

根据相关情境活动的复杂程度，进一步将课程学习情境细分为学习再现情境和学习关联情境，将探索创新情境细分为综合联想情境和拓展迁移情境，将生活实践情境细分为模型识别情境、现象解释情境（见下图）。这样的细分，使得高考数学试题情境的创设更具操作性。

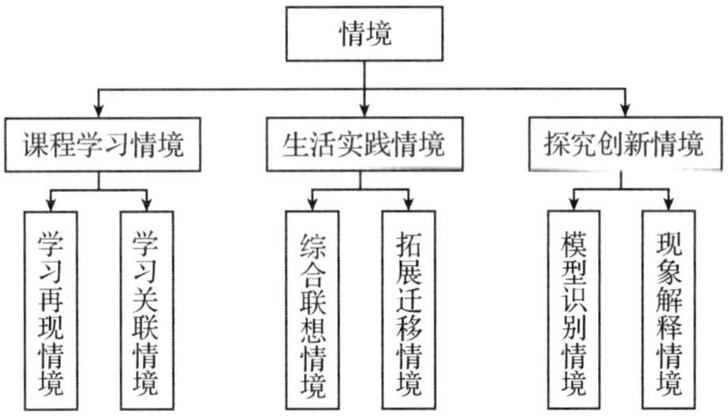

1. 学习再现情境

创设学习再现情境时，选取的情境型材料直接源于学生已有的数学课程学习，材料所隐含的知识与方法之间的关联也为学生所熟悉，相应情境活动的进行直接源于已有知识与方法的回忆性再现。学习再现情境是简单的课程学习情境，基于学习再现情境而命制的情境化试题，主要在基础性的层次上考查“四层”的相关内容。例如2023年全国乙卷的文科第14题所选取的情境型材料直接源于“同角三角函数基本关系式的应用”的课程学习，相应的情境活动所依托的知识是三角函数求值，方法是同角三角函数的基本运算，都属于回忆性的再现，因而所创设的试题情境属于学习再现情境，在基础性的层次上考查了数学运算学科素养，逻辑思维、运算求解等关键能力，参照人教A版必修第一册第185页第12题、人教B版必修第三册第23

页例 2 命制。

2. 学习关联情境

创设学习关联情境时,选取的情境型材料直接源于学生已有的数学课程学习,但材料所隐含的知识与方法之间的关联并不完全,或不明显地为学生所熟悉,相应情境活动的进行必须依赖已有知识与方法的回忆性再现和关联性联想。学习关联情境是复杂的课程学习情境,基于学习关联情境而命制的情境化试题,主要关注基础性和综合性,也可以在创新性层次上考查“四层”的相关内容。例如 2022 年新高考Ⅰ卷第 8 题所选取的情境型材料直接源于“立体几何初步”和“导数”的课程学习,参照人教 A 版必修第二册习题 8.3 第 5 题和人教 B 版必修第四册 11.1.6 练习 B 第 5 题、习题 11—1A 第 15、16 题命制。涉及球的半径、球心到截面圆圆心的距离、三角形外接圆半径之间的勾股关系、球的体积公式、棱锥的体积公式与导数,因而所创设的试题情境属于学习关联情境。这些情境活动表明,试题在基础性和综合性的层次上考查了数学应用、数学探索等学科素养,空间想象、数学建模、逻辑思维、运算求解等关键能力,以及直线与平面的垂直关系、长方体及其外接球、导数等必备知识。再如 2023 年新课标Ⅱ卷第 11 题,本题以对数函数与幂函数构成的新函数为载体,考查利用导数解决函数的极(最)值问题,属于课程学习情境中的学习关联情境;参照人教 B 版选择性必修第三册第 108 页复习题 B 组第 6 题命制。

3. 综合联想情境

创设综合联想情境时,选取的情境型材料源于学生已有的数学课程学习,但材料的表述方式、材料所隐含的知识与方法之间的关联,较为隐性地源于学生的已有学习体验或知识储备,相应情境活动的进行必须依赖于相关知识的整体性把握、相关表述的等价性转换、相关方法的即景性联想。综合联想情境是简单的探索创新情境,基于综合联想情境而命制的情境化试题,主要关注在综合性的层次上考查“四层”的相关内容。例如 2023 年全国甲卷理科第 12 题所选取的情境型材料源于“椭圆的标准方程与简单的几何性质”的课程学习。材料所隐含的知识直接源于学生已有的学习体验,但关于椭圆定义的表述方式源于学生的学习储备,故所创设的试题情境属于综合联想情境。试题在综合性的层次上考查了数学探索、数学应用等学科素养,逻辑思维、运算求解、数学建模等关键能力,以及椭圆的定义、向量的数量积等必备知识。

4. 拓展迁移情境

创设拓展迁移情境时,选取的情境型材料源于学生已有的数学课程学习,但材料的呈现方式与其所隐含的数学知识或方法之间的关联不明显,相应情境活动的进行必须依赖于材料的创造性解读与转换、相关方法的创造性迁移与运用。拓展迁移情境是复杂的探索创新情境,基于拓展迁移情境而命制的情境化试题,主要关注在综合性和创新性的层次上考查“四层”的相关内容。例如 2023 年全国乙卷第 21 题第(1)、(2)问的命制源于学习再现情境,在基础性的层次上考查数学应用学科素养,运算求解关键能力,以及函数图像的切线方程、导数在研究函数单调性中的应用等必备知识。第(3)问所选取的情境型材料源于“借助导数研究函数极值”的课程学习。由于运用导数研究函数的单调性与求解目标之间关联不明显,故所创设的试题情境属于拓展迁移情境。学生的情境活动依赖于整体把握情境型材料,在综合性和创新性的层次上考查了理性思维、数学应用、数学探索等学科素养，数学建模、运算求解、创新等关键能力，以及函数的单调性、导数在研究函数性质中的应用等必备知识。

5. 模型识别情境

创设模型识别情境时，选取的情境型材料源于实际的社会生活问题（包括衣食住行、卫生健康、文体娱乐、生产制造、经济发展、科学技术等方面），材料所隐含的数学知识和方法、数学问题模型的建构和解决都较为直接地源于学生已有的学习储备，相应的情境活动主要表现为材料中数学问题的抽象与获取、相应数学模型的建构与解决。模型识别情境是简单的生活实践情境，基于模型识别情境而命制的情境化试题，可以体现生活中处处有数学，主要在基础性和应用性的层次上考查“四层”的相关内容，还可以帮助学生通过相应的情境活动坚定数学学习的信念，确信借助数学可以解决社会生活中的问题。例如 2023 年新课标Ⅱ卷第 12 题所选取的情境型材料源于以传输信号情况考查概率加法公式及乘法公式求概率。材料所隐含的数学知识和方法均直接源于学生已有的学习储备，故所创设的试题情境属于模型识别情境，相应的情境活动则可表明试题在基础性和应用性的层次上考查了理性思维、数学应用、数学探索等学科素养，数学建模、运算求解等关键能力，以及随机事件的关系和对立事件、相互独立事件同时发生的概率计算公式等必备知识。

6. 现象解释情境

创设现象解释情境时，选取的情境型材料源于实际的社会生活问题，材料所隐含的数学知识和方法、数学问题模型的建构和解决都较为直接地源于学生已有的学习储备，相应的情境活动主要表现为材料中数学问题的抽象与获取、相应数学模型的建构与解决、基于数学模型结果的实际现象解释。现象解释情境是较复杂的生活实践情境，基于现象解释情境而命制的情境化试题，可以在综合性和应用性的层次上考查“四层”的相关内容，还可以帮助学生通过相应的情境活动坚定数学意识，主动借助数学解释社会生活中的现象。例如 2022 年全国甲卷文科第 2 题、理科第 2 题所选取的情境型材料源于公益讲座以普及垃圾分类的知识。材料所隐含的数学知识和方法均直接源于学生已有的学习储备，通过散点图的形式考查样本的数字特征中位数、平均数、标准差、极差等，故所创设的试题情境属于现象解释情境。相应的情境活动则可表明试题在综合性和应用性的层次上考查了理性思维、数学应用、数学探索等学科素养，数学建模、运算求解等关键能力，以及折线图、样本的数字特征和用样本估计总体等必备知识。

总体而言，高考数学创设自然真实情境，突出数学应用价值，发挥高考育人功能；密切联系当前重大时事背景，彰显新时代气息，如联系疫情防控、环境保护等重大社会背景，引导考生关心时事，增强考生社会责任感与使命感；设置体现中华优秀传统文化的情境，领略中华民族智慧，树立民族自信心，弘扬爱国主义精神；设置科技背景，突出体现我国科技发展中取得的重要成就，激发考生投身科学研究的热情；密切联系国家建设重点工程、劳动、体育、经济、音乐、美术等背景，让考生在解决问题的过程中，受到德、智、体、美、劳等全面的教育。

2024 年高考数学试题通过精心设计的真实情境，全面检验学生对已学知识的系统掌握和灵活运用能力。试题内容涵盖了德智体美劳情境、科学探究情境以及生产实践情境等方面，题目情境设计紧密结合学生的日常生活，使学生能够深入其中，获得真实的感受与体验，如新课标Ⅰ卷第14题设置的抽取卡片比较数字大小的比赛情境;问题设计则注重与中学生的思维方式相契合,为他们提供充分的思考与发挥空间,引导他们认识到体美劳教育对个人成长成才的重要性,从而激发他们的参与热情,如新课标Ⅱ卷第18题以体育为情境。科学探究与科学前沿情境的创设,引导学生深入思考、勇于探索、实证求真,实现从"解题"到"解决问题"的转变,为高中育人方式的改革提供有力支持,如新课标Ⅰ卷第9题以"一带一路"国际合作为情境。此外,试题还设置了生产实践与社会经济发展情境,注重将理论与实际相结合,紧密结合国家经济社会发展和生产实践,引导学生在解决实际问题的过程中提升关键能力与学科素养,如全国甲卷文科第18题,理科第17题,以生产线智能化升级改造创设试题情境。

五、高考评价体系下的数学命题展望

近年来,高考数学试题严格遵循课程标准,全面依据学业质量标准和课程内容,深度关注学生对基础知识和基本技能的熟练掌握与灵活应用能力,同时,强调知识的整体性和连贯性。在试题设计上,试卷将主干知识内容和重要原理、方法作为考查的重点,着重对数学科核心素养进行深入的考查。新课标卷在试卷结构上进行了全新的创设,与传统试卷相比,题量减少。使得学生在解题时能够拥有更充足的思考时间,有助于提升学生的思维能力,加强对学生素养的考查,进一步强化了素养导向的考试评价体系。这种以学生为中心的试卷设计理念,更好地促进学生全面发展,提升他们的综合素质。针对新高考试卷规律,在教育教学中重点关注以下几个方面。

第一,依据课标教材,落实"四基"。落实"四基"就是落实基础知识、基本技能、基本思想和基本的活动经验,在备考中就是加强对数学基本概念、基本原理和基本方法的考查,引导学生重视基础。具体而言,既要重视基础知识和基本技能,又要注重数学的基本思想和基本活动经验,要认真研究教材的定义概念、原理和方法,要做到深刻理解、准确把握、灵活运用。高考试题不会脱离教材,要加强对教材的学习和研究,注重通性通法,突出数学本质、淡化解题技巧,展现考生的思维过程。不要沉迷解题套路,而要认真分析近几年高考试题的命题思路和考查要求,从数学本质和数学应用的角度,有效提高数学关键能力和学科素养。

第二,聚焦课堂教学,提升关键能力。数学高考命题一直强化信息获取与加工、逻辑推理与论证、数学建模、数学抽象、数学运算、批判性思维等关键能力的考查。教师要聚焦课堂主阵地,设计特定的任务驱动和情境创设,着重研究试题开放性、探究性和创新性方向,尽可能引导学生运用必备知识、调动关键能力,充分暴露学生思维过程,展示学生思维进阶路径,经历发现问题、提出问题、分析问题和解决问题的思维历程,实现"解题"到"解决问题"的转变。

第三,理解数学本质,突出数学主干。数学的主干知识是函数与导数、三角函数及解三角形、数列、立体几何、解析几何、概率与统计等,针对主干知识、重点题型及主要数学思想方法进行横纵拓展,引导学生理解数学本质;同时在选择题和填空题中,集合、复数、三角函数的图象和性质、平面向量、数列的概念与性质、圆锥曲线的简单几何性质、解三角形、函数与导数综合问题、函数的性质、排列组合、二项式定理以及概率统计等高频考点都能在教材中寻找到"原点",强化题组和变式题目的训练,让学生充分体会试题的核心价值、情境变化和问题设问方式变换。

第四，辨析新情境，强化综合性与应用性。综合性是高考的重要考查要求，要求考生面对复杂的问题情境时，梳理相关的各种知识和原理，综合运用必备知识、关键能力和学科素养，合理解决问题，体现的是对考生综合素质的考查。高考数学试题的综合性一方面是数学科内部各个主题的相互综合，另一方面是数学科和其他学科的综合。此外，试题情境越来越具有多样性，运用逻辑推理和数学抽象等核心素养加强数学问题情境转化为数学问题过程的考查，注重考查学生利用数学建模和数据分析等核心素养解决生产中的实际问题的能力。

纵观近年高考数学试题，依据课程标准命题、参照教材内容有所增多，内容选择进一步灵活、试题开放性进一步加强、难度顺序不再固化、能力考查进一步凸显，思维过程考查多样，这对教学备考提出了新的要求。

1. 回归课标，重视教材

高考试题中基础题占比很大，大部分题都能在教材中找到原型，是教材中的例题、课后习题改编，高考还特别重视对数学概念的考查，不搞题海战术，机械地模仿解题，忽略对基础知识、基本概念的理解和掌握。在平时的教学过程中，要重视研究学生对知识的获得，研究学习过程。切忌几分钟讲完概念，然后开始“题型 n 种＋解法 n 种”的教学。教师要对教材中的基本概念深入挖掘其内涵和外延，对定理、公式进行拓展和探究，发现其内在联系和规律。同时教师要注重对教材中的原题延伸，进行变形和变式练习，将思维背景拓展，有效培养学生数学思维的深度和广度，建构各章节内部及章节之间的网络结构，形成知识板块，促进学生数学思维的提高和发展。

2. 精研往届高考真题，精选训练试题

当前，部分学校使用质量不高的教辅资料是教学质量低下的重要原因之一。高考数学试题通过创新试卷，深化基础性考查，强调对学科基础知识、基本方法的深刻理解，不考死记硬背、不出偏题怪题，引导中学把教学重点从总结解题技巧转向培养学生学科核心素养。数学教师应该带领学生精心研究近几年高考试题，从问题情境、设问方式、必备知识考查方式、考查的核心素养方向等开展系列研究；精选题目，组建模拟试卷要增加基础题比例、降低初始题起点，增强试题的灵活性和开放性。聚焦主干知识内容和重要原理、方法，着重选择考查数学科核心素养的优质题目；学校要提升数学课堂效益，引导教师遵循教育规律，备考过程中要突出数学教学本质，回归课标，重视教材，重视概念教学，夯实学生学习基础，给学生预留思考和深度学习的空间。避免超纲学、超量学。

3. 实现“知识点教学”到“思维教学”的转变

培养思维是发展核心素养的关键，思维教学需要高质量的问题引导，在数学认知结构的建构中，概念的理解和概念体系的建立是核心，概念学习的基本方式是概念形成与概念同化，必须经历“情境与问题—共性分析与归纳—抽象本质特征，下定义—关键词辨析—简单应用—联系与综合”的过程，让学生在观察与实验、分析与综合、归纳与概括中经历概念的抽象过程，发展学生的思维。在教学中，精心设计问题情境，让学生在独立思考中发现和提出问题，在积极思考中分析和解决问题。知识是发展核心素养和提升关键能力的载体，对核心知识深入理解，即对概念或命题的内涵与外延有充分的把握，对知识之间的逻辑关系有清晰的认识，对知识所蕴含的思想方法有深刻的领悟。提高学生的思维能力，给学生充分的思考时间和交流表达的机会。对一线教学而言，要进一步转变教学理念和教育观念。高考试题以问题为导向，实现从“考知识”向“考能力素养”的转变，实现从“解答题目”向“解决问题”的转变，进一步加大试题的开放性、探究性和创新性，进一步打破固化形式、优化试卷结构、丰富呈现方式、创新设问角度、拓展思维空间，破除唯一标准答案束缚，强化关键能力、思维过程和思维方式的考查，引导学生提升思维品质和思维能力，减少死记硬背和机械刷题，激发学生崇尚科学、探索未知的兴趣与勇于创新、敢于探究的科学精神。在拔尖创新人才培养成为国家战略这样的大背景下，传统的那套以知识传授和知识理解程度深浅为主要目标的教学模式面临挑战，原有的教育理念和教学观念要进行转换，主要表现在：从“知识就是力量”转向“思维就是力量”、从“知识传递”转向“知识建构”、从“授人以鱼”转向“授人以渔”等。

4. 关注和研究高考数学创新题、新定义题

2024 年新课标Ⅰ卷和Ⅱ卷第 19 题都设置了创新题和新定义题，新课标Ⅰ卷 19 题以等差数列为知识背景，创新设问方式，设置数学新定义，搭建思维平台，引导学生积极思考，在思维过程中领悟数学方法，自主选择路径和策略分析问题、解决问题。这两道题重点考查学生对数学的思维方式，学生的数学阅读能力和对数学语言的理解，解决此类问题没有通用和模块化的搜索路径，比较公平。创新题（新定义题）重点检验学生的数学思维能力，涵盖对研究对象定义的深入理解、基于定义的逻辑推理与数学运算能力，特别是阅读理解与数学表达能力的运用。在解读此类题目时，关注对数学符号的理解及有效信息的提取。在教学过程中，引导学生加强对教材内容的阅读理解，强化数学书籍的阅读部分，设计专题训练，加强实际问题向数学问题的转化能力，包括符号化表达的训练。从思维品质层面而言，面对新情境下的陌生问题，学生应通过有逻辑的尝试与试验，从具体到抽象、从特殊到一般进行探索，适当利用图表呈现中间结果，发现规律、提出猜想，最终通过逻辑推理验证结论的正确性。2024 年高考数学新课标卷调减了全卷的题量，多选题、填空题和解答题各减少 1 道题，全卷由过去的 22 道题减少到 19 道题；同时增加了多选题的单题分值和解答题的总分值，多选题由每题 5 分增加到 6 分，解答题总分由 70 分增加到 77 分，留给学生的思考时间得以增加，学生不必过多地关注做题的进度和速度，可以更专注地、更深入地思考，更有效地展示素养，发挥潜力。同时，高考数学新课标卷也优化了试题的内容、顺序和难度，创设全新的试卷结构。各个题目的考查内容、排列顺序都有大幅度调整。如在新课标Ⅰ卷将解析几何试题安排在解答题的第 2 题，数列内容则安排在最后压轴题的位置。在新课标Ⅱ卷中，以往作为压轴题的函数大题在试卷中安排到解答题的第 2 题，降低了难度；概率与统计试题加大了能力考查力度，安排在解答题倒数第 2 题的位置。试卷减少了题目数量，调整了题目顺序，有助于打破学生机械应试的套路模式以及教学中僵化、固定的训练模式，引导教学培养学生全面掌握必备知识、提升能力，形成核心素养助推力量。

基于高考评价体系的英语科命题解读

《中国高考评价体系》系统性地回答了高考“为什么考”“考什么”“怎么考”的问题，为新时代高考考试内容改革绘制了蓝图，指明了方向。以高考评价体系为遵循的高考英语考试内容改革，基于学科特点和高中英语课程标准进行了学科化表达，明确了英语科的功能定位，确定了核心价值、学科素养、关键能力和必备知识的四维考查内容。近年来的高考英语命题全面贯彻党的教育方针，落实立德树人的根本任务，凸显拔尖创新人才培养的时代要求，以《普通高中课程标准（2017 年版 2020 年修订）》为依据，贯彻高考评价体系命题理念，优化情境创设，增强试题的开放性、探究性和创新性，注重考查学生关键能力、学科素养和思维品质，加强考教衔接，以考促教，引导教学提高课堂质量，促进学生德智体美劳全面发展，稳步推进高考考试内容改革，充分发挥高考的育人功能和积极的导向作用。

一、高考英语科的功能定位

1. 高考英语科的功能定位

以高考评价体系的“一核”为指引，明确英语科考试的功能定位：第一，英语科命题必须坚持立德树人，促进学生形成开放意识和合作精神，促进学生养成独立思考和自主学习的习惯，促进学生提高多视角思辨能力和跨文化交际能力，最终引导学生实现全面而有个性的发展；第二，英语科命题必须以高等学校人才选拔的要求为依据，科学设计试题内容，考查学生的核心价值、学科素养、关键能力和必备知识，为高等学校选拔基础扎实、善于应用、综合素质高并具有创新潜力的人才；第三，英语科命题必须以国家课程标准的内容为依据，努力发挥积极导向作用，引导中学英语教学落实《普通高中英语课程标准（2017 年版 2020 年修订）》（以下简称《英语课程标准》）的要求，助力发展素质教育。[①]

2. 英语科考查内容

以高考评价体系的“四层”为基本框架，英语科通过系统梳理和总结，形成了核心价值、学科素养、关键能力和必备知识的四维考查内容。

（1）核心价值。核心价值是即将进入高校的学习者应当具备的良好政治素质、道德品质和科学思想方法的综合。高考英语科的核心价值包括中国情怀和国际视野：中国情怀是指考生应增强对中华优秀传统文化、革命文化和社会主义先进文化的认同，正确认识中国特色和国际比较，自觉践行社会主义核心价值观；国际视野指考生应了解人类文明历史和世界发展动态，具有全球意识，以开放包容的态度看待文化多样性，积极参与跨文化交流。[②]“核心价值金线”是指围绕立德树人来考查学生的政治立场和思维观念、世界观和方法论以及道德品质。高考

---

① 陈康，吴泓霖，李新煜，等. 基于高考评价体系的英语科考试内容改革实施路径. 中国考试，2019(12)：34－35.

② 同上，第 35 页。

作为教育改革的重要领域、素质教育的关键环节，要旗帜鲜明地将立德树人作为根本任务，始终坚持正确的政治方向和价值取向，不断强化育人功能和积极导向作用，培养和选拔德智体美劳全面发展的社会主义建设者和接班人。高考试题命制将全面贯彻党的教育方针，强化理想信念、爱国主义情怀、品德修养、知识见识、奋斗精神、综合素质等内容在考试中的要求。加强对习近平新时代中国特色社会主义思想的考查，加强对社会主义核心价值观、依法治国理念、中华优秀传统文化、革命文化和社会主义先进文化的考查，引导学生树立正确的国家观、历史观、民族观、文化观，切实增强中国特色社会主义道路自信、理论自信、制度自信、文化自信，不断提高学生思想水平、政治觉悟、道德品质、文化素养等。高考命题紧扣“核心价值金线”，始终坚持正确的政治方向和价值取向，不断强化育人功能和积极导向作用。与此同时，重大社会现实问题、关键历史事件与科技前沿等，也是近年来高考命题中选题和取材的主要来源，引导学生密切关注重大社会现实问题和关键历史事件，从而坚定学生的政治站位、思想立场与理想信念。“无价值，不入题”已成为近年来高考内容改革的一个鲜明特征。

(2)学科素养。高考评价体系将学科素养定义为即将进入高等学校的学习者在面对生活实践和学习探索问题情境时，能够在正确的思想价值观念指导下，合理运用科学的思维方式与方法，有效地整合学科相关知识，运用学科相关能力，高质量地认识问题、分析问题、解决问题。高考英语科的学科素养包括交际素养、学习素养和思辨素养三项指标。

(3)关键能力。高考英语科评价体系通过系统梳理和总结，把高考英语科的关键能力提炼为听力理解、阅读理解、书面表达和口语表达四种能力。其中听力理解能力归纳为五项具体能力，即①获取具体信息；②理解主旨要义；③理解说话人的观点和态度；④理解说话人的目的；⑤推断。阅读理解能力归纳为七项具体能力，即①理解词汇；②理解具体信息；③理解主旨要义；④理解观点和态度；⑤理解目的；⑥推断；⑦理解文章结构和类型。书面表达包含内容、词汇语法、语篇结构和写作规范，反映这四个要素的英语科书面表达能力应具有以下特征：①内容完整并且清楚、合理，逻辑性强，符合写作目的与情景；②词汇和语法结构多样并且使用正确；③整体结构清晰，句间和段间衔接有效，意义连贯；④单词拼写正确，标点、大小写等符合规范。口语表达包括语音语调、词汇语法、语言组织和互动交际，反映这四个要素的口语表达能力应具有如下特征：①发音规范，语调自然，能准确表达意义；②词汇和语法结构使用准确、恰当；③能有效使用衔接手段使表达条理清晰，逻辑连贯；④表达切合题意，能使用澄清、补救等策略促进互动、实现交际目的。近几年高考英语试卷要求考生在不太熟悉的语境中使用语言以及对语言能够理解和运用，重点考查对语篇的准确把握以及各种读后续写和概要写作；从主题角度分析意义，考查考生对语篇意图、情感态度和内涵的把握，同时突出考查考生对关键信息的识别与加工、逻辑推理与论证、语言理解与表达、批判性思维与创新思维等高阶思维能力。

(4)必备知识。英语课程内容是发展学生英语科核心素养的基础，包括六个要素：主题语境、语篇类型、语言知识、文化知识、语言技能和学习策略。主题语境包括人与自我、人与社会和人与自然，涵盖整个高中阶段所涉及的主题内容，不分课程类别进行描述；语篇类型包括口语和书面语篇以及不同的文体形式，如记叙文、说明文、议论文、应用文、访谈、对话等连续性文本，以及图表、图示、网页、广告、漫画等非连续性文本，为语言学习提供文体素材。主题语境和语篇类型属于语言学习内容的呈现工具。具体而言，所有的语言学习活动都应该基于不同类型的语篇，在一定的主题语境下进行。在高考评价体系下，必备知识是指即将进入高等学校的学习者在面对与学科相关的生活实践或学习情境时，有效地认识问题、分析问题、解决问题所必须具备的知识。英语科的必备知识包括语言知识和文化知识。

3. 高考英语试题考查要求

新高考的四大考查要求分别是基础性、综合性、应用性和创新性，这些要求主要体现在基于高考评价体系的英语科命题解读新高考强调对关键能力的考查，以引导英语教学回归教材和课堂。因此，新高考英语科命题特别强调基础扎实、融会贯通、学以致用和创新思维四个方面。

（1）基础扎实：英语新高考的基础性要求。英语新高考的基础性，实际上有两层含义：一方面，强调对基础知识的考查，这主要体现在试题往往关注学科主干内容，关注考生在今后生活、学习和工作中所必须具备的、不可或缺的知识、能力和素养，在考试过程中考生可以调动单一的知识或技能来解决具体问题。另一方面，重点考查考生对基础知识的掌握是否扎实，这主要体现在新高考的英语试题增强了开放性和灵活性。例如，进一步优化应用文写作的考查形式，除信件外，进一步拓宽写作文体，更新试题呈现形式，设置更加贴近真实生活的英语交际任务情境，增强试题的开放性和灵活性。

（2）融会贯通：英语新高考的综合性要求。英语新高考的综合性，主要体现在强调对考查内容的融会贯通上。要求考生既能够在同一层面上进行横向的融会贯通，也能在不同层面之间进行纵向的融会贯通。在对必备知识进行考查时，各个知识点之间不是割裂的，而是处于整个知识网络之中。另外，必备知识与关键能力、学科素养、核心价值之间紧密相连，形成了一个具备内在逻辑联系的整体知识网络，考生必须综合运用多种知识或技能才能解决问题。在对必备能力进行考查时，新高考的综合性要求表现得更为突出。

（3）学以致用：英语新高考的应用性要求。英语新高考的应用性要求主要体现在学以致用上。这里的“用”，不是传统意义上的“解题”，而是“解决问题”。从整体上看，全国卷四套高考英语试题都无一例外地关注与国家经济及社会发展、科学技术进步、生产生活实际等紧密相关的内容。这充分说明，新高考命题尽量避免考试和生活学习脱节，坚持应用导向，鼓励考生运用知识、能力和素养去解决实际问题。从题型上看，完形填空重点考查对词汇知识的灵活运用，短文填空重点考查对语法知识的准确运用，这些题型都属于对语言知识的应用 性进行考查，写作试题更是考查考生对英语的综合语言运用能力。

（4）创新思维：英语新高考的创新性要求。英语新高考的创新性，主要体现在对创新思维的考查上。新高考强调创新意识和创新思维，尤其是对想象能力、独立思考能力、书面表达能力等的考查。这就要求考生能够敏锐发觉旧事物的问题、捕捉新事物的线索，能够主动探索新方法、积极解决实际问题，而且能够在开放性的综合情境中创造性地解决问题，形成创造性的结果或结论。近年来全国卷阅读理解部分有 50%以上的试题考查推断、归纳和概括等高阶阅读理解能力。这类试题需要考生充分调动批判性思维和辩证思维，根据语篇内容进行逻辑推理，通过归纳和概括作出回答。这类试题能够启发考生在分析理解文章观点、作者意图和情感态度的过程中，思考中外文化异同，养成多元思维和批判性思维的习惯。这类试题凸显了对考生关键能力的考查。

二、核心价值金线与英语命题实践

核心价值是考生应当具备的良好政治素质、道德品质和科学思想方法之综合，其内涵覆盖了德、智、体、美、劳五个领域。因此，核心价值不是英语科独有的特性，而是超越学科的共性考查内容。新高考英语科对核心价值的考查，主要体现在对试题语篇的精心选择上，然后通过不同情境以浸润的方式落实立德树人根本任务。以近三年高考英语全国卷试题为例，其核心价值的引领作用主要体现在文化自信、“五育”并举、关注现实和国际视野等四个方面。

1. 讲好中国故事，坚定文化自信

2024 年新课标Ⅰ卷 B 篇主要介绍了 William Farber 博士在兽医界使用针灸和其他非传统治疗方法治疗动物的经历。文章通过他的个人经历、对针灸的看法以及治疗效果的实例，展示了整体医学(holistic medicine)在兽医领域的潜力和应用。其核心价值在于引导学生树立跨文化交流意识，增强文化认同感，提升文化自信。全国甲卷应用文写作要求考生根据所给图片介绍中国交通工具的发展，写一篇英语课堂展示发言稿，属于说明文文体。图片内容为共享单车、高铁和新能源汽车，是中国现代交通工具的典型代表。这需要考生分析总结三种交通工具的共性，即“环保”“高效”“可持续发展”，并基于这三个关键词，分别讲述三种交通工具给社会和人们生活带来的好处，充分体现了新高考对应用性和创新性的要求。其核心价值在于通过用英语讲述中国发展，引导学生增强文化自信和文化信仰。2023 年新课标Ⅰ卷语法填空语篇讲述中华美食小笼包的美妙滋味与制作过程，增强学生对中华优秀传统文化的自信；全国甲卷书面表达题设置的情境是，学校举办以“用英文讲中国故事”为主题的征文活动，要求学生以一位中国历史人物为题写一篇短文投稿；全国乙卷语法填空语篇讲述首都北京悠久的城市历史，主张城市发展建设一定要尊重传统、保存好城市的珍贵遗产。2022 年全国甲卷语法填空语篇报道一位残疾人士徒步穿越古“丝绸之路”并沿途做环保的经历，展现中华文明的悠久历史；全国乙卷语法填空语篇介绍联合国设立中国茶文化节及开展的一系列活动，宣传中国茶文化；新高考Ⅰ卷语法填空语篇报道中国设立大熊猫保护国家公园的情况，介绍中国生态文明建设成就。

各套试卷中的其他语篇还提及中国历史上的使用纸质版词典的必要性，并针对使用纸质词典的好处进行描述与论证。核心价值在于引导学生思考学习的方式方法，养成良好的阅读与写作习惯，鼓励学生在尊重传统的同时接纳和应用现代科技，实现全面发展。2024 年新课标Ⅱ卷语法填空语篇主要介绍了纪念“东方莎士比亚”汤显祖的文化元素为莎士比亚的故乡斯特拉特福增添了国际化特色，并展示了两位文学巨匠作品间的相似主题。展现了中西方文化的交流与融合，引导学生培养兼容并蓄的国际视野。2024 年全国甲卷语法填空语篇介绍了美国国家公园的由来，即四个男人发现了一处非常美的自然风景区，决定好好保护它以供后人欣赏并为此做出了许多努力。引导学生了解美国国家公园的相关背景知识，传递人与自然和谐相处的理念，增强学生的环境保护意识。这些语篇和情境通过讲述中国故事，加强学生对中华历史文化和社会主义核心价值观的认同，增强文化自信，厚植爱国主义情怀。

2. 落实“五育”并举，深化体美劳教育

英语科高考命题遵循高中学生的认知水平和成长规律，将对体美劳教育的引导与考查内容、考查要求、考查载体有机融合，在篇章选择和作文情境设计方面，优化试题，体现体育、美育和劳动教育引导的篇章布局。全国卷围绕人与自我、人与社会、人与自然三大主题选材，对体美劳教育进行积极引导，与考查内容、考查要求、考查情境有机融合，夯实学生德智体美劳全面发展的基础。

体育是实现立德树人根本任务、提升学生综合素质的基础性工程。高考命题强调创设联系体育与健康的情境，引导学生认识体育锻炼对于增强体质、健全人格、锤炼意志的重要意义，使文化学习和体育锻炼协调发展。2024 年新课标Ⅰ卷完形填空题选取的语篇讲述作者在开展体育运动时几次被他人激励又被打击的过程和感悟，引导学生正确理解挑战和失败的意义，选择适合自己的运动项目，制定合理的目标，持之以恒进行体育锻炼。新课标Ⅰ卷阅读 A 篇选取的语篇介绍秋季徒步健身活动，引导学生走近大自然，开展体育运动，保持身心健康。语篇提及多项注意事项，于潜移默化之中强调运动安全的重要性。2023 年新课标Ⅰ卷完形填空语篇讲述了一名越野赛跑运动员在比赛中将受伤的运动员背至终点就医的事，她虽因此事与冠军失之交臂，但她的善举体现了人性之善的力量，引导学生思考比赛的真谛，培养帮助他人的优秀品质；全国乙卷完形填空语篇讲述美国体操运动员 Gabby Douglas 在华人教练的培训下，经过刻苦努力最终获得奥运会个人全能冠军的事。这些语篇旨在引导学生关注体育与身心健康，提高运动意识，在体育锻炼中锤炼意志，涵养体育精神。2022 年全国甲、乙卷听力题包含对一位短跑运动员的采访材料；全国乙卷短文改错题选取说明自行车运动有利身体健康和环保的内容；新高考Ⅰ&Ⅱ卷听力题选取一段在运动俱乐部讲话的材料，阅读题选取关于如何找到合适的健身伙伴的语篇；新高考Ⅱ卷阅读 D 篇选取说明运动促进心脏健康的语篇，写作题选取讲述一名残疾学生积极参加跑步比赛的语篇。

美育是审美教育、情操教育、心灵教育，也是丰富想象力和培养创新意识的教育。2024 年全国甲卷阅读 A 篇选取的语篇介绍校园艺术节期间丰富多彩的活动，引导学生走进画廊和博物馆参与各种艺术活动，培养审美情趣，提高艺术品位。新课标Ⅰ&Ⅱ4 卷写作第一节设计的情境是与英国朋友分享在公园里上美术课的经历，要求学生描述自己完成的作品和上课的感受，引导学生在日常学习和生活中发现美、欣赏美、创造美。2023 年全国甲卷听力部分选取俄罗斯音乐家 Maxim 的一段讲话，谈论其作为柴可夫斯基公开赛裁判的经历；新课标Ⅱ卷阅读部分选取的语篇中向希望学习绘画的朋友们提出了一些建议；全国乙卷阅读部分 B 篇讲述一位摄影爱好者如何在美国西部拍摄出高质量的风景照片。这些语篇旨在引导学生加深对音乐、摄影、绘画等艺术的认识，培养健康向上的审美情趣，以美育人。2022 年全国甲卷听力题选取一位艺术鉴赏家谈论自己经历的材料，阅读题选取介绍英国卡迪夫市艺术剧院的语篇；全国乙卷阅读题选取介绍苏格兰画家 Henry Raeburn 作品展信息的语篇。各套试卷的语篇包含了山区支教、烹饪、做家务等信息，涉及多种工作场景。

劳动教育是学生成长的必要途径，具有树德、增智、强体、育美的综合育人价值，涉及多个工作场景的语篇，旨在引导学生形成劳动观念，在学习和生活中培养劳动精神。2024 年新课标Ⅰ卷听力部分第九段材料是对一位女士的访谈，访谈内容是在家庭菜园中种植水果蔬菜的经验，引导学生热爱劳动、参与劳动、享受劳动。新课标Ⅰ卷阅读 A 篇选取的语篇介绍一个生物栖息地修复工作队的工作内容和这个修复工作队招募志愿者的要求，引导学生在劳动过程中思考人与自然的关系，培养保护大自然的意识。2023年新课标Ⅱ卷阅读部分B篇讲述两位教师在学校开设劳动课程，带领学生养花种菜的经过及其对学生饮食习惯和身心健康产生的积极影响；全国甲卷阅读部分B篇讲述作者Terri的DIY经历和DIY给她的生活带来的好处。这些语篇旨在引导学生养成劳动意识和热爱劳动的观念，同时在真实的生活体验中感受劳动的辛苦和荣耀，倡导学生尊重劳动、崇尚劳动、热爱劳动，培养良好的劳动习惯。

3. 关注时代发展，培养核心素养

高考英语试题在命制过程中注重贯彻落实《中国高考评价体系》和《英语课程标准》的理念，进一步探索核心素养考查路径，以情境任务为重要依托，以语言能力考查为主要驱动，兼顾考查文化意识、思维品质和学习能力等要素，深度考查高考英语科的交际素养、学习素养和思辨素养，促进考生核心素养的发展。

英语科试卷通过选择具有时代特征的语篇，引导考生树立正确的世界观、人生观和价值观，培育自尊自爱、自信自强的道德品质；引导学生养成喜爱读书、善于求知的学习习惯；倡导爱护自然、热衷环保的生态理念。2024年新课标Ⅱ卷D篇文章介绍了Catriona Campbell的新书《人工智能设计：与人工智能共生的计划》，分析了当前AI的发展趋势和即将到来的AI革命，呼吁人们共同面对，技术公司和世界领袖应与AI专家们达成共识、携手共进。其核心价值在于引导学生对人工智能技术的快速发展进行辩证思考，强调在享受人工智能带来的便利的同时，重视其对人类可能造成的负面影响，确保人类能够控制人工智能的发展。2024年全国甲卷C篇文章主要介绍了由俄罗斯政府资助的医疗列车——圣卢卡斯火车为该国中东部偏远贫困地区提供医疗服务，其运作方式及对当地居民的意义，旨在引导学生关注公益事业，启发和培养学生的社会责任感。2024年新课标Ⅰ卷C篇主要介绍了在阅读方面，纸质书相比电子书、音频、视频，在信息的吸收度、专注度、参与度方面都要胜出不少，旨在引导学生面对科技发展对生活和学习带来的便利，要辩证分析，培养学生批判性思维能力，树立客观正确的态度。2024年新课标Ⅰ卷D篇文章主要介绍了在记录生态多样性方面，大部分记录都是以照片、视频，或者其他电子媒介的方式记录，相比实体标本来说他们并非真正可靠，本文仔细剖析了这些电子记录不可靠的原因和弥补方案。其核心价值在于引导学生要树立正确严谨的科学态度。2024年新课标Ⅱ卷C篇文章介绍了一种室内花园系统——巴比伦微农场(BMF)，它不仅能为家庭和大型机构提供新鲜蔬菜，还能利用云技术远程监控和自动化操作。其核心价值在于引导学生要提高环保意识，为保护环境贡献自己的力量。2023年新课标Ⅰ卷4阅读理解B篇提到了John Todd设计生态机器来处理中国福建省省会城市福州市的运河污水这一事件，旨在倡导学生树立人类命运共同体意识，以及在全球化大背景下思考促使中国高质量发展的方案。阅读理解D篇通过讲述小组讨论中大家共同争论和推理过程对减少估算错误的重要性这一事件，引导学生感受小组合作的益处，进而更积极地参与到日常的合作探究学习活动中。2022年全国卷通过选取禁止开车使用手机、悉尼新旧文化的冲突、新媒体对家庭教育和生活的影响、英国征收糖税的起因及效果等具有探讨性和思辨性的材料，引导学生形成独立思考的习惯，培养主动发现问题和解决问题的能力；通过选取高科技无人机在铁路交通中的应用、鹦鹉识别物体形状的实验、人类语言发展的研究及与捉迷藏相关的儿童心理发展实验等语篇,激发学生对科学实验与研究的兴趣;通过选取关爱养老院老人的研究项目、勇救坠楼儿童、修复父子亲情关系等语篇,倡导友好互助、彼此关爱的和谐人际关系。

4. 优化试题情境,彰显国际视野

2024年新课标Ⅱ卷语法填空语篇主要介绍了纪念“东方莎士比亚”汤显祖的文化元素为莎士比亚的故乡斯特拉特福增添了国际化特色,并展示了两位文学巨匠作品间的相似主题。展现了中西方文化的交流与融合,引导学生培养兼容并蓄的国际视野。2024年新课标Ⅱ卷完形填空语篇主要介绍了主人公十年前选择在意大利定居的原因以及意大利的风土人情。主人公初到意大利时,因为语言障碍遇到困难,但是当地人却给予了微笑和鼓励,让主人公体会到善意。同时,主人公也深刻地体会到当地丰富的饮食文化。核心价值在于引导考生感受意大利热情好客的风土人情,倡导世界人民一家亲,要以开放包容的心态去迎接世界各地的文化和风土人情。2022年新高考Ⅰ卷的五个阅读语篇,分别涉及美国、英国、瑞士等几种不同的生活实践情境和学习探索情境。2023年新课标Ⅰ卷中,阅读A篇以在荷兰首都阿姆斯特丹的旅行为背景,给考生呈现了一家自行车租赁公司的推介广告。全国乙卷中,阅读A篇介绍四位中外杰出女性的从医之路;C篇讲述英国电视烹饪节目给英国人的饮食习惯带来的影响。

总之,通过高考命题体现核心价值的引领作用,将会成为未来高考长期不变的指导思想和基本政策。所以,在高考备考中密切关注“两全面、三贴近”极为关键,即全面落实立德树人根本任务,全面发展德智体美劳素质教育;贴近社会、贴近时代、贴近生活。

三、能力素养银线与英语命题实践

以高考评价体系为指导,英语科在命制试题时,结合学科特点,以学生在解决学科问题中所要运用的能力为依据。本着为学生全面发展负责及可操作性原则,我们将英语科关键能力分为信息获取与加工、逻辑推理与论证、语言组织与表达、批判性思维能力这四种高阶思维能力。

1. 信息获取与加工

信息获取与加工是解决问题的最重要的基础能力,要求学生能辨识模型、图表、数据、文本、符号、图形中的各种信息,从中提取关键内容,建立关键信息之间的逻辑关联,并与已学相关知识进行嫁接整合,是思维过程中的第一道关卡。高考命题通过文字、图形、表格、符号、数据等方式呈现信息,加大试题信息的广度和容量,考查学生从多种形式呈现的丰富材料中定位、识别、筛选、分类、概括、连接、转述关键信息的能力。其中,定位是指通过文本阅读,快速定位和提取关键信息;筛选是指区分有效与无效、主要与次要、排除干扰信息,识别关键信息,一般体现为分析的过程;概括是指从个别到一般、从多到一的归纳过程以及从个别到个别或从一般到一般的类比过程;连接是指在关键信息间建立简单的逻辑关系,形成完整一贯的逻辑链条与关系,一般表现为推理过程;转述包括图文转化、数形转化、句式转换、立场转换、坐标转换等,主要体现为理解过程。

近三年高考英语全国卷精选语篇,扩大选材范围和材料类型,强调对文章整体结构和关键信息的理解能力。文本精细阅读要求考生不仅能从文本中直接提取具体细节信息,如数字、时间、地点、任务，以及活动的起因、过程、方式、结果等重要信息，而且能通过归纳概括，理解概念性信息，推断作者的观点和态度等。新课标卷通过提高阅读理解试题的分值比重，进一步加强对信息加工、关键概念以及阅读理解能力的考查，引导英语教学重视信息获取加工能力和阅读理解能力的培养。

【例】(2024 年全国新课标Ⅰ卷，C 篇)

……

But equally important is the mental aspect. Reading researchers have proposed a theory called "shallowing hypothesis (假说)." According to this theory, people approach digital texts with a mindset suited to social media, which are often not so serious, and devote less mental effort than when they are reading print.

Audio (音频) and video can feel more engaging than text, and so university teachers increasingly turn to these technologies—say, assigning an online talk instead of an article by the same person. However, psychologists have demonstrated that when adults read news stories, they remember more of the content than if they listen to or view identical pieces.

Digital texts, audio and video all have educational roles, especially when providing resources not available in print. However, for maximizing learning where mental focus and reflection are called for, educators shouldn't assume all media are the same, even when they contain identical words.

【语篇来源】本文选自 Why we remember more by reading—especially print—than from audio or video 的文章。

【命题立意】

语篇类型	说明文。语篇长度 341+145 个词
语篇结构	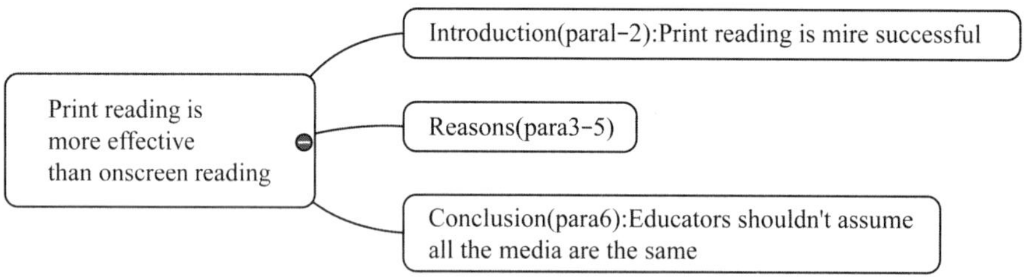

29. What does the shallowing hypothesis assume?

A. Readers treat digital texts lightly.

B. Digital texts are simpler to understand.

C. People select digital texts randomly.

D. Digital texts are suitable for social media.

【命题意图】本题是推理判断题，要求考生正确理解"the shallowing hypothesis"的内容，突出考查考生根据文章提供的事实和线索进行推理判断的能力。

【关键能力】

关键信息定位	推理判断能力
根据题干信息，可将答案定位到第四段最后一句“According to this theory, people approach digital texts with a mindset suited to social media, which are often not so serious, and devote less mental effort than when they are reading print.”	根据这一理论，人们接触数字文本的心态和社交媒体相适应，社交媒体通常不那么严肃，而且比阅读纸质书时投入的经历更少。由此可推知，人们在对待电子文本时，其态度类似于对待社交媒体，不太严肃，且脑力投入相比阅读纸质材料要更少，因此他们对数字文本持不严肃轻松的态度

【参考答案】A

31. What does the author imply in the last paragraph?

A. Students should apply multiple learning techniques.

B. Teachers should produce their own teaching material.

C. Print texts cannot be entirely replaced in education.

D. Education outside the classroom cannot be ignored.

【命题意图】本题是推理判断题，要求考生结合文章主旨大意正确归纳理解最后一段的主要意图，突出考查考生的推理判断和归纳总结能力。

【关键能力】

关键信息定位	归纳推理能力
根据题干信息，可将答案定位到最后一段中的“However, for maximizing learning where mental focus and reflection are called for, educators shouldn't assume all media are the same, even when they contain identical words.”	为了最大限度地提高学习效果，教育工作者不应该假设所有的媒体都是一样的。而且，本文的中心是说纸质书在学习效果方面相比视频和音频更加明显，由此可推论，纸质文本在教育领域中的不可替代性

【参考答案】C

2. 逻辑推理与论证

逻辑推理与论证是学生形成科学思维不可或缺的能力，无论科学发现还是理论建立，抑或是工程师寻找解决问题的方案，都依赖于推理与论证技能。通过培养学生的推理与论证技能，可以让学生学会如何提出问题、论证推理、得出结论、修正观点，并能选择和运用证据支持自己的观点，为研究问题建构合理的解释。在推理和论证过程中，学生的思维能力和思维品质尤其是科学思维得到有效提高，而且这种思维能力可以有效运用和迁移到其他的任何情境、学科和问题中。通过推理与论证过程，学生将学会如何针对一个主张表达自己的观点，以及如何评价别人的主张。另外，良好的逻辑推理与论证能力训练能够帮助学生大幅提高其论文写作和表达的能力，引导学生在写作中呈现概念清晰、逻辑严谨、边界明确、证据可靠、论证充分的论证过程及结论。逻辑推理与论证是指从已知的事实或理论（前提、条件或假设）出发，经由准确、充分的证据链（有效信息）和清晰、严密的逻辑链（相关性、因果性），推导出合理结论的思维过程。逻辑推理与论证着重考查学生根据已有前提和证据逻辑一贯地得出可靠结论的能力，一方面强调逻辑的有效性,另一方面要求证据的可靠性。逻辑推理与论证一般由前提(条件或假设)、证据(数据、文献、史料、理论观点等)、逻辑关系(归纳、演绎、因果、类比等)和结论(观点或主张)四个部分构成。通过比较、概括、推理、综合等思维方法的学习运用提高学生的逻辑论证能力,促使学生思考时做到清晰、准确、规范、严谨,表达时做到言之有物、言之有理、言之有据。

近三年高考英语阅读理解及七选五旨在理解语篇的基础上,从细节理解、逻辑推理、主旨大意层面对学生能力进行考查。英语阅读理解和七选五的命题意图很大程度上是考查语篇结构,学生失分多源自没能准确把握主旨,缺少对段落逻辑关系与句间衔接关系的分析,因此需要在平时的教学和练习中引导学生分析语篇结构,关注文章整体结构,分析段与段之间的关系以及段落的功能等等。

【例 1】(2024 年新课标Ⅰ卷,七选五)

Not all great writers are great spellers. If you want to be published, it's vital to submit a perfect, professionally presented manuscript (原稿). __36__ No editor is likely to tolerate a writer who does not take the trouble to spell words correctly.

I keep two reference books close-by on my desk: dictionary and thesaurus (同义词词典). I don't trust my laptop's spellchecker. __37__ Of course, these days there are plenty of online dictionaries and thesauruses, but I'm old-fashioned enough to prefer a hard cover and pages I can leaf through with my fingers. I use the Concise Oxford Dictionary and the Collins Thesaurus.

__38__ It should give you a precise definition of each word, thus differentiating it from other words whose meanings are similar, but not identical. It will also usually show how the word is pronounced.

In addition, I have an old two-volume copy of the Shorter Oxford Dictionary, picked up a few years ago in a bookshop sale for just 99 pence. Of course, with its 2,672 pages, it's not exactly short. It contains around 163,000 words, plus word combinations and idiomatic phrases. __39__ However, if I need to check the origin of a word or to look up examples of its usage, there's nothing better.

For well over a hundred years the most influential English dictionary was Samuel Johnson's Dictionary of the English Language published in 1755. "To make dictionaries is dull (乏味) work," wrote Johnson, illustrating one definition of "dull". __40__ A few minutes spent casting your eye over a page or two can be a rewarding experience.

A. I don't often use this dictionary.

B. It takes no account of the context.

C. But I still don't want to replace them.

D. But a dictionary can be a pleasure to read.

E. Of course, a dictionary is not only for spelling.

F. That means good grammar and no spelling mistakes.

G. Dictionaries don't always give you enough information.

【语篇来源】本文节选自 https://inhabitat. com/amazing-greenhouse-set-near-garden-influenced-by-silk-road/,网站上名为 *Amazing greenhouse set near garden influenced by Silk Road* 的文章。

【命题立意】

语篇类型	夹叙夹议文。语篇长度 259 个词
语篇结构	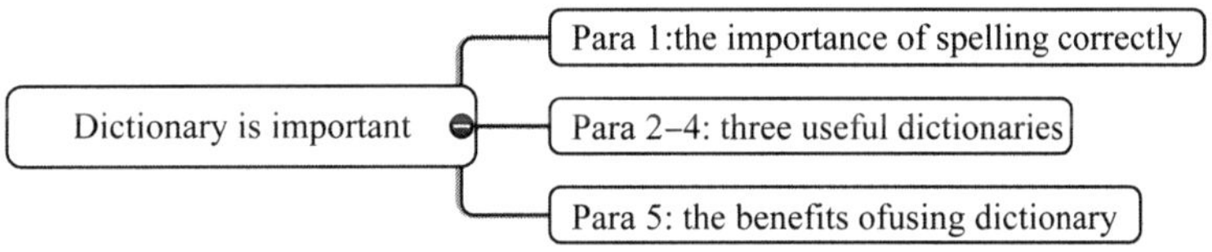

【命题意图】考查学生识别文章的结构与加工关键信息的能力,要求学生把握语篇文脉,从细节理解、逻辑推理、主旨大意等层面考查学生在关键信息间建立简单逻辑关系,分析句与句、段与段之间的逻辑关系的能力。

36.**【关键能力】**设空处上文提及"If you want to be published, it's vital to submit a perfect, professionally presented manuscript (原稿).(如果你要出版一本书,提交一份完美、专业的稿件至关重要)",下句则提及"No editor is likely to tolerate a writer who does not take the trouble to spell words correctly.(任何编辑都不会容忍一个不注意正确拼写单词的作者)",由此可知,设空处应选择与正确拼写相关的内容。结合选项,F 项意为"这意味着语法正确,没有拼写错误",符合语境,且其中的"no spelling mistakes"与下文中的"spell words correctly"相呼应。故选 F 项。此题属于推理判断题,考查学生理解句子之间、段落之间的逻辑关系的能力。

【参考答案】F

37.**【关键能力】**主要考查学生分析段落句间逻辑关系的能力。设空处上文提及"I don't trust my laptop's spellchecker.(作者不相信笔记本电脑的拼写检查程序)",设空处承接上文,进一步解释说明不相信笔记本电脑拼写检查程序的原因,构成逻辑上的因果关系,结合选项,B 项意为"它没有考虑到上下文",符合语境,其中的"it"指代上文中的"laptop's spellchecker"。故选 B 项。

【参考答案】B

38.**【关键能力】**主要考查学生分析段落句间逻辑关系的能力。设空处下文提及"It should give you a precise definition of each word, thus differentiating it from other words whose meanings are similar, but not identical.(它应为每个单词提供准确的定义,从而将其与其他含义相似但不相同的单词区分开来)",由此可推知,设空处应与字典的功能和作用相关。结合选项,E 项意为"当然,字典不仅仅是用来拼写的",统领整段,同时引出下文,介绍字典的其他作用。故选 E 项。

【参考答案】E

39.**【关键能力】**主要考查学生分析段落句间逻辑关系的能力。设空处上文提及了作者购买的《牛津简明词典》包含内容十分丰富，下文则提及“However, if I need to check the origin of a word or to look up examples of its usage, there's nothing better.(不过，如果我需要查看一个词的来源或查找其用法示例，没有比这更好的了)”，其中的“However”表示转折。由此可推知，设空处内容与其下一句语义相反，结合选项，A 项意为“我不常用这本字典”，与下文衔接紧密。故选 A 项。此题属于推理判断题，考查学生理解句子之间、段落之间的逻辑关系的能力。

【参考答案】A

40.**【关键能力】**设空处上文提及 “To make dictionaries is dull (乏味) work(编写字典是一项枯燥的工作)”，下文却提及 “A few minutes spent casting your eye over a page or two can be a rewarding experience.(花几分钟时间浏览一两页纸，就能收获颇丰)”，由此可推测，设空处应填入表示转折的句子。结合选项，D 项意为“但是，字典也可以成为阅读的乐趣”，符合语境，起到承上启下的作用。故选 D 项。此题属于推理判断题和逻辑衔接题的双重考查，既考查学生理解句子之间、段落之间的逻辑关系的能力，又考查学生对文章连贯性、一致性等语段特征熟练把握的能力。

【参考答案】D

【例 2】(2024 年全国新课标Ⅰ卷，阅读 D 篇)

In the race to document the species on Earth before they go extinct, researchers and citizen scientists have collected billions of records. Today, most records of biodiversity are often in the form of photos, videos, and other digital records. Though they are useful for detecting shifts in the number and variety of species in an area, a new Stanford study has found that this type of record is not perfect.

“With the rise of technology it is easy for people to make observations of different species with the aid of a mobile application,” said Barnabas Daru, who is lead author of the study and assistant professor of biology in the Stanford School of Humanities and Sciences. “These observations now outnumber the primary data that comes from physical specimens (标本), and since we are increasingly using observational data to investigate how species are responding to global change, I wanted to know: Are they usable?”

Using a global dataset of 1.9 billion records of plants, insects, birds, and animals, Daru and his team tested how well these data represent actual global biodiversity patterns.

“We were particularly interested in exploring the aspects of sampling that tend to bias (使有偏差) data, like the greater likelihood of a citizen scientist to take a picture of a flowering plant instead of the grass right next to it.” said Daru.

Their study revealed that the large number of observation-only records did not lead to better global coverage. Moreover, these data are biased and favor certain regions, time periods, and species. This makes sense because the people who get observational biodiversity data on mobile devices are often citizen scientists recording their encounters with species in areas nearby. These data are also biased toward certain species with attractive or eye-catching features.

What can we do with the imperfect datasets of biodiversity?

"Quite a lot," Daru explained. "Biodiversity apps can use our study results to inform users of oversampled areas and lead them to places—and even species—that are not well-sampled. To improve the quality of observational data, biodiversity apps can also encourage users to have an expert confirm the identification of their uploaded image."

【语篇来源】本文节选自斯坦福大学网站 2023 年 5 月 1 日名为 *Comparison of specimens and field observations reveals biases in biodiversity data* 的文章。

【命题立意】

语篇类型	说明文。语篇长度 362＋122 个词
语篇结构	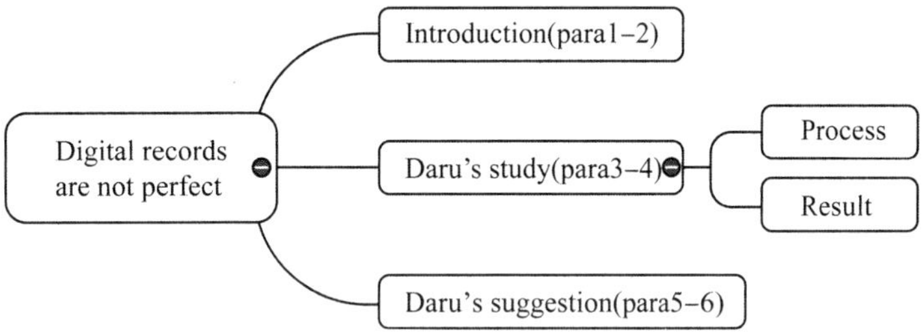

32. What do we know about the records of species collected now?

A. They are becoming outdated.

B. They are mostly in electronic form.

C. They are limited in number.

D. They are used for public exhibition.

【命题意图】本题是细节理解题，要求考生根据题干关键词回溯原文，进行定位。解读相关信息，突出考查信息识别和理解判断的能力。解答过程如下。

关键信息定位	同义转述和细节理解能力
根据题干信息，可将答案定位到第一段中的"Today, most records of biodiversity are often in the form of photos, videos and other digital records."可知，目前标本收集记录主要以电子版的形式为主。故选 B。	定位信息译为：大多数生物多样性的记录通常以照片视频和其他数字媒体形式。由此可知，目前标本收集记录主要以电子版的形式为主。in the form of photos, videos and other digital records 和 electronic form 同义转述

【参考答案】B

33. What does Daru's study focus on?

A. Threatened species.

B. Physical specimens.

C. Observational data.

D. Mobile applications.

【命题意图】本题是推理判断题，要求考生根据文章细节正确归纳理解 Daru 的研究内容，突出考查考生根据细节进行推理和归纳总结能力。解答过程如下。

关键信息定位	同义转述和细节理解能力
根据题干信息,可将答案定位到第二段“These observations now outnumber the primary data that comes from physical specimens(标本), and since we are increasingly using observational data to investigate how species are responding to global change, I wanted to know: Are they usable?”和第三段“Using a global dataset of 1.9 billion records of plants, insects, birds, and animals, Daru and his team tested how well these data represent actual global biodiversity patterns.”	定位信息分别译为:越来越多的使用观测数据来研究物种是如何对全球变化作出反应的,因此我认为这些数据的数量超过了来自实物标本的原始数据。我想知道它们可靠吗? 利用一个数据库,Daru 和他的团队测试了这些数据在多大程度上代表实际的全球生物多样性模式。 综上可知,Daru 的研究主要聚焦于这些观察性数据是不是可以代表实际的全球生物多样性背后的规律,因此,其研究聚焦点是观察性数据

【参考答案】C

34. What has led to the biases according to the study?

A. Mistakes in data analysis.

B. Poor quality of uploaded pictures.

C. Improper way of sampling.

D. Unreliable data collection devices.

【命题意图】本题是推理判断题,要求考生根据题干中的 biases 回溯原文,进行定位。解读相关信息得出结论,突出考查信息识别和理解判断的能力。解答过程如下。

关键信息定位	分析推理能力
根据题干信息,可将答案定位到第四段,本段主要介绍 Daru 的研究团队在探索公民科学家们(参与数据收集等的普通民众)在取样方面的偏差。结合第五段中的“these data are biased and favor certain regions, time periods, and species.”和“These data are also biased toward certain species with attractive or eye-catching features.”	定位信息分别译为:这些数据是有偏见的,偏向于某些地区、时间段和物种。 这些数据也偏向于某些具有吸引人或引人注目特征的物种。 由此可推知,公民科学家们采集的数据会更加偏向引人注目的特征,而忽略了不怎么引人注目的特征,所以公民科学家们的采样方式可能会有问题。sample 用作动词,意为采样、取样

【参考答案】C

35. What is Daru's suggestion for biodiversity apps?

A. Review data from certain areas.

B. Hire experts to check the records.

C. Confirm the identity of the users.

D. Give guidance to citizen scientists.

【命题意图】本题是推理判断题,要求考生根据题干中的 biodiversity apps 回溯原文,进行定位。解读相关信息得出结论,突出考查信息识别和理解判断的能力。解答过程如下:

关键信息定位	分析推理能力
根据题干信息,可将答案定位到最后一段"To improve the quality of observational data, biodiversity apps can also encourage users to have an expert confirm the identification of their uploaded image."	定位信息译为:为了提高观测数据的质量,生物多样性应用程序还可以鼓励用户让专家确认他们上传的图像的身份。由此推知,采样的用户可以征求专家意见,来核实他们上传图片的真实身份,即专家可以给公民科学家们一些指导

【参考答案】D

【例 3】(2023 年全国新课标Ⅰ卷,阅读 D 篇)

On March 7, 1907, the English statistician Francis Galton published a paper which illustrated what has come to be known as the"wisdom of crowds"effect. The experiment of estimation he conducted showed that in some cases, the average of a large number of independent estimates could be quite accurate.

This effect capitalizes on the fact that when people make errors, those errors aren't always the same. Some people will tend to overestimate, and some to underestimate. When enough of these errors are averaged together, they cancel each other out, resulting in a more accurate estimate. If people are similar and tend to make the same errors, then their errors won't cancel each other out. In more technical terms, the wisdom of crowds requires that people's estimates be independent. If for whatever reasons, people's errors become correlated or dependent, the accuracy of the estimate will go down.

But a new study led by Joaquin Navajas offered an interesting twist(转折)on this classic phenomenon. The key finding of the study was that when crowds were further divided into smaller groups that were allowed to have a discussion, the averages from these groups were more accurate than those from an equal number of independent individuals. For instance, the average obtained from the estimates of four discussion groups of five was significantly more accurate than the average obtained from 20 independent individuals.

In a follow-up study with 100 university students, the researchers tried to get a better sense of what the group members actually did in their discussion. Did they tend to go with those most confident about their estimates? Did they follow those least willing to change their minds? This happened some of the time, but it wasn't the dominant response. Most frequently, the groups reported that they"shared arguments and reasoned together" . Somehow, these arguments and reasoning resulted in a global reduction in error. Although the studies led by Navajas have limitations and many questions remain, the potential implications for group discussion and decision-making are enormous.

【语篇来源】https://www.npr.org/sections/13.7/2018/03/12/592868569/no-man-is-an-island-the-wisdom-of-deliberating-crowds.

【命题立意】

说明文。语篇长度 337+91 词。

【语篇结构】

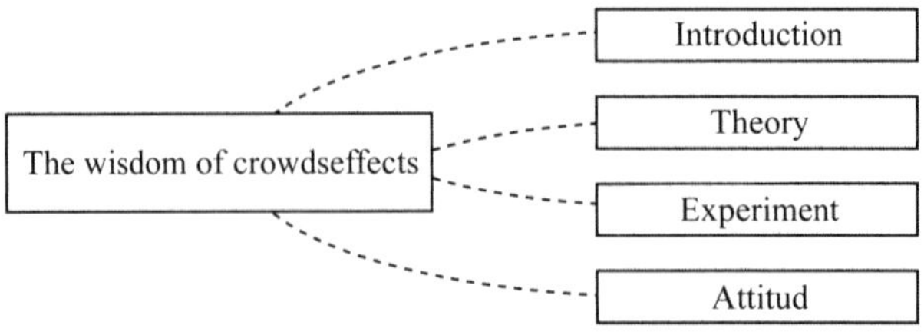

32. What is paragraph 2 of the text mainly about?

A. The methods of estimation. B. The underlying logic of the effect.

C. The causes of people's errors. D. The design of Galton's experiment.

【命题意图】本题是段落大意题，要求考生准确理解段落的大意并总结概括出段落大意，突出考查综合处理信息、逻辑推理的能力。

【关键能力】

关键信息定位	逻辑推理能力
根据题干信息，可将答案信息定位至第二段内容： "This effect capitalizes on the fact that when people make errors, those errors aren't always the same. Some people will tend to overestimate, and some to underestimate. When enough of these errors are averaged together, they cancel each other out, resulting in a more accurate estimate. If people are similar and tend to make the same errors, then their errors won't cancel each other out. In more technical terms, the wisdom of crowds requires that people's estimates be independent. If for whatever reasons, people's errors become correlated or dependent, the accuracy of the estimate will go down."	定位信息译为：这种效应利用了这样一个事实，即当人们犯错误时，这些错误并不总是相同的。有些人常常会高估，有些人则会低估。当这些误差中有足够多的误差被一起平均时，它们会相互抵消，从而产生更准确的估计。如果是相似的人，他们倾向于犯同样的错误，那么他们的错误不会相互抵消。从更专业的角度来说，群众的智慧要求人们的估计是独立的。如果由于任何原因，人们的错误变得相关或依赖，估计的准确性就会下降。 由以上信息可知，本段主要是讲这个效应是如何运行的，换句话说就是此效应的基本逻辑

【参考答案】B

33. Navajas'study found that the average accuracy could increase even if ________.

A. the crowds were relatively small B. there were occasional underestimates

C. individuals did not communicate D. estimates were not fully independent

【命题意图】本题是细节理解题，要求考生准确理解“群体效应”，突出考查信息识别和归纳推理的能力。

【关键能力】

关键信息定位	逻辑推理能力
根据题干信息，可将答案信息定位至文章第二段的"In more technical terms, the wisdom of crowds requires that people's estimates be independent."和第三段的"The key finding of the study was that when crowds were further divided into smaller groups that were allowed to have a discussion, the averages from these groups were more accurate than those from an equal number of independent individuals."	定位信息分别译为：从更专业的角度来说，群众 的智慧要求人们的估计是独立的。 这项研究的关键发现是，当人群被进一步划分为允许进行讨论的小组时，这些小组的平均值比同等数量的独立个体的平均值更准确。 由此可归纳得出，人们在没有独立评估的情况下，被分成更小群体时，平均值是更准确的，说明即使在估计数字并非完全独立的情况下，准确率提高也是可以做到的。A、B、C 都是无中生有，跟题干没有关系

【参考答案】D

34. What did the follow-up study focus on?

A. The size of the groups.　　B. The dominant members.

C. The discussion process.　　D. The individual estimates.

【命题意图】本题是推理判断题，要求学生理解文章最后一段的大意，结合全文推断出接下来的研究关注的焦点，突出考查学生根据已知信息进行合理推断的能力。

【关键能力】

关键信息定位	逻辑推理能力
根据题干信息，可将答案信息定位至第四段的"In a follow-up study with 100 university students, the researchers tried to get a better sense of what the group members actually did in their discussion. Did they tend to go with those most confident about their estimates? Did they follow those least willing to change their minds?"	由定位信息可知：在一项针对 100 名大学生的后续研究中，研究人员试图更好地了解小组成员在讨论中的实际行为。 接下来的两个问句"他们是否倾向于选择那些对自己的估计最有信心的人？他们追随那些最不愿意改变主意的人吗？"是对他们实际做了什么的例证，推出结论：后续研究的重点是小组内的讨论过程

【参考答案】C

35. What is the author's attitude toward Navajas' studies?

A. Unclear.　　B. Dismissive.　　C. Doubtful.　　D. Approving.

【命题意图】本题是理解作者态度的推理判断题，要求学生通过寻找观点态度的标志词，理解作者对于 Navajas' studies 展示的态度，突出考查理解判断以及排除干扰信息的能力。

【关键能力】

关键信息定位	逻辑推理能力
根据题干信息，可将答案信息定位至文章最后一段中的"Although the studies led by Navajas have limitations and many questions remain, the potential implications for group discussion and decision-making are enormous."	观点态度题主要考查学生对于标志性词语的理解，尤其是形容词，文本中用 Although 表示让步，点出仍存在问题，后面主句才是重点。由该句中 potential 和 enormous 都可以推断出作者对于 Navajas 的研究表示赞许和支持

【参考答案】D

3. 语言组织与表达

思维是语言的内涵,语言是思维的载体。语言组织与表达是指信息输入和认知加工之后的具体呈现,它同时也是一个人学科知识、专业素养、思维过程、逻辑论证的具体表现。语言组织与表达是指根据应对问题情境的需要,合理地组织、调动各种相关的知识与能力,准确传达信息并进行交流沟通。能够根据具体情境的不同,选用口语、书面语等不同语体并灵活转换。熟练运用图像、图表、图画表达思维、观点,借助口头语言、书写或绘图工具等表达抽象的概念。语言表达同时也是一个人学科知识、专业素养、思维过程、逻辑论证的具体表现,语言表达考查学生能够运用规范和富有逻辑性的语言进行清晰、有条理的书面表达,能够准确地运用学科术语表达抽象的概念和学科知识。

语言表达考查学生能够运用规范和富有逻辑性的语言进行清晰、有条理的书面表达,能够准确地运用学科术语表达抽象的概念和学科知识。可以说,语言组织与表达是思维世界的具体呈现,也是高考"无思维,不命题"最直接的体现。语言组织与表达一般包括以下几个要素:核心概念、逻辑推理与论证的过程、事实证据、观点与结论、专业的术语或符号等。

英语写作部分,考生需要综合运用科学的思维方法,全面调动本学科所有知识与能力甚至涉及其他学科的常识性知识(如中华优秀传统文化、国画知识等),高质量地应对生活实践或学习探索中的复杂问题情境。书面表达试题包括信件、邮件、通知等应用文写作,也包括根据要点或图表写短文等。新高考试卷还增设阅读一篇300字以上的短文后续写两段文字的题型,对书面表达能力提出了更高的要求。写作部分要求考生准确使用语法和词汇,运用一定的句型清楚连贯地表达自己的思想。注重学科关键能力考查旨在引导学生通过听、说、读、看、写等不同的英语学习方式和实践活动,灵活运用所学语言知识,不断提高语言运用能力。

【例1】(2024年全国新课标Ⅰ&Ⅱ卷,应用文写作)

假定你是李华,上周五你们班在公园上了一堂美术课。请你给英国朋友Chris写一封邮件分享这次经历,内容包括:

1. 你完成的作品;

2. 你的感想。

注意:

1. 写作词数应为80个左右;

2. 请按如下格式在答题纸的相应位置作答。

Dear Chris,

I'm writing to share with you an art class I had in a park last Friday.

Yours,

Li Hua

【命题立意】

该题涉及的是一篇与外国朋友分享在公园上美术课的经历的邮件。情景设置贴近学生日常生活，题目融合"走向自然"（公园背景）和"美育培养"（美术课），既给考生限定了写作的两个方面——介绍完成的作品和自己的感想，同时在这两方面，考生又有足够的发挥空间，作品内容可以是风景也可以是人物，感想与作品内容保持一致，充分体现了"五育"并举的时代背景及新高考对应用性和创新性的要求，在题目情境创新的同时也保证了考生有话可写，有空间可探索。其核心价值在于融美育于语言运用表达，培养学生感受美、鉴赏美、表达美的能力。应用文写作要求考生运用丰富多样的词汇表达、熟练使用高级语法结构、合理规划语篇结构，形成一篇达到语用目的的应用文。这就要求考生在写作之前要构思好整体结构，合理安排要点在文章中的布局。

【思维过程及常用句式】

1. 类型：活动介绍类邮件
2. 人称：第一人称
3. 时态：以一般过去时为主
4. 谋篇：

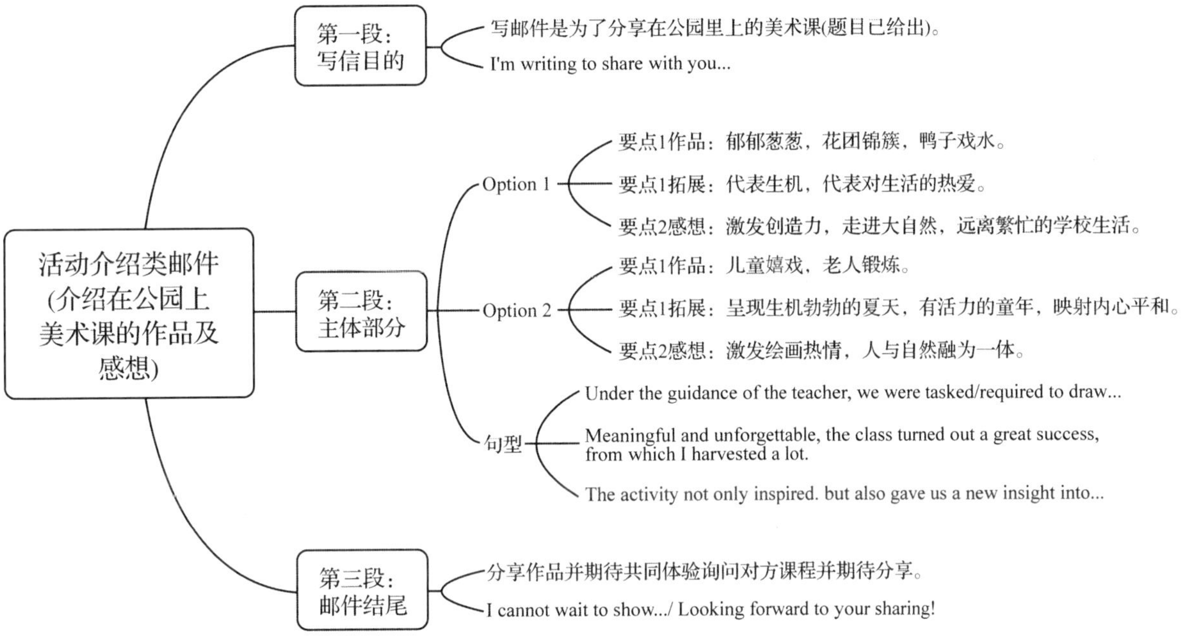

【例 2】（2024 年全国新高考 I& II 卷，读后续写）

I met Gunter on a cold, wet and unforgettable evening in September. I had planned to fly to Vienna and take a bus to Prague for a conference. Due to a big storm, my flight had been delayed by an hour and a half. I touched down in Vienna just 30 minutes before the departure of the last bus to Prague. The moment I got off the plane, I ran like crazy through the airport building and jumped into the first taxi on the rank without a second thought.

That was when I met Gunter. I told him where I was going, but he said he hadn't heard of the bus station. I thought my pronunciation was the problem, so I explained again more slowly, but he still looked confused. When I was about to give up, Gunter fished out his little phone and rang up a friend. After a heated discussion that lasted for what seemed like a century, Gunter put his phone down and started the car.

Finally, with just two minutes to spare we rolled into the bus station. Thankfully, there was a long queue (队列) still waiting to board the bus. Gunter parked the taxi behind the bus, turned around, and looked at me with a big smile on his face. "We made it," he said.

Just then I realised that I had zero cash in my wallet. I flashed him an apologetic smile as I pulled out my Portuguese bankcard. He tried it several times, but the card machine just did not play along. A feeling of helplessness washed over me as I saw the bus queue thinning out.

At this moment, Gunter pointed towards the waiting hall of the bus station. There, at the entrance, was a cash machine. I jumped out of the car, made a mad run for the machine, and popped my card in, only to read the message: "Out of order. Sorry."

注意:

1. 续写词数应为150个左右;

2. 请按如下格式在答题卡的相应位置作答。

I ran back to Gunter and told him the bad news.

Four days later, when I was back in Vienna, I called Gunter as promised.

【命题立意】

英语通过设置特定的情境任务和写作要求,考查学生运用所学语言知识描述解释现象的能力,新高考英语试卷启用读写结合的短文续写新题型,加强对英语语言组织与表达能力的考查。读后续写是一种将阅读与写作紧密结合的考查形式,旨在考查学生的综合语言运用能力。与应用文不同,读后续写除了要求学生掌握丰富的词汇和句式外,还注重学生的内容构思和情节衔接的能力。读后续写所需阅读的短文在350个词以内,多以记叙文中故事类文章或者夹叙夹议类文章为主,故事情节曲折、有起伏,但是故事线索的逻辑性比较强。

【思维过程】

1. 人称:第一人称和第三人称并用

2. 时态:一般过去时

3. 写作思路:

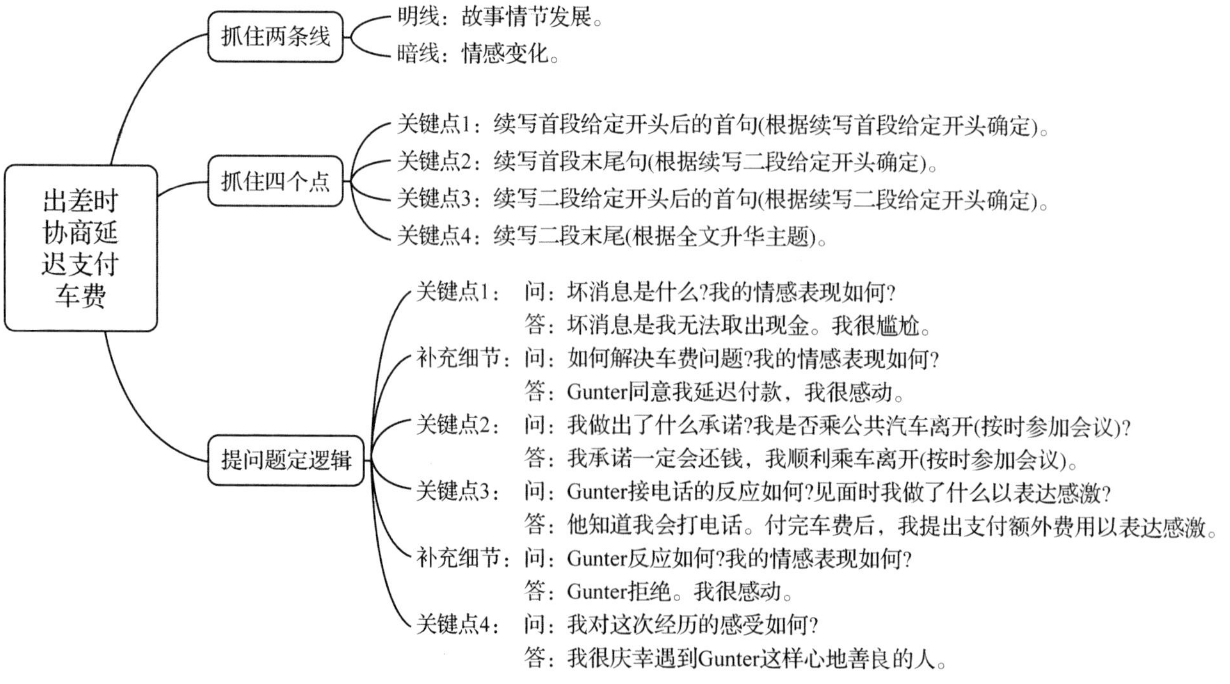

4. 批判性思维能力

发展学生批判性思维有利于学生在学习中慎重鉴别、筛选和运用纷繁复杂的信息，保持客观而深刻的认识，敢于挑战固有观念或权威结论，是学生形成独立人格的前提，也是学生自主创新的基础。[①] 批判性思维是科学思维和理性思维的重要构成要件，是创新人才培养不可或缺的前提。批判性思维属于高阶思维能力，考查学生在面对各种复杂问题时运用已有知识进行审慎思考、分析推理、实证验证等方面的能力。批判性思维以探究和创新为导向，以理性和开放精神为核心。具体来讲，批判性思维是一种自觉通过质疑、查证和推理考查论证的合理性从而决定信什么和做什么的思维。一个完整的批判性思维过程包括理解主题论点、分析论证结构、澄清观念意义、审查理由质量、评价推理关系、挖掘隐含假设、考察替代论证、综合组织论证等步骤或要素。批判性思维与创新思维要求学生具有独立思考的能力，能够自觉运用分析推理、逻辑论证、甄别加工等方法，使用可靠的证据，得出自己的观点，解决实际问题。对于高考试题而言，批判性思维考查形式一般表现为：澄清相关概念、独立提出问题、评估证据与理由、揭示隐含前提、开放与竞争性结论、寻求多种解决方法、构造替代论证、阐释或评估可能的后果等。概括来讲，批判性思维以质疑和提出问题为起点，以获取证据、进行分析推理为过程，以得出有说服力的结论为结果。心智开放、独立思考、敢于质疑是批判性思维的必备品质，训练有素的逻辑推理与论证分析能力以及高水平的证据获取、评估与运用能力是批判性思维的必备技能。

高考英语试题高度重视批判性思维与创新思维的考查，强调思维的逻辑性、批判性和创新性。各套英语试卷阅读理解部分的多数试题着重考查推断、归纳、概括、探究、开放等批判性思维高阶能力。2022 年全国卷阅读理解中有 50%以上的试题考查推断、归纳和概括等高阶阅读理解能力。从主题来看，阅读理解部分选取如何避免食物浪费的讨论、悉尼新旧文化冲突、新媒体对家庭教育和生活的影响、英国征收糖税政策的起因和效果等语篇，以夹叙夹议的方式，启发学生运用批判性思维深入思考语篇的主旨要义和思想内涵。2023 年高考英语试题加强批判性思维考查，强调思维的逻辑性、批判性和创新性。试卷阅读部分选取了数字生活理念、都市生活环境中体味自然、灰熊与人类和谐共存方式以及从历史文物中客观认识历史的全貌等语篇。这些语篇启发考生批判性地思考文章的主旨要义和思想内涵，要求学生通过观察、判断、分析、推理、独立思考等方面的能力运用，对文章的论点、作者的观点、作者的态度以及中外文化异同等进行评估和判断，引导学生的批判性思维能力发展。写作部分包括续写题型考查考生在给定的情境中运用相关常识、经验、思想和语言知识进行有效的文字表达、完成特定的写作任务的能力。这些要求考生不断假设、尝试、验证自己的语言表达，且对学生有效得出自己的观点并紧守已有的证据提出了较高的要求，是运用批判性思维与创新思维能力的典型表现。2024 年高考英语试题联系生活实际，加强对批判性思维能力的考查。全国卷通过选取具有探讨价值的语篇，如纸质阅读与数字阅读（可视化学习）的研究成果、现代生物采样数据的科学性、人工智能设计：与人工智能共生的计划、如何应对过度旅游等语篇启发考生运用批判性思维与创新思维深入思考。通过设置推理判断、主旨大意归纳、观点态度辨析等各类高阶思维

---

① 王宁，曹宗祺. 普通高中语文课程标准解读. 北京：高等教育出版社，2020：39.

类试题充分引导考生调动批判性思维与创新思维,根据语篇内容进行逻辑推理论证,通过归纳和概括等作出回答。考生在分析理解文章观点、作者意图和情感态度的过程和积累中,不断思考中外文化异同,引导多元思维和批判性思维习惯的养成。

四、情境载体串联线与英语命题实践

英语试题中,阅读理解部分在贯彻情境创新方面尤为重要。近年来高考英语全国卷命题依据普通高中英语课程标准和高考评价体系,落实立德树人根本任务,进一步深化对考生德智体美劳全面发展的引导,强调关键能力的考查,引导教学回归教材,稳步推进高考考试内容改革,充分发挥高考的育人功能和积极的导向作用。

1. 语篇取材期刊化趋势明显

英语科考试语篇多从英语国家的正规和权威媒体、政府官方网站中选取,语篇地道,围绕人与自我、人与社会、人与自然三大主题语境展开,题材与时代精神契合。所选语篇体裁和题材丰富,具有很强的思想性。试题起到了引导考生关注国计民生、关注身边人、关注身边事的作用。2024 年新课标Ⅱ卷 D 篇介绍了 Catriona Campbell 的新书《人工智能设计:与人工智能共生的计划》,分析了当前 AI 的发展趋势和即将到来的 AI 革命,呼吁人们共同面对,技术公司和世界领袖应与 AI 专家们达成共识、携手共进。其核心价值在于引导学生对人工智能技术的快速发展进行辩证思考,强调在享受人工智能带来的便利的同时,重视其对人类可能造成的负面影响,确保人类能够控制人工智能的发展。2023 年新课标Ⅰ卷阅读 D 篇选自美国国家公共电台发表于 2018 年 3 月 12 日标题为"No Man Is An Island: The Wisdom Of Deliberating Crowds"的文章。该语篇类型为议论文,涉及"人与社会"主题下"社会服务与人际沟通"主题群。主要从多个角度探讨集体智慧,指出群体讨论的结果比个人思考的结果更准确。核心价值在于通过对语篇的阅读和思考,启发考生在判断和做决定时利用群体力量进行理性分析,以使自己少走弯路,少犯错误。2022 年新高考Ⅰ卷阅读理解 B 篇,选自 *National Geographic*(《美国国家地理》)2016 年 3 月刊。该语篇类型为说明文。主题语境既涉及"人与自我"主题下的"做人与做事"又涉及"人与自然"主题下的"人类生存、社会发展与环境的关系"主题群。作者通过自己浪费芝麻菜的例子引出食物浪费的主题,进而呼吁大家减少食物浪费。

2. 语篇设问情境不断创新

2024 年新课标Ⅰ卷阅读 D 篇选取的语篇探究市民科学家使用移动应用程序收集的生物样本数据在生物学研究中的可用性,指出实证研究发现的问题并提出提高数据有效性的措施。基于语篇命制的四道试题循着"了解现状—聚焦问题—分析原因—提出建议"的逻辑进行设计,考查学生能否准确理解每个环节的关键内容,引导学生培养科学探究精神,合理运用逻辑思维和批判思维方法,提升发现问题、分析问题、解决问题的能力。新课标Ⅰ卷阅读 D 篇选取的语篇探讨分析 AI 的发展趋势和即将到来的 AI 革命,呼吁技术公司和世界领袖与 AI 专家达成共识,共同面对、携手共进。试题聚焦推断理解词组意义、提炼概括关键信息、分析段落大意、总结归纳作者意图,深入考查分析、概括、推断等多种思维能力,引导学生思考人与社会发展中的问题,承担社会责任,树立人类命运共同体意识。

2024年新课标Ⅰ&Ⅱ卷应用文写作，主题内容是分享在公园上美术课的经历的邮件。2024年全国甲卷应用文写作，围绕“中国交通发展”主题撰写课堂展示发言稿以及解决旅途中遇到的问题等。试题为开放式书面表达，要求考生准确使用语法和词汇，运用一定句型清楚、连贯地描述。学生需要创造性地表达自己的观点和想法，以此培养学生的思辨能力和创新能力。主题贴近学生学习和生活，让学生容易理解、有话可写，有利于学生充分展现书面表达能力。英语试题通过对基础知识和基本技能的考查，引导高中教学回归课堂，落实课标要求，扎实开展教学，重视日常积累，夯实语言能力基础。

2023年全国甲卷应用文写作，主题内容是学校举办以“用英文讲中国故事”为主题的征文活动，要求考生以一位中国历史人物为题写一篇短文投稿。试题为开放式书面表达，要求考生准确使用语法和词汇，运用一定句型清楚、连贯地描述历史人物及事迹、意义或启示。学生需要创造性地表达自己的观点和想法，以此培养学生的思辨能力和创新能力。同时，通过中国故事讲述历史人物，引导学生了解中国历史，树立正确的价值观，对学生产生极大的教育意义和引领作用。试题通过融入中华优秀传统文化和社会主义先进文化，弘扬爱国主义，引导学生坚定理想信念、增强文化自信。2023年全国乙卷应用文写作，主题内容是向学校英文报投稿，描述并分享自己在假期中学到新技能的经历、体验和感受。试题设置的写作情境是，考生以向学校英文报投稿的方式用英语描述学习一项新技能的经历及从中获得的体验和感受。其核心价值在于在培养学生语言表达能力的同时，强调对学生语言应用能力和创新能力的培养，引导考生在深入思考和表达自己观点的同时，准确使用语法和词汇，运用一定句型清楚、连贯和创造性地表达自己的观点和想法。

五、高考英语命题中的必备知识考查

英语科的必备知识，既包括语言知识，又包括文化知识。语言知识不仅包括语音、词汇和语法知识，也包括语篇和语用知识。语篇知识通常是关于语篇是如何构成、语篇是如何表达意义的、人们在交流中如何使用语篇的知识；语用知识是指在特定语境中如何准确理解他人、如何得体表达自己的知识。

文化知识既包括外国文化知识，又包括中国文化知识。外国文化知识不仅包括英语国家的文化知识，也包括非英语国家的文化知识；中国文化不仅包括中华优秀传统文化的知识，也包括革命文化、社会主义先进文化的知识。英语新高考对必备知识的考查主要是通过稳定试卷结构和试题难度、不断提升命题质量来实现的。在稳定试卷结构方面，稳定维持多年的由听力、阅读理解、语言知识运用和写作四部分组成的试卷结构。针对高考综合改革省份实施《英语课程标准》的不同进度，分别命制适用于新旧课程标准的不同种类和不同版本的试卷，精准匹配各高考综合改革省份的高中英语教学实际情况和学生水平，从而保证了对必备知识的考查不超标。在控制试卷难度方面，各套试题采用篇章材料的难度与往年基本持平，试题难易搭配合理，试卷中各难度层级试题比例稳定。

听力部分主要考查学生能否听懂日常交际和学习场景中的简短对话或独白，考查的微技能包括在理解对话或独白内容的基础上结合交际情境获取具体信息、理解主旨要义、进行简单推断等;阅读部分主要考查学生能否读懂各种类型和不同主题的简短语篇,考查的微技能包括在理解语篇主要内容的基础上获取具体信息、概括主旨要义、辨析观点或态度、识别作者目的、进行逻辑推断等;语言运用部分主要考查学生在阅读理解基础上准确运用词汇和语法结构的能力;写作部分主要包括应用文写作和读后续写两种题型,前者考查学生运用书面语言完成日常交际任务的能力,后者考查学生在阅读理解原文的基础上发挥想象力,合理创造内容并进行准确、连贯表达的能力。

2024 年各套试卷均以语篇为基础设计试题,所选材料体裁多样、题材丰富。在体裁方面,听力部分包括日常对话、主持发言、通知报告等,阅读、语言运用写作部分包括应用文、记叙文、说明文、新闻报道、议论文等。在题材方面,全国甲卷主要涉及哈佛社区的 ARTS FIRST 艺术节、了解猫的行为、提供医疗服务的圣卢卡斯火车、谈论文学作品的最佳结局、适度饮食、听奶奶讲儿时的故事等,新课标Ⅰ卷主要涉及环保志愿者招募学习中医为动物治病、多媒体材料用于学习的效果、生物多样性数据的可用性、英语词典使用及设定适合自己的目标等,新课标Ⅱ卷主要涉及秋季徒步健身活动、公交系统提供短篇故事打印服务、高科技微型农场、人工智能与未来发展、如何缓解过度旅游问题等。相关材料和语篇全部选自英文原版书籍、报纸、期刊等,内容丰富、语言地道,试题设计科学规范、简洁明了,有利于保障考试效度和公平性。

六、高考评价体系下的英语命题展望

落实立德树人根本任务,服务高校人才选拔、服务引导高中教学、服务拔尖创新人才培养,是理解和把握本轮高考综合改革和命题改革的核心要旨,也是理解和把握高考评价体系命题理念的关键抓手。新高考综合改革背景下的高考命题遵照"价值引领、素养导向、能力为重、知识为基"的命制要求,考查内容上不再只是针对学生拥有知识的多少及深浅进行考查,而是在价值引领和必备知识的基础上,突出对关键能力、思维品质和学科素养的考查,服务人才自主培养质量提升,引导拔尖创新人才培养培育。这是新高考区别于老高考最大的地方,也是我们准确把握和有效应对新高考的关键所在。结合近年来的高考命题实践以及前文的政策分析可知,高考英语命题将呈现以下特点或趋势。

1. 以《课程标准》和《中国高考评价体系》为命题依据

课程标准和高考评价体系是高考试题命制的基本依据和核心指南。这就需要我们深刻理解和认识高考的核心功能,准确把握高考的考查内容和考查要求,落实立德树人根本任务,坚持学科素养导向,强化"价值引领、素养导向、能力为重、知识为基"的多维考查模式,实现从"考知识技能"向"考能力素养"的转变,实现从"解题"向"解决问题"的转变。深刻理解和把握课程标准基本要求,贯彻高考评价体系命题理念,加强考教衔接,实现以考促教,积极改进课堂教学,提高课堂质量和备考效率,有效应对高考综合改革。

2. 紧扣"三线"逻辑,坚持命题四项原则,重点考查五大关键能力

高考命题将继续落实立德树人的基本任务,加强价值引领,引导学生德智体美劳全面发展;坚持素养导向,着重考查关键能力,服务拔尖创新人才培养和人才自主培养质量提升;进一步优化情境创设,加大试题的开放性、探究性和创新性,注重学用结合,强化思维品质考查。

“核心价值金线”“能力素养银线”“情境载体串联线”是高考命题的逻辑主线，这在过去几年的高考命题中得到了充分体现，也将是未来高考命题遵循的基本方向。以“三线”为基础，高考命题坚持“无价值，不入题；无思维，不命题；无情境，不成题；无任务，不立题”的命题原则，其中“无价值，不入题”是指高考紧扣时代主题与时代精神，加强对学生理想信念、道德品质、奋斗精神、爱国情怀等方面的引导和考查，将立德树人融入高考试题中。“无思维，不命题”是指高考突出对学生关键能力、思维过程和思维品质的考查要求。“无情境，不成题”是指紧密结合社会热点问题、经济社会发展成就、科学技术进步、生产生活实际等创设真实情境，考查学生灵活运用所学知识方法解决实际问题的能力。“无任务，不立题”坚持问题导向和任务驱动，以解决实际问题和学科任务为考查目标，要求学生运用所学知识、调动关键能力，寻找解决问题的方案。在关键能力方面，高考命题将注重对信息获取与加工、逻辑推理与论证、批判性思维与辩证思维、语言组织与表达等方面的考查。高考试题要通过特定的任务驱动和情境创设，增强试题的开放性、探究性和创新性，考查学生灵活运用所学知识、调动关键能力发现问题、分析问题和解决问题的综合品质。

3. 强化思维品质考查，引导思维过程化、可视化和规范化

思维品质是人才培养质量提升和拔尖创新人才培养的关键指标和核心要素。本轮高考综合改革将对学生思维品质的考查要求提到了前所未有的高度，明确将考查重点放在学生的思维品质以及综合运用所学知识发现问题、分析问题和解决问题的能力上。在思维品质考查形式上，主要包括思维可视化、思维过程化和思维规范化三个方面。思维可视化是指要将思维包括过程、方法和技能清晰准确地呈现出来，让思维看得见。思维过程化是指要对思维能力尤其是思维过程进行分解，严格界定思维的过程形式、关键方法与构成要素，让思维成为学习、可操作性的实在之物。思维规范化是思维品质的核心构成，要求思维必须是专业的、准确的和规范的，而非混乱的乃至错误的。思维品质在近年来的高考命题中得到了越来越 多的重视，思维可视化、过程化和规范化是思维品质考查的具体形式。我们要通过可视化、过程化和规范化的训练来提高学生思维品质，有效应对高考综合改革，提升人才自主培养质量。

4. 坚持稳中求进，加大试题区分度，增强高考选拔功能

一方面，保持高考命题整体平稳，科学设计试题试卷难度，在考试内容覆盖上保持平衡，在命题素材选择上保持平实，在试题设问上保持平和，在试卷结构设计上保持平稳。另一方面，高考改变相对固化的试题形式，科学设计试题设问，优化试题呈现方式，降低学生死记硬背和机械刷题的收益，进一步加大对关键能力、学科素养和思维品质的考查力度，不断增强试题的开放性、探究性和创新性，加大试题的区分度，注重培养学生创新精神，让那些具有科学精神、创新能力和批判性思维的学生脱颖而出，更好实现高考的选拔功能，服务人才自主培养质量提升和拔尖创新人才培养培育。落实课程标准要求，进一步加强考教衔接，以考促教，对基础教育发挥良好导向作用。

5. 高考英语各类题型的命题趋势判断

(1)听力。

①听力材料的选择。听力试题语料的选择越来越贴近学生的生活实际，话题覆盖面越来

越广,实际生活场景频现,涉及衣、食、住、行、工作、学习、天气、生活环境、体育运动及身体健康等;选择的听力素材充满正能量,充分体现高考评价体系立德树人的根本要求,日常生活中的乐于助人、互相关心、消除焦虑等在听力素材中体现得淋漓尽致。类似听力话题的选择对于引导学生关注国计民生,关注身边人、关注身边事、关注日常生活中的英语表达和使用具有非常积极的作用。

②听力试题的命制。通过对近几年的试题分析,我们可以看出,听力中的高阶思维类题目占比有上升的趋势。新高考听力试题的命题有几个明显趋势。一是试题材料注意话题选择的适切度和语篇的语言难度。命题遵循课程标准要求,2024 年高考听力的录音材料既涵盖学生十分熟悉的日常话题,也包括一些具有挑战性的话题。听力部分设置日常对话,电话访谈,专题讨论,主持发言,通知报告等常见场景,话题包括机场送朋友、谈论一首歌曲、和朋友相约艺术展、谈论天气、采访家庭菜园博主等,易于学生带入情境、理解材料。二是主播沿用了学生较为熟悉的美式语音,但连读、吞音较多,一定程度上增加了理解难度,同时语速比往年有所加快。三是坚持重要信息点语义替换的原则设置选项,推断题数量和往年相比有所增加。四是继续体现熟词生义或者文化意识差异的区分选拔功能。五是试题按照由易到难的顺序排列,学生比较熟悉的生活实践类简短材料首先出现,学生相对不熟悉的学习探索类情境长篇材料排在后面,这样的梯度排列有利于学生充分发挥自己的水平。

(2)阅读。

①语篇选材与情境创设。高考英语语篇选择的外刊化趋势越来越明显。如《纽约时报》《经济学人》等是高考题选材的常见来源,非主流类的外媒、外网近年也特别受关注,除此之外,我国国际资讯门户网站《中国日报》的文章也应是广大考生课外阅读的关注重点。总之高考题语篇选材方面,地道的、外国本土化的,原汁原味的语篇选择是必由之路,具体语篇情境选择则是依据高考评价体系和新课程标准中的三大主题语境,其中体现核心价值的,具有中国情怀和国际视野的文章大受命题者青睐。

②试题的立德树人和“五育”并举育人功能。坚持立德树人,作为连接基础教育和高等教育的关键环节,高考必须全面贯彻党的教育方针和全国教育大会精神。高考试题的选材和题目设置也充分体现了立德树人根本任务,试题中不乏有关诚信赴约、人工智能设计及设定适合自己的目标等的素材和语篇。坚持“五育”并举,全面发展素质教育,高考题中关于体育、美育、劳动的话题频频出现,这些语篇和话题的呈现对于引导考生关注“五育”并举具有非常重要的作用。

③关注文化,融入中国元素,培养文化意识。近几年的高考试题有越来越多的语篇涉及文化。尤其是中国传统文化。2024 年全国甲卷写作第二节设置英语课堂展示发言的情境,要求考生根据共享单车、新能源汽车和高铁的三幅图画,完成题目为“中国交通发展”的发言稿,引导学生关注我国经济社会的发展变化,增强国家富强、民族复兴的自豪感和自信心。2024 年新课标Ⅰ卷读后续写题选取的语篇讲述作者出差途经维也纳,由于没有现金、刷卡机无法使用、取款机故障等原因无法支付出租车费,与出租车司机协商解决问题的故事,语篇内容和所提供的段落开头句提示学生循着信任他人与遵守诺言的思路进行续写,引导学生培养诚实守信的美好品德。2023 年的高考题中有关于中华美食小笼包的美妙滋味与制作过程、首都北京

悠久的城市历史的语篇；再如有关中国历史上的女医生、华人体操教练、大熊猫等中国元素及相关知识等的语篇。另外，对传统文化的宣传已成为应用文写作的常用话题，如2023年全国甲卷书面表达题设置的情境是，学校举办以“用英文讲中国故事”为主题的征文活动，要求学生以一位中国历史人物为题写一篇短文投稿，这些趋势和表现都体现出了我们的文化自信，高考题的引导作用将成为培养学生文化意识的重要工具。

④阅读试题的命制。通过对近几年高考试题的分析可知，阅读理解题目的设置都旨在考查语篇的关键因素，题目的设计以帮助考生进一步理解语篇为目的，题目以考查考生对语篇的基本信息理解为主，但也有意识加大对考生高阶思维能力的考查。对关键能力的考查并非都是难题，而是呈现出一定的合理布局。这主要体现在语篇材料的难度、试题本身的难度、题目类型的搭配、考点的呈现顺序等方面。因此，今后对阅读理解能力的考查可能会有如下趋势：一是主题语篇继续围绕三大主题选择，话题丰富，视角新颖，包括社会美德、前沿科技、自立合作、家国情怀等内容；二是语篇类型继续呈现多样化，涵盖应用文、记叙文、说明文和议论文四大不同类型的文体，以及多种形式的语篇；三是不同难度的试题比例将相对稳定，强调读懂文章基本内容以及掌握具体细节信息的能力，部分阅读试题围绕理解语篇深层结构、分析上下文逻辑衔接、识别作者态度和写作目的进行深入考查；四是问题的设问方式将更加巧妙，干扰项的设置方式将更加优化（语义替换与问题突破）；五是各个具体题目的命题质量将持续提升并不断创新。七选五的选材以说明文为主，话题与生活息息相关，体现较强的实际应用性，能真实培养考生的生活技能和综合素质，关注情感价值的培养。七选五的命题方式和考查方式历年比较稳定，都是关注考查语篇结构，重视语篇分析，从影响语篇走向的关键角度考查考生对语篇的理解。从考点分布来看，段首句、段中句和段尾句均有涉及。考生需要了解句间关系的类型，如并列、对应、承接、重复、转折、解释和因果等。

(3)语言运用。

①语言运用试题特点。语言运用包括完形填空和语法填空两部分。高考完形填空题材多元化，遵循“文章内容体现生活化”的原则，传递正能量，考查考生在语境中灵活运用语言知识的能力，以及根据试题内容进行正确逻辑推理、综合判断和分析概括等阅读理解能力。完形填空的考查重点近年来都维持了稳定，主要考查实词在具体语境中的意义辨析，语篇素材在进行取舍、处理、打磨时，注意保留语言文字的地道性、信息的完整性及内容的丰富性。

语法填空部分语篇类型多为说明文或记叙文，语篇长度在200个词左右。选材方面语法填空侧重在语境中检测学生对中华优秀文化的认识与理解，培养学生讲好中国故事的意识和能力，今年的语法填空在延续这一原则的基础上，从“向世界介绍中国文化”转向“从世界角度感知中国文化的影响”，更好地引导学生在跨文化交流学习中增进国际理解，推动世界文明共同发展，试题选材体现良好的开放性和创新性。本部分以考查英语科必备知识为主，考查的不仅是考生词汇、语法等基本语言功底，还渗透着对考生的思维品质和学习能力、文化意识等学科核心素养的考查。语法填空题型的设置旨在对考生英语科的必备知识进行考查，引导相关人员注重教学，重视教材，重视教考衔接，夯实考生学习基础。

②语言运用试题命制。完形填空结合文意考查对词语用法的掌握，降低了对单词本身词

义的考查要求,将考查的重点放在理解全文、通篇考虑、掌握大意、注重关联方面。文中一般没有生僻词,语言简单,长句不多;对熟词生义、一词多义进行适度考查;从词义辨析的角度来看,大部分题目都可以利用较小的语境和词汇的辨析来解决;从词汇难度来看,初中所学词汇占据大半,即便是高中阶段所学的词汇,也基本在必修范围之内;聚焦完形填空核心考点——逻辑推理,对综合判断和分析概括能力等进行考查。从命题趋势看,语法填空“6+4”和“7+3”的格式将并存。考查要点依然是高中阶段的主要语法项目,如动词的时态语态,非谓语动词,动词和名词的转化,名词性从句,定语从句中的关系词、形容词与副词词形间的转化,冠词,代词,介词,连词等。但是,考查形式依然注重在语境中的基本形式、基本概念和基本用法,不追求偏、难、繁、旧的考查。要特别强调基础知识的灵活运用。如2024新课标Ⅰ卷第60题walk(*v.*带着……走过)与62题favourite(可数名词,此处需要复数形式)属于常见词汇,但考查的含义与用法较为灵活,语境中的such as以及后文The garden also contains a winding path that guides visitors through the twelve regions of the Silk Road对解答这两个题目有一定的提示性。考点灵活地依托语境进行设计,有良好的区分度。

(4)写作。

①应用文写作。应用文写作旨在考查学生对语言知识的实际应用能力,其最突出的特点是实用性,客观反映出考生在实践探索中的操作运用能力、语言表达能力和创新思维能力体现出交际素养和思辨素养。应用文命题的问题情境设置越来越接近真实交际,贴近考生日常生活和学习,突出“五育并举,立德树人”的方向,弘扬中华优秀传统文化,增强文化自信。同时,让学生容易理解,有话可写,有利于充分展现书面表达能力。应用文体裁形式更加灵活多变,创新性强,明显地体现了设题的应用性、创新性、基础性和综合性相结合的特点,更加系统地实现了高考评价体系的落地实施。

②读后续写。读后续写题型的频繁出现,是全国新高考改革的一个重要表现。本题型旨在引导学生在跨文化学习和交流过程中充分发挥综合语言运用能力,理解意义、传递信息,表达个人情感和观点,解决实际问题。2024年新课标Ⅰ卷读后续写题综合考查读+写的语言技能,有关陌生人互帮互助的主题设计引导学生结合自身经历进行合理想象,充分发挥创新能力。通过设计综合性的试题和情境,考查学生分析问题,解决问题的能力,引导学生丰富知识积累,协同发展各项语言技能,提升学习能力,以发展英语科核心素养为目标,不断提升综合语言运用能力读后续写。这一题型集中考查考生以下四个能力。1)把握短文关键信息和语言特点的能力。考生需要了解所给短文的主要内容,清楚其关键词和语言结构的使用情况,并通过续写短文表现出来。2)语言运用的准确性和丰富性。考生能准确、恰当地使用所学词汇和语言结构,还能够根据内容需要使用较多、较复杂的词汇和语言结构。3)对语篇结构的把控能力。考生需要掌握上下文逻辑关系,所续写的短文与所给短文及段落开头语之间要有连贯性,所续写的短文的语句要连贯、有序。4)创造性思维能力。考生所续写的短文要具有较丰富的内容,包含详细而生动的情境、态度和感情描述。

③概要写作。概要写作也是需要特别注意的考查方向。概要写作是2015年8月教育部考试中心发布的《普通高等学校招生全国统一考试英语科考试说明》(高考综合改革试验省份

适用)(第一版)中提出的全新写作题型,于 2018 年 11 月首次在浙江高考英语试卷中使用。概要写作对考生的如下方面提出了要求。1)提升阅读能力,在进行概要写作时,考生应注重使用科学的阅读策略,先通读文章理解文章大意,然后细读每段,厘清段与段之间的关系以及各段的主要信息,为后面的信息整合与改写打好基础。2)夯实语言基础,阅读完文本,厘清文章大意与各段核心意思之后,考生需对文本进行改写,尽可能用简短的语言阐述文章的核心意思,这需要考生有扎实的语言基础。3)优化思维品质,阅读文本、整合及再述文本主要信息的过程中,需要进行分析、概括、比较、创新等思维活动,因此对考生的思维能力提出了更高的要求。

④短文改错。以考查必备知识为基础,重点考查关键能力。短文改错题属于综合能力测试题型,是集语法与语言技能为一体的综合性英语试题。短文改错题要求学生在理解短文的基础上,根据上下文的逻辑关系对文中的错误作出判断,并进行纠正,这接近真实的"写作"活动中的"校正"环节。其目的在于检测学生在语篇中正确使用词汇和语法以及发现、判断、纠正语篇中的错误的能力,进而考查学生综合运用英语的能力。近三年的短文改错题都是从词法、句法和行文逻辑三个角度设题。每句中最多有两处错误,仅涉及一个单词的增加、删除或修改,着重考查考生的语言基本功和正确使用英语进行表达的能力。此题型不仅要求考生牢固掌握一定的词汇和语法知识,还要求考生具有一定的阅读理解和逻辑推理能力,主要针对考生在平时学习英语的过程中,尤其是在写作中常犯的错误而设计。短文改错题在考查考生英语科必备基础知识的同时,还渗透了对英语语言知识、思维品质、文化意识和学习能力等学科素养的考查,体现出时代性和公平性。为此,学生既需要熟练地掌握语言的基本规则、具备扎实的语法知识,还要强化语篇意识,厘清语篇的逻辑关系,运用已有的语言知识灵活地处理实际的语言问题。

在平时学习中,应把词汇和语法放到一定的语境中去,学会用词造句、连句成段、组段成文,循序渐进地体会词汇和语法在语篇中的运用。此外,考生的每一篇习作都是极具价值的短文改错。在完成习作后,要通过自我修正或同桌相互批改等不同方式,提高自己善于发现错误、改正错误的能力。当然,还需要有针对性的专项训练,如此,解答短文改错题才能得心应手。

基于高考评价体系的物理科命题解读

《中国高考评价体系》明确规定了高考的核心功能、考查内容、考查要求和考查载体。基于物理的学科属性和普通高中物理课程标准进行了学科化表达，高考评价体系明确了物理科的功能定位，确定了“价值引领、素养导向、能力为重、知识为基”的四维考查内容和要求，凸显拔尖创新人才培养的时代要求。物理高考命题要贯彻党的教育方针，落实立德树人根本任务，加强对学生的价值引领。坚持素养立意，强化关键能力考查，优化情境创设，加大试题的开放性、探究性和创新性，贯彻基础性、综合性、应用性、创新性的考查要求，落实课程标准，加强考教衔接，积极引导课堂教学和基础教育改革，着力发挥高考科学选才和引导教学的核心功能，服务拔尖创新人才培养和人才自主培养质量提升。

一、高考物理科的功能定位

《普通高中物理课程标准(2017 年版 2020 年修订)》(以下简称《物理课程标准》)对物理学的课程性质和基本理念作了明确界定。物理学是自然科学领域的一门基础学科，研究自然界物质的基本结构、相互作用和运动规律。物理学基于观察与实验，建构物理模型，应用数学等工具，通过科学推理和论证，形成系统的研究方法和理论体系。物理学对化学、生命科学、地球与宇宙科学等自然科学产生了重要影响，推动了材料、能源、环境、信息等科学技术的进步，促进了人类生产生活方式的变革，对人类的思维方式、价值观念等都产生了深远影响，对人类文明和社会进步作出了巨大贡献。高中物理学旨在落实立德树人根本任务，进一步提升学生的物理科核心素养，为学生的终身发展奠定基础，促进人类科学事业的传承与社会的发展。从物理学的视角认识自然，理解自然，建构关于自然界的物理图景；引导学生经历科学探究过程，体会科学研究方法，养成科学思维习惯，增强创新意识和实践能力；引领学生认识科学的本质以及科学、技术、社会、环境的关系，形成科学态度、科学世界观和正确的价值观，为做有社会责任感的公民奠定基础。①

物理科核心价值主要包括“物理观念”“科学思维”“科学探究”“科学态度与责任”四个方面。其中，物理观念主要包括物质观念、运动与相互作用观念、能量观念等要素；科学思维主要包括模型建构、科学推理、科学论证、质疑创新等要素；科学探究主要包括问题、证据、解释、交流等要素；科学态度与责任主要包括科学本质、科学态度、社会责任等要素。高中物理课程的总目标就是要通过物理科核心素养的培养，落实立德树人根本任务。一是要形成物质观念、运动与相互作用观念、能量观念等，能用其解释自然现象和解决实际问题。二是要具有建构模型的意识和能力；能运用科学思维方法，从定性和定量两个方面对相关问题进行科学推理、找出规律、形成结论；具有使用科学证据的意识和评估科学证据的能力，能运用证据对研究的问题

① 教育部：《普通高中物理课程标准(2017 年版 2020 年修订)》，人民教育出版社 2020 年修订版，第 1—3 页。

进行描述、解释和预测;具有批判性思维的意识,能基于证据大胆质疑,从不同角度思考问题,追求科技创新。三是要具有科学探究意识,能在观察和实验中发现问题、提出合理猜想与假设;具有设计探究方案和获取证据的能力,能正确实施探究方案,使用不同方法和手段分析、处理信息,描述并解释探究结果和变化趋势;具有交流的意愿与能力,能准确表述、评估和反思探究过程与结果。四是要能正确认识科学的本质;具有学习和研究物理的好奇心与求知欲,能主动与他人合作,尊重他人,能基于证据和逻辑发表自己的见解,实事求是,不迷信权威;关心国内外科技发展现状与趋势,了解物理研究和物理成果的应用应遵循道德规范,认识科学、技术、社会、环境的关系,具有保护环境、节约资源、促进可持续发展的责任感。①

高考评价体系"一核""四层""四翼"在物理科命题中的考查方式。"一核"是物理试题命制的指导思想,物理试题情境是承接"四层"考查内容、体现"四翼"考查要求的载体,是深化新时代物理考试内容改革的重要突破口。对物理试题情境的研究,将实现从主要基于"考查内容"的一维评价模式向"考查内容、考查要求、考查载体"三位一体评价模式的转变。

根据《物理课程标准》、高校人才选拔需要,在高考评价体系的指引下,物理科考试内容应从核心价值、学科素养、关键能力和必备知识四个维度进行创新,落实素质教育目标考查。核心价值指明立德树人根本任务,起到方向引领作用;学科素养是关键连接层,承接核心价值的方向引导,统摄关键能力与必备知识;关键能力是支撑和体现学科素养要求的能力表征;必备知识是培养能力、达成素养的基础。对核心价值的考查要体现党和国家的意志,是"金线"标准;对学科素养、关键能力和必备知识的考查,是物理科内容创新的主体,是"银线"标准,是创新的重点和难点。

核心价值、学科素养、关键能力和必备知识紧密联系,构成有机整体,使素质教育目标在高考中得以实现。

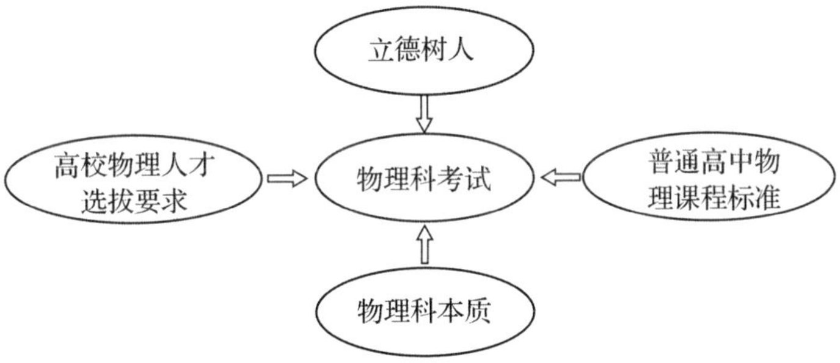

物理科的学科素养在高考评价体系中包括学习掌握、实践探索、思维方法 3 个一级指标和 9 个二级指标。结合物理课程标准发现物理观念与高考评价体系中的学习掌握类似,科学思维与思维方法类似,科学探究与实践探索类似,如下图所示。

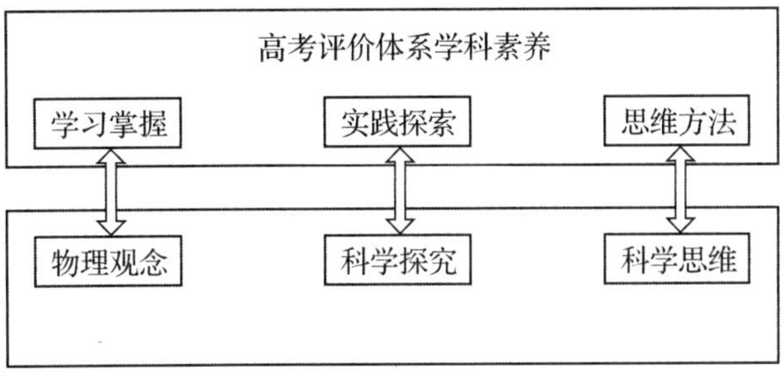

① 教育部:《普通高中物理课程标准(2017 年版 2020 年修订)》,人民教育出版社 2020 年修订版,第 4—6 页。

物理科考试内容的关键能力是指经过高中阶段学习后,考生在应对现实问题情境或学术问题情境时,认识问题、分析问题和解决问题必须具备的能力。高考评价体系将关键能力分为知识获取能力群、实践操作能力群、思维认知能力群三个层次。结合课程标准和高考评价体系,物理科可以从信息获取与加工能力、模型建构能力、逻辑推理与论证能力、批判性思维能力和实验探究能力五种能力来阐释物理科考试内容的关键能力。

物理科的必备知识是指进入高等学校的学习者在面对与物理相关的生活实践或学习探索问题情境时,高质量地认识问题、分析问题、解决问题所必须具备的知识。它是由物理科的基本概念、基本定理与基本定律等组成的基本知识体系。它是从物理科视角解释自然现象和解决实际问题的基础。必备知识显然不等同于基础知识,而是学习高校课程所必备的知识,即与高校课程密切关联的内容。根据物理科内容的特点,必备知识可分为力学、电磁学、热学、光学、原子物理五个方面,如下图所示。

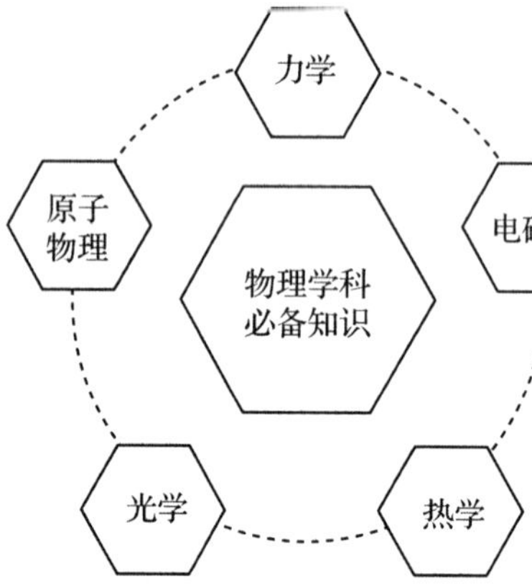

综上,核心价值、学科素养、关键能力、必备知识四者相互联系、互相影响。核心价值的考查是通过必备知识、关键能力、学科素养的考查体现出来的,同时核心价值影响着承载必备知识、关键能力、学科素养三者试题的呈现方式。在物理科考试内容的具体实施过程中应着重关注创新考查思路。

二、核心价值金线与物理命题实践

物理科考试的核心价值应在高考评价体系倡导的核心价值下,引导考生正确认识物理科发展的历史、现状和未来,培养考生振兴中华的使命感;促进考生关心国内外科技发展的最新成果,拓展考生的科学视野,提高考生对科学的兴趣以及将科学服务于人类的意识。关于核心价值,在高考评价体系提出的政治立场和思想观念、世界观和方法论、道德品质和综合素质 3 个一级指标和 10 个二级指标基础上,参考《物理课程标准》,结合物理科特点,可以从理想信念、世界观和方法论、文化自信、健康情感和劳动精神四个方面构建物理科考试内容的核心价值,其他方面也要兼顾。

1. 理想信念

理想信念是引导学生树立共产主义远大理想和中国特色社会主义共同理想,增强中国特色社会主义道路自信、理论自信、制度自信、文化自信,立志肩负起实现中华民族伟大复兴中国梦的时代重任。在物理科试题设计中,注意结合当代中国的重大科技成果、载人航天事业和探月工程巨大成就,展示我国科学技术日新月异的进步,激发学生进取意识、振兴中华的使命感和责任感。在考查考生运用必备知识和关键能力解决实际问题的基础上，引导学生崇尚和热爱科学，激励学生树立科技报国的远大志向。

2. 世界观和方法论

物理试题命制要体现正确的世界观和方法论，从实际出发，实事求是，尊重客观规律，坚持用联系、发展、矛盾的观点观察和分析问题，善于透过现象看本质。坚持理论联系实际，能够运用历史唯物主义的观点、方法观察分析社会历史现象，正确认识社会发展规律。通过试题中物理模型的建构，使考生掌握理想化模型构建的方法，养成用矛盾的观点观察和分析问题的习惯；通过实验试题的设计，使考生认识到凡事要从实际出发，实事求是，尊重客观规律；通过在物理科考试内容中渗透科学家对物理规律的研究过程，让考生体会科学家不懈追求自然规律的科学精神；通过渗透物理学的发展历程，引导考生在实验中培养破除陈规、勇于创新、不断探究的创新精神等。这些都有助于考生形成正确的世界观和方法论。

3. 文化自信

中华文化历史悠久，璀璨夺目，既承载历史、传承历史，又连接现实、服务现实、开拓未来。高考物理试题加强对中华优秀传统文化的挖掘和阐发，推动中华文明创造性转化和创造性发展，引导学生增强文化自信，自觉传承优秀文化。中国古代在数学、科技领域的巨大成就以及传统技艺已成为高考重要的命题情境来源。

4. 健康情感和劳动精神

在考查道德品质和综合素质中，物理试题主要以健康情感和劳动精神为核心价值进行命制。健康情感主要从体育运动方面体现，能够让考生认识并了解体育运动中所蕴含的物理知识，也能够激发对体育运动的热爱，鼓励学生参与体育运动、全面发展。劳动精神主要从生产劳动方面体现，提高考生应用物理知识为生产实践提高效益的意识，树立热爱劳动的观念。在充分彰显劳动人民科学智慧的同时，引导学生挖掘、继承、创新我国劳动文化。

三、能力素养银线与物理命题实践

《中国高考评价体系》提出了三个能力群：知识获取能力群、实践操作能力群、思维认知能力群。物理科考试内容改革要坚持对关键能力的考查，关键能力的构建要依据课程标准。《物理课程标准》明确科学思维包括模型建构、科学推理、科学论证、质疑创新等要素，科学探究包括问题、证据、解释、交流等要素，科学思维和科学探究包含的要素是构建物理科考试关键能力的重要基础，科学思维中的科学推理、科学论证可合并为逻辑推理与论证能力；在模型建构、质疑创新的基础上，可提出模型建构能力和批判性思维能力；将物理科所要求的实验能力与科学探究能力可整合为实验探究能力；信息获取与加工能力主要对应学科素养中的物理观念，强调对于物理概念、规律的深度理解与灵活应用。基于此，物理科考试结合学科特点提出了 5 种关键能力：信息获取与加工能力、模型建构能力、逻辑推理与论证能力、批判性思维能力和实验探究能力。这 5 种能力也与高考评价体系的关键能力群匹配度很高，其中信息获取与加工能力属于知识获取能力群，模型建构能力、逻辑推理与论证能力和批判性思维能力属于思维认知能力群，实验探究能力属于实践操作能力群。

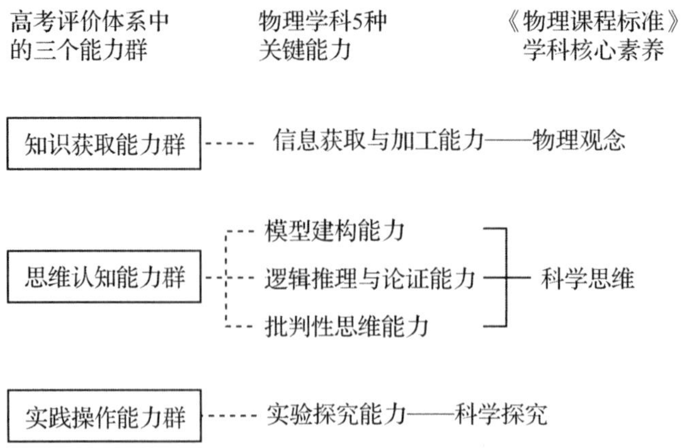

1. 信息获取与加工

信息获取与加工能力包含了信息理解能力、信息搜索能力和信息整理能力。理解能力是信息获取与加工能力的基础和前提。理解能力是理解物理概念、物理规律的确切含义,理解物理规律的适用条件,以及它们在简单情况下的应用;能够清楚地认识概念和规律的表达形式(包括文字表述和数学表达);能够鉴别关于概念和规律的似是而非的说法;理解相关知识的区别和联系。理解的内容对应物理科核心素养中的物理观念,高中物理三大核心观念即物质观念、运动与相互作用观念、能量的观念。物质观念,在物理科中包括实物和场;运动与相互作用观念,物质的运动与其受力息息相关,但是它们在不同的物质世界,却满足着不同的运动规律;能量观念,能量是系统的一个定量的性质,它取决于系统内物质的运动和相互作用。[①] 只有理解了三大观念统领下的概念和规律,才有可能获取信息并对信息进行加工。

面对一个物理问题,考生应当能够阅读和理解文字、图像或图表,并客观全面地获取相关信息,提取有效信息,能透过现象发现物理本质,发现隐含的条件和规律,将问题情境转化为物理语言,进而利用已有物理观念建立起物理量之间的关系,这就是信息获取与加工的过程。获取信息的渠道通常有两个:一是从文本中获取信息,二是从图像或图表中获取信息。

【例 1】(2024 全国甲卷,第 18 题)在电荷量为 Q 的点电荷产生的电场中,将无限远处的电势规定为零时,距离该点电荷 r 处的电势为 $k\dfrac{Q}{r}$,其中 k 为静电力常量,多个点电荷产生的电场中某点的电势,等于每个点电荷单独存在的该点的电势的代数和。电荷量分别为 Q_1 和 Q_2 的两个点电荷产生的电场的等势线如图中曲线所示(图中数字的单位是伏特),则(　　)。

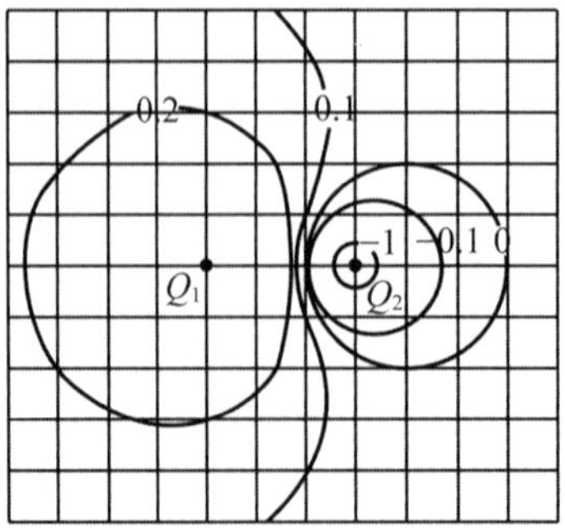

A. $Q_1<0,\dfrac{Q_1}{Q_2}=-2$　　B. $Q_1>0,\dfrac{Q_1}{Q_2}=-2$　　C. $Q_1<0,\dfrac{Q_1}{Q_2}=-3$　　D. $Q_1>0,\dfrac{Q_1}{Q_2}=-3$

---

① 教育部:《普通高中物理课程标准(2017 年版 2020 年修订)》,人民教育出版社 2020 年修订版,第 4 页。

本题通过给出点电荷电势的表达式和等势线分布图，对考生信息获取与加工能力提出了更高的要求，除了在文本中获取信息，还要在题图中获取信息，通过多种渠道获取的信息要有机地融合在一起。可以将信息按照下表进行梳理。

信息类型	关键表述或图像	物理量及其关系
文本信息	①点电荷 r 处的电势为 $k\frac{Q}{r}$	正点电荷周围电势为正，负的点电荷周围电势为负，则 $Q_1>0$
题图信息	②由图 Q_1 周围电势为正	
文本信息	③多个点电荷产生的电场中某点的电势，等于每个点电荷单独存在的该点的电势的代数和	$k\frac{Q_1}{r_1}+k\frac{Q_2}{r_2}=0$，其中$\frac{r_1}{r_2}=\frac{6}{3}$，则$\frac{Q_1}{Q_2}=-2$
题图信息	④图中电势为零的等势线与两电荷连线的交点有两个，其中右侧的交点到两电荷的距离 $r_1=6a$，$r_2=3a$，其中 a 为每个格子的边长	

题图中的“0.1”“−0.1”“−1”均是干扰信息，需要考生抓住电势的正负来判断 Q_1 大于 0 还是小于 0，而不是电势的数值大小。需要考生能从众多电势数值中筛选出关键入手物理量——电势“0”，再挖掘出背景方格的隐含信息——图中电势为零的等势线与电荷 Q_1、Q_2 连线的交点到两电荷的距离之比为 2∶1，结合新知“该点电荷电势为 $k\frac{Q}{r}$、多个点电荷产生的电场中某点的电势，等于每个点电荷单独存在的该点的电势的代数和”进行推理论证。

【例 2】（2024 新课标卷，第 25 题）一质量为 m、电荷量为 $q(q>0)$ 的带电粒子始终在同一水平面内运动，其速度可用图示的直角坐标系内一个点 $P(v_x,v_y)$ 表示，v_x、v_y 分别为粒子速度在水平面内两个坐标轴上的分量。粒子出发时 P 位于图中 $a(0,v_0)$ 点，粒子在水平方向的匀强电场作用下运动，P 点沿线段 ab 移动到 $b(v_0,v_0)$ 点；随后粒子离开电场，进入方向竖直、磁感应强度大小为 B 的匀强磁场，P 点沿以 O 为圆心的圆弧移动至 $c(-v_0,v_0)$ 点；然后粒子离开磁场返回电场，P 点沿线段 ca 回到 a 点。已知任何相等的时间内 P 点沿图中闭合曲线通过的曲线长度都相等。不计重力。求：

(1)粒子在磁场中做圆周运动的半径和周期；

(2)电场强度的大小；

(3)P 点沿图中闭合曲线移动 1 周回到 a 点时，粒子位移的大小。

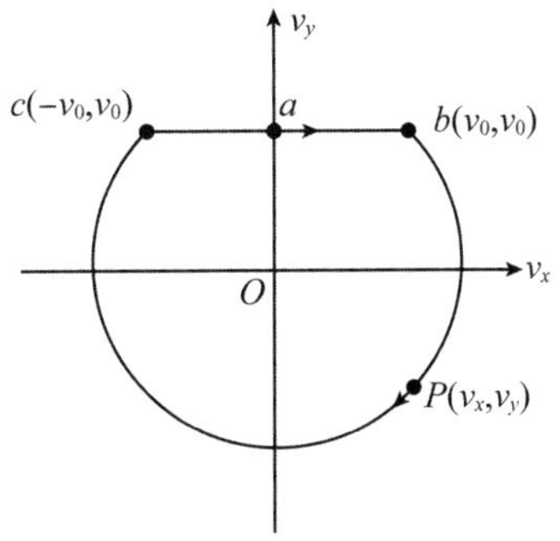

本题运用较为新颖的表征方式描写物理状态，要求学生通过速度坐标系获取粒子的运动

信息，建立粒子速度空间和运动空间的关联，构建正确的物理图景。可以将信息按照下表进行梳理。

<table>
<tr><th>信息类型</th><th>关键表述或图像</th><th>物理量及其关系</th><th>运动轨迹图</th></tr>
<tr><td>文本信息</td><td>①粒子出发时 P 位于图中 $a(0,v_0)$ 点
②粒子在水平方向的匀强电场作用下运动，P 点沿线段 ab 移动到 $b(v_0,v_0)$ 点</td><td rowspan="2">线段 ab 说明，$v_y=v_0$ 不变，v_x 从 0 增加至 v_0。所以运动情况如轨迹图 ab 所示，粒子在 a 点的速度 y 轴向上，进入水平电场后，类平抛运动。
在 b 点，$v=\sqrt{v_0^2+v_0^2}=\sqrt{2}v_0$，从 a 到 b 速度偏转角为 45°</td><td rowspan="6">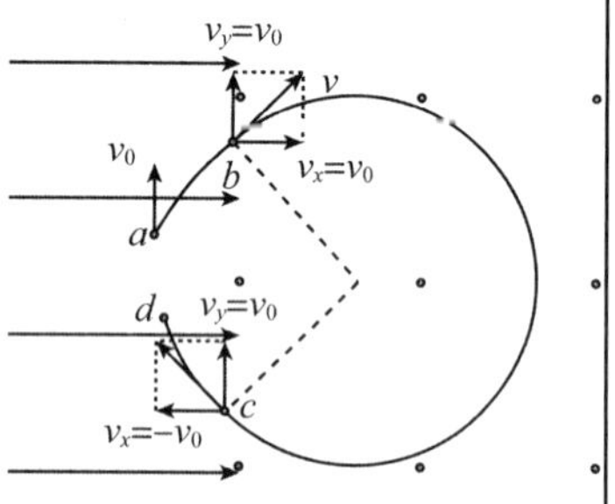
</td></tr>
<tr><td>题图信息</td><td>③线段 ab</td></tr>
<tr><td>文本信息</td><td>④随后粒子离开电场，进入方向竖直、磁感应强度大小为 B 的匀强磁场，P 点沿以 O 为圆心的圆弧移动至 $c(-v_0,v_0)$ 点</td><td rowspan="2">由 b 点进入磁场，说明粒子进入磁场的速度大小为 $v=\sqrt{v_0{}^2+v_0{}^2}=\sqrt{2}v_0$；
从 b 至 c，粒子速度大小不变，说明粒子做匀速圆周运动。
由 b、c 两点的坐标 $b(v_0,v_0)c(-v_0,v_0)$ 可知，运动情况如轨迹图 bc 所示，圆心角为 270°</td></tr>
<tr><td>题图信息</td><td>⑤曲线 bc</td></tr>
<tr><td>文本信息</td><td>⑥然后粒子离开磁场返回电场，P 点沿线段 ca 回到 a 点</td><td rowspan="2">线段 ca 说明，$v_y=v_0$ 不变，v_x 从 v_0 减小至 0。运动情况如轨迹图 cd 所示，在匀强电场中做类斜抛，相当于类平抛 ab 的逆运动</td></tr>
<tr><td>题图信息</td><td>⑦线段 ca</td></tr>
<tr><td>文本信息</td><td>⑧已知任何相等的时间内 P 点沿图中闭合曲线通过的曲线长度都相等</td><td colspan="2" rowspan="2">图示直角坐标系的点表示速度，所以“曲线长度”表示速度变化量。既然“任何相等的时间”“曲线长度都相等”，说明粒子运动加速度相等，即粒子在电场中的加速度大小等于在磁场中的向心加速度</td></tr>
<tr><td>题图信息</td><td>⑨整个闭合曲线</td></tr>
</table>

解决本题第(2)问的关键是理解文本“已知任何相等的时间内 P 点沿图中闭合曲线通过的曲线长度都相等”，在这条文本的背后隐含着解决本题的重要信息，即粒子在电场中的加速度大小等于在磁场中的向心加速度。

在阅读理解文本的过程中，挖掘文本背后的隐含信息是审题过程中的重要任务。同时本题考查了考生对匀速圆周运动的向心加速度概念和匀速圆周运动规律(物理观念)的理解，这是进行信息加工的基础。

【例 3】(2023 年全国甲卷，第 23 题)某同学利用如图甲所示的实验装置探究物体做直线运动时平均速度与时间的关系。让小车左端和纸带相连，右端用细绳跨过定滑轮和钩码相连，钩码下落，带动小车运动，打点计时器打出纸带。某次实验得到的纸带和相关数据如图乙所示。

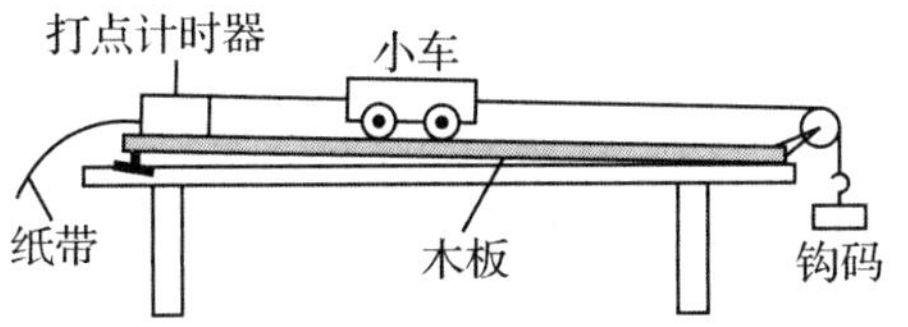

甲

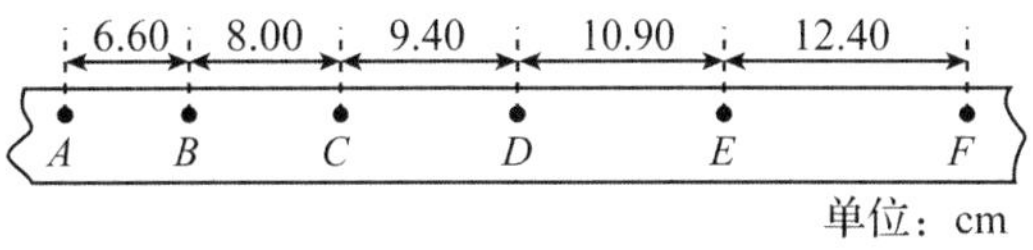

乙

(1)已知打出图乙中相邻两个计数点的时间间隔均为 0.1s，以打出 A 点时小车位置为初始位置，将打出 B、C、D、E、F 各点时小车的位移 Δx 填到表中，小车发生位移所用时间和平均速度分别为 Δt 和 $\overline{v}$，表中 $\Delta x_{AD}=$________cm，$\overline{v}_{AD}=$________cm/s。

位移区间	AB	AC	AD	AE	AF
Δx/cm	6.60	14.60	Δx_{AD}	34.90	47.30
$\overline{v}$/(cm·s^{-1})	66.0	73.0	$\overline{v}_{AD}$	87.3	94.6

(2)根据表中数据得到小车平均速度 $\overline{v}$ 随时间 Δt 的变化关系，如图丙所示。在图丙中补全实验点。

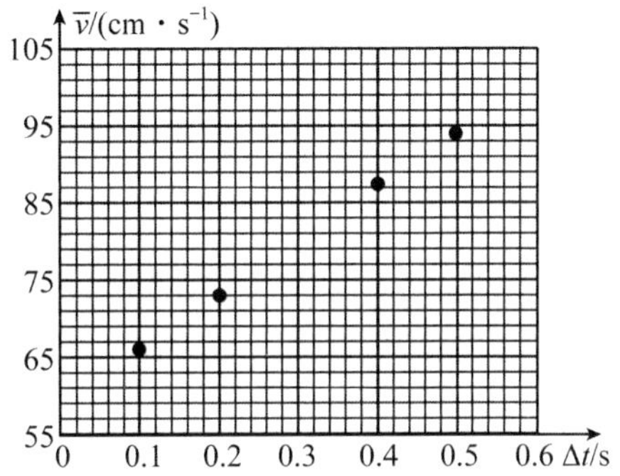

丙

(3)从实验结果可知，小车运动的 $\overline{v}-\Delta t$ 图线可视为一条直线，此直线用方程 $\overline{v}=k\Delta t+b$ 表示，其中 $k=$________cm/s^2，$b=$________cm/s。(结果均保留 3 位有效数字)

(4)根据(3)中的直线方程可以判定小车做匀加速直线运动，到达 A 点时小车速度大小 $v_A=$________，小车的加速度大小 $a=$________。(结果用字母 k、b 表示)

本题通过文字、图形、表格等方式呈现，加大了信息的广度和容量，加大了各种信息形式之间的融合，考查学生从多种形式的呈现材料中筛选、分类、归纳、整合关键信息，提取有效信息的能力。图甲是本实验已经安装好的实验装置示意图，直观地让考生清楚该实验所用的实验器材，方便考生明晰操作步骤。图乙是某次实验得到的纸带，直观地呈现了各计数点间的距离信息。本题将解题所需信息梳理如下。

信息类型	关键表述或图像	物理量及其关系
文本信息	相邻两个计数点的时间间隔均为 0.1 s	小车位移等于三段线段长度之和 $\Delta x_{AD}=\Delta x_{AB}+\Delta x_{BC}+\Delta x_{CD}=24.00$ cm，所以平均速度=80.0 cm/s。
题图信息	图乙	
题图信息	表格	位移 6.60 cm 内平均速度 66.0 cm/s； 位移 14.60 cm 内平均速度 73.0 cm/s； 位移 34.90 cm 内平均速度 87.3 cm/s； 位移 47.30 cm 内平均速度 94.6 cm/s

续表

信息类型	关键表述或图像	物理量及其关系
题图信息	图丙	利用表格中的数据，描点连线。结合一次函数知识可知，由图像得截距为 59，则 $b=59.0\ \text{cm/s}$，斜率 $k=\frac{80.0-59.0}{0.3-0}\text{cm/s}^2=70.0\ \text{cm/s}^2$。 再结合运动学公式 $x=v_0t+\frac{1}{2}at^2$ 得 $\bar{v}=\frac{x}{t}=v_0+\frac{1}{2}at$，则 $v_A=b$，$a=2k$

图表是一种直观、简化的表示方式，隐含着大量的信息，从图表中获取和转化出关键信息是认识和分析问题的前提。本题利用表格记录实验数据，利用一次函数图像的数学知识，结合匀变速直线运动公式处理数据，是一种重要分析处理数据的方法。

2. 模型建构

模型建构能力是将思维过程模型化、可视化、可运算的能力，主要包括科学抽象、关键变量选择、模型建构、理想实验、科学推理与数学运算等环节。模型建构一般可分为理想模型和理论模型。理想模型是根据研究对象和问题的特点，在一定条件下对研究对象进行抽象，抓住主要的、本质的因素，建立一个易于研究、能反映研究对象主要特征的新形象。理想模型是科学抽象和概括的结果，是科学家为了描述客观事物的规律将研究对象抽象为理想模型。理论模型是在观察、实验的基础上，经过理性思维，对某一研究客体和研究对象的结构、相互作用、运动规律等所做的一种简化描述，这种模型通常是以假说的形式出现，它能解释某些客观现象和实验事实，反映研究对象的主要特征，理论模型的正确性和有效性要经由实验来检验，并且得到不断的修正和完善。建模方法是科学研究的常见方法，模型思维是极为重要的科学思维。

建构与应用模型是物理科最重要的研究方法之一，也是物理科的核心学科特色。模型建构能力是指在研究比较复杂的物理科研究对象过程中，需要抓住主要因素，忽略次要因素，对实际问题进行理想化处理，建立起能够描述客观事物本质的抽象的物理模型。物理模型分为三类。第一类是物质模型，物质模型包括实物模型和场模型，实物模型有质点、点电荷、轻弹簧、单摆等，场模型有匀强电场、匀强磁场等。第二类是理想状态模型，力学中的平衡状态、恰好分离、恰好相对运动、恰好到达轨道最高点等；热学中气体的平衡态、原子物理中原子所处的基态和激发态等都属于状态模型。第三类是理想过程模型，如匀速直线运动、自由落体运动、平抛运动等。

面对一个新的情境、新的问题，首先要做的就是建立模型，将实际问题转化为所学过的物理模型，这也是解决物理问题的基本要求。

【例 1】(2024 年全国甲卷，第 16 题)2024 年 5 月，嫦娥六号探测器发射成功，开启了人类首次从月球背面采样返回之旅。将采得的样品带回地球，飞行器需经过月面起飞、环月飞行、月地转移等过程。月球表面自由落体加速度约为地球表面自由落体加速度的 $\frac{1}{6}$。下列说法正确的是(　　)。

A. 在环月飞行时，样品所受合力为零

B. 若将样品放置在月球正面，它对月球表面压力等于零

C. 样品在不同过程中受到的引力不同，所以质量也不同

D. 样品放置在月球背面时对月球的压力，比放置在地球表面时对地球的压力小

本题以嫦娥六号将月球样品带回地球为素材，创设判断样品所受作用力变化的学习探索问题情境，涉及理想状态模型和理想运动模型。

物理过程和状态	物理模型
环月飞行	探测器做匀速圆周运动或椭圆运动
样品放置在月球正面	样品处于静止状态

【例 2】(2024 新课标卷，第 24 题)如图，一长度 $l=1.0\ \text{m}$ 的均匀薄板初始时静止在一光滑平台上，薄板的右端与平台的边缘 O 对齐。薄板上的一小物块从薄板的左端以某一初速度向右滑动，当薄板运动的距离 $\Delta l=\frac{l}{6}$ 时，物块从薄板右端水平飞出；当物块落到地面时，薄板中心恰好运动到 O 点。已知物块与薄板的质量相等。它们之间的动摩擦因数 $\mu=0.3$，重力加速度大小 $g=10\ \text{m/s}^2$。求：

(1)物块初速度大小及其在薄板上运动的时间；

(2)平台距地面的高度。

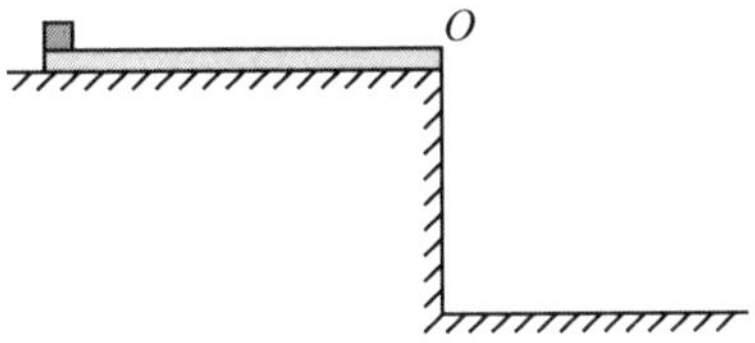

本题以板块模型为素材，创设探求物块相关运动参量的学习探索问题情境，主要考查信息获取与加工能力、模型建构能力、逻辑推理与论证能力。其中模型建构能力涉及了三个理想运动模型：板块模型、匀速直线运动、平抛运动模型。

物理过程	物理模型
薄板上的一小物块从薄板的左端以某一初速度向右滑动	板块模型：物块在薄板上做匀减速运动，薄板做匀加速运动，因为平台光滑，它们之间的摩擦力提供各自的加速度
物块从薄板右端水平飞出	物块做平抛运动
当物块落到地面时，薄板中心恰好运动到 O 点	因为平台光滑，物块脱离薄板后，薄板做匀速直线运动

【例 3】(2024 河北卷，第 6 题)如图，一电动机带动轻杆在竖直框架平面内匀速转动，轻杆一端固定在电动机的转轴上，另一端悬挂一紫外光笔，转动时紫外光始终竖直投射至水平铺开的感光纸上，沿垂直于框架的方向匀速拖动感光纸，感光纸上就画出了描述光点振动的 $x-t$ 图像。已知轻杆在竖直面内长 0.1 m，电动机转速为 12 r/min. 该振动的圆频率和光点在 12.5 s 内通过的路程分别为(　　)。

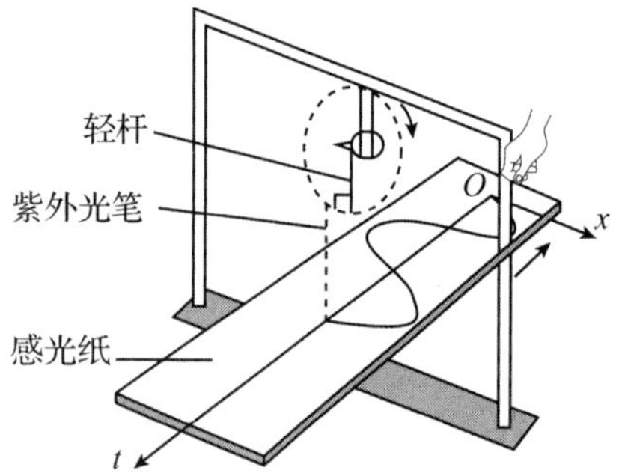

A. 0.2 rad/s,1.0 m　　B. 0.2 rad/s,1.25 m

C. 1.26 rad/s,1.0 m　　D. 1.26 rad/s,1.25 m

本题关键是建构简谐运动模型——紫外光在纸上的投影做的是简谐振动,轻杆的长度就是简谐振动的振幅。

【例 4】(2022 年湖南卷,第 5 题)2022 年北京冬奥会跳台滑雪空中技巧比赛场地边,有一根系有飘带的风力指示杆,教练员根据飘带的形态提示运动员现场风力的情况。若飘带可视为粗细一致的匀质长绳,其所处范围内风速水平向右、大小恒定且不随高度改变。当飘带稳定时,飘带实际形态最接近的是(　　)。

本题对模型建构能力、推理论证能力要求比较高。作用在飘带上的力,除了重力方向是确定的外,指示杆对飘带的拉力和风对飘带的冲击力都是不确定的。因此要确定飘带与竖直方向(或水平方向)的夹角,势必要转换思维,在新的思维逻辑指导下进行推理论证。

研究对象、物理状态、物理过程	物理模型
飘带可视为粗细一致的匀质长绳	取其极小一段(微元)进行研究,进行受力分析时可视为质点
风速水平向右、大小恒定且不随高度改变	风对飘带的作用力可抽象为流体的冲击力模型,用动量定理求其大小
微元飘带受其上下的飘带的拉力均沿微元飘带的方向倾斜	将此二力先求其合力,方向沿微元飘带向上,微元飘带的受力由四个变为三个,成为三力平衡模型

【例 5】(2023 年北京卷,第 20 题)某种负离子空气净化原理如图所示。由空气和带负电的灰尘颗粒物(视为小球)组成的混合气流进入由一对平行金属板构成的收集器。在收集器中,空气和带电颗粒沿板方向的速度 v_0 保持不变。在匀强电场作用下,带电颗粒打到金属板上被收集,已知金属板长度为 L,间距为 d,不考虑重力影响和颗粒间相互作用。

(1)若不计空气阻力,质量为 m、电荷量为 $-q$ 的颗粒恰好全部被收集,求两金属板间的电压 U_1。

(2)若计空气阻力,颗粒所受阻力与其相对于空气的速度 v 方向相反,大小为 $f=krv$,其中 r 为颗粒的半径,k 为常量。假设颗粒在金属板间经极短时间加速达到最大速度。

a. 半径为 R、电荷量为 $-q$ 的颗粒恰好全部被收集,求两金属板间的电压 U_2;

b. 已知颗粒的电荷量与其半径的平方成正比，进入收集器的均匀混合气流包含了直径为 10μm 和 2.5μm 的两种颗粒，若 10μm 的颗粒恰好 100%被收集，求 2.5μm 的颗粒被收集的百分比。

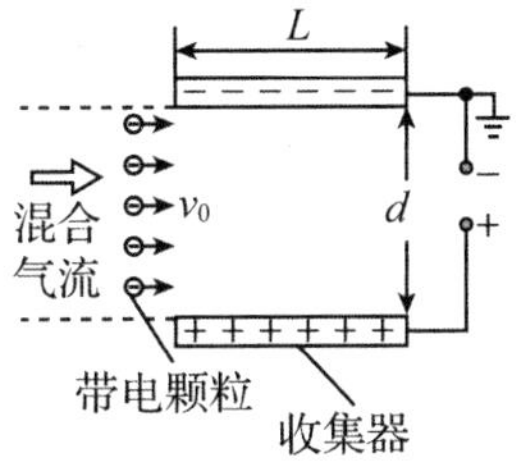

本题以负离子空气净化原理为背景，创设了研究带电粒子在电场中运动的问题情境，其中第(2)问对模型建构能力提出了很高的要求，题干表述“颗粒所受阻力与其相对于空气的速度 v 方向相反”，容易让学生产生颗粒所受阻力与颗粒运动方向相反的错误认知，事实上在主题干中已说明“空气和带电颗粒沿板方向的速度 v_0 保持不变”，因此，颗粒相对于空气其实是向下运动的，所受阻力是竖直向上的，这样就可以建立带电颗粒在电场中做匀速直线运动的物理模型，而“假设颗粒在金属板间经极短时间加速达到最大速度”则表明，颗粒一进入电场就开始做匀速直线运动，模型建立起来了，问题也就迎刃而解了。

【**例 6**】(2022 年全国甲卷，第 21 题)地面上方某区域存在方向水平向右的匀强电场，将一带正电荷的小球自电场中 P 点水平向左射出。小球所受的重力和电场力的大小相等，重力势能和电势能的零点均取在 P 点。则射出后，(　　)。

A. 小球的动能最小时，其电势能最大

B. 小球的动能等于初始动能时，其电势能最大

C. 小球速度的水平分量和竖直分量大小相等时，其动能最大

D. 从射出时刻到小球速度的水平分量为零时，重力做的功等于小球电势能的增加量

本题主要考查了模型建构能力和推理论证能力。其中模型建构能力涉及了两个物理模型：物质模型、场和理想过程模型及斜抛运动。

研究对象、物理过程	物理模型
带正电的小球同时受向下的重力和向右的电场力	将电场和重力场合成为一个等效场。 将电场力和重力合成为大小 $F=\sqrt{2}$mg，方向与水平方向成 45°角的合场力
带正电荷的小球自电场中 P 点水平向左射出后的运动	小球初速度与合场力方向成 135°角，在等效场中做类斜抛运动

3. 逻辑推理与论证

逻辑推理与论证能力是指能够根据已知的知识和物理事实、条件，对物理问题进行逻辑推理，得出正确结论或作出正确判断，并能把推理过程清晰准确地表达出来。物理逻辑推理具体包括：(1)能应用物理概念或物理规律正确分析、推断物理状态存在的条件；(2)根据具体问题，运用物理规律或数学方法确定物理量之间的定量关系，通过运算、估算等进行推断和论证；(3)针对不同观点能进行有力反驳，证据充分，推理过程符合逻辑。科学推理是学生能够正确理解和运用科学思维方法，从定性和定量两个方面进行科学分析，找出规律，形成结论，并能解

释自然现象和解决实际问题的过程。从上述内容不难看出,问题发现、解决、论证和交流是科学推理能力的关键要素,也是我国物理科科学推理能力培养的目标指向。

科学推理是科学思维的重要体现,不仅包括归纳推理、演绎推理和类比推理,还包括分析与综合、抽象与概括、比较与分类等思维方式,以及控制变量、组合推理、概率推理、相关推理、因果推理等推理形式。(1)归纳推理是由一些个别的、特殊的判断推出一般性判断的思维方式。(2)演绎推理是从一般性结论推出个别性结论的方法,即从已知的某些一般性原理、定理、法则、公理或科学概念出发,推出新结论的一种思维活动。(3)分析是将一个整体分解开来逐个进行剖析,研究它们之间相互联系及相互制约的关系,研究它们之间的相互作用及在整体中的地位,考查它们对研究对象的状态及发展变化的影响,从而揭示事物的属性和本质的方法。(4)综合是将局部组合在一起当成一个整体,这种组合不是简单的堆砌,而是将它们依据其内在的联系有机地结合在一起,从而在整体上把握事物的本质和规律。分析与综合的关系有点像局部与整体的关系,局部既各自独立又相互联系形成整体,它们具有辩证统一的关系。另外,逻辑推理与论证离不开数学工具的使用,因此,应用数学解决物理问题也是逻辑推理与论证能力的一种体现。

【例 1】(2024 年全国甲卷,第 15 题)如图,一轻绳跨过光滑定滑轮,绳的一端系物块 P,P 置于水平桌面上,与桌面间存在摩擦;绳的另一端悬挂一轻盘(质量可忽略),盘中放置砝码。改变盘中砝码总质量 m,并测量 P 的加速度大小 a,得到 $a-m$ 图像。重力加速度大小为 g。在下列 $a-m$ 图像中,可能正确的是(　　)。

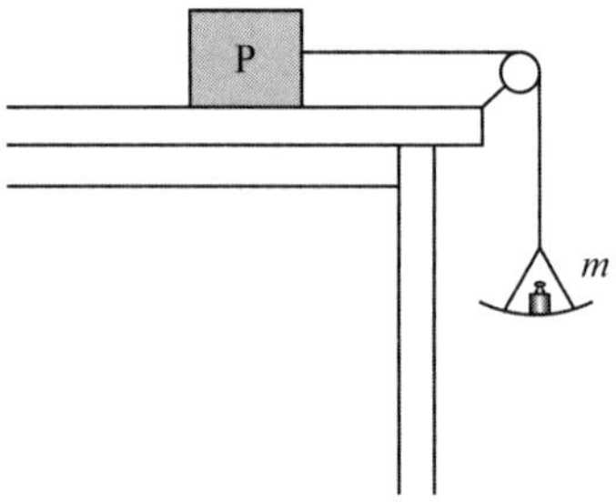

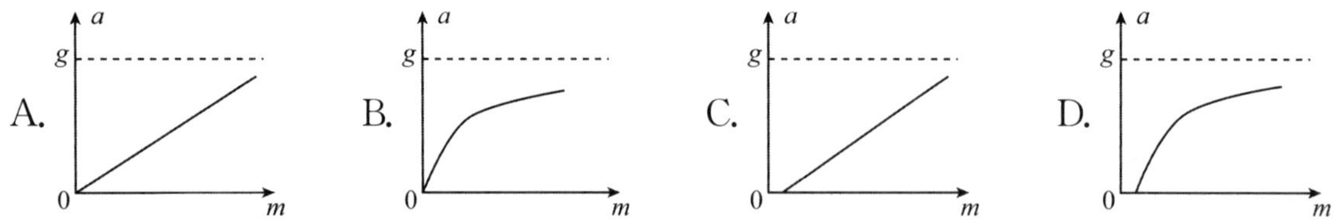

教材实验——探究加速度与力、质量的关系所绘制的图像是 $a-F$ 图像,事实上实验中当砝码和托盘的质量远小于小车的质量时 $F \approx mg$。本题相当于对实验的误差进行了分析,分析了小车没有平衡摩擦力的情况和不满足 $m \ll M$ 的情况。逻辑推理与论证如下。

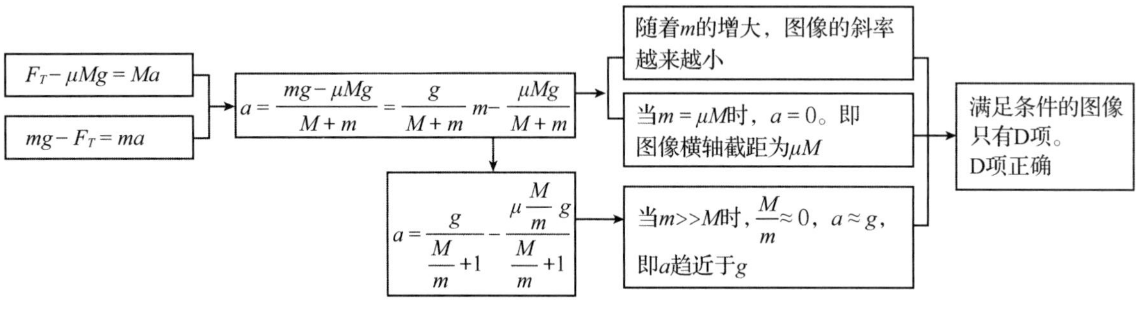

【**例 2**】(2024 年湖南卷,第 10 题)如图,光滑水平面内建立直角坐标系 xOy。A、B 两小球同时从 O 点出发,A 球速度大小为 v_1,方向沿 x 轴正方向,B 球速度大小为 $v_2=2$ m/s、方向与 x 轴正方向夹角为 θ。坐标系第一象限中有一个挡板 L,与 x 轴夹角为 α。B 球与挡板 L 发生碰撞,碰撞后 B 球速度大小变为 1 m/s,碰撞前后 B 球的速度方向与挡板 L 法线的夹角相同,且分别位于法线两侧。不计碰撞时间和空气阻力,若 A、B 两小球能相遇,下列说法正确的是(　　)。

A. 若 $\theta=15°$,则 v_1 的最大值为 $\sqrt{2}$ m/s,且 $\alpha=15°$

B. 若 $\theta=15°$,则 v_1 的最大值为 $\frac{2}{3}\sqrt{3}$ m/s,且 $\alpha=0°$

C. 若 $\theta=30°$,则 v_1 的最大值为 $\frac{2}{3}\sqrt{3}$ m/s,且 $\alpha=0°$

D. 若 $\theta=30°$,则 v_1 的最大值为 $\sqrt{2}$ m/s,且 $\alpha=15°$

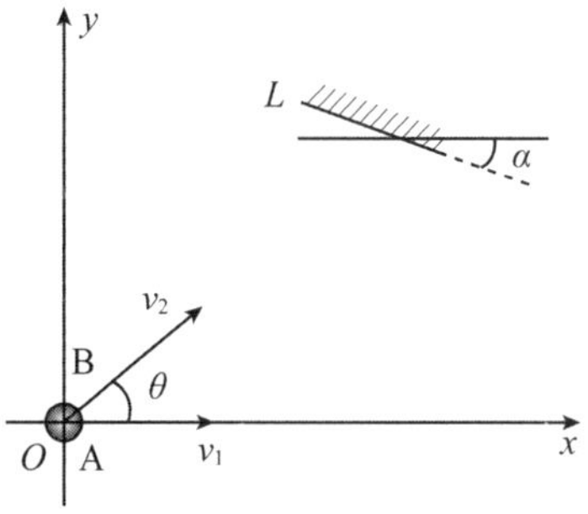

本题所涉及的物理知识主要是匀速直线运动,是学生初中就学过的知识,因此,本题的主要命题意图是引导学生利用数学知识解决物理问题。而求极值问题也是物理学中的常见问题,在每年的高考中都不止一次出现。逻辑推理与论证如下。

思路一:三角函数求最值。

项目	确定函数关系	示意图
方法一	由正弦定理可得: $\frac{v_2t_1}{\sin(2\alpha+\theta)}=\frac{v_2't_2}{\sin\theta}=\frac{(t_1+t_2)v_1}{\sin[180°-(2\alpha+2\theta)]}=k$ $v_1=\frac{k\sin(2\alpha+2\theta)}{t_1+t_2}=\frac{k\sin(2\alpha+2\theta)}{\frac{k\sin(2\alpha+\theta)}{v_2}+\frac{k\sin\theta}{v_2'}}$,整理得 $v_1=\frac{v_2v_2'\sin(2\alpha+2\theta)}{v_2'\sin(2\alpha+\theta)+v_2\sin\theta}=\frac{2\sin(2\alpha+2\theta)}{\sin(2\alpha+\theta)+2\sin\theta}$	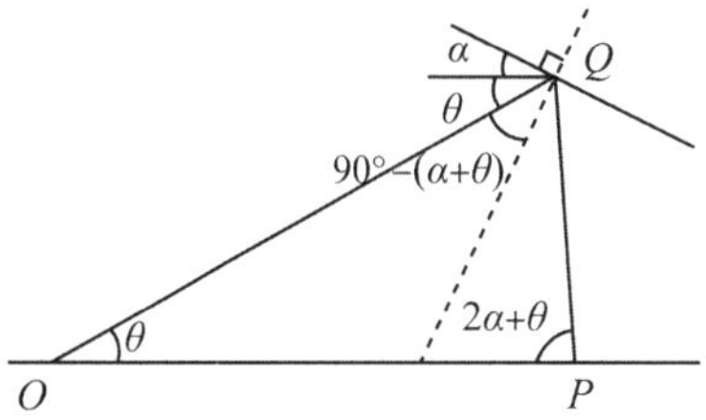
方法二	由 Q 点向 OP 做三角形的高,长度记为 h,则 $v_1=\frac{h\cot\theta+h\cot(2\alpha+\theta)}{\frac{h}{v_2\sin\theta}+\frac{h}{v_2'\sin(2\alpha+\theta)}}$,整理得 $v_1=\frac{2\sin(2\alpha+2\theta)}{\sin(2\alpha+\theta)+2\sin\theta}$	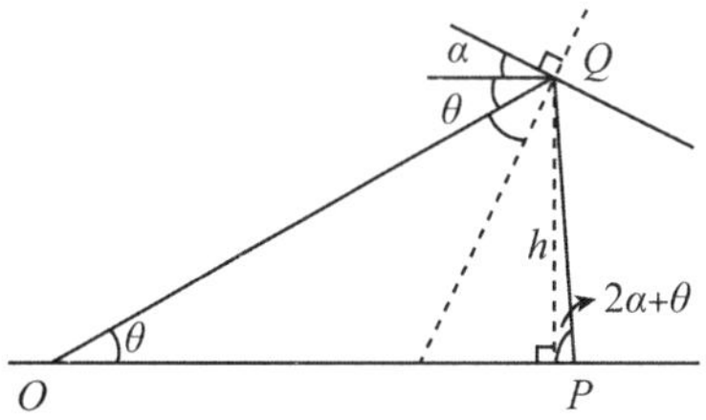
方法三	因 A、B 两球相遇,则第一阶段 B 球相对于 A 球的速度 Δv_1 与第二阶段 B 球相对于 A 球的速度 Δv_2 方向必定相反,速度的矢量关系如图所示。 可以从两个角度表示△OMN 的面积 $S=\frac{1}{2}v_2v_2'\sin(2\alpha+2\theta)$ $S=\frac{1}{2}v_1v_2\sin\theta+\frac{1}{2}v_1v_2'\sin(2\alpha+\theta)$ 联立方程解得 $v_1=\frac{2\sin(2\alpha+2\theta)}{\sin(2\alpha+\theta)+2\sin\theta}$	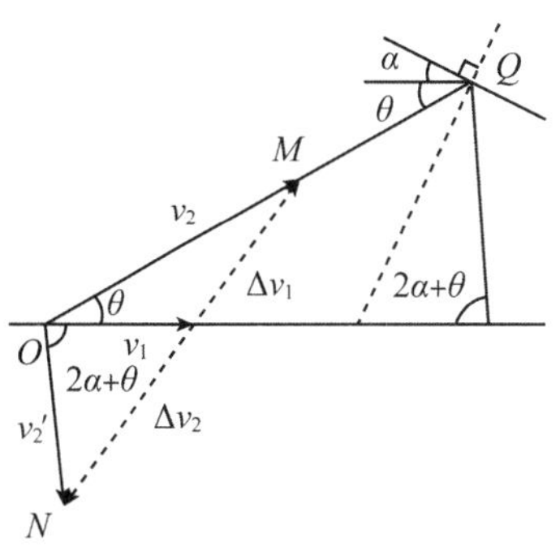

续表

项目	确定函数关系	示意图
利用导数求最值	令 v_1 对 α 的导数 $\frac{dv_1}{d\alpha}=\frac{4\sin\theta[2\cos(2\alpha+2\theta)-1]}{[\sin(2\alpha+\theta)+2\sin\theta]^2}=0$ 解得 $\alpha=30^\circ-\theta$，代入 v_1 的表达式，得 v_1 的最大值 $v_{1m}=\frac{\sqrt{3}}{2\sin\theta+\sin(60^\circ-\theta)}$ $\theta=15^\circ$ 时，$v_{1m}=\sqrt{2}$ m/s，此时 $\alpha=30^\circ-\theta=15^\circ$，A 项正确，B 项错误 $\theta=30^\circ$ 时，$v_{1m}=\frac{2\sqrt{3}}{3}$ m/s，此时 $\alpha=30^\circ-\theta=0^\circ$，C 项正确，D 项错误	
说明	①在考场中，利用选择题的答题规则，可以将选项中的数值代入 v_1 的表达式中进行验证，这样可以避免用导数求解的烦琐； ②从 v_{1m} 的表达式可以看出，v_{1m} 的大小取决于 θ 角的大小，与 α 角并无关系	

思路二：等效运动法。

	假设 A、B 两球在 P 点相遇。过 O 点做直线 OQ'，使之与 OQ 的夹角为 $30^\circ\left(\sin 30^\circ=\frac{v_2'}{v_2}\right)$，过 Q 点做 OQ' 的垂线，垂足为 Q'，如图所示。	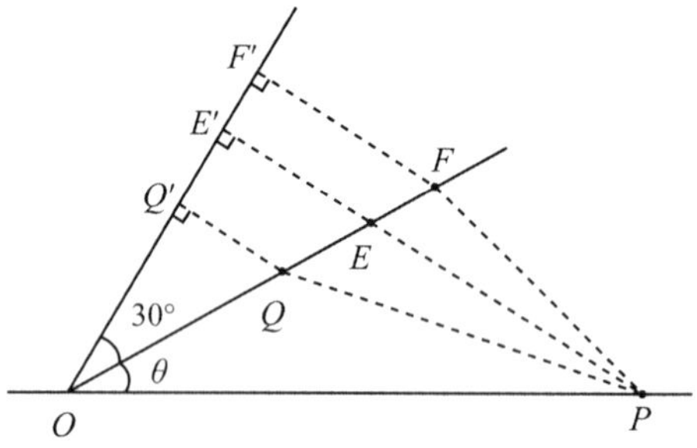
等效运动	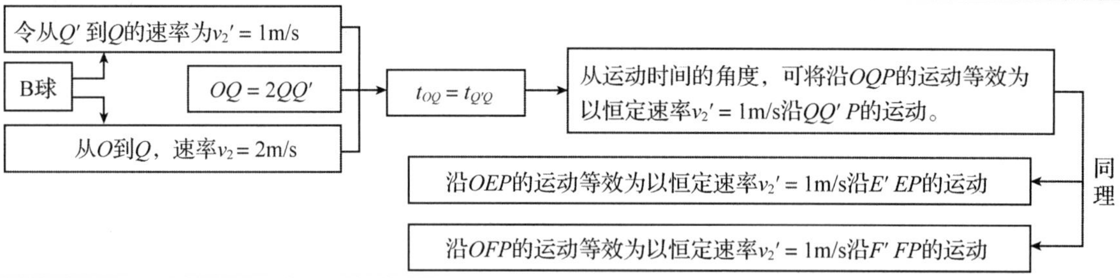	
求解最值	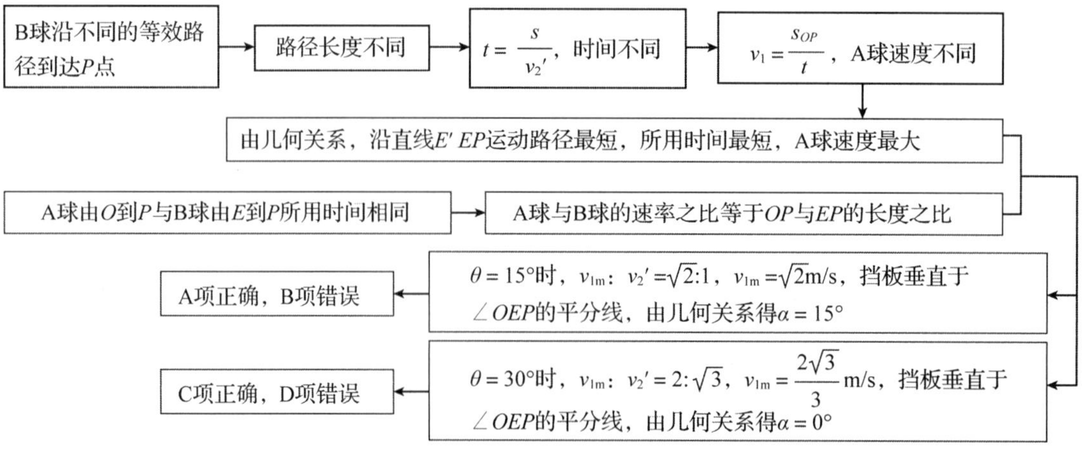	

续表

说明	①在考场中,求解出不同角度下 A 球速度的最值就可以确定正确答案,而不必计算 α 角的大小。 ②这种解法先确定 A 球速度出现最值的临界运动情况,再根据反弹规律放置挡板求出 α 角,再次说明速度最值的大小与 α 角无关。相反,α 角是由出现最值的临界情况决定的

思路三:费马原理。

项目	内容	
费马原理	费马原理又名最短时间原理,其核心内容是,光线传播的路径是需时最少的路径。	
折射定律	光从一种介质斜射入另一种介质,光的传播规律遵循折射定律。如图所示,光在介质Ⅰ和介质Ⅱ中的传播速率分别是 v_1 和 v_2($v_1>v_2$),根据光的折射定律,$\frac{\sin\theta_1}{\sin\theta_2}=\frac{v_1}{v_2}$。可以证明,相较于其他路径,光沿该路径由 A 传播到 B 所用时间最短,这与费马原理是相吻合的,或者说光的折射定律是费马原理在特定情形下的一个具体表现	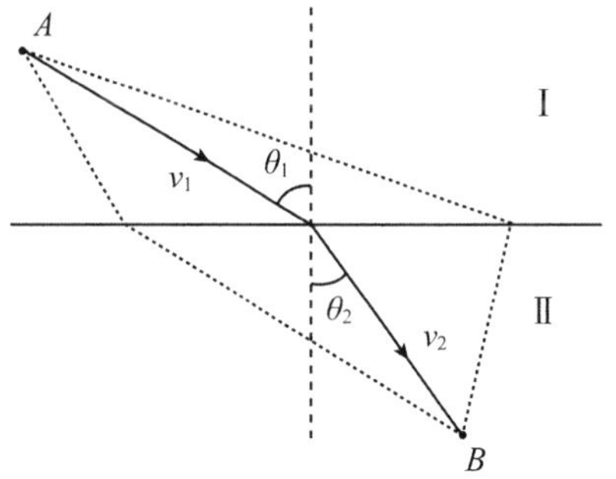
类比思维	宏观物体的运动也有类似的规律,遵循折射定律的路径用时是最短的。如图所示,小球在分界线上方和下方做直线运动的速率分别是 v_1 和 v_2($v_1>v_2$),小球可以沿不同的路径由 A 运动到 B,b 路径满足折射定律,即$\frac{\sin\theta_1}{\sin\theta_2}=\frac{v_1}{v_2}$,可以证明,小球沿 b 路径运动用时是最短的	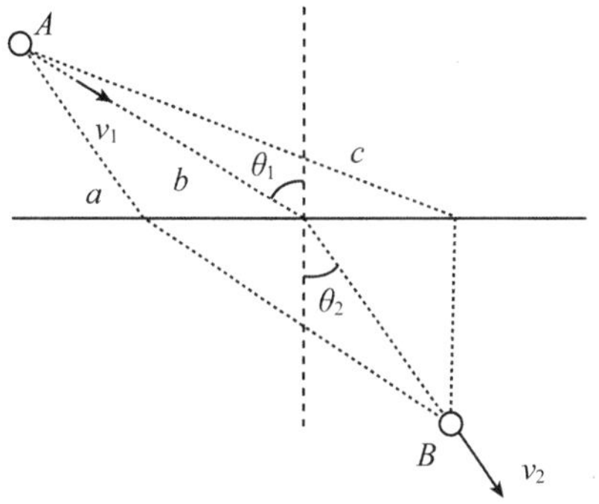
具体应用	在本题中,以直线 OQ 为界,左侧(含直线 OQ)B 球的速率为 $v_2=2$ m/s,右侧 B 球的速率为 $v_2'=1$ m/s。B 球沿直线 OQ 运动,相当于入射角为 90°,欲求以最短时间到达 P 点的路径,则折射角必满足折射定律,即$\frac{\sin 90°}{\sin\theta_2}=\frac{v_2}{v'_2}$,解得 $\theta_2=30°$,如图所示。确定了 v_2'的方向,α 角与 v_1 的最大值都可以根据几何关系逐一解决	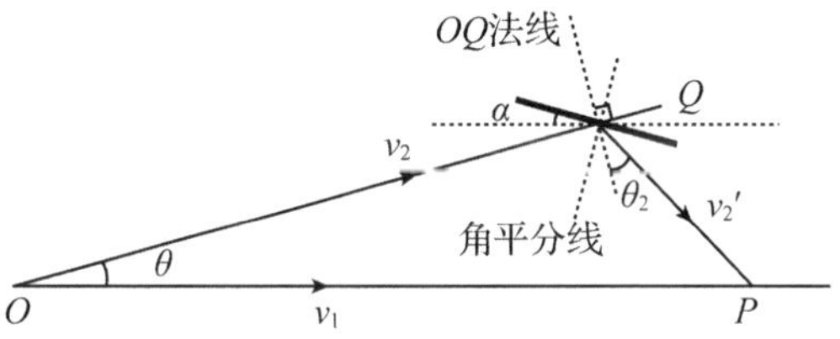

说明:思路三并没有给出相关结论的证明过程和题目完整的解答过程,感兴趣的读者可以自行查阅资料进行证明并完成题目的解答。

【例 3】(2024 年广东卷,第 9 题)如图所示,探测器及其保护背罩通过弹性轻绳连接降落伞。在接近某行星表面时以 60 m/s 的速度竖直匀速下落。此时启动“背罩分离”,探测器与背罩断开连接,背罩与降落伞保持连接。已知探测器质量为 1000 kg,背罩质量为 50 kg,该行星的质量和半径分别为地球的$\frac{1}{10}$和$\frac{1}{2}$。地球表面重力加速度大小取 $g=10\ \text{m/s}^2$。忽略大气对探测器和背罩的阻力。下列说法正确的有(　　)。

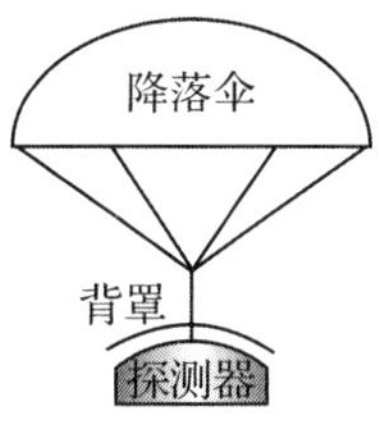

A. 该行星表面的重力加速度大小为 4 m/s^2

B. 该行星的第一宇宙速度为 7.9 km/s

C.“背罩分离”后瞬间，背罩的加速度大小为 80 m/s^2

D.“背罩分离”后瞬间，探测器所受重力对其做功的功率为 30 kW

本题主要考查万有引力作用下物体所受的力与运动的关系，即牛顿运动定律的运用，逻辑推理与论证过程如下。

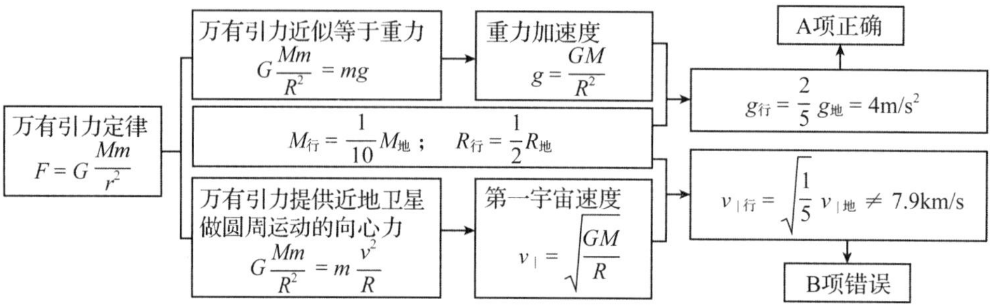

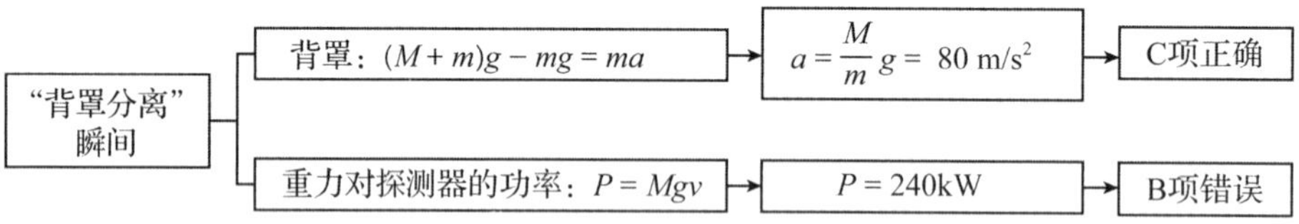

注意关键信息“弹性轻绳”，意味着“背罩分离”的瞬间轻绳的弹力保持不变，仍为背罩和探测器的重力之和。

【例 4】(2024 年湖南卷，第 14 题)如图，有一内半径为 $2r$、长为 L 的圆筒，左右端面圆心 O'、O 处各开有一小孔。以 O 为坐标原点，取 $O'O$ 方向为 x 轴正方向建立 xyz 坐标系。在筒内 $x\leqslant 0$ 区域有一匀强磁场，磁感应强度大小为 B，方向沿 x 轴正方向；筒外 $x\geqslant 0$ 区域有一匀强电场，场强大小为 E，方向沿 y 轴正方向。一电子枪在 O' 处向圆筒内多个方向发射电子，电子初速度方向均在 xOy 平面内，且在 x 轴正方向的分速度大小均为 v_0。已知电子的质量为 m、电量为 e，设电子始终未与筒壁碰撞，不计电子之间的相互作用及电子的重力。

(1)若所有电子均能经过 O 进入电场，求磁感应强度 B 的最小值；

(2)取(1)问中最小的磁感应强度 B，若进入磁场中电子的速度方向与 x 轴正方向最大夹角为 θ，求 $\tan\theta$ 的绝对值；

(3)取(1)问中最小的磁感应强度 B，求电子在电场中运动时 y 轴正方向的最大位移。

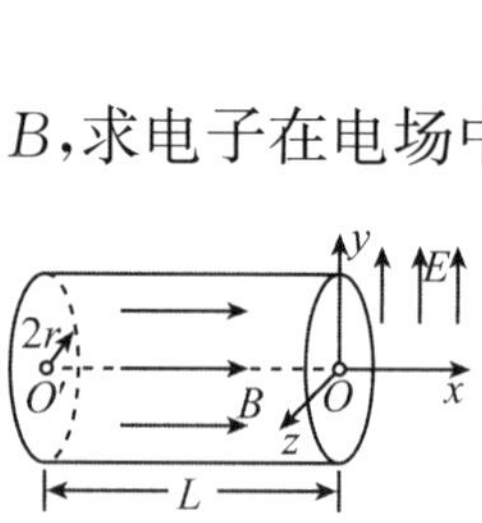

本题以电场和磁场的组合场为背景创设分析电子在空间内运动情况的学习探索问题情境。粒子若与磁场非垂直方向摄入，在磁场中的运动为螺旋线，解题关键是利用运动分解方法处理粒子非垂直射入磁场后的螺旋式运动，根据粒子的运动情况确定角度的极值情况。逻辑推理与论证过程如下。

第(1)问：电子入射方向不垂直磁场，在磁场中的运动为螺旋线，通过分解运动分析问题。

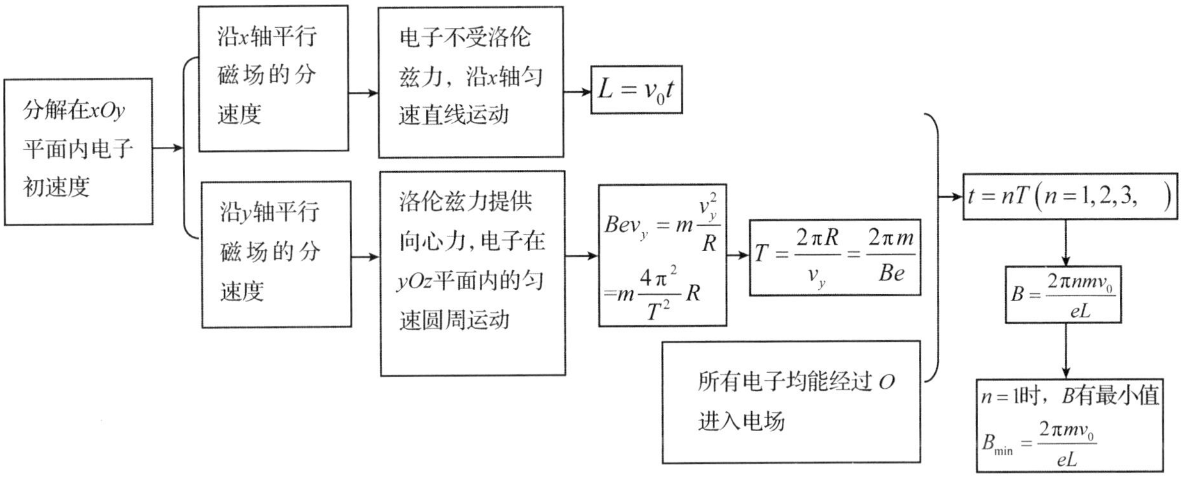

第(2)问：

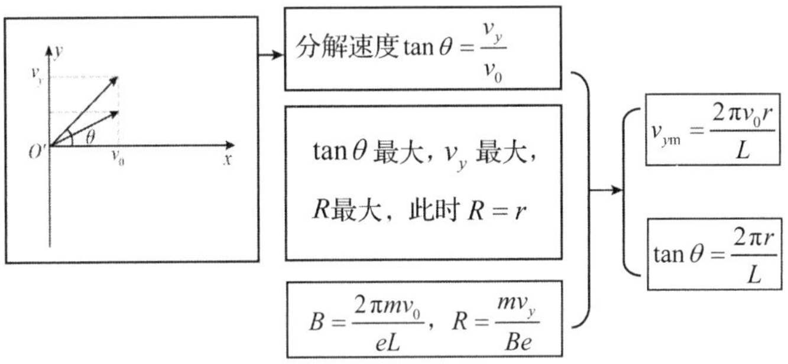

第(3)问：

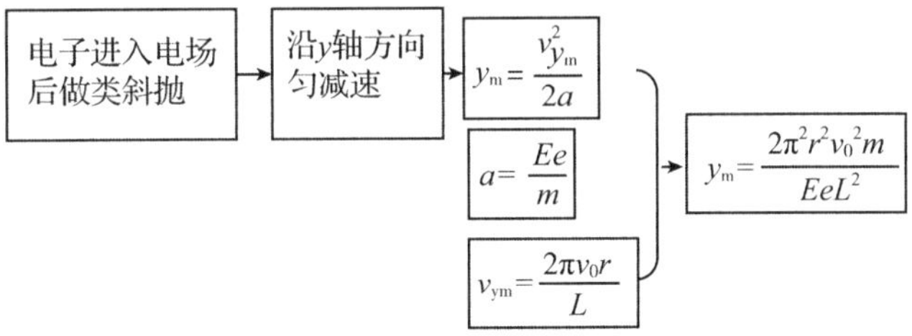

【例 5】(2023 年全国乙卷，第 25 题)如图，一竖直固定的长直圆管内有一质量为 M 的静止薄圆盘，圆盘与管的上端口距离为 l，圆管长度为 $20l$。一质量为 $m=\frac{1}{3}M$ 的小球从管的上端口由静止下落，并撞在圆盘中心，圆盘向下滑动，所受滑动摩擦力与其所受重力大小相等。小球在管内运动时与管壁不接触，圆盘始终水平，小球与圆盘发生的碰撞均为弹性碰撞且碰撞时间极短。不计空气阻力，重力加速度大小为 g。求：

(1)第一次碰撞后瞬间小球和圆盘的速度大小；

(2)在第一次碰撞到第二次碰撞之间，小球与圆盘间的最远距离；

(3)圆盘在管内运动过程中，小球与圆盘碰撞的次数。

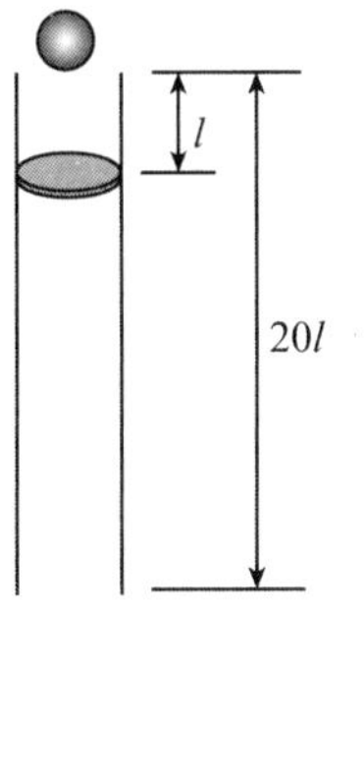

本题看似复杂的重复性运动背后一般都隐藏着简单的规律，由特殊到一般，这是归纳推理的思维方式。遇到周期性运动的问题，不要慌乱，先从第一个周期性运动开始研究，进而研究第二个，一般研究到第三个的时候就能发现背后所隐藏的规律，然后问题就会变得简单明了起来。

逻辑推理与论证过程如下。

为了便于区分，小球和圆盘的运动参量角标分别用 Q 和 P；为了逻辑主线更清晰，题给条件“$m=\frac{1}{3}M$”在思维导图中没有展示。

第(1)问：

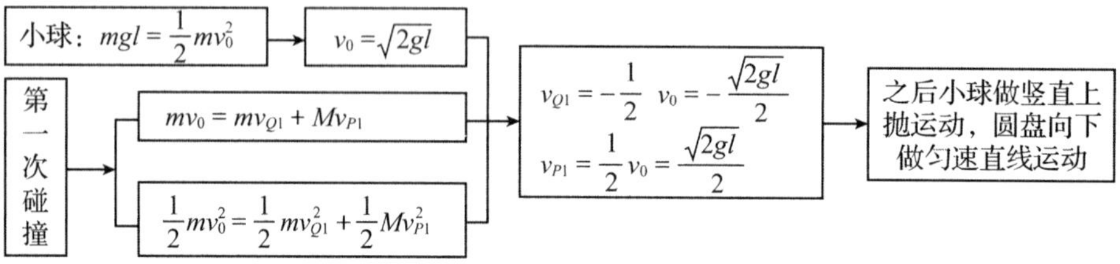

第(2)问：

“$v_0=\sqrt{2gl}$”作为已得结果，后续推理过程中不再重复展示。

取向下为正方向。小球和圆盘碰撞后，小球向上运动，圆盘向下运动，距离越来越远，一段时间后小球速度减到零并开始向下运动，速度小于圆盘速度时，小球和圆盘间的距离仍然增大，直到小球的速度等于圆盘的速度，小球和圆盘间的距离达到最大，之后小球的速度大于圆盘的速度，距离开始减小。(读者也可画出它们的 $v-t$ 图像进行分析)

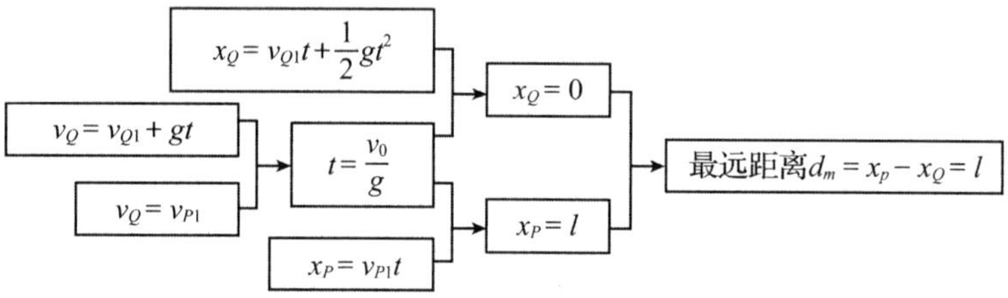

第(3)问：

取圆管顶端为坐标原点，竖直向下为 x 轴正方向，则第一次相碰时，圆盘的位置坐标为 $x_1=l$。第一次碰后至第二次碰后的过程：

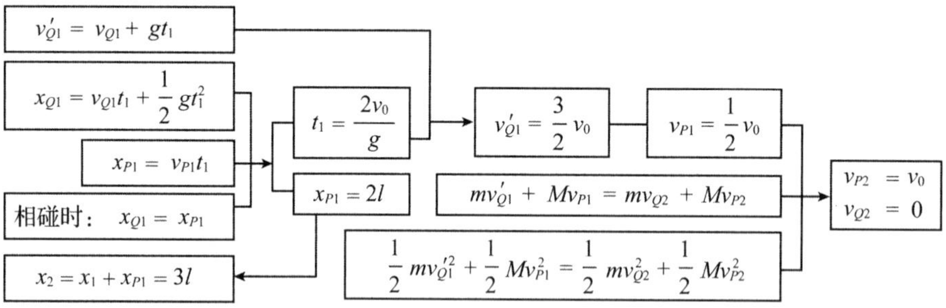

以同样的逻辑，可以求出t_2、t_3……均等于$t_1=\frac{2v_0}{g}$，$x_{P2}=4l$、$x_{P3}=6l$，并可推知$x_{P4}=8l$。第四次碰撞时，$x_4=x_1+x_{P1}+x_{P2}+x_{P3}=13l$，如果有第五次碰撞，则$x_5=13l+8l=21l>20l$，已超出了圆管的范围，因此，圆盘在管内运动过程中，小球与圆盘碰撞的次数为 4 次。

【例 6】(2022 年山东卷，第 17 题)中国“人造太阳”在核聚变实验方面取得新突破，该装置中用电磁场约束和加速高能离子，其部分电磁场简化模型如图所示，在三维坐标系 $Oxyz$ 中，$0<z\leqslant d$空间内充满匀强磁场Ⅰ，磁感应强度大小为 B，方向沿 x 轴正方向；$-3d\leqslant z<0$，$y\geqslant 0$ 的空间内充满匀强磁场Ⅱ，磁感应强度大小为$\frac{\sqrt{2}}{2}B$，方向平行于 xOy 平面，与 x 轴正方向夹角

为 45°；$z<0$，$y\leqslant0$ 的空间内充满沿 y 轴负方向的匀强电场。质量为 m、带电量为 $+q$ 的离子甲，从 yOz 平面第三象限内距 y 轴为 L 的点 A 以一定速度出射，速度方向与 z 轴正方向夹角为 β，在 yOz 平面内运动一段时间后，经坐标原点 O 沿 z 轴正方向进入磁场 Ⅰ。不计离子重力。

（1）当离子甲从 A 点出射速度为 v_0 时，求电场强度的大小 E；

（2）若使离子甲进入磁场后始终在磁场中运动，求进入磁场时的最大速度 v_m；

（3）离子甲以 $\dfrac{qBd}{2m}$ 的速度从 O 点沿 z 轴正方向第一次穿过 xOy 面进入磁场 Ⅰ，求第四次穿过 xOy 平面的位置坐标（用 d 表示）；

（4）当离子甲以 $\dfrac{qBd}{2m}$ 的速度从 O 点进入磁场 Ⅰ 时，质量为 $4m$、带电量为 $+q$ 的离子乙，也从 O 点沿 z 轴正方向以相同的动能同时进入磁场 Ⅰ，求两离子进入磁场后，到达它们运动轨迹第一个交点的时间差 Δt（忽略离子间相互作用）。

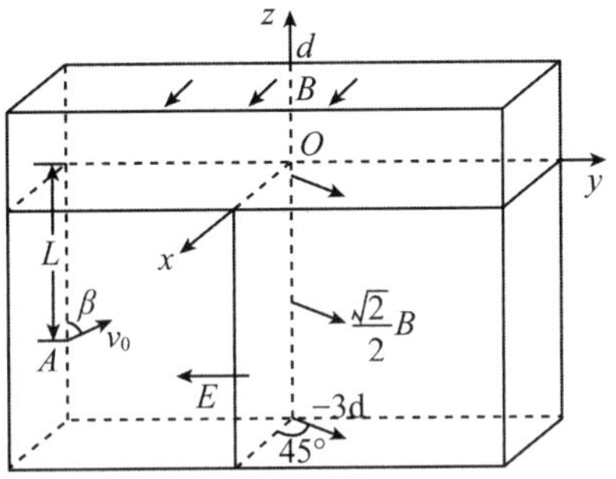

本题题干信息多，思维逻辑复杂，除了考查考生的理解能力，更加考查考生对模型建构和推理论证的能力。这需要考生有扎实的物理基础，以及对物理知识的灵活运用的能力，另外也考查了对数学中的三维空间想象能力，该能力也是解题关键。本题是对关键能力的考查，尤其是对逻辑推理与论证能力的综合考查。

逻辑推理与论证过程如下。

第（1）问：

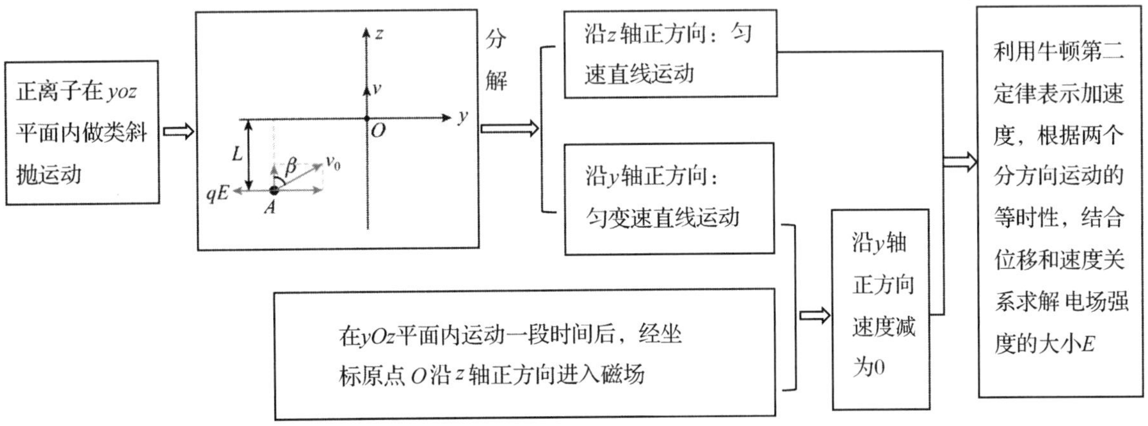

第(2)问：

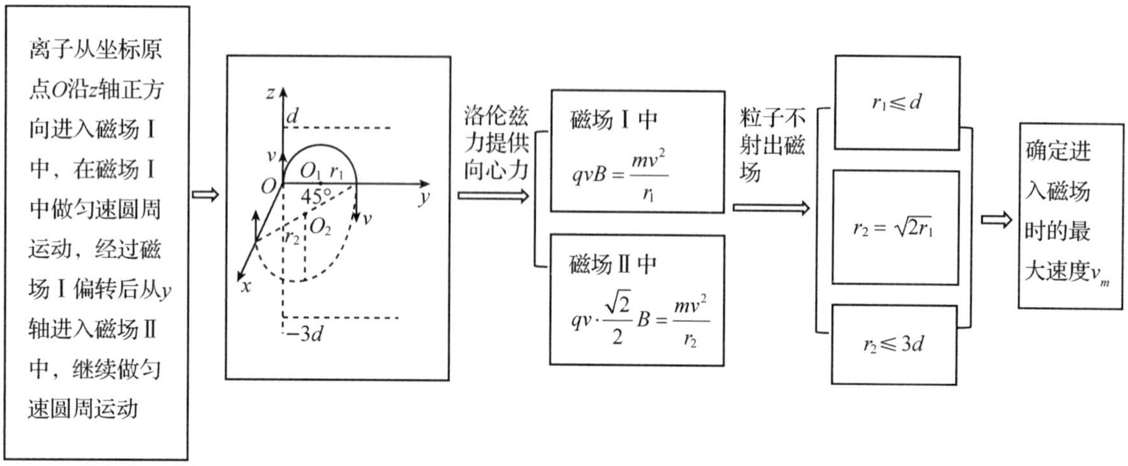

说明：由 $r_2=\sqrt{2}r_1$，只要离子不从下边界穿出，那就会从 x 轴沿 z 轴正方向回到磁场Ⅰ。

第(3)问：

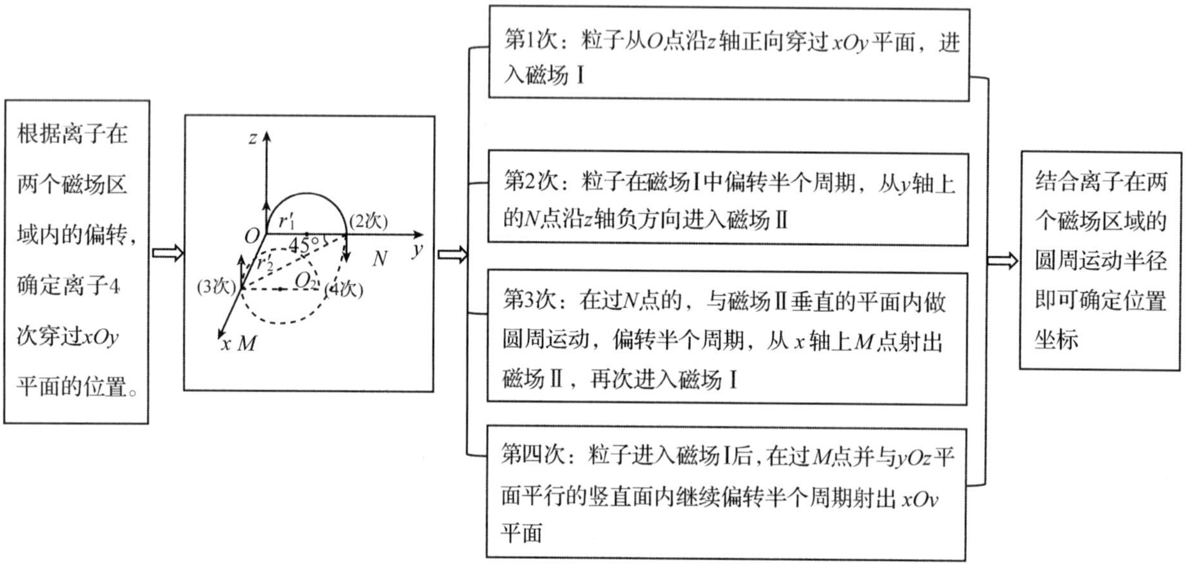

第(4)问：

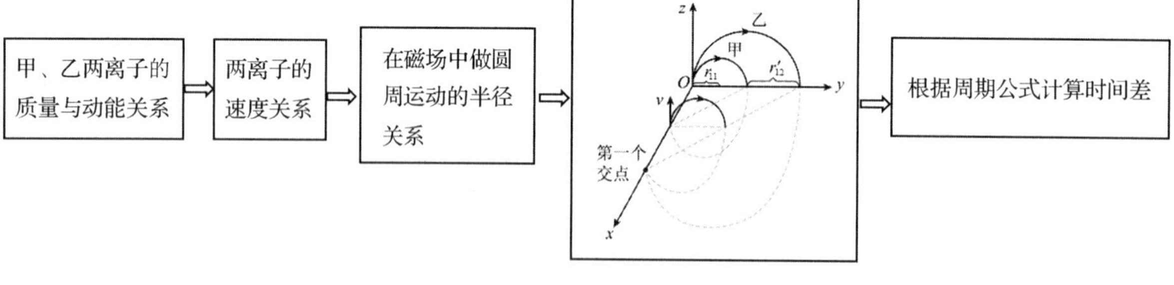

4. 批判性思维

批判性思维和辩证思维要求学生具有独立思考的能力，能够自觉运用分析推理、逻辑论证、甄别加工等方法，使用可靠的证据，得出自己的观点，解决实际问题。对于高考试题而言，批判性思维考查形式一般表现为：独立提出问题、评估证据与理由、揭示隐含前提、开放与竞争性结论、构造替代论证、阐释或评估可能的后果等。概括来讲，批判性思维以质疑和提出问题为起点，以获取证据、进行分析推理为过程，以得出有说服力的结论为结果。心智开放、独立思考、敢于质疑是批判性思维的必备品质，训练有素的逻辑推理与论证分析能力以及高水平的证据获取、评估与运用能力是批判性思维的必备技能。物理批判性思维能力是从物理学的视角对有关的信息能够反省地怀疑，面对各种物理问题情境，运用物理概念、规律、方法进行审慎思考、分析推理、评价重构等的多重能力，是学生解决问题的重要能力。

近几年的高考物理试题明显加强了对批判性思维能力的考查，主要体现在：①挖掘试题背景中的隐含前提，在探讨力和运动的试题中，能量守恒就是一个隐含前提，能量守恒与转化定律总是成立的；②寻找物理过程中的临界条件，这是高考命题的一个重要方向，如求解极值的问题；③结构不良问题，如周期性运动中的多解问题，初始条件的不确定造成结果的多种可能性问题；④发散思维，如同一个问题从不同角度解决。另外还有逆向思维、注意验证结果的合理性、推理论证的严密性，等等。

【例 1】(2024 全国甲卷，第 17 题) 如图，一光滑大圆环固定在竖直平面内，质量为 m 的小环套在大圆环上，小环从静止开始由大圆环顶端经 Q 点自由下滑至其底部，Q 为竖直线与大圆环的切点。则小环在下滑过程中对大圆环的作用力大小(　　)。

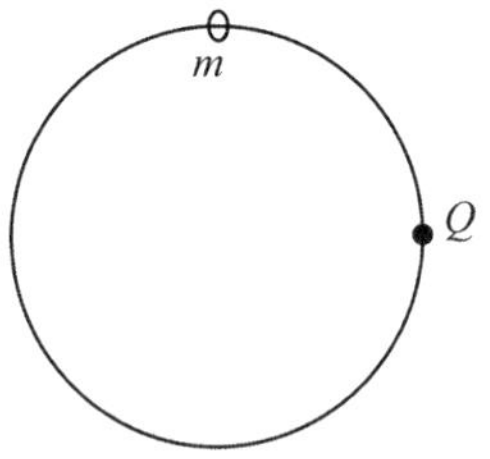

A. 在 Q 点最大　　B. 在 Q 点最小　　C. 先减小后增大　　D. 先增大后减小

本题与 2022 年全国乙卷第 16 题情境极为相似，同样都考查机械能守恒定律，但问题的设置差别很大，体现出了创新性的特点。

设大圆环的半径为 R，小环运动到某处 P 时与圆心连线跟竖直直径的夹角为 θ，大圆环对小环的作用力大小为 F，方向沿半径指向圆心。小环的受力分析如下图所示。

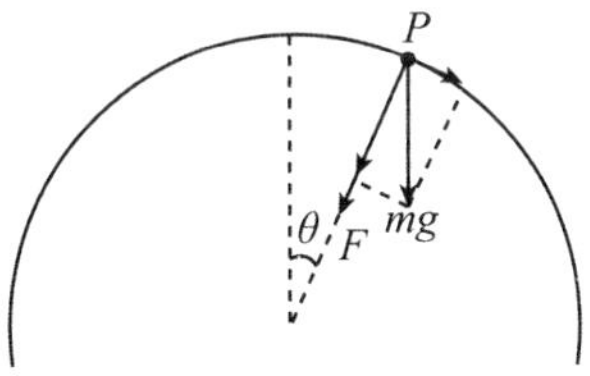

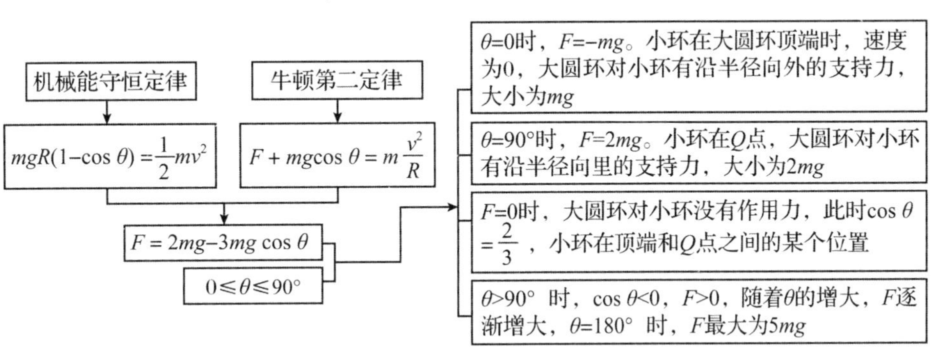

本题关键之一是能够找到重要的临界状态——“$F=0$”，即弹力方向变化的位置，$0\leqslant\theta\leqslant\arccos\frac{2}{3}$时，小圆环受到的弹力沿半径向外，减小为 0；$\arccos\frac{2}{3}\leqslant\theta\leqslant180^\circ$时，小圆环受到的

弹力沿半径向里，增大至 5 mg，小圆环受力情况如下图所示，

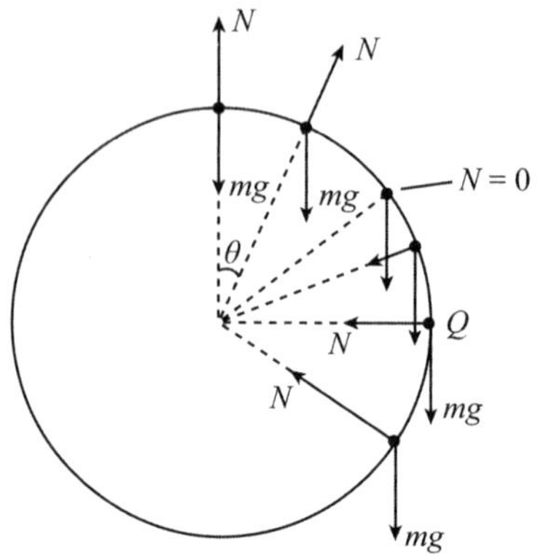

【例 2】(2024 年山东卷，第 12 题)如图所示，工程队向峡谷对岸平台抛射重物，初速度 v_0 大小为 20 m/s，与水平方向的夹角为 30°，抛出点 P 和落点 Q 的连线与水平方向夹角为 30°，重力加速度大小取 10 m/s²，忽略空气阻力。重物在此运动过程中，下列说法正确的是(　　)。

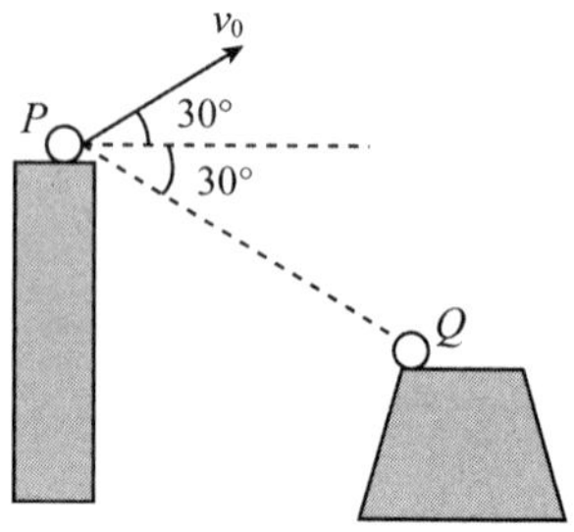

A. 运动时间为 $2\sqrt{3}\,s$

B. 落地速度与水平方向夹角为 60°

C. 重物离 PQ 连线的最远距离为 10 m

D. 轨迹最高点与落点的高度差为 45 m

运动分解方法	方法一	方法二	方法三
	水平(x)、竖直(y)	平行于 $PQ(x)$、垂直于 $PQ(y)$	v_0 方向、竖直方向
示意图	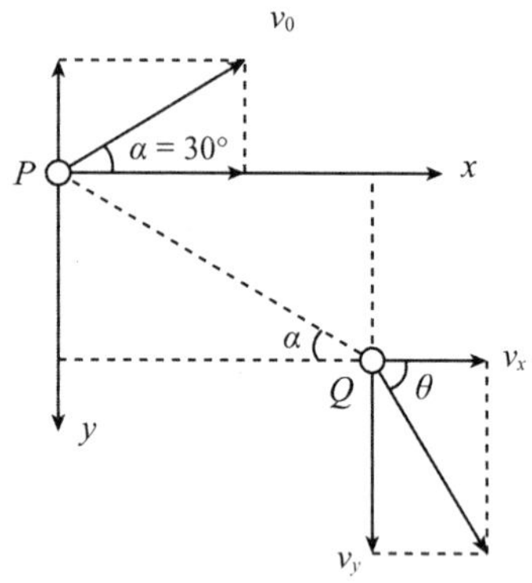	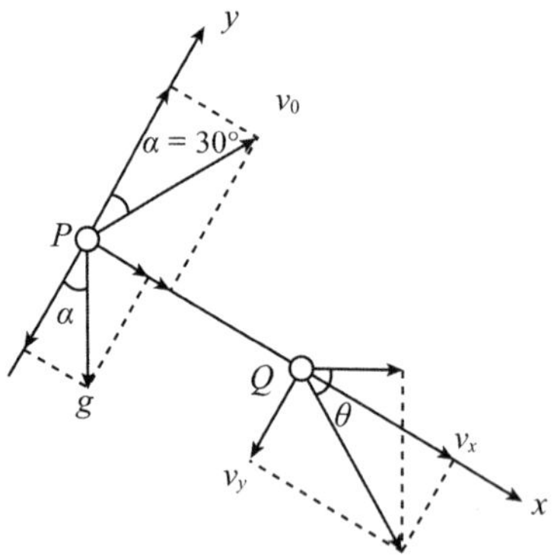	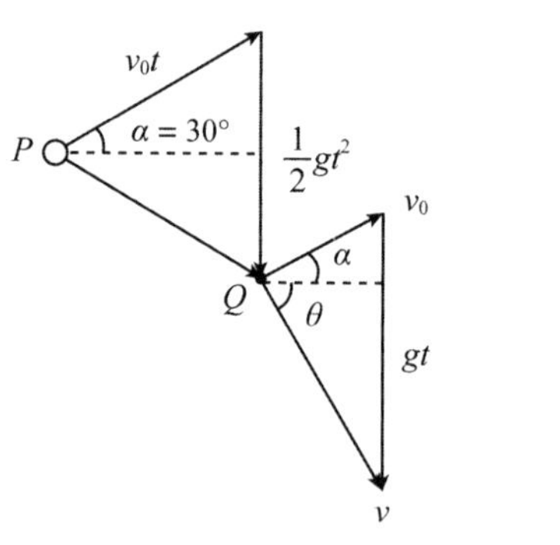
A	$x=v_0\cos\alpha\cdot t$ $y=-v_0\sin\alpha\cdot t+\frac{1}{2}gt^2$ $\frac{y}{x}=\tan\alpha$ 联立解得：$t=4$ s	重物垂直于 PQ 方向向上抛出，到距离 PQ 最远的点后又落回 PQ，运动具有对称性，总时间为 $t=2\frac{v_0\cos\alpha}{g\cos\alpha}=4$ s	重物在 v_0 方向和竖直方向位移的矢量和等于实际位移 x_{PQ}，由几何关系可得 $v_0t=\frac{1}{2}gt^2$，解得：$t=4$ s
B	$v_x=v_0\cos\alpha$ $v_y=-v_0+gt$ $\tan\theta=\frac{v_y}{v_x}$ 联立解得：$\tan\theta=\sqrt{3}$ 即，$\theta=60°$	$v_x=v_0\sin\alpha+g\sin\alpha\cdot t$ $v_y=v_0\cos\alpha$ 重物在 Q 点的速度 $v=\sqrt{v_x^2+v_y^2}=20\sqrt{3}$ m/s $\tan\theta=\frac{v_0\cos\alpha}{v}=\sqrt{3}$ 即，$\theta=60°$	重物在 Q 点的速度为初速度 $v_0=20$ m/s 与速度的变化量 $\Delta v=gt=40$ m/s 的矢量和，由几何关系可得 v 垂直于 v_0，因此，$\theta=90°-\alpha=60°$

续表

运动分解方法	方法一	方法二	方法三
	水平(x)、竖直(y)	平行于 $PQ(x)$、垂直于 $PQ(y)$	v_0 方向、竖直方向
C	重物离 PQ 的最远距离 $d=\frac{v_0\cos\theta}{2}\cdot\frac{t}{2}=10\sqrt{3}\,\text{m}$	重物离 PQ 的最远距离 $d=\frac{(v_0\cos\alpha)^2}{2g\cos\alpha}=10\sqrt{3}\,\text{m}$	重物离 PQ 的最远距离 $d=\frac{v_0\cos\theta}{2}\cdot\frac{t}{2}=10\sqrt{3}\,\text{m}$
D	竖直上升的最大高度 $h_m=\frac{(v_0\sin\alpha)^2}{2g}=5\text{ m}$ 从 P 到 Q 下落的高度 $y=-v_0\sin\alpha\cdot t+\frac{1}{2}gt^2=$ 40 m 轨迹最高点与落点的高度差 $\Delta h=h_m+y=45\text{ m}$	参考方法一或方法三	竖直上升的最大高度 $h_m=\frac{(v_0\sin\alpha)^2}{2g}=5\text{ m}$ 从 P 到 Q 下落的高度 $y=\frac{1}{2}\cdot\frac{1}{2}gt^2=40\text{ m}$ 轨迹最高点与落点的高度差 $\Delta h=h_m+y=45\text{ m}$

三种不同的分解方法对于判断不同的选项各有优劣。方法三判断 A、B 两项更方便快捷，而要判断 C 项，则需借助垂直于 PQ 方向的运动；方法二在判断 C 项方面有得天独厚的优势，但是同方法三一样，判断 D 项则离不开竖直方向的分运动；方法一是最常见的分解方法，中规中矩，但是同方法三一样，判断 C 项需要借助垂直于 PQ 方向的运动。因此，要选择怎样的方法将曲线运动进行分解，在解题时需要慎重考虑，不同的方法对解决问题的简单烦琐程度差别很大，要有选择最优分解法的意识。还有如写出抛物线轨迹方程的方法，数学味更浓，必要时也可以选择使用。

【例 3】(2024 年湖北卷，第 10 题)如图所示，在光滑水平面上静止放置一质量为 M、长为 L 的木块，质量为 m 的子弹水平射入木块。设子弹在木块内运动过程中受到的阻力不变，其大小 f 与射入初速度大小 v_0 成正比，即 $f=\text{k}v_0$（k 为已知常数）。改变子弹的初速度大小 v_0，若木块获得的速度最大，则（　　）。

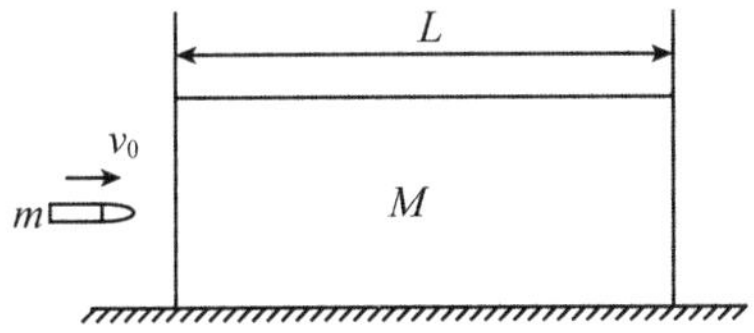

A. 子弹的初速度大小为$\frac{2\text{k}L(m+M)}{mM}$

B. 子弹在木块中运动的时间为$\frac{2mM}{\text{k}(m+M)}$

C. 木块和子弹损失的总动能为$\frac{\text{k}^2L^2(m+M)}{mM}$

D. 木块在加速过程中运动的距离为$\frac{mL}{m+M}$

以“子弹打木块”为背景素材，创设寻求物块获得最大速度的临界状态的学习探索问题情境。设子弹射入木块或击穿木块后的速度为 v_1，木块获得的速度为 v_2。

第一种情况：子弹未击穿木块。

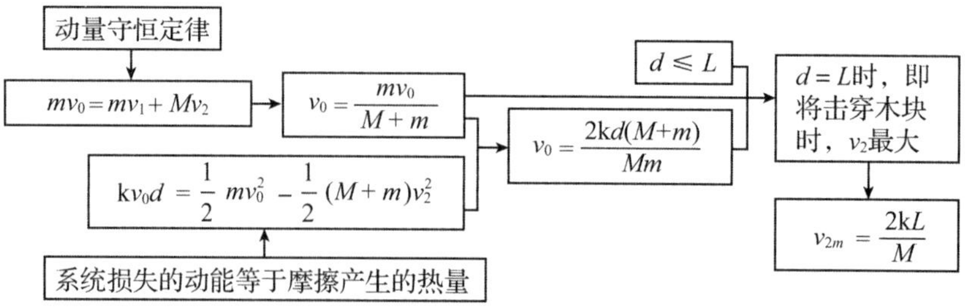

第二种情况：子弹击穿了木块。

思路一：基于用平均速度求位移。

设击穿木块的时间为 t。

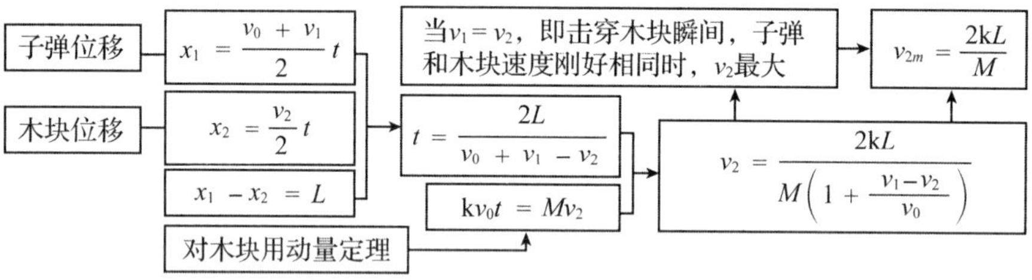

思路二：基于函数求极值。

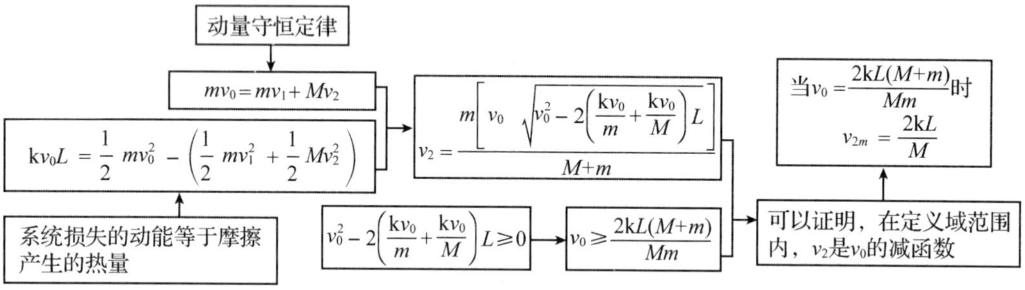

综上，当子弹刚击穿(或刚好未击穿)木块时($v_1=v_2$)，木块获得的速度最大 $v_{2m}=\frac{2kL}{M}$。以下为基于思路一的推理论证过程。

推理依据	推理结果	选项判断
$mv_0=(M+m)v_2$	$v_0=\frac{2kL(m+M)}{mM}$	A 项正确
$t=\frac{2L}{v_0+v_1-v_2}$	$t=\frac{2L}{v_0}=\frac{mM}{k(m+M)}$	B 项错误
$\Delta E=Q=kv_0L$	$\Delta E=\frac{2k^2L^2(m+M)}{mM}$	C 项错误
$x_2=\frac{v_2}{2}t$	$x_2=\frac{mL}{m+M}$	D 项正确

子弹与木块间的摩擦力为一恒力，但这一恒力与子弹的初速度成正比，这一受力特点对子弹和木块的运动分析带来困难，容易找不到解决问题的突破口。

用函数求极值的方法解决本题，计算量大，对数学方法的应用要求很高，很容易让人知难而退，最终不能得出正确的结果。

【例 4】(2024 年河北卷，第 15 题)如图，三块厚度相同、质量相等的木板 A、B、C(上表面均粗糙)并排静止在光滑水平面上，尺寸不计的智能机器人静止于 A 木板左端。已知三块木板质量均为 2.0 kg，A 木板长度为 2.0 m，机器人质量为 6.0 kg，重力加速度 g 取10 m/s²，忽略空气阻力。

(1)机器人从 A 木板左端走到 A 木板右端时，求 A、B 木板间的水平距离。

(2)机器人走到 A 木板右端相对木板静止后，以做功最少的方式从 A 木板右端跳到 B 木板左端，求起跳过程机器人做的功，及跳离瞬间的速度方向与水平方向夹角的正切值。

(3)若机器人以做功最少的方式跳到 B 木板左端后立刻与 B 木板相对静止，随即相对 B 木板连续不停地 3 次等间距跳到 B 木板右端，此时 B 木板恰好追上 A 木板。求该时刻 A、C 两木板间距与 B 木板长度的关系。

本题汇集了“人船”模型、“板块”模型、斜上抛运动等典型运动模型，都是教材和往年高考反复出现的模型，但本题设计出新意。

第(1)问：

以机器人和 A 木板为研究对象，任意时刻均满足动量守恒。

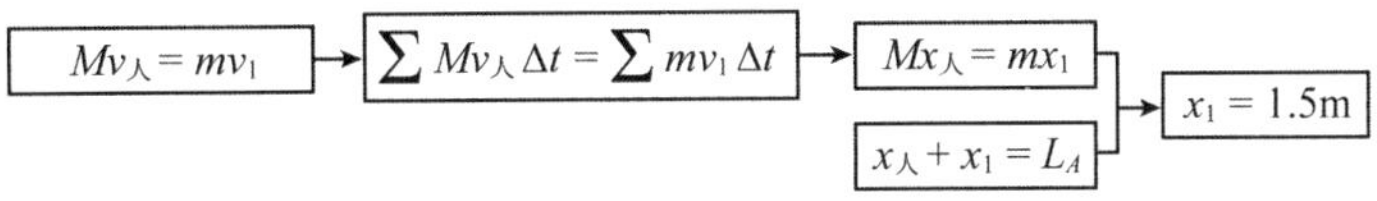

第(2)问：

设机器人跳起的速度大小为 v_0，方向与水平方向成 θ 角，从跳起到落到 B 木板上经历的时间为 t，A 木板向左运动的速度大小为 v_A。

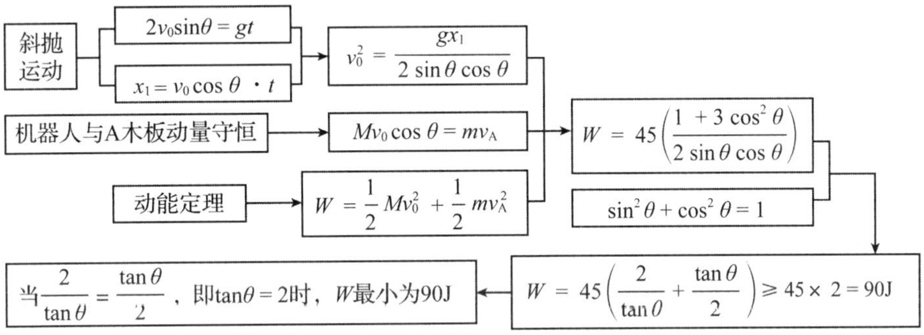

第(3)问：

思路一：由第(2)问可得：W 最小时，$\tan\theta=2$，$v_0\cos\theta=\frac{\sqrt{15}}{2}$ m/s，$t=\frac{\sqrt{15}}{5}$ s。

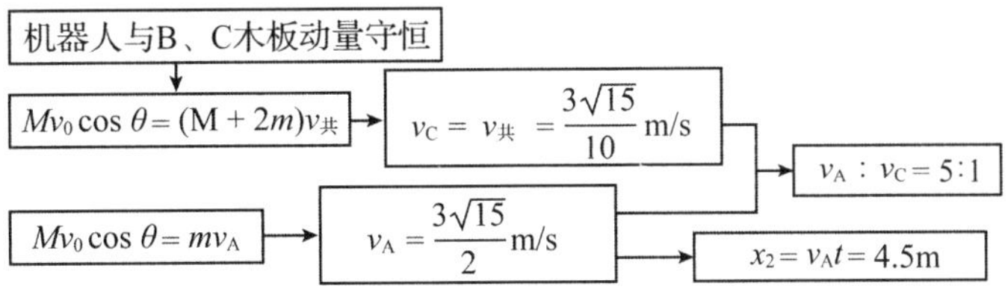

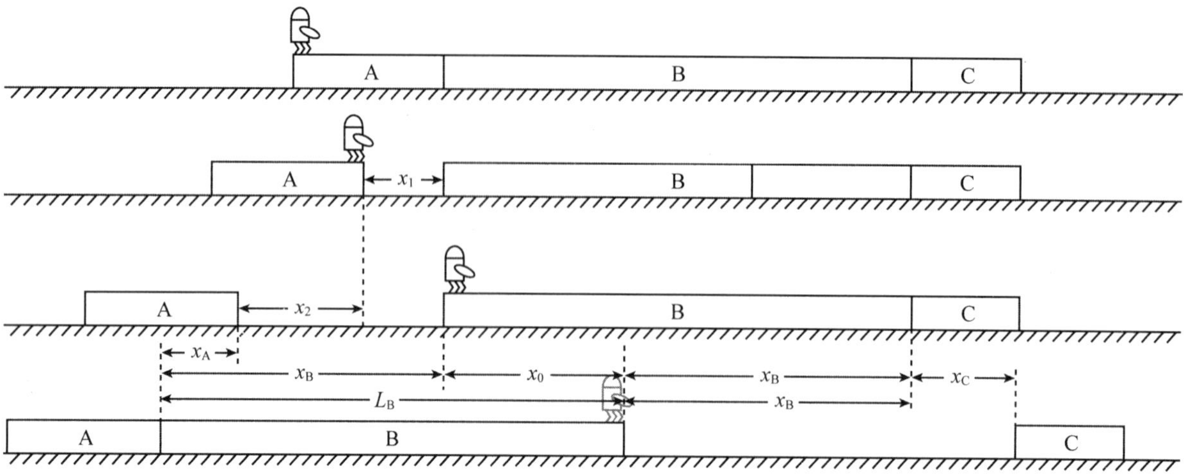

机器人和 B 木板在水平方向上动量守恒，设机器人跳离 B 木板后水平速度为 v_x，方向向右，B 木板的速度为 v_B，方向向左，三连跳的总时间为 t_0。根据动量守恒定律：

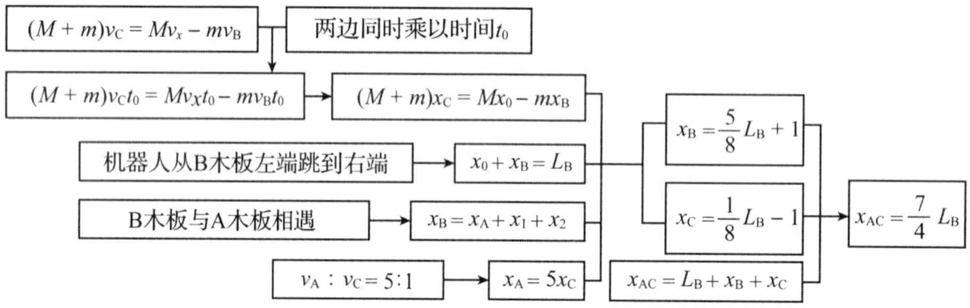

思路二：

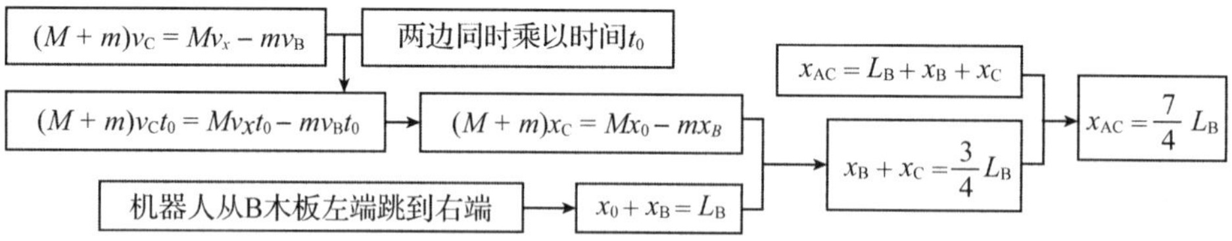

说明：思路二中只用了思路一中的两个关系式：$(M+m)x_C=Mx_0-mx_B$ 和 $x_0+x_B=L_B$，且无须求 A、C 的速度和位移。仅由两个式子无法求出 x_B与 L_B的关系，也无法求出 x_C与 L_B的关系，但非常巧的是可以求出 x_B+x_C与 L_B的关系，而 A、C 间的距离 $x_{AC}=L_B+x_B+x_C$，从而很容易得出 x_{AC}与 L_B的关系。这里所谓的“巧”，思路三会告诉我们其中的必然性。

思路三：

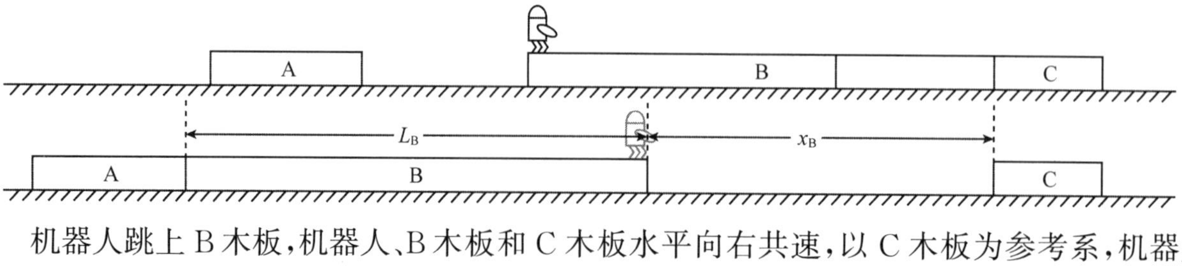

机器人跳上 B 木板，机器人、B 木板和 C 木板水平向右共速，以 C 木板为参考系，机器人和 B 木板均处于静止状态，机器人从 B 木板左端跳到右端（跳几次不重要），用与第(1)问完全相同的方法可以求出，机器人跳到 B 木板右端时 B 木板向左移动的位移大小为 $x_B=\frac{3}{4}L_B$，而此时 B 木板刚好追上 A 木板，因此 A 木板与 C 木板之间的距离 $x_{AC}=L_B+x_B=\frac{7}{4}L_B$。

写出功的三角函数表达式计算量较大，容易写错；想不到将三角函数整理成均值不等式的样子，从而不容易找到功的最小值及其对应的角度的正切值。

第(3)问涉及的物体多(机器人、A、B、C 木板)，运动过程复杂，物体间的位移关系复杂，短时间内难以梳理出清晰简洁的思路，答题时容易半途而废。

【例 5】(2023 年全国甲卷，第 20 题)光滑刚性绝缘圆筒内存在着平行于轴的匀强磁场，筒上 P 点开有一个小孔，过 P 的横截面是以 O 为圆心的圆，如图所示。一带电粒子从 P 点沿 PO 射入，然后与筒壁发生碰撞。假设粒子在每次碰撞前、后瞬间，速度沿圆上碰撞点的切线方向的分量大小不变，沿法线方向的分量大小不变、方向相反；电荷量不变，不计重力。下列说法正确的是(　　)。

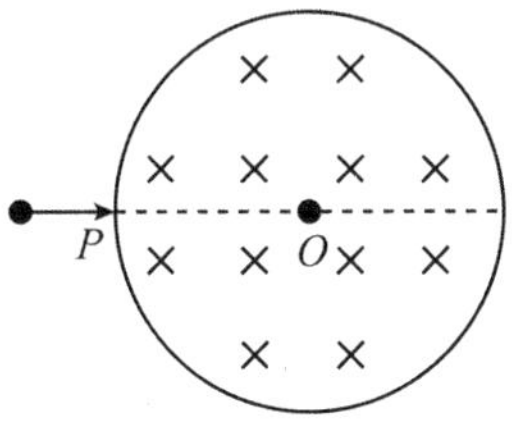

A. 粒子的运动轨迹可能通过圆心 O

B. 最少经 2 次碰撞，粒子就可能从小孔射出

C. 射入小孔时粒子的速度越大，在圆内运动时间越短

D. 每次碰撞后瞬间，粒子速度方向一定平行于碰撞点与圆心 O 的连线

本题粒子最少经几次碰撞，粒子就可能从小孔射出？是否射入小孔时粒子的速度越大，在圆内运动时间越短？问题都极具发散性，很好地考查了学生的发散性思维。具体分析过程如下。

①对粒子任意一次沿半径指向圆心方向射向圆区域磁场运动轨迹的分析。

分析思路	分析过程		结论
	物理量及其关系	数学模型	
缩扩圆	由洛伦兹力提供向心力 $qvB=m\dfrac{v^2}{R}$，得 $R=\dfrac{mv}{qB}$，又 m、q、B 一定，则 v 越大，R 越大	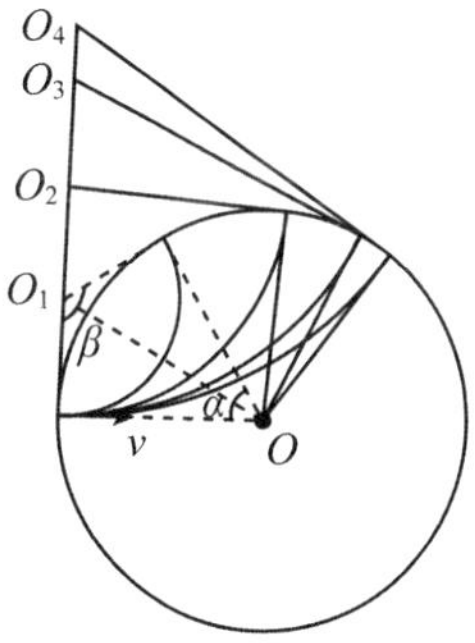	随速度增大，轨迹圆半径增大，轨迹会越来越靠近入射速度所在的区域圆的直径，但不可能通过圆心。因此，A 选项错误

②对粒子从 P 点进入圆筒经多次偏转后从 P 点射出圆筒的全过程分析。

	分析项目	物理量及其关系		结论
1	对粒子每次偏转，入射速度与转过的圆心角的关系	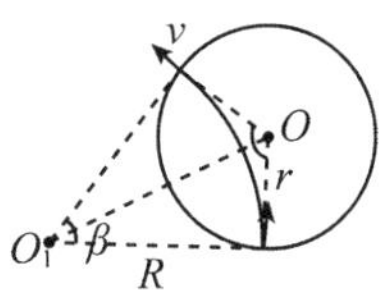	$R=\dfrac{mv}{qB}$， $\tan\dfrac{\alpha}{2}=\dfrac{R}{r}=\dfrac{mv}{qBr}$ $\beta=\pi-\alpha$，	v 越大，α 越大， 且 $0<\alpha<\pi$

续表

	分析项目	物理量及其关系		结论
2	粒子经过多次偏转又从 P 点射出满足的条件	例如：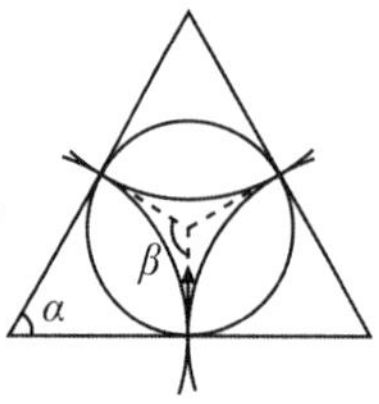	$n\alpha=2k\pi$，即 n 次偏转对应圆轨迹的圆心角总和等于圆筒圆周角的整数倍时会射出	$\alpha=\frac{2k\pi}{n}$
3	粒子从射入到射出运动的时间	粒子圆周运动周期 $T=\frac{2\pi m}{qB}$，经过 n 次偏转的时间 $t=n\left(\frac{\beta}{2\pi}\right)T=n\left(\frac{\pi-\alpha}{2\pi}\right)\left(\frac{2\pi m}{qB}\right)$		$t=\frac{\pi m}{qB}(n-2k)$

讨论分析：以 $k=1$ 为例详细分析如下。

$n=1$，$\alpha=2\pi$，$n=2$，$\alpha=\pi$，以上不满足角度条件，不成立。

$n=3$，$\alpha=\frac{2k\pi}{n}=\frac{2\pi}{3}$，$t=\frac{\pi m}{qB}(n-2k)=\frac{\pi m}{qB}$；

$n=4$，$\alpha=\frac{2k\pi}{n}=\frac{\pi}{2}$，$t=\frac{\pi m}{qB}(n-2k)=\frac{2\pi m}{qB}$；

$n=5$，$\alpha=\frac{2k\pi}{n}=\frac{2\pi}{5}$，$t=\frac{\pi m}{qB}(n-2k)=\frac{3\pi m}{qB}$。

依此类推可得，$k=1$ 时，$n=3$，α 最大，表示为 $\alpha_{1\max}=\frac{2\pi}{3}$，对应入射速度 $v_{1\max}$；t 最小表示为 $t_{1\min}=\frac{\pi m}{qB}$；

同理可得，

$k=2$ 时，$n=5$，$\alpha_{2\max}=\frac{4\pi}{5}$，对应入射速度 $v_{2\max}$；$t_{2\min}=\frac{\pi m}{qB}$。

$k=3$ 时，$n=7$，$\alpha_{3\max}=\frac{6\pi}{7}$，对应入射速度 $v_{2\max}$；$t_{3\min}=\frac{\pi m}{qB}$。

归纳：

①若 k 确定，n 越小，α 越大，对应速度越大，t 越小。

②k 不同时，

$\alpha_{1\max}<\alpha_{2\max}<\alpha_{3\max}<\cdots<\alpha_{k\max}$；

$v_{1\max}<v_{2\max}<v_{3\max}<\cdots<v_{k\max}$；

$t_{1\max}=t_{2\max}=t_{3\max}=\cdots=t_{k\max}$。

综上分析：

①并非 v 越大，t 越短，C 选项错误。

②$k=1$ 时，$n=3$，此时对应碰撞次数最少，碰撞 2 次，B 选项正确。

5. 实验探究

实验探究能力是指能够根据已有条件制定实验探究方案，根据实验数据形成合理结论并作出科学解释和评价的能力：会使用仪器，会观察、分析实验现象，会记录、处理实验数据，并得出结论，能够对结论进行分析和评价；能够根据方案的实验结果不断修正和改进方案；能够运用已学过的物理理论、实验方法和实验仪器处理问题。主要包括：实验设计能力、数据处理能力、信息转化能力、动手操作能力等。

【例 1】（2024 年湖北卷，第 12 题）某同学设计了一个测量重力加速度大小 g 的实验方案，所用器材有：2g 砝码若干、托盘 1 个、轻质弹簧 1 根、米尺 1 把、光电门 1 个、数字计时器 1 台等。

具体步骤如下。

①将弹簧竖直悬挂在固定支架上，弹簧下面挂上装有遮光片的托盘，在托盘内放入一个砝码，如图(a)所示。

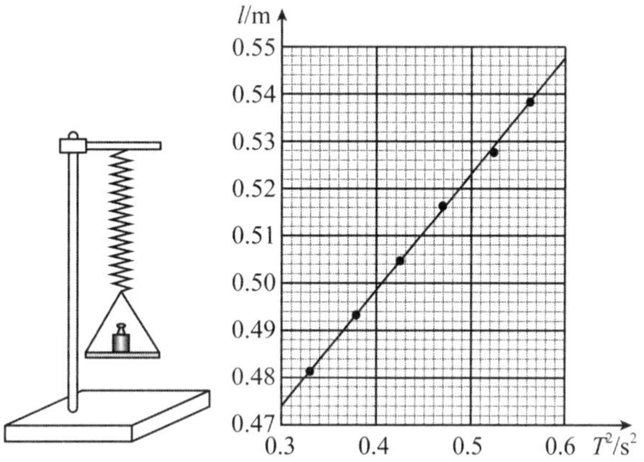

图(a)　　图(b)

②用米尺测量平衡时弹簧的长度 l，并安装光电门。

③将弹簧在弹性限度内拉伸一定长度后释放，使其在竖直方向振动。

④用数字计时器记录 30 次全振动所用时间 t。

⑤逐次增加托盘内砝码的数量，重复②③④的操作。

该同学将振动系统理想化为弹簧振子。已知弹簧振子的振动周期 $T=2\pi\sqrt{\dfrac{M}{k}}$，其中 k 为弹簧的劲度系数，M 为振子的质量。

(1)由步骤④，可知振动周期 $T=$________。

(2)设弹簧的原长为 l_0，则 l 与 g、l_0、T 的关系式为 $l=$________。

(3)由实验数据作出的 $l-T^2$ 图线如图(b)所示，可得 $g=$________$\mathrm{m/s^2}$（保留三位有效数字，π^2 取 9.87）。

(4)本实验的误差来源包括________。（双选，填标号）

A. 空气阻力

B. 弹簧质量不为零

C. 光电门的位置稍微偏离托盘的平衡位置

人教版高中物理教材选择性必修第一册第二章第 5 节用单摆测量重力加速度，但在第 48 页左上角有一句话“理论上，与重力相关的物理现象都可以用来测量 g。”本题就创设了用竖直弹簧振子模型测量重力加速度，只是将第 1 节第 33 页“做一做”中竖直弹簧振子的小球换成了托盘和砝码而已。

通常是利用单摆的周期公式计算重力加速度，但本题给的新信息是“弹簧振子的振动周期 $T=2\pi\sqrt{\dfrac{M}{k}}$”，令人困惑的是这个周期公式中没有重力加速度 g。

题目出现“弹簧的长度 l”“弹簧的原长为 l_0”，要求写出“l 与 g、l_0、T 的关系式”，可以联想起弹簧胡克定律 $F=K(l-l_0)$；振子静止时，$F=Mg$，再联立其他方程就可以解决了。

问题		测量重力加速度大小 g
证据	方案设计	弹簧振子的振动周期 $T=2\pi\sqrt{\dfrac{M}{k}}$ 得振子的质量 $M=\dfrac{kT^2}{4\pi^2}$ 振子平衡时，根据平衡条件 $Mg=k\Delta l$ 可得 $\Delta l=\dfrac{gT^2}{4\pi^2}$ 则 l 与 g、l_0、T 的关系式为 $l=l_0+\Delta l=l_0+\dfrac{gT^2}{4\pi^2}$
解释	分析数据	30 次全振动所用时间 t，则振动周期 $T=\dfrac{t}{30}$
	得出结论	根据 $l=l_0+\dfrac{gT^2}{4\pi^2}$ 整理可得 $l=l_0+\dfrac{g}{4\pi^2}\cdot T^2$ 则 $l-T^2$ 图像斜率 $k=\dfrac{g}{4\pi^2}=\dfrac{0.542-0.474}{0.58-0.3}$ 解得 $g\approx 9.59\ \text{m/s}^2$
	评估	A. 空气阻力的存在会影响弹簧振子的振动周期，是实验的误差来源之一，故 A 正确； B. 弹簧质量不为零导致振子在平衡位置时弹簧的长度变化，不影响其他操作，根据(3)中处理方法可知对实验结果没有影响，故 B 错误； C. 根据实验步骤可知光电门的位置稍微偏离托盘的平衡位置会影响振子周期的测量，是实验的误差来源之一，故 C 正确

【例 2】(2024 广东卷，第 12 题)某科技小组模仿太阳能发电中的太阳光自动跟踪系统，制作光源跟踪演示装置，实现太阳能电池板方向的调整，使电池板正对光源。图甲是光照方向检测电路。所用器材有：电源 E(电动势 3 V)、电压表(V_1)和(V_2)(量程均有 3V 和 15V，内阻均可视为无穷大)；滑动变阻器 R；两个相同的光敏电阻 R_{G1} 和 R_{G2}；开关 S；手电筒；导线若干。图乙是实物图。图中电池板上垂直安装有半透明隔板，隔板两侧装有光敏电阻，电池板固定在电动机转轴上。控制单元与检测电路的连接未画出。控制单元对光照方向检测电路无影响。请完成下列实验操作和判断。

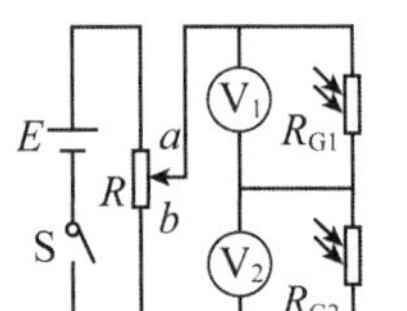

甲

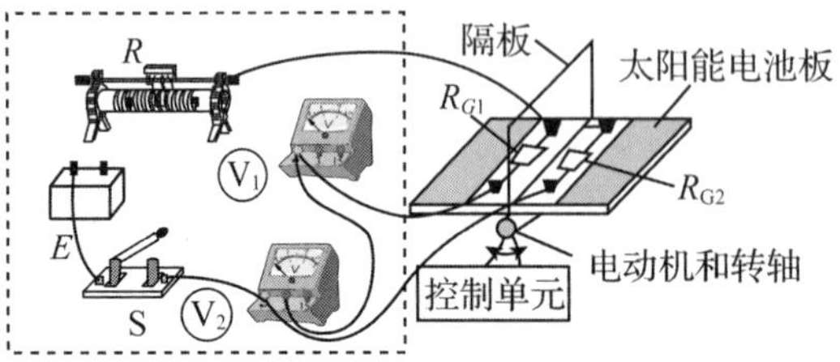

乙

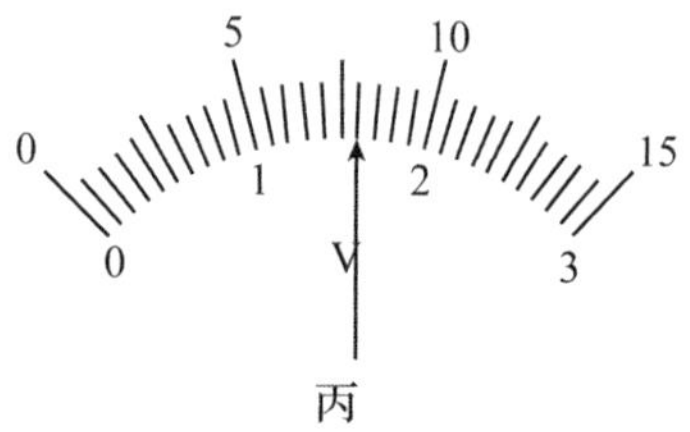

丙

(1)电路连接。

图乙中已正确连接了部分电路，请完成虚线框中滑动变阻器 R、电源 E、开关 S 和电压表(V)间的实物图连线。

(2)光敏电阻阻值与光照强度关系测试。

①将图甲中 R 的滑片置于端。用手电筒的光斜照射到 R_{G1} 和 R_{G2}，使 R_{G1} 表面的光照强度比 R_{G2} 表面的小。

②闭合 S，将 R 的滑片缓慢滑到某一位置。(V)的示数如图丙所示，读数 U_1 为 V，U_2 的示数为 1.17 V。由此可知，表面光照强度较小的光敏电阻的阻值(填“较大”或“较小”)。

③断开 S。

(3)光源跟踪测试。

①将手电筒的光从电池板上方斜照射到 R_{G1} 和 R_{G2}。②闭合 S。并启动控制单元。控制单元检测并比较两光敏电阻的电压，控制电动机转动。此时两电压表的示数 $U_1<U_2$，图乙中的电动机带动电池板(填“逆时针”或“顺时针”)转动，直至时停止转动，电池板正对手电筒发出的光。

本题要制作光源跟踪演示装置，实现太阳能电池板方向的调整，但仔细审题发现，同样是电路基础知识的应用。

<table>
<tr><th>困惑</th><th>文本信息实物图</th><th>创新思维</th></tr>
<tr>
<td>虽然知道电压表的示数 $U_1<U_2$，意味着 $R_{G1}<R_{G2}$，但是看不懂图，不知道电池板如何转动才能使其正对手电筒发出的光</td>
<td>图中电池板上垂直安装有半透明隔板，隔板两侧装有光敏电阻
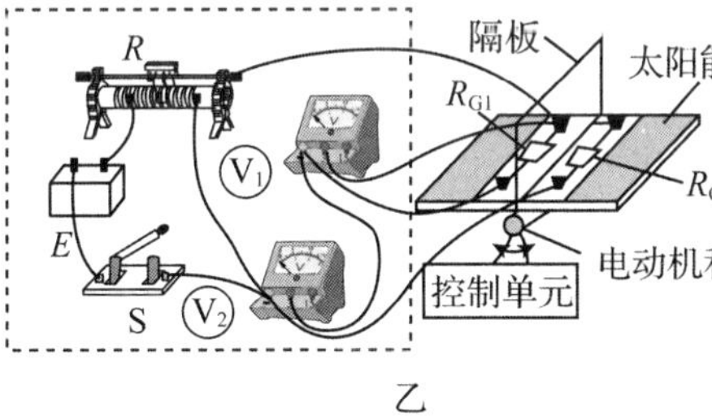

乙</td>
<td>电压表 U_1 比电压表 U_2 的示数小，说明 $R_{G1}<R_{G2}$。因为表面光照强度较小的光敏电阻的阻值较大，所以 R_{G1} 表面的光照强度比 R_{G2} 表面的大。手电筒发出的光如下图实线箭头所示斜向右下照射，
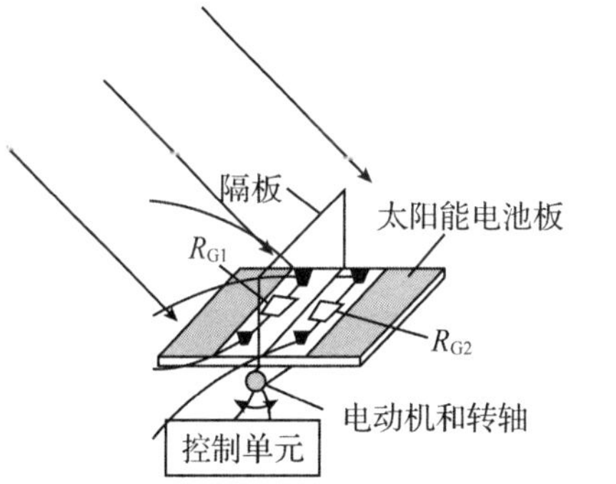

由于半透明隔板的作用，右侧 R_{G2} 表面光照强度较小。
因此电动机带动电池板逆时针转动，直至 $U_1=U_2$ 时停止转动，电池板正对手电筒发出的光</td>
</tr>
</table>

<table>
<tr><td colspan="2">问题</td><td>通过光敏电阻的调整来控制电池板转向</td></tr>
<tr><td rowspan="2">证据</td><td>实验操作</td><td>(2)①为了保证电路的安全，实验开始前要将 R 的滑片置于阻值最大处，即置于 b 端，使光敏电阻两端的电压可以从 0 开始变化</td></tr>
<tr><td>获取数据</td><td>②电压表 U_1 量程为 3 V，最小刻度为 0.1 V，则读数为 1.60 V</td></tr>
</table>

续表

问题		通过光敏电阻的调整来控制电池板转向
解释	分析数据	②电压表U_1比电压表U_2的示数大,说明$R_{G1}>R_{G2}$,由此可知表面光照强度较小的光敏电阻的阻值较大
	得出结论	③电压表的示数$U_1<U_2$,说明R_{G1}表面的光照强度比R_{G2}表面的大,因此电动机带动电池板逆时针转动,直至$U_1=U_2$时停止转动,电池板正对手电筒发出的光

【例 3】(2023 年全国新课标卷,第 23 题)一学生小组做"用单摆测量重力加速度的大小"实验。

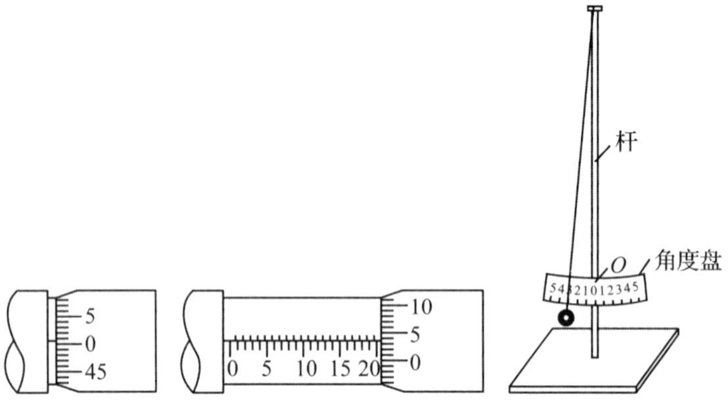

图(a) 图(b) 图(c)

(1)用实验室提供的螺旋测微器测量摆球直径。首先,调节螺旋测微器,拧动微调旋钮使测微螺杆和测砧相触时,发现固定刻度的横线与可动刻度上的零刻度线未对齐,如图(a)所示,该示数为________mm;螺旋测微器在夹有摆球时示数如图(b)所示,该示数为________mm,则摆球的直径为________mm。

(2)单摆实验的装置示意图如图(c)所示,其中角度盘需要固定在杆上的确定点O处,摆线在角度盘上所指的示数为摆角的大小。若将角度盘固定在O点上方,则摆线在角度盘上所指的示数为 5°时,实际摆角________(填"大于"或"小于")5°。

(3)某次实验所用单摆的摆线长度为 81.50 cm,则摆长为________cm。实验中观测到从摆球第 1 次经过最低点到第 61 次经过最低点的时间间隔为 54.60 s,则此单摆周期为________s,该小组测得的重力加速度大小为________m/s^2。(结果均保留 3 位有效数字,π^2取 9.870)

人教版高中物理教材选择性必修第一册第二章第 5 节就是用单摆测量重力加速度,本题将教材中的游标卡尺换成螺旋测微器测量摆球直径,添加了新器材——角度盘,用来控制摆角小于 5°。

问题		用单摆测量重力加速度的大小
证据	方案设计	用螺旋测微器测量小球直径,将摆长和周期带入到单摆周期公式可得重力加速度大小
解释	获取数据	图(a)示数为 0.005 mm;图(b)示数为 20.035 mm,单摆的摆线长度为 81.50 cm,摆球第 1 次经过最低点到第 61 次经过最低点的时间间隔为 54.60 s

续表

<table>
<tr><td colspan="2">问题</td><td>用单摆测量重力加速度的大小</td></tr>
<tr><td rowspan="3">解释</td><td>分析数据</td><td>(1)(3)图(b)示数与图(a)示数的差值为摆球的直径 $x=20.030\ \text{mm}$,
摆长为 $L=l+\frac{x}{2}=82.5015\ \text{cm}$,故 $L=82.5\ \text{cm}$;第 1 次至第 61 次经过最低点为 30 次全振动,$T=\frac{54.60}{30}\ \text{s}=1.82\ \text{s}$</td></tr>
<tr><td>得出结论</td><td>第(3)问根据 $T=2\pi\sqrt{\frac{L}{g}}$ 可得 $g=\frac{4\pi^2L}{T^2}$,解得 $g=9.83\ \text{m/s}^2$</td></tr>
<tr><td>评估</td><td>第(2)问若将角度盘固定在 O 点上方,摆线在角度盘上所指的示数为 5°时,则摆线和刻度盘的交点远离竖直杆,如图所示,故摆线示数为 5°时,实际摆角大于 5°
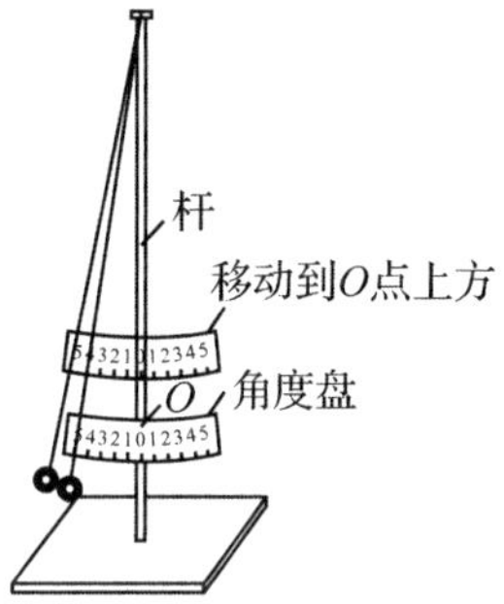
</td></tr>
</table>

四、情境载体串联线与物理命题实践

情境是实现“四层”考查内容和“四翼”考查要求的载体,承载着核心价值的理念,对考查和培养学生的物理科素养具有关键作用。物理科的情境分为生活实践问题情境和学习探索问题情境。生活实践问题情境主要包括 3 个方面的内容:一是与大自然中物理相关的现象;二是与生产生活紧密联系的物理问题;三是科技前沿,具体情境如下表所示。

<table>
<tr><td colspan="2">生活实践问题情境</td><td>示　例</td></tr>
<tr><td colspan="2">与大自然相关</td><td>2024 年全国新课标卷第 16 题太阳系外的一颗红矮星、2024 年湖北卷第 1 题《梦溪笔谈》中记录的罕见雷击事件、2023 年全国新课标卷第 16 题观测到迄今最亮伽马射线暴、2023 年湖北卷第 2 题火星冲日现象等</td></tr>
<tr><td rowspan="3">与生产生活相关</td><td>民族精神</td><td>2021 年辽宁卷第 1 题红军渡河、2021 年湖北卷第 3 题抗日战争缴获武器等</td></tr>
<tr><td>体育</td><td>2024 年全国甲卷第 20 题蹦床运动、2024 年湖南卷健身者在公园上下抖动长绳的一端、2023 年全国甲卷第 14 题的推铅球、2023 年辽宁卷第 1 题的篮球运动、2023 年浙江 6 月份卷第 2 题的足球运动、2023 年江苏卷第 15 题的滑雪运动、2022 年全国甲卷第 14 题北京冬奥会跳台滑雪雪道半径、2022 年山东卷第 11 题网球运动等</td></tr>
<tr><td>生活</td><td>2024 年全国甲卷第 24 题抢救病人的救护车、2024 年广东卷第 14 题汽车的安全带和安全气囊;2023 年全国新课标卷第 24 题打水漂、2023 年山东卷第 2 题餐厅暖盘车、2023 年山东卷第 6 题电动公交车进站;2022 年全国甲卷第 15 题列车过隧道、2022 年全国乙卷第 18 题手机测量磁场、2022 年山东卷第 8 题无人配送小车路径等</td></tr>
</table>

续表

生活实践问题情境		示　例
与生产生活相关	生产	2024年全国新课标卷第24题将重物从高层楼房的窗外运到地面、2024年广东卷第8题利用电泳技术对污泥絮体进行沉淀去污、2024年湖北卷第2题硼中子俘获疗法、2024年湖北卷第6题两拖船拉着无动力货船;2023年湖南卷第2题农民用手抛撒谷粒进行水稻播种、2023年海南卷第3题工人利用滑轮组将重物缓慢提起;2022年河北卷第3题北京冬奥会绿色电能等
与科技前沿相关	我国前沿科技	2024年全国甲卷第16题嫦娥六号从月球背面采样返回、2024年全国新课标卷第15题我国自主设计建造的首艘弹射型航空母舰——福建舰、2024年全国新课标卷第17题发现和合成量子点、2024年广东卷第2题强流重离子加速器;2023年全国新课标卷第17题世界现役运输能力最大的货运飞船“天舟六号”、2023年山东卷第1题“梦天号”实验舱携带世界首套可相互比对的冷原子钟组发射升空;2022年全国乙卷第14题天宫课堂、山东卷第6题我国首颗太阳探测科学技术试验卫星——“羲和号”等
	其他科技	2024年全国甲卷第23题电阻型氧气传感器、2024年全国新课标卷第20题电动汽车制动时利用车轮转动将其动能转换成电能储存、2024年湖南卷第6题风力发电厂输电网络供电装置;2023年湖南卷第13题汽车刹车助力装置、2023年山东卷干涉膨胀仪、2023年海南卷第6题汽车测速;2022年湖南卷第15(2)题液体拉力测量仪等

学习探索问题情境取自于真实的物理科学研究过程、学生实际的探索过程，涵盖学习探索与科学探究过程中所涉及的问题，是发展学生学科素养的重要途径。

五、高考评价体系下的物理命题展望

近年来，高考物理试卷落实立德树人根本任务，依托中国高考评价体系，坚持素养立意，强化物理观念考查，引导学生夯实知识基础；紧密联系生产生活实际，加强实验考查，激发学生崇尚科学、探索未知的兴趣，促进学生探索性、创新性思维品质的培养，提升人才选拔培养质量，助力拔尖创新人才培养。

1. 精心创设试题情境，有机融入立德树人

高考物理命题落实立德树人根本任务，加大习近平新时代中国特色社会主义思想进入试题的深度，用社会主义核心价值观铸魂育人，以中华优秀传统文化启智润心，强化政治引领和价值引导，各学科形成合力，服务全面育人、全面发展，引导学生坚定“四个自信”，助力培养担当民族复兴大任的时代新人。物理科充分利用科学技术和日常生活实践相关的试题情境，培养学生灵活运用所学物理知识解决实际问题的能力，提升学习物理的兴趣，助力培养担当民族复兴大任的时代新人。

2. 注重物理观念考查，夯实学生知识基础

物理观念是物理科核心素养的重要组成部分，也是学生适应未来学习和发展的重要知识基础。近年来高考物理试卷注重物理观念的考查，引导学生理解所学的物理概念和规律及其相互关系。试卷将知识学习与实践相结合，紧密联系生产生活设计情境，考查学生应用所学的物理知识解决实际问题的能力，强化做中学、用中学，提高学生的科学素养。

3. 加强科学思维与实验探究考查，培养学生开放性、探究性、创新性思维品质

高考物理试卷更加注重科学思维的考查，结合物理科特点，通过丰富试题的呈现形式、转换问题的表征方式、改变试题的设问角度等，引导学生从不同角度思考问题，建构物理模型，开展科学推理和论证，强化对学生思维品质的考查，服务拔尖创新人才选拔与培养。实验是物理学的基础，实验教学是培养学生物理科素养的重要途径和方式，有助于全方位地培养学生的科学探究能力。高考物理试卷注重科学探究考查，引导学生经历实验过程，体会科学研究方法，养成科学思维习惯，做到学思结合，提高学生实验能力。

思维品质是人才培养质量提升和拔尖创新人才培养的关键指标和核心要素。在思维品质考查形式上，主要包括思维过程化、思维可视化和思维规范化三个方面。思维过程化是指要对思维能力尤其是思维过程进行分解，严格界定思维的过程形式、关键方法与构成要素，让思维成为可学习、可操作性的实在之物。思维可视化是指要将思维包括过程、方法和技能清晰准确地呈现出来，让思维看得见。思维规范化是思维品质的核心构成，要求思维必须是专业的、准确的和规范的，而非混乱的乃至错误的思维。从国家经济社会发展、科学技术进步、生产生活实际等领域广泛选材创设物理试题情境，充分考虑学生学习和生活实际，把课本知识与具体真实的世界联系起来。注重考查思维过程，增强试题的开放程度，考查学生建立物理模型能力，灵活运用所学物理知识解决实际问题的能力，鼓励学生运用发散性思维多角度分析解决问题。科学设计试题设问，优化试题呈现方式，注重考查一些通用性方法，避免将学生导向细枝末节知识的过度辨析、典型题套路和技巧的运用，引导教学减少机械刷题现象，更好服务拔尖创新人才培养和造就。

4. 加强教考衔接，引导教学提质增效

高考命题严格依据高中课程标准，确保“内容不超范围，深度不超要求”。学科必备知识是学生把握学科本质、灵活运用积累、发展创新性思维的基础和必要条件。物理试题加强必备知识考查，注重考查对学科主干知识的深入理解和融会贯通，助力学生夯实学科基础，为学生的进一步发展蓄势。高考考查内容限定在课程标准范围之内，既要全面，又突出主干和重点内容，高考改革要求稳中有创新。不追求标新立异，不出“繁难偏怪”试题，通过“依标施考”引导中学“依标施教”。鼓励学生回归课堂、理性学习，注重在回归基础上深入思考，拒绝死记硬背和机械刷题。对于一线课堂教学而言，要进一步转变教学理念和教育观念。高考试题以问题为导向，实现从“考知识”向“考能力素养”的转变，实现从“解答题目”向“解决问题”的转变，进一步加大试题的开放性、探究性和创新性，进一步打破固化形式、优化试卷结构、丰富呈现方式、创新设问角度、拓展思维空间，破除唯一标准答案束缚，强化关键能力、思维过程和思维方式的考查，引导学生提升思维品质和思维能力，减少死记硬背和机械刷题，激发学生崇尚科学、探索未知的兴趣与勇于创新、敢于探究的科学精神。在拔尖创新人才培养成为国家战略这样的大背景下，传统的那套以知识传授和知识理解程度深浅为主要目标的教学模式面临挑战，原有的教育理念和教学观念要进行转换，主要表现在从“知识就是力量”转向“思维就是力量”、从“知识传递”转向“知识建构”、从“授人以鱼”转向“授人以渔”等。

基于高考评价体系的化学科命题解读

《中国高考评价体系》是新高考内容的理论支撑和实践指南,它指明和规定了高考的核心功能、考查内容、考查要求和考查载体。基于高考综合改革的化学科考试内容和命题改革遵循高考评价体系"一核四层四翼"的框架,在明确化学科考试功能定位的基础上,科学构建化学科的考查内容、考查要求和考查载体,充分发挥化学科的学科功能和育人价值。高考评价体系在考查内容上实现了高考由传统的"知识立意""能力立意"向"价值引领、素养导向、能力为重、知识为基"综合考查的转变,在考查模式上实现了由传统"考查内容"一维模式向"考查内容、考查要求、考查载体"三位一体模式的转变。

高考命题呈现出"核心价值金线、能力素养银线、情境载体串联线"三线特征,"无价值,不入题;无思维,不命题;无情境,不成题;无任务,不立题"是认识和实践高考评价体系的有效方法。近年来,化学科命题以高考评价体系和课程标准为依据,落实立德树人根本任务,服务高校人才选拔,服务引导高中教学,服务拔尖创新人才培养。

一、高考化学科的功能定位

《普通高中化学课程标准(2017 年版 2020 年修订)》(以下简称《化学课程标准》)对化学的课程性质、基本理念、学科素养、课程目标及命题原则均作出了明确的界定和要求。化学是在原子、分子水平上研究物质的组成、结构、性质、转化及其应用的一门基础学科,其特征是从微观层次认识物质,以符号形式描述物质,在不同层面创造物质。化学学科核心素养包括"宏观辨识与微观探析""变化观念与平衡思想""证据推理与模型认知""科学探究与创新意识""科学态度与社会责任"5 个方面。①

化学课程的核心目标主要包括:(1)通过观察能辨识一定条件下物质的形态及变化的宏观现象,初步掌握物质及其变化的分类方法,能运用符号表征物质及其变化;能从物质的微观层面理解其组成、结构和性质的联系,形成"结构决定性质,性质决定应用"的观念;能根据物质的微观结构预测物质在特定条件下可能具有的性质和发生的变化,并能解释其原因。(2)认识物质是在不断运动的,物质的变化是有条件的;能从内因与外因、量变与质变等方面较全面地分析物质的化学变化,关注化学变化中的能量转化;能从不同视角对纷繁复杂的化学变化进行分类研究,逐步揭示各类变化的特征和规律;能用对立统一、联系发展和动态平衡的观点考察化学反应,预测在一定条件下某种物质可能发生的化学变化。(3)初步学会收集各种证据,对物质的性质及其变化提出可能的假设;基于证据进行分析推理,证实或证伪假设;能解释证据与结论之间的关系,确定形成科学结论所需要的证据和寻找证据的途径;能认识化学现象与模型之间的联系,能运用多种认知模型来描述和解释物质的结构、性质和变化,预测物质及其变化

① 教育部:《普通高中化学课程标准(2017 年版 2020 年修订)》,人民教育出版社 2020 年修订版,第 1—4 页。

的可能结果；能依据物质及其变化的信息建构模型，建立解决复杂化学问题的思维框架。(4)能发现和提出有探究价值的化学问题，能依据探究目的设计并优化实验方案，完成实验操作，能对观察记录的实验信息进行加工并获得结论；能和同学交流实验探究的成果，提出进一步探究或改进的设想；能尊重事实和证据，破除迷信，反对伪科学；养成独立思考、敢于质疑和勇于创新的精神。(5)具有安全意识和严谨求实的科学态度；形成真理面前人人平等的意识；增强探究物质性质和变化的兴趣，关注与化学有关的社会热点问题，认识环境保护和资源合理开发的重要性，具有“绿色化学”观念和可持续发展意识；能较深刻地理解化学、技术、社会和环境之间的相互关系，认识化学对社会发展的重大贡献，能运用已有知识和方法综合分析化学过程对自然可能带来的各种影响，权衡利弊，强化社会责任意识，积极参与有关化学问题的社会决策。①

以化学科素养为导向的学业水平考试和高考命题，应该遵循以下原则。(1)以核心素养为测试宗旨。命题应坚持以化学学科核心素养为测试宗旨，熟悉、理解化学学科核心素养的内涵和水平描述，并以化学学业质量标准为依据，从相应的学业质量水平中提炼、确定各试题的测试目标。(2)以真实情境为测试载体。试题情境的创设应紧密联系学生学习和生活实际，体现科学、技术、社会和环境发展的成果，注重真实情境的针对性、启发性、过程性和科学性，形成与测试任务融为一体、具有不同陌生度、丰富而生动的测试载体。(3)以实际问题为测试任务。试题的测试任务应融入真实、有意义的测试情境；试题内容与提出的问题应针对本课程标准中的内容要求，突出化学核心概念与观念，符合学生心理发展阶段和认识发展水平，与所要测试的核心素养和测试目标保持高度一致，形成具有不同复杂程度和结构合理的测试任务。(4)以化学知识为解决问题的工具。化学知识是解决实际问题、完成测试任务不可或缺的工具；应结合命题宗旨和目标，根据测试任务、情境的需要，系统梳理解决问题所要运用的化学知识与方法，注重考查学生灵活运用结构化知识解决实际问题的能力。② 通过以上化学命题原则的剖析，我们不难发现，化学高考命题将呈现出以下典型特征：坚持学科素养导向、考查关键能力、创设真实情境、坚持问题导向与任务驱动、解决实际问题等。

《中国高考评价体系》的核心内容是对多年高考综合改革探索和实践的系统性总结。中国高考评价体系包括高考的核心功能、考查内容和考查要求，明确了“一核”“四层”“四翼”的概念及其在素质教育发展中的内涵，其中“一核”为考查目的，即立德树人、服务选才、引导教学，是对高考核心功能的概括，回答“为什么考”的问题；“四层”为考查内容，即核心价值、学科素养、关键能力、必备知识，是对高考内容的提炼，回答“考什么”的问题；“四翼”为考查要求，即基础性、综合性、应用性、创新性，是对高考考查形式的说明，回答“怎么考”的问题。在此基础上，高考评价体系还包括考查载体，即实现考查内容和考查要求的试题情境，也即以情境为载体来承载考查内容，实现考查要求。③ 高考评价体系创造性地提出高考命题理念从“知识立意”“能力立意”向“价值引领、素养导向、能力为重、知识为基”的转变，对“一核”“四层”“四翼”的概念边界和内在关系进行了充分的说明。化学科考试则具化了高考评价体系，其考查目标、考查内

① 教育部：《普通高中化学课程标准(2017年版2020年修订)》，人民教育出版社2020年修订版，第5—6页。

② 教育部：《普通高中化学课程标准(2017年版2020年修订)》，人民教育出版社2020年修订版，第78—79页。

③ 教育部考试中心：《中国高考评价体系》，人民教育出版社2019年版，第6—7页。

容、考查要求、考查载体(情境)之间的关系如下图所示。

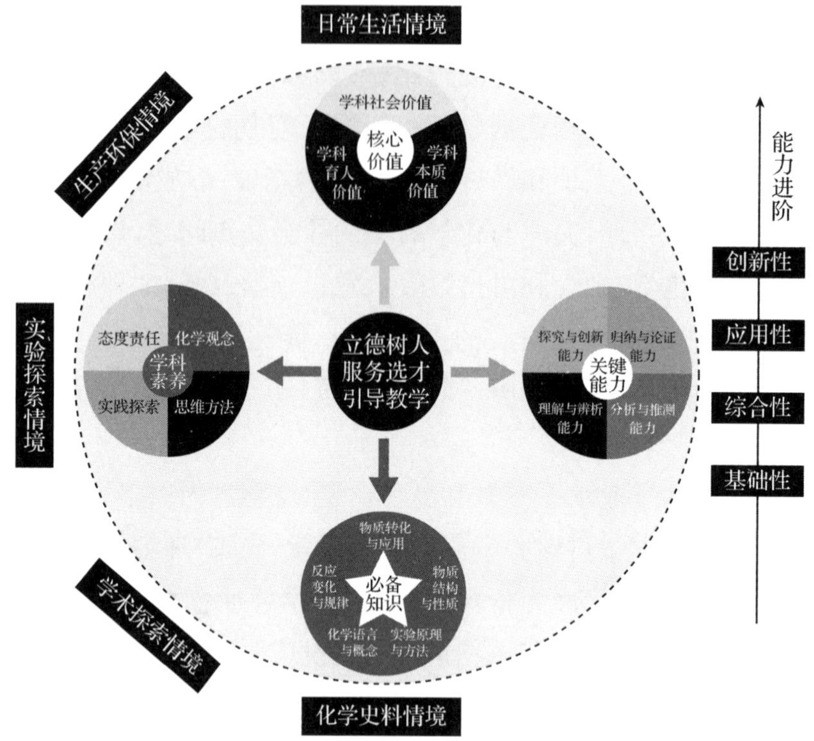

基于高考评价体系的化学科命题内涵及意义

1. 化学的考试功能

化学科的考试功能主要蕴含着三个方面的内容。首先,化学科考试必须坚持立德树人,不断增强考试育人功能,挖掘学科育人价值;其次,化学科考试必须坚持服务选才,精选日常生活、生产环保、实验探究、科学研究方面的素材,要求学生运用学科知识提出问题、分析问题和解决问题,以此检测学生的学科素养水平;最后,化学科考试必须坚持引导教学,积极强化学科知识体系的构建,强化对实验知识和关键能力的考查,强化对学科能力多维度、多层次的考查,强化对新反应、新装置、新成果、新技术的提取加工和整合信息能力的考查。

2. 化学的考查内容

(1)核心价值主要从学科社会价值、学科本质价值、学科育人价值三个维度进行构建。学科社会价值包含弘扬爱国主义精神、树立可持续发展意识、渗透绿色化学观念、能对社会热点问题作出正确的价值判断;学科本质价值要求学生体会化学学科对人类进步和发展的巨大贡献;学科育人价值包含科学精神和学习化学的兴趣。

(2)学科素养主要从化学观念、思维方法、实践探索、态度责任四个维度进行构建。化学观念从科学研究角度主要聚焦“研究什么”,从化学教学角度则主要关注“学什么”,包含宏观辨识与微观探析、变化观念与平衡思想;思维方法和实践探索从科学研究角度主要聚焦“怎么研究”,从化学教学角度则主要关注“怎么学”,其中思维方法包含宏观辨识与微观探析、变化观念与平衡思想、证据推理与模型认知,实践探索则与科学探究与创新意识对应;态度责任从科学研究角度主要聚焦“为什么研究”,从化学教学角度则主要关注“为什么学”,态度责任与科学态度与社会责任对应。

(3)关键能力主要从理解与辨析能力、分析与推测能力、归纳与论证能力、探究与创新能力四个维度构建。理解与辨析能力属于知识获取能力群,包含掌握基础知识、辨析基本概念、获取有关信息;分析与推测能力、归纳与论证能力属于思维认知能力群,分析与推测能力包含判断物质结构、分析物质性质、预测反应现象、推断反应结果,归纳与论证能力包含识别有效证据、科学推理论证、处理转化数据、归纳总结规律;探究与创新能力属于实践操作能力群,包含设计探究方案、描述实验现象、分析实验数据、评价探究方案。

(4)必备知识是考生掌握对应学科能力的所需知识,而非教学中所必须熟悉的知识。具体来说,化学是研究物质的组成、结构、性质和变化的一门科学,根据《化学课程标准》的规定,必备知识对应课程标准中的课程内容,主要包括必修课程和选择性必修课程两大部分。根据内容特点,必备知识分为化学语言与概念、物质结构与性质、反应变化与规律、物质转化与应用、实验原理与方法等方面。

3. 化学的考查要求

考查要求主要从基础性、综合性、应用性、创新性四个维度进行构建。基础性涵盖基础知识、基本技能、基本方法和基本操作;综合性涵盖学科内综合、学科间综合、方法综合和形式综合;应用性涵盖解释生活中现象、解决生产中问题、阐释社会中热点和解答实验中疑问;创新性涵盖内容创新、形式创新、方法创新和思维创新。

4. 化学的考查载体

考查载体也是高考评价体系创造性提出的一个维度,学生只有在经历各种真实情境的过程中,学科知识和技能才能不断结构化,学科思维方式、探究模式和价值观念才能逐渐形成,在应对和解决各种复杂开放的陌生任务时方能不断进行整合和运用。根据化学学科特征、中学化学知识内容及《化学课程标准》的教学情境建议,借鉴国际考试关于情境分类的思路,把握粗细合理、兼容并蓄的基本原则,对化学科试题有关情境进行归类,将目前高中有关化学考试的情境分为日常生活情境、生产环保情境、学术探索情境、实验探究情境和化学史料情境,这样可以很好地将考查要求、考查内容融为一体,体现了情境对落实学科素养和关键能力的重要作用。

高考评价体系的内在逻辑和总体特征可以从"核心价值金线""能力素养银线"和"情境载体串联线"三条线索进行理解和把握,其中"核心价值金线"贯穿高考命题和评价的始终,"能力素养银线"成为高考命题和考查的重心,情境作为考查载体,是"金线"和"银线"的串联线。纵观近几年的高考试题,不论是全国统一命制的试卷,还是分省命制的试卷,均呈现出"无价值,不入题;无思维,不命题;无情境,不成题;无任务,不立题"的典型特征,这是高考评价体系在高考命题实践中的具体体现。

二、核心价值金线与化学命题实践

高考化学学科的核心价值体现在通过试题情境展现出科学家在化学研究中求真务实、科学严谨的工作态度和不惧艰难、勇于探索的意志品质,呈现了化学学科对促进人类发展和社会进步的巨大作用,让学生认识到化学学科的价值,由此提升学生的科学精神和意志品质为体现在立德树人方面化学学科育人的核心价值，在高考命题中一般精选与我国相关的素材构建试题情境，让学生树立为建设富强、民主、文明、和谐的现代化强国而学习的信心和决心，促进学生的科技文化素质和思想道德素质的全面提升，从而实现高考化学的育人功能。

1. 精选文化成果，增强文化自信

中华优秀传统文化，蕴含着丰富的哲学思想、人文精神与道德理念，积淀着中华民族最深沉的精神追求，是中华民族的“根”和“魂”，也是培育和践行社会主义核心价值观、落实立德树人根本任务的重要基础。近年来，国家高度重视中华优秀传统文化教育。自教育部印发《完善中华优秀传统文化教育指导纲要》中提出要“增加中华优秀传统文化内容在中考、高考升学考试中的比重”以来，全国统考和各省份自命题高考化学试卷中融入传统文化的试题逐渐增多。高考化学试题选取中华传统文化的瑰宝融入试题，增强学生文化自信，激发学生为中华民族伟大复兴而奋斗的责任感和使命感。2024 年全国新课标卷第 7 题和 2024 年山东卷第 1 题均选取文房四宝作为素材，考查学生对笔墨纸砚中有关化学成分的辨析能力，使学生在感受化学学科对人类生活产生重要影响的同时，认识到中华优秀传统文化对人类发展和社会进步做出的巨大贡献，2024 年吉林卷第 1 题以东北三省出土文物为情境，2024 年河北卷第 1 题以河北省博物院馆藏文物为载体，2024 年湖北省第 1 题以我国劳动人民的发明创造为情境，2024 年广东省第 1 题以与龙有关的历史文物为素材，这些极大增强了文化自信和民族自豪感。

2. 展现我国科技成果，厚植爱国主义情怀

高考化学试题选取我国科学家做出的领先研究成果作为素材，在展现我国化学领域突出成就的同时，增强民族自豪感。2024 年全国甲卷第 16 题以“嫦娥六号”开启人类首次从月背采样返回之旅为情境，展现了我国航天领域的伟大成就。2024 年全国新课标卷第 11 题以我国科学家设计并构建的一种生物相容性纳米催化剂药物六氰基合铁(Ⅲ)酸镁($Mg_3[Fe(CN)_6]_2$)为素材，考查学生对物质结构基础知识的理解与掌握，该药物对保护心脏功效优异，有望用作癌症治疗过程的心脏保护剂。2024 年全国甲卷第 9 题以我国化学工作者开发的聚乳酸在催化剂作用下转化利用的方法为情境，考查有机物的命名、同分异构体、高分子转化与合成等知识内容，在考查化学知识的基础上，让学生了解我国科研工作者在材料科学领域取得的重要成果，激发学生的爱国主义情怀。2024 年北京卷第 1 题以我国科研人员利用激光操控法，从钙原子束流中直接俘获钙 41 原子的研究成果为素材，展现出我国科学技术高速发展、综合国力蒸蒸日上，增强考生的国家认同感和成就感。这些试题在考查化学知识的基础上，使学生充分了解我国科研工作者在相关领域取得的重要成果，激发学生的爱国主义情怀。

3. 融入社会生活，凸显化学功能与价值

高考化学试题紧密联系生产生活，围绕环境、材料、卫生健康等领域成果，立足学科特征，关注现实，考查学生应用知识解决实际问题的能力，彰显学以致用，达成以学促学的目的，体现化学学科对推动科技发展和人类社会发展的重要作用。钴在新能源、新材料领域具有重要用途,2024 年全国甲卷第 26 题和全国新课标卷第 27 题分别以从某炼锌废渣中提取钴和从湿法炼锌产生的废渣中富集回收得到含锰高钴成品的工艺流程为载体,将生产实际与化学知识相结合,以工艺流程图的形式向学生提供知识信息,考查学生独立思考、信息获取与处理、分析问题、解决问题的能力,体现了高考评价体系对学生基础性、综合性、应用性和创新性的要求,考查其"变化观念与平衡思想"和"证据推理与模型认知"等核心素养的水平。将甲烷转化为丙烯等多碳化合物,乃至液态有机物,不仅可以提升化学品经济价值,还可以提高产品运输、储存、利用的灵活性和便利性,具有重要的现实意义和科研价值。2024 年全国甲卷第 28 题以化工领域具有重要工业经济价值的甲烷溴化再偶联为多碳烃的素材为载体,通过图像和反应机理等方式提供信息,考查化学反应原理方面的知识,学生需要理解所给信息,根据图文综合分析,并对相关数据进行加工应用,既有效考查了学生的科学素养,也使其体会到化学学科的应用价值,促进学以致用。2024 年湖北卷第(2)题以我国自主设计建造的首艘弹射型航空母舰——福建舰为背景,借助国之重器增强学生的民族自信心和自豪感,同时强调了化学基本规律在前沿科研中的重要应用,引导学生重视对化学基础知识的学习。

三、能力素养银线与化学命题实践

"能力素养银线"主要考查学生的学习掌握、实践探索以及思维方法等方面的能力。高考评价体系综合统筹知识、能力、素养、价值的关系,将高考考查内容凝练为核心价值、学科素养、关键能力、必备知识四个层面,在必备知识的基础上,加大力度考查学生的学科素养和关键能力。以高考评价体系为指导,化学科在命制试题时,结合化学学科特点,以学生在解决学科问题中所要运用的能力为依据,着重考查学生信息获取与加工的能力,考查学生逻辑推理与论证的能力,考查学生实验设计、科学探究与思维建模的能力,考查学生证据识别与证据质量评估的能力,考查学生独立思考、挖掘隐含前提与开放论证的批判性思维与创新能力,考查学生语言组织与表达能力,考查学生发现问题、分析问题与解决问题的能力等将学科素养、关键能力以及思维品质贯彻到高考命题中进行考查,是高考评价体系指导下高考命题的重要特征,中国高考命题正式进入了"无思维,不命题"的新时期。

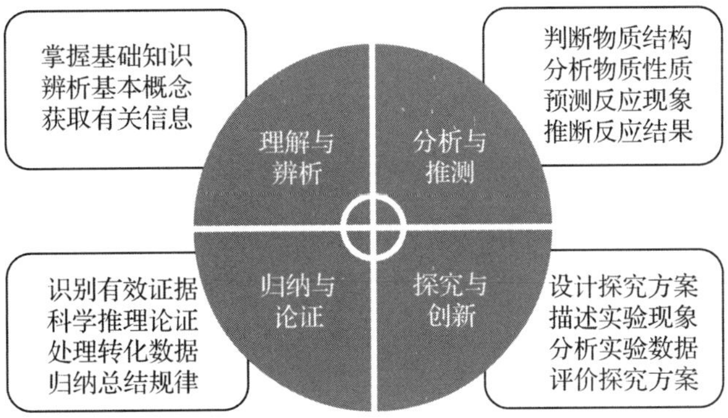

化学科考试的关键能力内涵

1. 理解与辨析

对于理解与辨析能力的考查,主要是要求考生掌握已学过的化学符号、概念、原理、事实等知识,并能融会贯通;辨识模型、图表等各种类型信息,从中提取关键内容并与已学知识进行整合;辨析化学在解决生产、生活与社会问题过程中运用的基本原理和方法,并能解答简单的化学问题。高考化学试题中所考查的理解与辨析能力主要包括以下三种形式。

(1)文字类信息的获取与加工。

文字信息在高考试题中应用最多,是一种最常用、最直接的呈现形式。常见类型有两种:第一,熟悉、简单的文字信息的获取与加工,常出现在日常生活情境类的试题中,主要取材于新闻、环境、健康、能源、传统文化,以及学生在生活中有所体验的或者所接触的某些生活常识或生活知识等,常见有以下六个考向:一是化学与生活;二是化学与健康;三是化学与科技;四是化学与材料;五是化学与环保;六是化学与传统文化。如 2024 年全国甲卷考查了化学与能源、2024 年新课标卷考查了化学与传统文化。第二,陌生、复杂的文字信息的获取与加工,这类信息主要出现在学生探索情境和化学史料情境类的试题中,所涉及的情境和信息是全新的,知识大都是学生未知的,以新物种、新概念和新规律的形式呈现,解题时首先要获取新知识,再运用新知识解决新问题。如 2024 年全国新课标卷第 9 题的实验目的是"合成 1—(4—甲氧基苯基)—2,5—二甲基吡咯",对于学生来说这种物质是陌生、复杂的,需要从有机物官能团的性质和变化中去理解实验原理。

(2)化学用语信息的获取与加工。

化学用语是化学学科独特的信息形式,高考化学试题会通过不同的化学语言传递相关信息。常见类型有两种:一是表示物质组成的化学用语,如分子式、化学式、结构简式等,如 2024 年,全国甲卷第 9 题,全国新课标卷第 2 题,山东卷第 8 题,广东卷第 9 题,北京卷第 11 题,湖南卷第 5 题等,均给出了有机物的结构简式,解题时需要根据结构简式进行分析判断;二是表示物质变化的化学用语,如离子方程式、化学方程式、电离方程式、热化学方程式、电极反应式等,如 2024 年全国新课标卷第 11 题、辽宁卷第 19 题、山东卷第 17 题、浙江 6 月卷第 21 题,除有机合成路线图外,均给出以化学方程式表示物质转化的新信息,解题时需要从这些化学方程式中找出物质转化的规律,化学键的断开与形成的规律,再进行迁移应用。

(3)图表类信息的获取与加工。

为有效考查学生关键能力和学科素养,高考命题将改变相对固化的命题形式,在试题呈现方式上不断进行创新,近年来数据表格、变化曲线、结构模型图等图表信息在高考题中被越来越多地采用。此类试题要求学生从所给的图表中提取和筛选关键数据,并进行数据转化,进而分析解决实际问题,实现对学生信息理解、数据处理等能力以及证据推理与模型认知学科核心素养的考查。如 2024 年全国甲卷第 13 题给出离子浓度对数图像、全国新课标卷第 8 题给出工艺处理图和溶度积表格、北京卷第 18 题给出工艺处理图和吸收率与浸出率图、山东卷第 13 题给出电解装置图等。

下面以 2024 年全国甲卷第 26 题为例说明对信息获取与加工的考查。本题以流程图形式呈现从湿法炼锌产生的废渣中分离提取含锰高钴成品的多步转化过程,将化学反应与中学化学知识相融合,侧重工艺流程中涉及的反应和操作、化学反应原理剖析、与 K_{sp} 有关的计算等考查。本题从湿法炼锌产生的废渣中分离提取含锰高钴成品真实情境为载体，在复杂、陌生的研究对象及问题情境下，主要考查了学生信息获取与加工的能力。

首先，从文字部分进行加工，由“某炼锌废渣含有锌、铅、铜、铁、钴、锰的+2 价氧化物及锌和铜的单质”，可知炼锌废渣含有的物质；其次，对工艺流程图进行加工，如下图所示，中间的虚线为操作线(从左到右依次操作)，上面的虚线为试剂线；最后，如下表所示，从 lg[c(M)/(mol·L^{-1})]和溶液 pH 的关系数据中，可判断沉淀情况。此题考查了学生抽取文字信息、读图、获取图示数据以及分析问题、解决问题的能力。

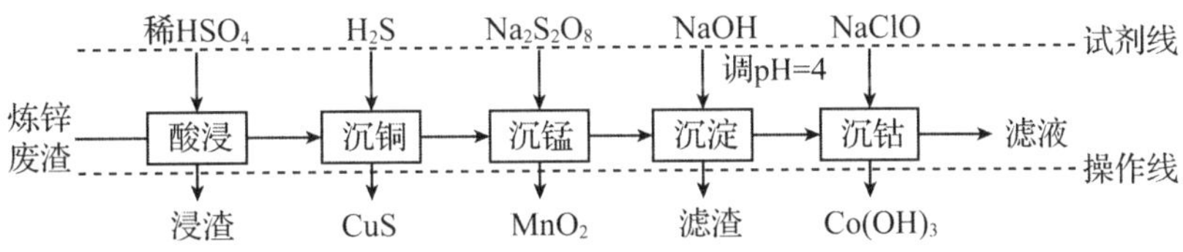

信息获取	信息加工
题干信息中给出炼锌产生的废渣成分	区分杂质元素和产品元素
工艺流程图	对产品元素和杂质元素进行示踪，第一行为除杂试剂线，第二行为操作线，第三行主要是杂质线，可获得多种产品
四种离子完全沉淀的 pH	pH=4 时，四种沉淀的沉淀情况

2. 分析与推测

分析与推测能力主要指基于对化学反应规律的认识，运用比较和分类等方法，预测物质的性质或可能发生的反应及产物；根据物质性质或反应现象等，判断物质的结构特征；结合化学原理，推测简单反应过程和机理。如 2023 年高考化学山东卷第 19 题，要弄清楚设问中某些物质的名称、结构、反应类型等，需根据路线一流程中的信息及 A 的分子式，推出 A 的结构简式；然后通过反应物的分子式、反应条件和已知信息进行正向推出 B、C、D、E 及 F 的结构简式。2023 年高考化学广东卷第 20 题，第(5)问以苯、乙烯和 CO 为含碳原料，利用题给反应③和⑤的原理，合成化合物Ⅷ，需基于产物Ⅶ和产物Ⅶ的结构简式，以及题给合成路线图中的信息和原料信息，逆向推测反应物。2024 年高考化学全国甲卷第 9 题，首先要分析题给 PLA、MP、MMA 的结构简式，再根据物质所含基团和官能团的种类，结合已学知识推测该物种的结构和性质；2024 年高考化学全国甲卷 36 题，给出白藜芦醇的合成路线，分析推测合成过程中的官能团名称、结构简式、反应类型、物质转化涉及反应的化学方程式等；2024 年高考化学全国新课标卷第 11 题，给出四氟咯草胺的合成路线，分析推测合成过程中的反应类型、试剂作用、物质结构、官能团名称、结构简式、手性碳原子等。

下面我们以 2023 年全国乙卷第 26 题为例说明对分析与推测能力的考查。

【例】(2023 年全国乙卷，第 26 题)元素分析是有机化合物的表征手段之一。按下图实验装置(部分装置略)对有机化合物进行 C、H 元素分析。

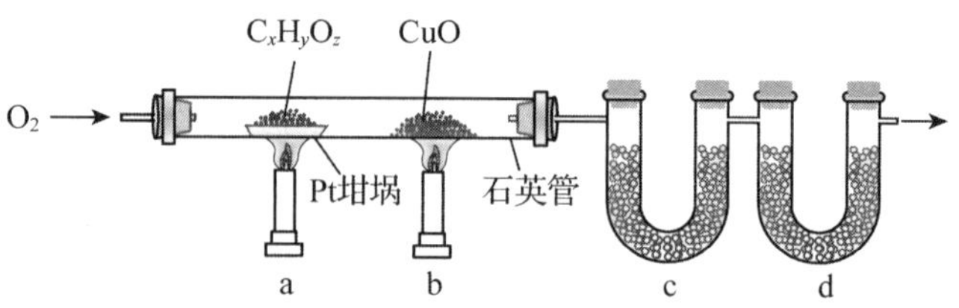

回答下列问题：

(1)将装有样品的 Pt 坩埚和 CuO 放入石英管中，先________，而后将已称重的 U 型管 C、d 与石英管连接，检查________。依次点燃煤气灯________，进行实验。

(2)O_2 的作用有________。CuO 的作用是________（举 1 例，用化学方程式表示）。

(3)c 和 d 中的试剂分别是________________（填标号）。c 和 d 中的试剂不可调换，理由是________。

A. CaCl　　B. NaCl　　C. 碱石灰(CaO+NaOH)　　D. NaSO

(4)Pt 坩埚中样品 $C_xH_yO_z$ 反应完全后，应进行操作：____。取下 c 和 d 管称重。

(5)若样品 $C_xH_yO_z$ 为 0.0236 g，实验结束后，c 管增重 0.0108 g，d 管增重 0.0352 g。质谱测得该有机物的相对分子量为 118，其分子式为________。本题考查内容分为三个方面：一是基本实验仪器与基本实验操作的考查，二是元素的定性、定量测定及有机化合物分子式的推导，三是实验现象与实验条件的分析，以此为背景考查学生对实验装置和实验试剂选择的能力、分析实验过程的能力和解释实验现象的能力。下面主要介绍本题中基于实验原理和操作，分析推测得出有机物的分子式的过程。

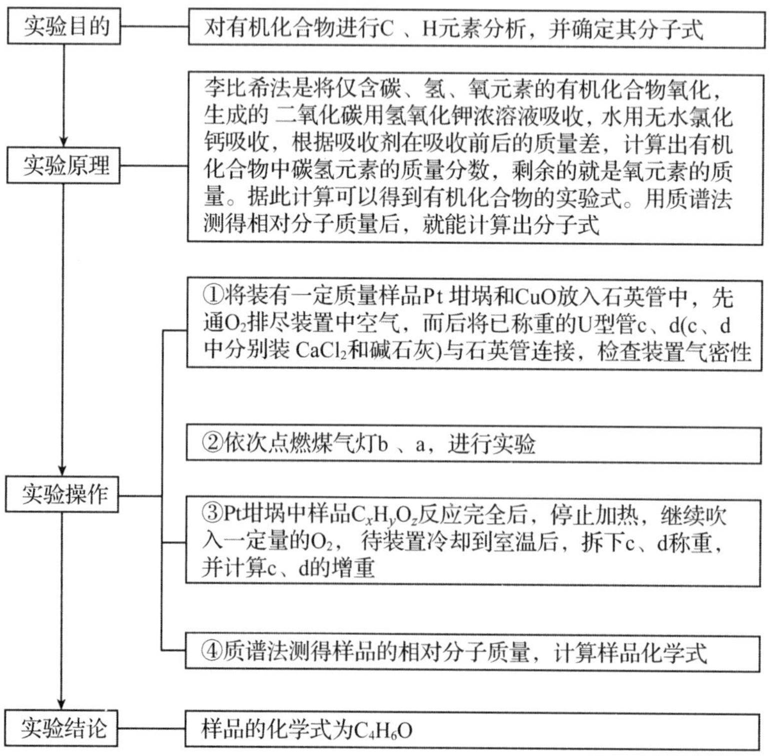

3. 归纳与论证

归纳与论证能力主要指根据不同呈现方式的数据和信息，利用数学方法对数据进行转化，推导化学参数以及它们之间的定量关系，归纳总结出变化特征和规律；比较不同方式得到的结果，论证并得出科学合理的结论。

下面以2024年全国甲卷第28题为例说明对逻辑推理与论证的考查。

【例】(2024年全国甲卷，第28题)甲烷转化为多碳化合物具有重要意义。一种将甲烷溴化再偶联为丙烯(C_3H_6)的研究所获得的部分数据如下。回答下列问题：

(1)已知如下热化学方程式：

$CH_4(g)+Br_2(g)=CH_3Br(g)+HBr(g)$　$\Delta H_1=-29\ kJ\cdot mol^{-1}$

$3CH_3Br(g)=C_3H_6(g)+3HBr(g)$　$\Delta H_2=+20\ kJ\cdot mol^{-1}$

计算反应$3CH_4(g)+3Br_2(g)=C_3H_6(g)+6HBr(g)$的$\Delta H=$________$kJ\cdot mol^{-1}$。

(2)CH_4与Br_2反应生成CH_3Br，部分CH_3Br会进一步溴化。将8 mmol CH_4和8 mmol Br_2。通入密闭容器，平衡时，$n(CH_4)$、$n(CH_3Br)$与温度的关系见下图(假设反应后的含碳物质只有CH_4、CH_3Br和CH_2Br_2)。

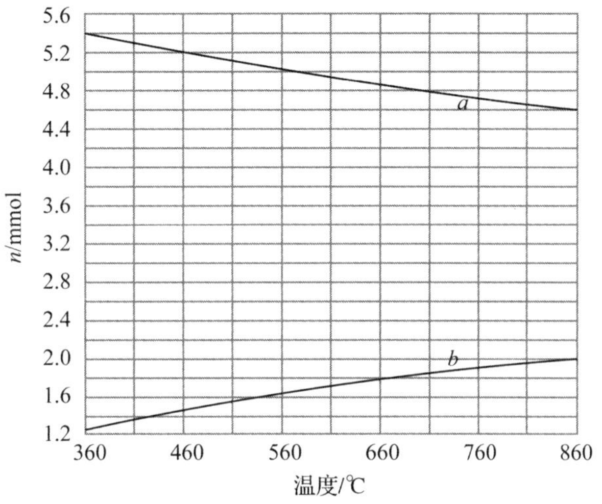

(Ⅰ)图中CH_3Br的曲线是________(填“a”或“b”)。

(Ⅱ)560℃时，CH_4的转化$\alpha=$________，$n(HBr)=$________ mmol。

(Ⅲ)560℃时，反应$CH_3Br(g)+Br_2(g)=CH_2Br_2(g)+HBr(g)$的平衡常数$K=$________。

(3)少量I_2可提高生成CH_3Br的选择性。500℃时，分别在有I_2和无I_2的条件下，将8 mmol CH_4和8 mmol Br_2，通入密闭容器，溴代甲烷的物质的量(n)随时间(t)的变化关系见下图。

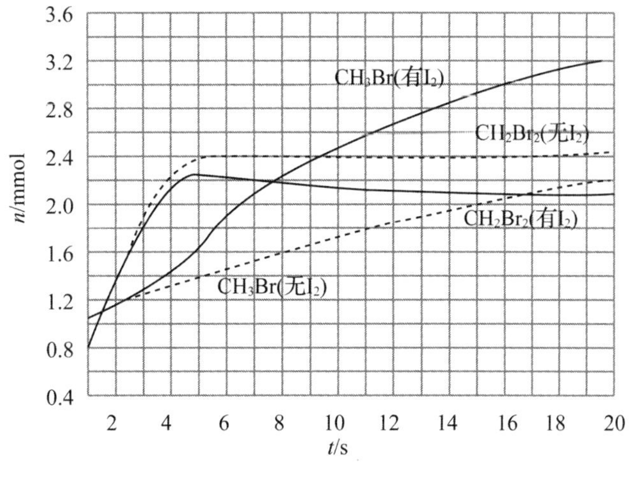

(Ⅰ)在 11～19 s,有 I_2 和无 I_2 时CH_3Br 的生成速率之比$\frac{v(有\ I_2)}{v(无\ I_2)}$=________。

(Ⅱ)从图中找出 I_2 提高了CH_3Br 选择性的证据:________。

(Ⅲ)研究表明,I_2 参与反应的可能机理如下:

①$I_2(g) = \cdot I(g) + \cdot I(g)$

②$\cdot I(g) + CH_2Br_2(g) = IBr(g) + \cdot CH_2Br(g)$

③$\cdot CH_2Br(g) + HBr(g) = CH_3Br(g) + \cdot Br(g)$

④$\cdot Br(g) + CH_4(g) = HBr(g) + \cdot CH_3(g)$

⑤$\cdot CH_3(g) + IBr(g) = CH_3Br(g) + \cdot I(g)$

⑥$\cdot I(g) + \cdot I(g) = I_2(g)$

根据上述机理,分析 I_2 提高CH_3Br 选择性的原因:________。

甲烷转化为多碳化合物具有重要意义。本题以一种将甲烷溴化再偶联为丙烯(C_3H_6)的研究为载体,主要考查化学反应原理模块的基本知识,涉及反应热、转化率、平衡常数、多平衡组分物质的量等定量计算的问题。本题通过对反应原理的定量计算,在复杂、陌生的研究对象及问题情境下,主要考查了学生信息获取与加工、逻辑推理与判断的能力。

第(1)问,基于给出的已知热化学方程式利用盖斯定律进行计算求解。

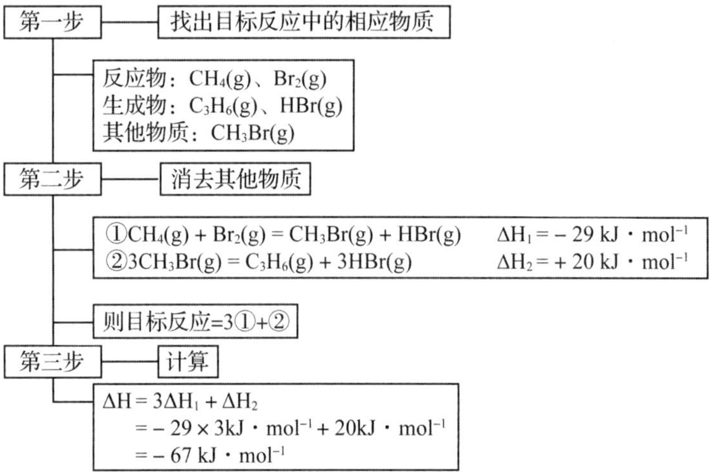

第(2)问第一个空,通过图像信息和反应特点,分析判断曲线与温度的对应关系。

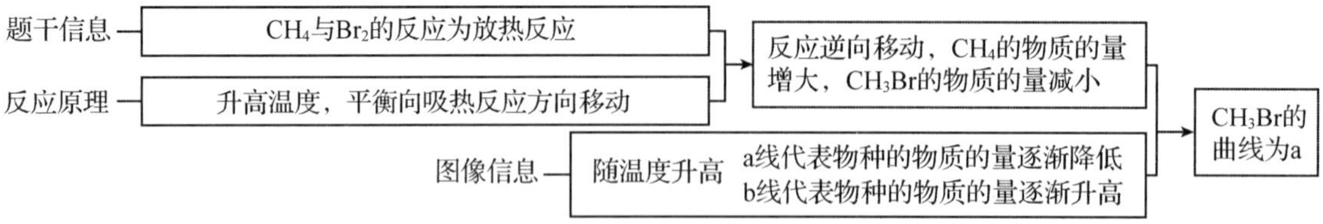

第(2)问第二个空,结合图中所给信息,计算转化率。

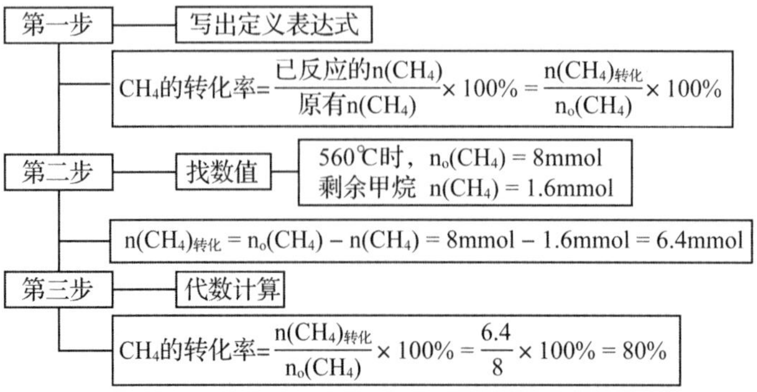

第(2)问第三个空，方法一：基于“三段式”的物质的量计算。

图中 560℃时，$n(CH_4)=1.6$ mmol、$n(CH_3Br)=5.0$ mmol，假设 CH_4 与 Br_2、CH_3Br 与 Br_2 的变化量分别为 x、y，则

	$CH_4(g)$ +	$Br_2(g)$ =	$CH_3Br(g)$ +	$HBr(g)$
始/mmol	8	8	0	0
变/mmol	x	x	x	x
平/mmol	$8-x$	$x-y$	$x+y$	

	$CH_3Br(g)$ +	$Br_2(g)$ =	$CH_2Br_2(g)$ +	$HBr(g)$
变/mmol	y	y	y	y
平/mmol	$x-y$	$x+y$		

$n(CH_4)=8-x=1.6$mmol　　$n(CH_3Br)=x-y=5.0$mmol

$x=6.4$mmol　$y=1.4$ mmol　$n(HBr)=x+y=7.8$ mol

第(2)问第四个空，基于定义表达式的计算。

第一步 —— 写出定义表达式

$$Kc=\frac{c(CH_2Br_2)\cdot c(HBr)}{c(CH_3Br)\cdot c(Br_2)}\xrightarrow{c=\frac{n}{v}}K_n=\frac{n(CH_2Br_2)\cdot n(HBr)}{n(CH_3Br)\cdot n(Br_2)}$$

第二步 —— 找数值

$n(CH_3Br)=5.0$mmol　　$n(Br_2)=0.2$mmol

$n(HBr)=7.8$mmol　　$n(CH_2Br_2)=1.4$mmol

第三步 —— 代数计算

$$K_n=\frac{n(CH_2Br_2)\cdot n(HBr)}{n(CH_3Br)\cdot n(Br_2)}=\frac{1.4\times7.8}{5.0\times0.2}=10.92$$

第(3)问第一个空，结合图中所给信息，计算反应速率比值。

第 步 —— 写出定义表达式

$$v=\frac{\Delta c}{\Delta t}=\frac{\frac{\Delta n}{V}}{\Delta t}$$

第二步 —— 找数值

11s　　19s

有 I_2 $n(CH_3Br)=2.6$mmol　　$n(CH_3Br)=3.2$mmo

无 I_2 $n(CH_3Br)=1.8$mmol　　$n(CH_3Br)=2.2$mmol

第三步 —— 代数计算

有 I_2 n $v=\frac{\frac{\Delta n}{V}}{\Delta t}=\frac{\frac{3.2-2.6}{V}}{\Delta t}$

无 I_2 n $v=\frac{\frac{\Delta n}{V}}{\Delta t}=\frac{\frac{2.2-1.8}{V}}{\Delta t}$

→ 有 I_2 和无 I_2 时 CH_3Br 生成速率之比 $=\frac{\frac{\frac{3.2-2.6}{V}}{\Delta t}}{\frac{\frac{2.2-1.8}{V}}{\Delta t}}=\frac{3.2-2.6}{2.2-1.8}=\frac{3}{2}$

4. 探究与创新

根据《普通高中化学课程标准(2017 年版 2020 年修订)》，科学探究与创新意识素养的内容表述为：认识科学探究是进行科学解释和发现、创造和应用的科学实践活动；能发现和提出有探究价值的问题；能从问题和假设出发，依据探究目的，设计探究方案，运用化学实验、调查

等方法进行实验探究。科学探究与实验能力主要根据实验操作和过程,分析实验目的或预测实验结果,要求学生根据已有原理或规律,设计并操作实验、收集证据,表达自己的观点和方案,是具有化学学科特征的重要能力。高考化学试题中所考查的学科探究与实验能力主要包括以下三个方面。

(1)实验方案的设计与评价。

实验方案的设计与评价主要指根据实验目的和要求,设计或评价实验方案。对实验设计的考查主要出现在一个完整的实验考查中,包括实验仪器的选择和使用、实验基本操作、实验方案的设计等。2024 年高考化学全国甲卷第 27 题以"过氧化脲的合成、检测和纯度测定"实验为情境,通过对实验现象和实验操作的设问,考查学科循证、逻辑推理的能力;2024 年浙江 1 月卷第(2)小问要求回到装置的连接方法;2024 年安徽卷第 16 题第(6)问要求回答试剂的选择;2024 年高考化学全国新课标卷第 28 题第(7)问要求回到操作方法,考查的均为实验基本操作和试剂功能。2023 年高考化学山东卷第 8 题要求对实验操作进行正误判断,考查的均为实验基本操作;全国乙卷第 26 题中前三个小题要求回答操作方法,考查的均为实验基本操作和试剂功能。对实验评价的考查既出现在选择题中又出现在非选择题中,选择题中主要以表格和装置图两种形式考查实验评价能力,2023 年高考化学新课标卷第 10 题、浙江卷 1 月第 16 题均是以表格形式评价实验目的、实验操作、实验现象、实验结论等内在逻辑关系的正误。2023 年高考化学全国乙卷第 3 题、广东卷第 4 题、北京卷第 8 题以装置图的形式,评价题给装置的正误。在非选择题中主要是要求回答装置、试剂或实验操作的作用等,2023 年高考化学全国乙卷第 26 题第(2)问和第(3)问,分别问到加入试剂的作用和所加试剂的名称,湖南卷第 15 题涉及考查仪器的名称、溶剂的选择、通入 N 的目的等。

(2)实验过程的分析与判断。

实验过程的分析与判断主要指描述实验现象,处理、分析实验数据和结果,得出相应结论。如 2024 年高考化学山东卷第 19 题第(3)问要求回答滴定终点的现象;湖北卷第 18 题第(2)问要求分析实验过程中"HCO_3^-大大过量"的原因。2023 年高考化学湖北卷第 18 题需根据实验现象、所得数据进行元素分析和相应的数据处理,推测 X 的化学式;山东卷第 18 题第(1)问要求描述操作(i)过程、判断实验结束时的现象、并对图给装置的缺陷进行分析和评价,最后要求学生将制得的样品,选择合适的仪器并设计相应的操作和数据处理,计算样品的纯度。2022 年高考化学河北卷第 14 题的第 4 小问要求描述实验现象;广东卷第 17 题的第 3 小题等均要求根据实验数据进行分析和判断;山东卷第 11 题、湖南卷第 13 题均要求根据实验目的、实验操作得出相应的结论等。

(3)实验结果的处理与分析。

实验结果的处理与分析主要指在运用规律、原理和方法解决生产生活、实践探索、科学研究等实际问题的过程中,构建解决问题的模型,清晰、准确而有逻辑地运用化学专业术语、数据图表和模型等方式表达自己的观点和方案,科学而有创造性地解决问题。近年来高考化学试题中主要有以下形式：一是根据实验数据进行计算，如 2024 年高考化学浙江 1 月卷第 20 题、河北卷第 15 题、吉林卷第 17 题、山东卷第 19 题、安徽卷第 16 题，2023 年高考化学湖北卷第 18 题、山东卷第 18 题、全国乙卷第 26 题，2022 年山东卷第 18 题、湖南卷第 15 题、辽宁卷第 17 题、河北卷第 14 题均涉及定量的计算；二是分析实验误差，如 2024 年高考化学全国甲卷第 27 题，山东卷第 19 题、安徽卷第 16 题；三是根据实验结构优化方案，如广东卷第 17 题的第(4)问要求优化实验方案证明$CaSO_4(s)+CO_3^{2-}(aq)\rightleftharpoons CaCO_3(s)+SO_4^{2}(aq)$平衡的建立，2023 年高考化学山东卷第 10 题、河北卷第 14 题的第(5)小问，2022 年高考化学山东卷第 18 题的第(2)小问等均涉及实验误差的分析；四是利用图示表示实验结果，如 2022 年广东卷第 17 题的第(4)小问要求画出滴定曲线示意图并标注滴定终点。

下面我们以 2023 年辽宁卷第 13 题为例说明对探究与创新能力的考查。

【例】(2023 年辽宁卷，第 13 题)某小组进行实验，向 10 mL 蒸馏水中加入 0.4 gI，充分振荡，溶液呈浅棕色，再加入 0.2 g 锌粒，溶液颜色加深；最终紫黑色晶体消失，溶液褪色。已知 I(aq)为棕色，下列关于颜色变化的解释错误的是(　　)。

选项	颜色变化	解释
A	溶液呈浅棕色	I 在水中溶解度较小
B	溶液颜色加深	发生了反应：I+I——→I
C	紫黑色晶体消失	I(aq)的消耗使溶解平衡 I(s)——I(aq)右移
D	溶液褪色	Zn 与有色物质发生了置换反应

本题是基于锌和碘单质的反应规律、化学平衡移动的影响基础上的有关物质性质的实验探究。实验探究的过程，最重要的环节是根据实验现象得出相应的结论，特别要注意实验操作过程中的细节问题如反应现象的变化等。本题以表格的形式按顺序列出了反应过程中的现象变化，要求学生逐一对这些变化进行分析和解释。对于 A 项，溶液呈浅棕色，且后续信息给出了紫黑色晶体的存在，表明 I_2 在水中溶解度小，形成浅棕色溶液，A 项正确；对于 B、C 项，根据题给信息“I_3(aq)为棕色”、锌和 I 发生氧化还原反应的规律、化学平衡的影响因素，推知 Zn 与 I 反应生成 I－，I 与 I 结合形成 I：I_2＋I－——I_3，I′浓度增大促进了 I_2 的溶解，溶液颜色加深，B、C 项正确；Zn 与 I_2 的反应为化合反应，D 项错误。

5. 批判性思维

发展学生批判性思维有利于学生在学习中慎重鉴别、筛选和运用纷繁复杂的信息，保持客观而深刻的认识，敢于挑战固有观念或权威结论，是学生形成独立人格的前提，也是学生自主创新的基础。① 批判性思维是科学思维和理性思维的重要构成要件，是创新人才培养不可或缺的前提。批判性思维属于高阶思维能力，考查学生在面对各种复杂问题时运用已有知识进行审慎思考、分析推理、实证验证等方面的能力。批判性思维以探究和创新为导向，以理性和

---

① 王宁，曹宗祺. 普通高中语文课程标准解读. 北京：高等教育出版社，2020：39.

开放精神为核心。具体来讲,批判性思维是一种自觉通过质疑、查证和推理考查论证的合理性从而决定信什么和做什么的思维。一个完整的批判性思维过程包括理解主题论点、分析论证结构、澄清观念意义、审查理由质量、评价推理关系、挖掘隐含假设、考察替代论证、综合组织论证等步骤或要素。批判性思维与创新思维要求学生具有独立思考的能力,能够自觉运用分析推理、逻辑论证、甄别加工等方法,使用可靠的证据,得出自己的观点,解决实际问题。对于高考试题而言,批判性思维考查形式一般表现为:澄清相关概念、独立提出问题、评估证据与理由、揭示隐含前提、开放与竞争性结论、寻求多种解决方法、构造替代论证、阐释或评估可能的后果等。概括来讲,批判性思维以质疑和提出问题为起点,以获取证据、进行分析推理为过程,以得出有说服力的结论为结果。心智开放、独立思考、敢于质疑是批判性思维的必备品质,训练有素的逻辑推理与论证分析能力以及高水平的证据获取、评估与运用能力是批判性思维的必备技能。

近年来高考化学试题对于批判性思维的考查进行了有益的、全面的探索,为高等学校选拔具有较好发展潜力的新生提供了有效参考,对中心教学培养创新意识发挥了良好的导向作用。主要体现在以下三个方面。

(1)结构不良问题的反思。

结构不良问题又称非良构问题、劣构问题,是指那些初始状态、目标状态、解决方法至少有一项不清晰的问题。结构不良问题具有如下特点:一是和具体情境相联系;二是问题的描述比较含糊;三是给定信息不完全,缺少限定;四是目标不确定,问题的构成存在未知或某种程度的不可知部分;五是不知道哪些概念、规则和原理对于解决问题有用。如 2024 年高考化学全国甲卷第 28 题,针对 HBr 的物资的量计算时,对于缺少的数据可以利用假设法,可设 CH_4 与 Br_2、CH_3Br 与 Br_2 的变化量分别为 x、y 进行计算;湖北 13 题,在比较 CO_3^{2-} 与 Pb^{2+} 浓度大小时,可根据 pH=6.5 时,$\delta(Pb^{2+})>50\%$,计算过程中可对 Pb^{2+} 浓度作近似运算,再根据 $Q(PbCO_3)<K_{sp}(PbCO_3)$,算出 CO_3^{2-} 浓度的范围。2023 年高考化学全国乙卷第 28 题,针对 $FeSO_4\cdot 7H_2O$ 的脱水热分解过程进行定量计算时,对于缺少的数据可以利用假设法,可设 $FeSO_4\cdot 7H_2O$ 为 1 mol 进行计算;湖北卷第 14 题,题给情境既包含了 H_2L 的电离平衡,又同时发生铁离子与邻苯二酚类配体的配位平衡,两个平衡相互影响,配位平衡的存在使得 H_2L 的电离平衡存在未知或某种程度的不可知部分,加上 H_2L 的电离平衡微粒浓度变化图像未给出,需要考生具备在复杂体系中抓主要矛盾和辨识矛盾的主要方面的能力。2022 年高考化学全国甲卷第 12 题与常规题目不同,本题只根据题给信息无法直接推断出元素的名称,在解题时需要转换思路,能够根据题给信息得出"3a+3+b=15"的结论进行假设讨论,与之相类似的还有 2022 年广东卷第 7 题和 2022 年全国乙卷第 12 题。2022 年高考化学全国乙卷第 26 题,题干中给出的是信息是"还有少量 Ba、Fe、Al 盐和氧化物",但并没有给出具体物质是什么,类似的还有 2022 年山东卷第 17 题,题目中只给出了"$n(Na_2CO_3):n(SiF_6^{2-})=1:1$",而没有给出二者具体的量,这些均属于与具体情境相联系、问题的描述比较含糊、给定信息不完全、缺少

限定的情况。

(2)常规认知思维的质疑。

批判性思维是一种识别、评价思维过程中各种推理论证的能力，从是否合理的角度来评判推理与论证。高中化学教学培养学生的批判性思维，很重要的一点就是树立学生尊重事实和依据的意识，形成严谨务实的科学态度，防止定式思维、死记硬背、机械刷题。高考试题中主要有以下两种形式：一是突破常规思维。2024 年高考化学安徽卷第 13 题，离子浓度大小比较，思维定式地认为S^{2-}水解程度较弱，得出错误的结论 $c(S^{2-})>c(OH^-)$。2023 年高考化学山东卷第 19 题，以字母、分子式为主要形式的合成路线推断的综合考查，一般都从已知结构简式的物质为起点，进行逆向推断，但本题可以根据流程中的分子式、反应条件和题目已知等信息进行正向推断。2023 年高考化学全国甲卷第 36 题，在合成路线中对由 C 生成 E 的过程设问，与常规的出题方式不同，常规问题一般是问反应类型，而此处为试剂的选择，虽然知识超出课本，但结合反应类型和选项中的试剂是可以作出正确选择，考查了学生对反应类型、反应机理和试剂进行联系并突破常规思维壁垒的能力。2022 年高考化学全国甲卷第 26 题，题中 Fe 元素经过两步被除去，分别进入滤渣①和②中，Ca 元素也是经过两步被除去，分别进入滤渣①和④中，因此与理想情况不同，真实工艺流程中，同一元素不一定在一个工艺中就完全被除去。二是理论与现实冲突的质疑和思维的转化。如 2023 年北京卷第 19 题，在学生的已有认知中，碘单质通常是将变价金属氧化为低价态，题目第一句话说“I_2 可以将 Cu 氧化为 Cu^{2+}”，带给学生心理一定的震撼，要顺利答题，需要破除已有认识，基于题中现象和研究思路分析实验中 Cu 被 I_2 氧化的产物中价态不同的原因。2022 年全国甲卷第 26 题，由 $Cu(OH)^2$ 的 Kp 和 pH 可计算出当 $c(Cu^{2+})=0.022\ mol/L^{-1}$时即可生成 $Cu(OH)^2$ 沉淀，但铜的化合物作为杂质，其含量应该较小，因此溶液中的 $c(Cu^{2+})$也不应该较大，且题意要求写出的是滤渣①的主要成分，因此根据题意要求和真实的情境，滤渣①的主要成分不应该包括 $Cu(OH)^2$。

(3)复杂动态体系的辨析。

化学科学具有严谨的理论和逻辑体系，在高考中通过对逻辑推理和理性思维的考查，可以衡量学生批判性思维的发展水平，而对于理性思维的考查，突出体现在综合分析问题的过程之中，通过复杂情境的设计增强题目综合性，考查学生是否能够根据已知信息，辨析研究对象，从合理的角度思考问题，用合理的方法解决问题。高考试题中主要有以下两种形式：一是呈现方式的复杂性。2024 年高考化学吉林卷第 15 题，题给图像采用了负对数坐标且给了三种难溶性物质，要求考生从复杂的呈现方式中找到有用的信息和数据。2023 年高考化学湖北卷第 14 题，题给图像有 5 条曲线、且隐藏了主要微粒浓度变化图像，要求考生从复杂的呈现方式中找到有用的信息和数据。2022 年高考化学湖北卷第 15 题，题给图像有两个纵坐标，有多条曲线，分别对应不同的纵坐标，需要从复杂的呈现方式中找到有用的信息和数据。二是研究对象的复杂性和动态变化。2024 年高考化学湖南卷第 18 题的研究对象就是一个多平衡动态变化体系，该题所给的反应体系中发生了三个反应，三个反应先后进行且相互影响，最终达到平衡。

2023 年高考化学全国乙卷第 28 题的研究对象就是一个多平衡动态变化体系,该题所给的反应体系中发生了两个反应,两个反应先后进行且相互影响,最终同时达到平衡。2022 年高考化学河北卷第 16 题的研究对象就是一个多平衡动态变化体系,本题所给的反应体系中发生了两个反应,且这两个反应相互关联,水既是反应Ⅰ的反应物又是反应Ⅱ的反应物,CO 是反应Ⅰ的生成物也是反应Ⅱ的反应物,因此在计算平衡时各物质的量时要注意加减关系,另外还要注意不论一个体系中有几个反应,达到平衡时各物质只有一个浓度值。

四、情境载体串联线与化学命题实践

"情境载体串联线"是指通过设计学习探索情境和生活实践情境,将其作为任务创设的载体,实现对学生学科概念、原理、技能、思维方法和素养的考查,高考评价体系中的"核心价值、学科素养、关键能力、必备品格"考查内容和"基础性、综合性、应用性、创新性"考查要求,通过"学习探索情境""生活实践情境载体"得以实现。命题过程中,命题者通过选取适切的素材,再现学科理论产生的场景或呈现现实中的问题情境,让学生在真实情境中运用必备知识和关键能力解决实际问题,全面、综合展现学科素养水平,并发挥核心价值的引领作用。情境试题通过优化考查内容,丰富呈现方式、创新设问角度等途径,突出对关键能力的考查,求学生由解答试题转向解决问题,让善于独立思考、认知能力强的学生脱颖而出。高考评价体系指导下的各科高考命题都呈现出情境多元、内容丰富的特点,情境的新颖性、灵活性、探究性和开放性得到进一步增强。高考命题呈现"无情境,不成题"特征。

高考命题的理想试题情境一般具有典型性、复杂性、新颖性和结构不良性四个特征,其中典型性是指在真实世界或学习探索中具有代表性、能够充分考查学科素养和关键能力、具有可操作性且符合学生认知和学科发展规律的情境;复杂性是指涉及多种关联活动、涉及多种影响因素涉及多个参与主体以及要求调动多种关键能力的情境:新颖性是指学生未经历过,或者真实世界新出现的、呈现方式新鲜少见的情境;结构不良性是指冗余信息较多、隐含信息较多、问题创设比较开放、结论不设定唯一、解决方案多元的情境。课程标准和高考评价体系要求高考全面落实情境式命题,材料丰富,情境多元,加强情境的新颖性、灵活性、探究性和开放性。高考命题呈现出"无情境,不成题"的特征。未来那些具有选拔区分度的试题将在情境创设上下功夫,可能呈现出由简单情境向复杂情境、由熟悉情境向新颖情境、由结构良好情境向结构不良情境的转换。

1. 日常生活情境

日常生活情境,是指按照现实生活中化学现象及其转化的内在规律呈现的真实情境,主要用于检测化学原理的迁移与应用。日常生活情境一般具有以下几个特点:一是体现生活性,情境素材与生活高度相关,学生在试题解答过程中能感悟到化学与人类生活之间的紧密联系;二是体现真实性,生活实践情境符合大众的基本认知,能通过学科知识来进一步深化大众的认知;三是体现科学性,情境素材要经得起推敲,要符合实验事实和科学原理。具体来说,主要是利用常见的四类生活情境(食物营养、合成药物、常见材料和能量转化设备),通过生活中化学问题的再现,考查考生在新环境下对知识的迁移能力以及对学科能力的践行程度。通过这些考查,要求考生掌握化学原理方面的知识,进而要求考生利用基本概念和原理阐释生活中的化学现象,从而激发考生学习化学、专研化学的兴趣。2024 年高考化学全国新课标卷第 6 题以一种可植入体内的微型电池为情境;山东卷第 11 题以食醋风味形成的关键是发酵,发酵包括淀粉水解、发酵制醇和发酵制酸等为情境;吉林卷第 5 题以家务劳动中蕴含着丰富的化学知识为情境等。2023 年高考化学湖南卷第 6 题以日光灯中用到的某种荧光粉为情境,第 10 题以油画创作所用的无机颜料 As_2S_3 的褪色为情境;广东卷第 3 题的四个选项分别以人类的衣食住行为情境;浙江卷 6 月第 6 题以化学烫发过程中使用的药剂对通过发生化学反应实现对头发的定型为情境。

2. 生产环保情境

生产环保情境,是指工业生产或环境保护中的实际问题。从物质来源的方式或工业目的可以分为自然资源利用、生产条件优化、废物回收利用和毒害物质处理等情境。垃圾分类处理中的废物回收利用和毒害物质处理,属于环保类情境,其思路与物质生产制造及生产条件优化基本相同,不同的是起始物质的来源不同、工业目的不同,这两个情境一个是将废弃物质进行回收,另一个是将有毒有害的污染物转化为无毒的物质或者分离出有毒的物质。类似物质的反应和转化不仅是生产中常见的现象,也跟生活有着密切的联系,容易设置特定情境,考查考生解决问题的能力。2024 年高考化学全国甲卷第 26 题以从某炼锌废渣中提取钴为情境;全国新课标卷第 27 题以从湿法炼锌产生的废渣中富集回收得到含锰高钴成品的工艺流程为情境;北京卷第 16 题分别以硝石、氨气和氮气为氮源制备 HNO_3 为情境;山东卷第 18 题以铅精矿(含 PbS,Ag_2S 等)为主要原料提取金属 Pb 和 Ag 的工艺流程为情境;广东卷第 18 题以从电解铝的副产品炭渣(含 C、Na、Al、F 和少量的 Ga、Fe、K、Ca 等元素)中提取镓及循环利用铝的工艺为情境。2023 年高考化学辽宁卷第 15 题以废水中 Ni^{2+} 和 Cd^{2+} 的回收为情境;北京卷第 5 题以回收利用工业废气中的 CO_2 和 SO_2 为情境;浙江卷 1 月第 13 题以工业废水中的甲酸及其盐的回收为情境;北京卷第 16 题分别以 19 世纪、20 世纪及近年来尿素的合成进展为情境。

3. 学术探索情境

学术探索情境试题以学术刊物最新的研究方法和成果为情境信息,还原了知识产生和应用的真实场景,与新课程改革及招生考试制度改革的理念相契合。从试题的命制来看,学术探索情境试题首先遵从了原文献,还原了知识的真实场景,表现在试题的图片情境信息和关键文字情境信息直接取材于原文献。同时,为适应高考要求,对专业的研究方法和成果进行了简化和提炼,对部分信息进行了适当的补充或删减。最新的学术研究成果与社会经济发展、科技进步、生活实际等密切相关,是考查学生知识和素养水平的良好素材。文献情境素材对所有考生而言是陌生的,可以保证试题的公平性,也能引导学生重视情境的分析和知识的应用,避免机械式记忆。化学学科学术探索情境大致分为三类。一是最新合成方法,是指对已知化合物采用新方法或新技术进行合成。这类情境对应的物质多数是有机物，其中新合成方法的基本特征是绿色、经济、高选择性，要求生产技术更加高效并注重环保。二是新颖功能物质，其基本特征是新型复合材料或新型催化剂的结构。因此，该情境主要考查物质结构与性质。如2024年高考化学山东卷第16题给出锰氧化合物 MnO_x 晶体，晶体有O原子脱出时，O空位的产生使晶体具有半导体性质；湖南卷第12题给出高效人工固氮产物 Li_2CN_2 的晶体结构等。2023年高考化学辽宁卷第14题给出的进行镁离子取代及卤素共掺杂后，获得的高性能固体电解质材料——某富锂超离子导体的晶胞结构；湖北卷第15题给出在储氢和超导等领域具有重要应用的晶体材料 LaH_n 的结构等。三是对于某些已经工业化的化学反应，采用新型的催化技术可提高转化效率、降低生产成本。催化理论属于反应原理的内容，以此为情境可以考查考生推理反应过程中的能量变化、判断反应历程和机理以及提高反应物转化率的措施等。2023年高考化学湖南卷第14题以我国科学家合成的能高效催化 NH_3 合成 N_2H_4 的某Ru(Ⅱ)催化剂为情境，考查其催化反应的有关机理；广东卷第15题以催化剂Ⅰ和Ⅱ均能催化反应为情境，考查反应历程分析、平衡移动、能量转化等知识。

4. 实验探究情境

化学作为一门以实验为基础的学科，它需要学生掌握科学实验的基本思路和方法，去解决真实世界中的复杂化学问题。在实验中寻求思维创新和能力提升，成为化学学科关键能力培养的核心内容。因此，在高考化学试题中，命题者常以真实的科学实验和探究实验情境融入试题，考查学生分析实验的能力、迁移实验方法的能力，以及综合运用所学知识和技能解决实际问题的能力。高中阶段的化学实验情境，包括两个方面：一是基本操作型实验，锻炼学生的动手操作能力，为深入研究打下基础；二是研究型实验，可以提高学生认识物质的水平，提升实验探究能力。根据实验目的的不同，可将实验情境分为三类：一是确定某种物质的组成，属于定性与定量分析情境；二是在实验室中利用常见药品制取目标物质并进行分离提纯的实验，属于物质制备与纯化情境：三是研究温度、浓度、压强等不同条件对反应速率和化学平衡的影响，属于探究反应规律情境。2024年高考化学山东卷第12题以实验操作、实验现象的一致性为情境；北京卷第6题以实验、实验装置的一致性为情境；全国甲卷第27题以过氧化脲的制备为情境。2023年高考化学辽宁卷第13题，以探索物质之间反应规律和转化路径为情境；湖北卷第18题，探究Cu的氧化过程及Cu的氧化物的组成；广东卷第17题，对各反应体系能量变化的探究等。

5. 化学史情境

化学史教育有助于学生理解化学学科发展的历史、现状及前景，同时也揭示了化学学科一些潜在的规律。化学史可以激发学生的学习兴趣，提高科创能力，使学生掌握科学方法和思维，培养其核心素养。对于考试而言，在试题中展现已有理论或成果研发过程中使用的仪器、方法以及研究数据，就是真实再现新形成理论的发现或成果的研究过程。利用这些真实的数据及研究过程，不仅可以考查某个理论或规律，还可以考查考生有序的逻辑思维过程，启迪考生的创新思维。如2024年北京卷第16题以硝酸制备方法的发展与研究为线索，以典型真实的化学技术发展为案例，促进考生思考技术进步背后的原因，感悟科学研究精神。

五、高考化学命题中的必备知识考查

学科必备知识是学生把握学科本质，灵活运用积累，发展创新性思维的基础和必要条件。化学的必备知识分为化学语言与概念、物质结构与应用、反应变化与规律、物质转化与性质、实验原理与方法五个方面，这些内容是学生今后进一步学习化学的基础，因此成为高考化学考查的主要内容。

1. 化学语言与概念

化学语言与概念包含元素符号、化学方程式、离子方程式、电离方程式、热化学方程式等化学用语。2024年高考化学山东卷第3题、吉林卷第2题、湖北卷第4题、甘肃卷第2题均是对元素符号、结构简式、轨道排布式等化学用语的考查；2024年高考化学全国甲卷第8题、全国新课标卷第10题、湖北卷第7题、浙江6月卷第8题、江苏卷第5题均考查了化学方程式或离子方程式的正误判断。2024年高考化学几乎所有试卷都涉及电极反应式或总反应式、有机反应方程式的书写及热化学方程式的有关计算。2024年河北卷第13题考查电池总反应方程式书写正误的判断。2024年全国甲卷第12题考查了充电时总反应方程式，电极反应方程式的书写。2024年全国甲卷第28题第(1)问考查了热化学方式的相关计算。2024年北京卷第17题第(2)问考查了有机反应方程式的书写等。

2. 物质转化与应用的考查

物质转化与应用包含典型无机物(钠、镁、铁、铝、氯、碳、氧、硫等元素单质及其化合物)和有机物(烷烃、烯烃、卤代烃、醇、醛、羧酸、酯类、酚类等)的性质及其转化。2024年高考化学浙江6月卷第6题考查了物质的转化与应用；江苏卷第15题合成含松柏基化合物的中间体，考查有机物的性质和转化；全国新课标卷第28题通过有机物1－(4－甲氧基苯基)－2,5－二甲基吡咯的制备，考查了产品分离提纯方法；湖北卷第16题利用铝硅酸盐$Be_3Al_2(SiO_3)_6$提取Be，考查铝硅酸盐的性质和转化等；全国甲卷第9题给出PLA、MP、MMA的结构考查它们可能具有的性质。2023年高考化学湖南卷第17题通过多步转化制备第三代半导体的支撑材料之一超纯$Ga(CH_3)_3$考查主要成分以及杂质的性质与转化；北京卷第3、4题考查物质的转化、应用以及原理剖析等。

3. 反应变化与规律的考查

反应变化与规律包含电化学、热力学、动力学、电解质溶液。2024年高考化学全国甲卷第28题考查甲烷溴化再偶联为丙烯(C_3H_6)反应过程中的热力学和动力学知识；全国新课标卷第12题考查一种可植入体内的微型电池工作原理；湖北卷第13题考查电解质溶液中的平衡等。2023年高考化学全国乙卷第12题考查室温钠—硫电池能源存储的基本原理；全国新课标卷第 13 题考查电解质溶液的平衡等。2022 年高考化学全国甲卷理科综合第 10 题考查一种水性电解液 $Zn-MnO_2$ 离子选择双隔膜电池的基本原理;全国甲卷理科综合第 28 题考查冶炼金属的动力学知识等。

4. 物质结构与性质的考查

物质机构与性质包括原子结构、分子结构、晶体结构、化学键、氢键、范德华力。2024 年高考化学全国甲卷第 11 题、全国新课标卷第 11 题考查元素周期表与元素周期律;北京卷第 15 题、山东卷第 16 题、浙江卷 6 月卷第 17 题、全国甲卷第 35 题考查物质结构与性质等。2023 年高考化学湖南卷第 11 题、全国乙卷理科综合第 35 题考查物质结构与性质等。2022 年高考化学全国甲卷理科综合第 12 题考查元素周期表与元素周期律,全国乙卷理科综合第 35 题考查物质结构与性质等。

5. 实验原理与方法的考查

实验原理与方法包含基本仪器、名称、安全标识、实验基本操作、物质的检验、分离和提纯、定性与定量分析等。2024 年高考化学湖南卷第 15 题涉及亚铜配合物 $[Cu(CH_3CN)_4]ClO_4$ 的制备方法,考查实验仪器的名称、反应现象、试剂的选择和作用、总收率等;浙江 1 月卷第 20 题以制备液态 H_2S 为情境素材,考查了仪器名称、装置的连接顺序、装置的作用、产品纯度计算等。2023 年高考化学辽宁卷第 17 题涉及抗血栓药物氯吡格雷的重要中间体 2—噻吩乙醇的制备方法,考查实验仪器的选择、试剂的选择和作用、调 pH 的目的、产率计算等;山东卷第 18 题以制备 $SiHCl_3$ 粗品为载体,考查实验仪器、操作、现象、对装置的评价、粗品的纯度测定等。2022 年高考化学全国乙卷理科综合第 10 题考查实验操作、现象、结论;全国乙卷理科综合第 27 题通过二草酸合铜(Ⅱ)酸钾的实验室制备考查实验仪器的选取、实验基本操作等。

六、高考评价体系下的化学命题展望

高考命题遵循高考评价体系“价值引领、素养导向、能力为重、知识为基”的综合评价理念,坚持素养立意,增强试题的基础性、应用性、综合性、创新性,减少机械刷题,引导课堂教学提质增效,培养学生科学精神。试题要求学生扎实掌握基础知识,触类旁通、融会贯通地运用知识解决生产生活和科学研究中的实际问题,充分认识所学知识的应用价值,促进学生主动思考,考查创新思维,激发学生从事科学研究、探索未知的兴趣,助力拔尖创新人才的选拔培养。

1. 加强必备知识考查,夯实学科基础

学科必备知识是学生把握学科本质,灵活运用积累,发展创新性思维的基础和必要条件。高考化学试题加强必备知识考查,强调对学科主干知识的深刻理解和应用,助力学生夯实学科基础。高考化学试题注意对必备知识的考查,体现在对基本概念和基本原理的准确理解和把握,包括概念辨析、事实判断、原理分析等多种方式。高中化学的必备知识包括典型化合物的性质、基本反应类型、物质结构基本理论、物质基本转化规律、基本化学实验操作方法等。试题对这些必备知识的考查，能有效地鉴别考生对学科基础的掌握程度，以引导中学教学遵循教育教学规律，严格按照课程标准和教材进行教学。高考化学试题对高中阶段化学必备知识的考查并不是直接考查概念定义，而是考虑不同学段的差异，以普通高中课程标准和各个版本的教材为依据，创设针对性场景，将必备知识融入物质合成与转化、材料结构与性质以及实验探究等方面，考查考生对相似概念、重要学科术用语的比较辨析。如 2024 年全国新课标卷第 12 题以医学领域颇具应用前景的微型燃料电池为背景，以图示形式呈现信息，素材新颖，但本质是对电化学基础知识的考查，学生需要具备获取信息与图文阅读分析的能力，借助图像分析出该电化学过程的本质。

2. 加强实验考查，提高探究能力

实验是认识和探究世界的重要手段。高考理科综合试题注重实验考查，引导学生体验实验过程，掌握科学研究方法，养成科学思维习惯，做到学思结合，提高实验能力和探究能力。2024 年全国甲卷第 27 题以合成固体氧化剂过氧化脲为载体，以物质合成、性质检测、化学分析为主线，从多方面多角度综合考查化学实验中的基本操作，从操作的规范性、方法的严谨性、分析的缜密性等不同维度考查学生的探究能力。实验原理与规范操作的有机结合是实验能力的一个重要体现。2024 年新课标卷第 28 题以己－2，5－二酮为原料合成一种吡咯的实验为载体，考查学生认知物质性质、规范实验操作、信息解读、现象分析与解释等不同层面的能力，引导学生在注重学习理论知识的同时，提升解决实际问题的能力和探究能力。

3. 优化考查方式，培养创新思维

高考化学试题反对机械刷题、优化考查方式，引导学生灵活运用所学知识，在学好学科知识的基础上自主思考，培养其探索性、创新性思维品质。如 2024 年全国新课标卷第 8 题选取点击化学方法合成聚硫酸酯作为素材，该方法是 2022 年诺贝尔化学奖获得者研发的一种高效合成反应，对于学生了解前沿科学有重要的现实意义。题中聚合反应途径以及相应聚合物稳定性的判断需要从结构决定性质的基本观念出发，深度思考有机小分子单体性质和有机化学反应的本质，由此推理出聚合反应途径以及生成的聚合物的化学性质。试题在考查中学有机化学必备知识的同时，综合考查学生观察对比、分析推理、迁移创新的科学思维，有助于引领中学有机化学教学注重知识的联系性和结构化，充分体现核心素养导向。2024 年全国甲卷第 13 题以铬酸银转化为氯化银为背景，通过呈现两种难溶性强电解质发生沉淀转化时的离子浓度变化曲线，考查学生对物质的溶解性质溶解度、溶度积常数等知识的理解。试题的考查方式与以往提供某物质在不同温度、pH 等条件时的离子浓度图有所不同，学生需要掌握难溶性强电解质的沉淀溶解平衡、平衡的移动、沉淀的生成条件等知识，并计算非平衡态时的离子浓度这一转变要求学生灵活运用所学知识并具有一定的创新性思维品质。2024 年全国新课标卷第 13 题在考查方式上将有机物分子结构与性质和电解质溶液的知识相结合，给出了一氯乙酸和二氯乙酸两种一元有机弱酸溶液中分布系数与 pH 的关系曲线，学生需要优先分析比较不同结构有机弱酸的差异,判断出各数据曲线所代表的微粒种类,再进行弱电解质电离平衡相关问题的思考和计算这一考查方式的优化引导学生从物质结构的角度理解物质的性质、变化、相互关系等化学本质问题,对学生知识的全面性有一定要求。

4. 科学调控试题难度,坚持稳中求进

近年来高考化学试题,不论是全国卷还是各省市试卷均采取了科学、稳妥、细致的设计策略,题型、结构和难度都保持总体稳定,以平和的命题风格、友好的呈现方式,使试题设计更加符合师生心理预期。如大多数试卷的选择题均涉及化学与 STSE、阿伏伽德罗常数正误的判断、离子反应的判断、元素及其化合物的小综合、“位”“构”“性”的综合考查、有机物结构的分析判断、实验基本操作和评价、电化学原理的应用、水溶液中的离子反应与平衡等常规考题;填空题均为以工艺流程为载体的综合题、化学实验综合题、反应原理综合题、物质结构与性质综合题以及有机化学基础综合题。

5. 转变教学理念和教育观念

高考试题以问题为导向,实现从“考知识”向“考能力素养”的转变,实现从“解答题目”向“解决问题”的转变,进一步加大试题的开放性、探究性和创新性,进一步打破固化形式、优化试卷结构、丰富呈现方式、创新设问角度、拓展思维空间,破除唯一标准答案束缚,强化关键能力、思维过程和思维方式的考查,引导学生提升思维品质和思维能力,减少死记硬背和机械刷题,激发学生崇尚科学、探索未知的兴趣与勇于创新、敢于探究的科学精神。在拔尖创新人才培养成为国家战略这样的大背景下,传统的那套以知识传授和知识理解程度深浅为主要目标的教学模式面临挑战,原有的教育理念和教学观念要进行转换,主要表现在从“知识就是力量”转向“思维就是力量”、从“知识传递”转向“知识建构”、从“授人以鱼”转向“授人以渔”等。

基于高考评价体系的生物学科命题解读

近年来，高考生物学科试题落实立德树人的根本任务，以《中国高考评价体系》为依托，深化考试内容改革，充分发挥育人功能，服务高校人才选拔，服务引导高中教学，服务拔尖创新人才培养。试题立足生物学科本质，注重考查学生的必备知识、关键能力和学科素养，引导学生形成崇尚科学、探索未知的学习态度，鼓励学生运用生物学科知识解决现实生活中的实际问题，培养创新性思维品质。试题稳中求新，注重价值引领与文化渗透，充分考虑学情变化，引导学生核心素养培养和发展，助力高考综合改革和高中课程改革平稳推进。

一、高考生物学科的功能定位

高考生物学科考试旨在引导学生习得生物学科知识，获取生物学科研究过程中分析和解决问题的独特思路和方法，养成科学的思维习惯、科学精神和科学品质，发展创新实践能力和终身学习能力，形成热爱和尊重生命、人与自然和谐共生的生命观、人生观和价值观。同时，生物学科考试作为素质培养的重要组成部分，对引导中学生物学科教学具有重要意义。生物学科考试内容改革应充分体现课程改革理念和高考综合改革要求，关系到高校人才选拔需求和高中教学实际，有助于高考综合改革的逐步推进。①

1. 生物学科的核心功能

全面深化考试内容改革，着力考查社会主义核心价值观，弘扬以爱国主义为核心的民族精神和以改革创新为核心的时代精神，加强对中华优秀传统文化、国家意识和社会责任感的培养，树立中国特色社会主义共同理想，增强中国特色社会主义道路自信、理论自信、制度自信和文化自信。高考要立足于服务国家、高校选才这一基本点，要为国家和高校选拔出符合要求的新生。其选拔质量直接影响着高等教育质量乃至国家创新人才的培养质量，故服务选才是高考的基本功能和使命，也是高考存在的客观要求。

因此，高考要紧密围绕科学选才、提高质量、促进公平的目标，进一步探索和完善评价人才的方法，使人才选拔标准更全面、方式更科学；要保证较高的信度和效度，保证适宜的考试区分度，促进人才合理分流、配置，更好地适应国家经济社会发展对多样化、高素质人才的需求，为建设人力资源强国提供有力保障。

引导教学是基础教育对高考的现实需求。高考一方面要为高校选好人才，另一方面客观上还具有服务和引导基础教育教学的现实作用。因此，必须认识和处理好高考改革与基础教育改革的关系。坚持育人为本，将促进学生德智体美劳全面发展作为改革的出发点和落脚点，深入推进素质教育，实现“以考促教、以考促学”的目的，充分发挥好高考这一“指挥棒”作用。

---

① 本部分主要参考文献：于涵《新时代的高考定位与内容改革实施路径》，《中国考试》2019 年第 1 期，第 1—9 页；杨帆、郭学恒《基于高考评价体系的生物科考试内容改革实施路径》，《中国考试》2019 年第 12 期，第 53—58 页。

2. 生物学科的考查内容

(1)核心价值。核心价值是指学生应当具备的良好政治素质、道德品质和科学思想方法,起着价值引领作用,学生面对现实问题情境时应当具有正确的情感态度和价值观。生物学科旨在引导考生正确理解生命的价值,尊重和热爱生命,养成健康的生活方式;从系统的视角理解人与人之间、人与其他生物之间、其他生物之间以及生物与环境之间的密切联系,遵循自然规律,树立人与自然和谐共生的观念,形成生态文明意识,保护和合理利用自然资源,实现可持续发展;客观认识生物学科理论和技术的进步对人类社会发展等方面具有重要作用。

(2)学科素养。生物学科素养在高考评价体系学科素养的架构下具有其生物学科的学科特色。生物学科素养是指能够合理运用生物学科思维方式与方法,有效地整合生物学科的相关知识,运用生物学科的相关能力,高质量地认识问题、分析问题、解决问题的综合品质。主要包括知识与观念、科学思维、探究与创新、责任与担当四个方面。第一,知识与观念包括结构与功能观、物质与能量观、信息观、稳态与平衡观、进化与适应观、系统观、生态观等。第二,科学思维方法包括分析与综合、归纳与概括、演绎与推理、模型与建模、批判性思维和创造性思维等。第三,探究与创新是指在观察和实验的基础上提出生物学科问题、形成猜想并作出假设、设计实验或制订方案、进行实验或完成方案、得出结论的过程,以及对特定的生物学科现象或事实,进行观察、提问、讨论和交流的过程。创新是指能针对生物学科现象与事实发现新的问题、提出新的解释或作进一步探究的能力,创新还包括分析问题和解决问题过程中所表现出来的新思维、新方法。第四,责任与担当是尊重生命、热爱生命、健康生活、关爱他人、保护环境、开展实践、解决问题等责任意识,也包括积极参与个人与社会事务的讨论,作出理性的解释和判断。

(3)关键能力。生物学科关键能力是指即将进入高等学校的学习者在面对与生物学科相关的生活实践或学习探索问题情境时,有效地认识问题、分析问题、解决问题所必须具备的能力。高考评价体系中生物学科的关键能力主要包括理解能力、实验探究能力、解决问题能力、创新能力。其中理解能力要求学生能够获取关键信息、解释生物学科现象、解决生物学科问题,并用科学准确的语言进行表达。实验探究能力要求学生能够对相关生物学科问题进行科学探究,如分析问题、设计实验、预测结果并得出结论或作出解释,掌握科学探究的整个流程。解决问题能力要求学生能够运用生物学科知识解释或解决实际生活生产实践中的问题。创新能力要求学生能够提出新解释、新方法、新思路或得出新结论、提出新观点。

(4)必备知识。必备知识是由生物学科的基本概念、基本规律、基本方法组成的学科基础知识体系。新高考生物学科科必备知识根据《普通高中生物学科课程标准》规定的必修内容(分子与细胞、遗传与进化)和选择性必修内容(稳态与调节、生物与环境、生物技术与工程),参照学业水平等级性考试对知识内容的要求选取。

3. 生物学科考查要求

根据国家需要的人才特征和素质教育的培养目标,体现国家人才强国战略的要求,新高考生物学科基于学科特点,明确学科化考查要求,从基础性、综合性、应用性和创新性四个维度,对考生所表现出的核心价值、学科素养、关键能力、必备知识进行考查。这四个维度既相互关联,又有交叉和递进。

(1)基础性。基础性是最基本的考查要求,主要考查学生对主干知识和基本理论的掌握程度，关注今后生活、学习和工作所必需具备、不可或缺的知识，因此要求学生对这一部分内容的掌握扎实牢靠，试题对必备知识、理解能力层级的考查体现基础性。

(2)综合性。综合性是指学生对必备知识与关键能力、学科素养、核心价值的触类旁通、融会贯通。既包括同一层面的知识、能力、素养能够横向地融会贯通地解决问题，也包括不同层面的知识、能力、素养，能够纵向地融会贯通地解决问题。

(3)应用性。应用性是指运用必备知识、关键能力和学科素养去解决实际问题，强调生物学科与生产生活的紧密联系，关注与国家经济社会发展、科学技术进步、生产生活实际等紧密相关的内容，引导学生自觉地从生物学科视角思考生活中的问题，避免考试和生活学习脱节，坚持应用导向，综合运用所学知识解决生活实践、生产实践及科学探究等问题，发挥学科的应用价值。

(4)创新性。创新性是指创造性地运用知识和思维方法，发现新问题、得出新认识，增强探究性和开放性。考查学生的创新意识，要求在新颖的问题情境下，或在新颖的试题呈现方式或设问方式下，使学生能在新的情景中积极思考、完成探究性或开放性题目的回答。结合学习的生物学科知识，对试题给出的生物学科现象作出合理的解释。在已有知识的基础上，依据新证据得出新的结论或提出新的观点。创造性地提出解决生活生产实践及科学探究中实际问题的新思路、新方法，培养学生的创新能力。

4. 生物学科考查载体

真实的试题情境成为“价值引领、素养导向、能力为重、知识为基”，综合考查学生知识运用和迁移能力的载体。在具体的情境化试题中，不同的情境与学生的生活和学习关系密切程度不同，学生对情境的熟悉程度和理解程度都可能影响他们对试题的回答。结合生物学科的学科特点，统计近几年高考试题，我们可以将试题情境分为四类：生活、学习和实践情境，生态环境情境，科学实验和探究情境、生命科学史情境。

二、核心价值金线与生物学科命题实践

新高考实施以来，高考生物试题紧密结合学科内容，精心选择人类健康、体育锻炼、自然资源合理开发利用、环境保护、生态农业、绿色发展、人与自然和谐共生等素材，以中华优秀传统文化启智润心，强化政治引领和价值引导，服务全面育人、全面发展，使考生感受到作为青年一代的责任担当和时代使命。

1. 关注健康，倡导健康的生活方式，强化责任担当意识

人民健康是民族昌盛和国家富强的重要标志，健康教育是素质教育的重要组成部分，实施健康教育，对考生的学习、生活、发展及适应社会都有重要意义。人类的历史即其疾病的历史，疾病伴随着人类文明进程而来，并对人类文明产生深刻和全面的影响。免疫系统是人的“军队”，亦是人的“岗哨”；病原体检测技术的进步、疫苗的研发应用、人类基因与健康关系的研究使考生深刻体会到生物学科发展对人类健康的重要贡献。

【例 1】(2024 年山东卷，第 7 题)乙型肝炎病毒(HBV)的结构模式图如图所示。HBV 与肝细胞吸附结合后，脱去含有表面抗原的包膜，进入肝细胞后再脱去由核心抗原组成的衣壳，

大量增殖形成新的 HBV,释放后再感染其他肝细胞。下列说法正确的是(　　)。

A. 树突状细胞识别 HBV 后只发挥其吞噬功能

B. 辅助性 T 细胞识别并裂解被 HBV 感染的肝细胞

C. 根据表面抗原可制备预防乙型肝炎的乙肝疫苗

D. 核心抗原诱导机体产生特异性抗体的过程属于细胞免疫

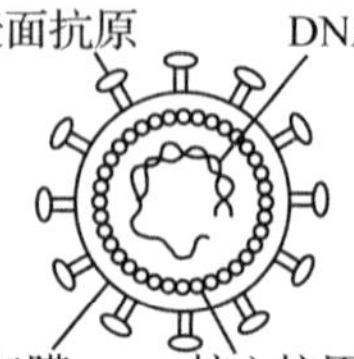

【分析】本题借助“乙型肝炎病毒(HBV)的增殖”这一情境,体现了人类对乙肝病毒认识的深化,综合考查免疫细胞、体液免疫和细胞免疫的过程、疫苗制备等必备知识,培养学生的信息识别、获取与加工能力,培养模型分析能力与建模的思维习惯,有效提升科学思维。传达了学以致用的观念,引导考生树立运用所学知识和所具备的能力解决实际问题的自觉意识。

生命在于运动,随着科学知识的普及和日常生活经验的积累,人们逐渐意识到运动有利于增强体质和体能。科学合理的运动有助于强健体魄,改善情绪,保证心理健康。2024 年高考生物试题关注科学运动,融入健康教育,促进学生全面健康发展。

【例 2】(2024 年江西卷,第 20 题)人体水盐代谢平衡是内环境稳态的重要方面。研究人员为了探究运动中机体维持水盐平衡的机制,让若干名身体健康的志愿者以 10km/h 的速度跑步 1h,采集志愿者运动前、中和后的血液与尿液样本,测定相关指标(下表)。回答下列问题:

状态指标	血浆渗透压(mOsm/L)	血浆 Na^+ 浓度(mmol/L)	血浆 K^+ 浓度(mmol/L)	尿渗透压(mOsm/L)	尿 Na^+ 浓度(mmol/L)	尿 K^+ 浓度(mmol/L)
运动前	289.1	139.0	4.3	911.2	242.4	40.4
运动中	291.0	141.0	4.4	915.4	206.3	71.1
运动后	289.2	139.1	4.1	1005.1	228.1	72.3

(1)上表中的数据显示,与尿液相比,血浆的各项指标相对稳定。原因是血浆属于内环境,机体可通过________、体液调节和________维持内环境的稳态。

(2)参与形成人体血浆渗透压的离子主要是 Na^+ 和________。

(3)运动中,尿液中 Na^+ 浓度降低、K^+ 浓度升高,是因为________(从“肾小球”“肾小管”“肾小囊”和“集合管”中选 2 项)加强了保钠排钾的作用,同时也加强了对________的重吸收,使得尿液渗透压升高。

(4)为探究上表数据变化的原因,测定了自运动开始 2h 内血浆中醛固酮(由________分泌)和抗利尿激素(由________释放)的浓度,结果发现,血浆中 2 种激素的浓度均呈现先上升后下降的趋势。分析激素浓度下降的可能原因包括________(答出 2 点即可)。

(5)进一步实验发现,与运动前相比,运动后血容量(参与循环的血量)减少,并引起一系列生理反应,由此可知,机体水盐平衡调节途径为________(将以下选项排序:①醛固酮和抗利尿激素分泌增多;②肾脏的重吸收等作用增强;③血容量减少;④尿液浓缩和尿量减少),使血浆渗透压维持相对稳定。

【分析】本题以“运动前、中和后内环境稳态的调节”为学科情境,要求学生利用内环境稳态的调节机制、尿液形成的过程、水盐平衡调节的过程等生物学科必备知识解析内环境和尿液成分、渗透压的变化。本题融入体育教育，从生物学科角度探讨运动对机体机能的影响，内容贴近学生实际，引导学生全面发展。

2. 聚焦生态，厚植生态平衡理念，提升环境保护意识

高考生物学科试题结合生态学考查内容，强调人与自然和谐发展是人类社会实现可持续发展的前提和基础，渗透“绿水青山就是金山银山”的生态理念，积极倡导在保护的基础上合理2

【例】(2024 年北京卷第 15 题)1961—2007 年全球人类的生态足迹如图所示，下列叙述错误的是(　　)。

A. 1961—2007 年人类的生态足迹从未明显下降过

B. 2005 年人类的生态足迹约为地球生态容量的1.4倍

C. 绿色出行、节水节能等生活方式会增加生态足迹

D. 人类命运共同体意识是引导人类利用科技缩小生态足迹的重要基础

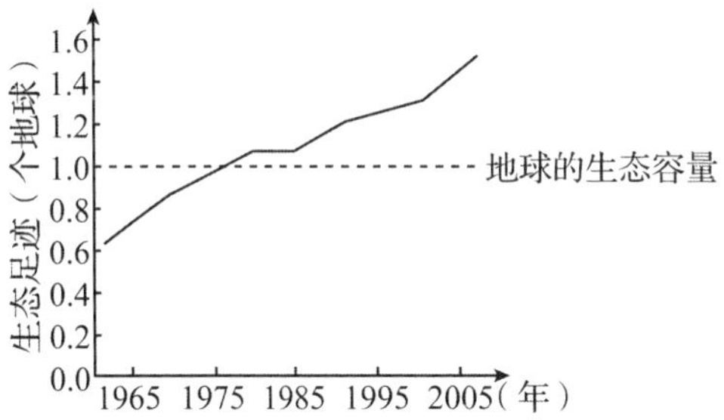

【分析】本题以“全球人类生态足迹的变化”为学科情境，聚焦“绿色发展”的国家重大发展战略和“构建人类命运共同体”，引导学生关注生态安全，并认识到生态问题是全球人类的共同问题，不仅从自身做起，还要具有人类命运共同体意识，从全球视野进行思考和分析。

3. 渗透传统文化，弘扬优秀传统文化，增强文化自信

习近平总书记指出，文化是一个国家、一个民族的灵魂。在当代中国，文化自信是具有科学性的时代命题，是中华民族生生不息、走向复兴的精神源泉，是中国特色社会主义破浪前行、繁荣发展的精神武器，是中华民族屹立世界、面向未来的精神脊梁。文化兴国运兴，文化强民族强，悠久的历史和深厚的文化积淀是我国在世界文化之林中站稳脚跟的根基。高考生物学科试题在评价学生学科素质水平的同时，注重加强价值引领和文化渗透，弘扬中华优秀传统文化，坚定文化自信。

【例】(2024 年全国新课标卷，第 4 题)采用稻田养蟹的生态农业模式既可提高水稻产量又可收获螃蟹。下列叙述错误的是(　　)。

A. 该模式中水稻属于第一营养级　　B. 该模式中水稻和螃蟹处于相同生态位

C. 该模式可促进水稻对二氧化碳的吸收　　D. 该模式中碳循环在无机环境和生物间进行

【分析】本题围绕稻田养蟹的生态农业模式，在其兼顾提高水稻产量与收获螃蟹的生产优势基础上，考查学生对生态系统的营养结构、物质循环、能量流动等核心概念的理解和辨识，在充分彰显劳动人民科学智慧的同时，引导学生挖掘、继承、创新我国农耕文化。

三、能力素养银线与生物学科命题实践

高考评价体系中的关键能力包括知识获取能力群、实践操作能力群和思维认知能力群，涵盖认识世界、解决问题和关键思维等维度。在《普通高中生物学科课程标准》提出的 4 个学科核心素养要素中：生命观念是指对观察到的生命现象及相互关系或特性进行解释后的抽象，是

经过实证后的观点，是能够理解或解释生物学科相关事件和现象的意识、观念和思想方法；科学思维是指尊重事实和证据，运用科学方法认识事物、解决实际问题的思维习惯和能力；科学探究是指能够发现现实世界中的生物学科问题，并能进行观察、提问、设计方案进行研究、得出结论以及对结果的交流与讨论，侧重于实验和实践能力；社会责任是指能够理性地运用生物学科知识解决生产生活问题，以及在这个过程中所表现的担当和能力。现行高考生物学科能力考查目标包括理解能力、实验与探究能力、获取信息的能力、综合运用能力。结合现行高考生物学科对能力考查的积累和凝练，基于学科素养发展、价值塑造的现实要求，反映新课程理念与人才培养目标，体现时代性、传承性、学科特性，将新高考生物学科关键能力确立为理解能力、实验探究能力、解决问题能力、创新能力。新高考生物学科关键能力与高考评价体系、现行高考生物学科能力目标的关系如下图所示。

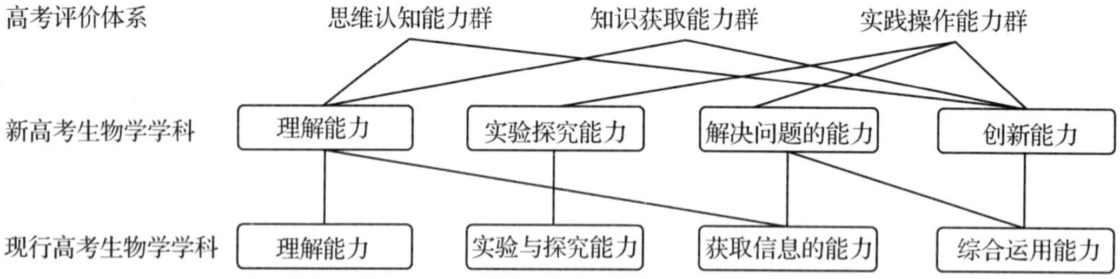

1. 信息获取、加工与语言表达

信息获取加工与语言表达能力主要是学生从生物学科试题提供的信息中提取有价值性的内容、根据应对问题情境的需要，合理地组织、调动各种相关知识，系统化、多层面、多角度地对价值性内容进行加工处理，所形成的解决问题的能力。信息可以在题干或选项中，可能以文字、图形或表格等形式存在，获取信息的关键是仔细审题，注重细节抓关键词，而对信息加工处理的方法有分析、比较、分类、想象、归纳、演绎、概括等，从提供的繁杂信息中抓住关键特征信息，筛除干扰信息，分析重组信息，能“拨开云雾见真章”，确定解决问题所需的有用信息，从而顺利解决实际问题。

(1)文字类信息的获取与加工。

这类试题，部分与解题有重要关联的关键信息直观呈现在题干或选项的文字中，而更多的关键信息则隐藏在其题干或选项文字中。考生能从中获取到关键信息并进行加工、应用是解题的关键。当题干中有解题的限制条件时，考生可以根据限制条件排除干扰选项。

【例】(2024 年北京卷，第 3 题)胆固醇等脂质被单层磷脂包裹形成球形复合物，通过血液运输到细胞并被胞吞，形成的囊泡与溶酶体融合后，释放胆固醇。以下相关推测合理的是(　　)。

A. 磷脂分子尾部疏水，因而尾部位于复合物表面

B. 球形复合物被胞吞的过程，需要高尔基体直接参与

C. 胞吞形成的囊泡与溶酶体融合，依赖于膜的流动性

D. 胆固醇通过胞吞进入细胞，因而属于生物大分子

【分析】本题以“胆固醇在生物体内的运输途径”为学科情境，考查对小分子物质通过胞吞的方式进入细胞被利用的认知与理解。本题题干与选项的总字数在 150 多个字，文字凝练阅

读量不大，但信息容量大，需要准确提取关键信息，并对关键信息进行加工，才能准确作答此题。以下是对本题关键信息的提取与加工过程。

关键信息	隐含前提	信息加工
磷脂分子	磷脂分子头部亲水，尾部疏水，球形复合物表面朝向以水为基础的溶液环境	形成的球形复合物中磷脂分子亲水头部位于复合物表面
球形复合物被胞吞的过程	当细胞摄取大分子时，大分子与膜上的蛋白质结合后而引起这部分细胞膜内陷形成小囊，包围着大分子从细胞膜上分离下来，形成囊泡，进入细胞内部，这种现象叫胞吞	胞吞不需要高尔基体直接参与
单层磷脂包裹形成球形复合物，胞吞形成的囊泡与溶酶体融合	膜融合依赖于膜的流动性	
胆固醇等脂质被单层磷脂包裹形成球形复合物，通过血液运输到细胞并被胞吞	生物大分子包括蛋白质、核酸、多糖等	胆固醇不直接通过胞吞进入细胞，且不是生物大分子

(2)图表类信息的获取与加工。

图表具有加大试题信息的广度和容量，加大各种信息形式之间融合的功能，可以综合考查考生的多种能力，是高考生物学科试题常用的信息载体。图表中往往蕴含解题的关键信息，从图表中获取和转化出这些关键信息是认识和分析问题的前提，故学会识图(表)、读图(表)至关重要，这种信息处理能力是高考考查的重要目标之一。

【例 1】(2024 年湖北卷，第 4 题)植物甲的花产量、品质(与叶黄素含量呈正相关)与光照长短密切相关。研究人员用不同光照处理植物甲幼苗，实验结果如下表所示。下列叙述正确的是(　　)。

组别	光照处理	首次开花时间	茎粗/mm	花的叶黄素含量(g/kg)	鲜花累计平均产量/(kg/hm^2)
①	光照 8h/黑暗 16h	7 月 4 日	9.5	2.3	13000
②	光照 12h/黑暗 12h	7 月 18 日	10.6	4.4	21800
③	光照 16h/黑暗 8h	7 月 26 日	11.5	2.4	22500

A. 第①组处理有利于诱导植物甲提前开花，且产量最高

B. 植物甲花的品质与光照处理中的黑暗时长呈负相关

C. 综合考虑花的产量和品质，应该选择第②组处理

D. 植物甲花的叶黄素含量与花的产量呈正相关

【分析】本题以“不同光照处理植物甲幼苗”为情境，主要考查学生利用光对植物生长发育调节等相关知识解决生产实际问题。学生能从表格中获取有效信息，并准确进行数据对比分析是顺利解答本题的关键。

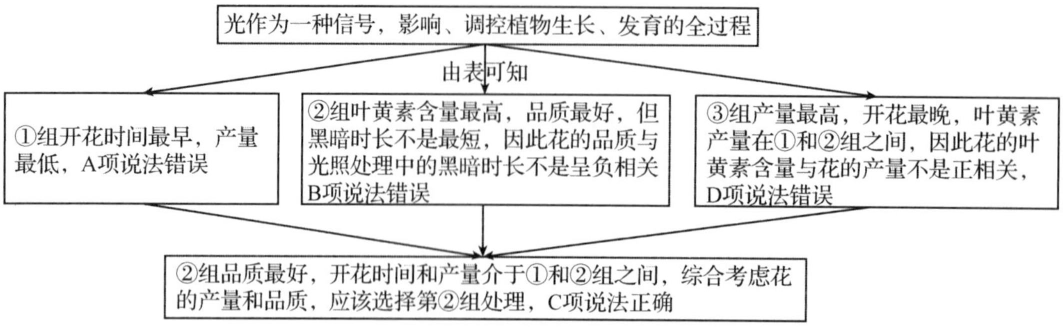

(3)语言表达。

语言表达注重考查考生的表达能力，要求考生能够运用规范和富有逻辑性的语言进行清晰、有条理的书面表达，能够准确地运用生物学科术语表达抽象的概念和生物学科知识。试题呈现形式是在非选择题中要求考生用一句或多句文字语言描述、分析生物学科内容，我们把这种形式称作“长句表达”考查。长句表达的设问一般是要求考生分析原因、说明依据和阐明结论，经常出现“原因是”“理由是”“判断依据是”“目的是”“意义是”“优点是”“结果(论)是”“实验思路是”等设问方式。此类试题需要考生运用逻辑思维进行分析、推理，并作出合理的判断，得出准确的结论。

除实验思路类设问外，作长句表达可以概括为三类题型，即理由或原因类、结果和结论类、优点或意义类。这三类题型的作答模式可以提炼成如下模型：描述事实→分析本质→得出结论。

【例 2】(2024 年全国甲卷，第 29 题)在自然条件下，某植物叶片光合速率和呼吸速率随温度变化的趋势如图所示。回答下列问题。

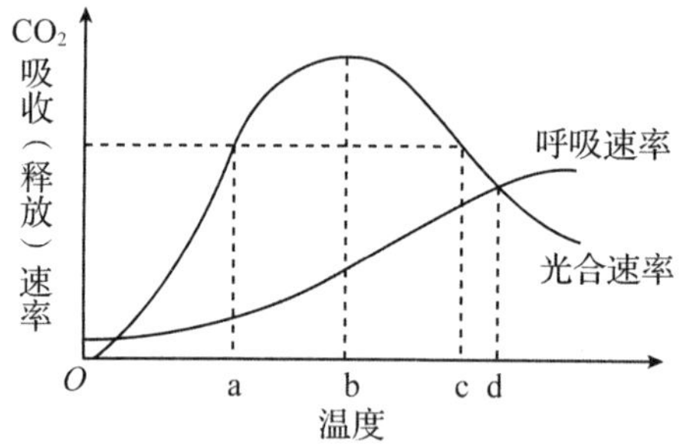

(1)该植物叶片在温度 a 和 c 时的光合速率相等，叶片有机物积累速率________(填“相等”或“不相等”)，原因是________________________________。

(2)在温度 d 时，该植物体的干重会减少，原因是________________________________。

(3)温度超过 b 时，该植物由于暗反应速率降低导致光合速率降低。暗反应速率降低的原因可能是________________________。(答出一点即可)

(4)通常情况下，为了最大程度地获得光合产物，农作物在温室栽培过程中，白天温室的温度应控制在________最大时的温度。

【分析】该题以“自然条件下，某植物叶片光合速率和呼吸速率随温度变化的趋势”为学科情境，三处设问“原因”，要求学生利用光合作用、呼吸作用原理等必备知识，准确运用专业术语阐释生物学科现象的本质。

第(1)小问“起因”:温度a和c时的光合速率相等。“结果指标”叶片有机物积累速率不相等,说出原因。“媒介”即题干中提供的信息“植物叶片光合速率和呼吸速率随温度变化”、曲线提供的信息“温度a和c时的光合速率相等,但是呼吸速率并不相等”。相关信息加工:叶片有机物积累速率是指光合作用制造有机物速率和呼吸作用消耗有机物速率的差值。根据“媒介和信息加工”理顺作答思路:该植物叶片在温度a和c时的光合速率相等,但由于呼吸速率不同,因此叶片有机物积累速率不相等。

第(2)小问“起因”:温度为d时。“结果指标”:植物体的干重减少,说出原因。媒介即曲线中提供的信息“温度为d时,该植物叶片光合速率和呼吸速率相等”。相关信息加工:①植物只有含有叶绿体的叶片能够进行光合作用,制造有机物,但是植物体内细胞,包括不含叶绿体的根部细胞等都可以进行呼吸作用消耗有机物;②温度为d时,该植物叶片制造的有机物速率和植物叶片消耗的有机物速率相等。根据“媒介和信息加工”理顺作答思路:温度d时,叶片的光合速率与呼吸速率相等,但植物的根部等细胞不进行光合作用,仍呼吸消耗有机物,导致植物体的干重减少。

第(3)小问“起因”:温度超过b时。“结果指标”:光合速率降低,说明原因。“媒介”即题干中提供的信息“植物叶片光合速率和呼吸速率随温度变化”“该植物由于暗反应速率降低导致光合速率降低”。相关信息加工:①暗反应包括CO_2的固定和C_3的还原,其速率受到原料CO_2浓度、暗反应相关酶活性的限制;②CO_2通过气孔被绿叶吸收,但是温度过高时植物气孔会关闭;③酶的活性需要适宜的温度,温度过高会导致酶活性降低。根据“媒介和信息加工”理顺作答思路:从暗反应速率降低的角度分析,光合速率降低的原因可能是温度过高导致气孔关闭,CO_2吸收量减少;暗反应的关键酶因为温度升高而降低。

2. 科学探究能力

科学探究是围绕科学问题展开的一系列求解过程,是科学精神的具体体现。科学探究能力是在掌握科学探究技能的过程中形成的能力,包括观察能力、提出问题的能力、收集资料和信息的能力、提出假说的能力、进行社会调查的能力、进行科学观察和科学实验的能力、得出结论的能力、合作与交流的能力以及反思与评价的能力。

高考生物学科试题往往紧密结合实验,进一步丰富实验探究能力的考查方式和角度,提高考生实验操作的兴趣,着力于对实验探究能力的考查,包括实验材料的选取、实验方案的设计、实验结果的分析等方面,从多个角度评价考生科学探究和实验操作的能力。

(1)合理判断,评价实验。

实验评价题的考查形式主要有以下几种:①对照实验的评价,如看实验有无设置对照组,看对照实验是否合理;②对实验步骤顺序的评价;③评价实验试剂和仪器使用是否正确。

【例】(2024年广东卷,第15题)现有一种天然多糖降解酶,其肽链由4段序列以Ce5—Ay3—Bi—CB方式连接而成。研究者将各段序列以不同方式构建新肽链,并评价其催化活性,部分结果见表。关于各段序列的生物学科功能,下列分析错误的是(　　)。

肽链	纤维素类底物		褐藻酸类底物	
	W_1	W_2	S_1	S_2
Ce5－Ay3－Bi－CB	＋	＋＋＋	＋＋	＋＋＋
Ce5	＋	＋＋	－	
Ay3－Bi－CB	－	－	＋＋	＋＋＋
Ay3	－	－	＋＋＋	＋＋
Bi	－	－	－	－
CB	－	－	－	－

注:－表示无活性,＋表示有活性,＋越多表示活性越强。

A. Ay3 与 Ce5 催化功能不同,但可能存在相互影响

B. Bi 无催化活性,但可判断与 Ay3 的催化专一性有关

C. 该酶对褐藻酸类底物的催化活性与 Ce5 无关

D. 无法判断该酶对纤维素类底物的催化活性是否与 CB 相关

【分析】本题以“探究天然多糖降解酶的不同序列对褐藻酸类底物和纤维素类底物的催化作用”为学科情境,以实验结果为载体,考查学生科学探究能力,其中 D 项涉及学生对实验设计完整性的分析与判断。

(1)“Ce5”组和“Ay3”组两组实验结果对比可知,Ay3 与 Ce5 催化功能不同;“Ce5－Ay3－Bi－CB”组和“Ay3－Bi－CB”组两组实验结果对比可知,Ay3 与 Ce5 可能存在相互影响。

(2)“Ay3－Bi－CB”组和“Ay3”组两组实验结果对比可知,无论是否有 Bi 和 CBAy3 均可以催化 S_1 与 S_2;“Bi”组对比“CB”组两组实验结果可知,Bi 和 CB 无催化活性;进而推断 Ay3 的催化专一性与 Bi 无关。

(3)“Ay3－Bi－CB”组和“Ce5－Ay3－Bi－CB”组两组实验对 S1、S2 催化结果对比可知,该酶对褐藻酸类底物的催化活性与 Ce5 无关。

(4)对照实验要遵循单因子变量原则,要判断该酶对纤维素类底物的催化活性是否与 CB 相关,还需要检测 Ce5－Ay3－Bi 肽链(没有 CB)的活性,与第 1 组对比。

(2)作出假设,设计实验。

此类试题可以对考生进行实验探究能力的综合考查,它们要求考生熟练掌握实验设计的一般原理和方法,能对实验现象作出合理的推论和假设,可以对实验结果进行解释,并能改进实验设计。

【例 1】(2024 年浙江 6 月卷,第 24 题)原产热带的观赏植物一品红,花小,顶部有像花瓣一样的红色叶片,下部叶片绿色。回答下列问题。

(1)科学研究一般经历观察现象、提出问题、查找信息、作出假设、验证假设等过程。

①某同学观察一品红的叶片颜色,提出了问题:红叶是否具有光合作用能力。

②该同学检索文献获得相关资料:植物能通过光合作用合成淀粉。检测叶片中淀粉的方法,先将叶片浸入沸水处理;再转入热甲醇处理;然后将叶片置于含有少量水的培养皿内并展

开，滴加碘—碘化钾溶液(或碘液)，观察颜色变化。

③结合上述资料，作出可通过实验验证的假设：________________________________。

④为验证假设进行实验。请完善分组处理，并将支持假设的预期结果填入表格。

分组处理	预期结果
绿叶＋光照	变蓝
绿叶＋黑暗	不变蓝
ⅰ________	ⅱ________
ⅲ________	ⅳ________

⑤分析：检测叶片淀粉的方法中，叶片浸入沸水处理的目的是________。热甲醇处理的目的是________。

(2)对一品红研究发现，红叶和绿叶的叶绿素含量分别为 0.02 g(Chl)·m^{-2} 和 0.20 g(Chl)·m^{-2}，红叶含有较多的水溶性花青素。在不同光强下测得的 q_{NP} 值和电子传递速率(ETR)值分别如图甲、乙所示。q_{NP} 值反映叶绿体通过热耗散的方式去除过剩光能的能力；ETR 值反映光合膜上电子传递的速率，与光反应速率呈正相关。花青素与叶绿素的吸收光谱如图丙所示。

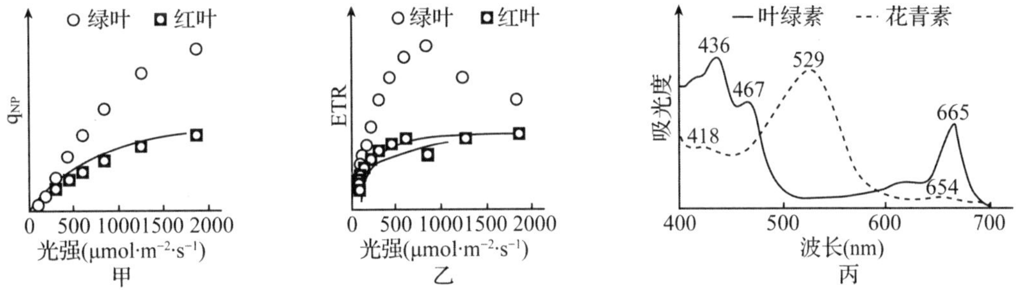

①分析图甲可知，在光强 500～2000μmol·m^{-2}·s^{-1} 范围内，相对于绿叶，红叶的________能力较弱。分析图乙可知，在光强 800～2000μmol·m^{-2}·s^{-1}范围内，红叶并未出现类似绿叶的光合作用被________现象。结合图丙可知，强光下，贮藏于红叶细胞________内的花青素可通过________方式达到保护叶绿体的作用。

②现有实验证实，生长在高光强环境下的一品红，红叶叶面积大，颜色更红。综合上述研究结果可知，在强光环境下，红叶具有较高花青素含量和较大叶面积，其作用除了能进行光合作用外，还有保护________的功能。一品红的花小，不受关注，但能依赖花瓣状的红叶吸引________，完成传粉。

【分析】该题以“一品红绿叶和红叶的光合作用”为学科情境，探究一品红绿叶和红叶进行光合作用情况的不同，第(1)题为教科书实验的迁移应用，第(2)题探究不同光照条件对两种叶片光合作用的影响，该题对学生科学探究能力有较高的要求。

科学探究：

实验目的：红叶是否具有光合作用能力

作出假设：红叶具有光合作用能力

实验过程:探究红叶是否像绿叶一样具有光合作用的能力,需分别设置绿叶+光照、绿叶+黑暗、红叶+光照、红叶+黑暗四个小组。并检测红叶+光照能否产生淀粉。

淀粉检测方法:

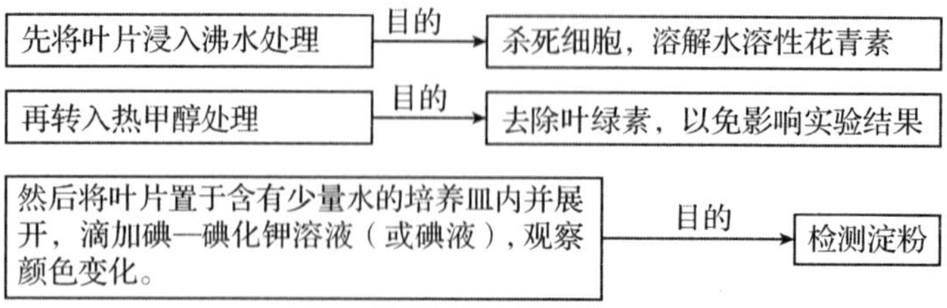

实验结果

分组处理	预期结果
绿叶+光照	变蓝
绿叶+黑暗	不变蓝
红叶+光照	变蓝
红叶+黑暗	不变蓝

实验结论:红叶具有光合作用能力。

3. 批判性思维

批判性思维是创新性思维的前提,包括严密思维和逻辑推理等科学思维,要求尊重事实和证据、崇尚严谨和求实的态度、进行符合逻辑的推理和判断、具有质疑和批判的精神。发展学生批判性思维有利于学生在学习中慎重鉴别、筛选和运用纷繁复杂的信息,保持客观而深刻的认识,敢于挑战固有观念或权威结论,是学生形成独立人格的前提,也是学生自主创新的基础。

批判性思维是科学思维和理性思维的重要构成要件,是创新人才培养不可或缺的前提。批判性思维属于高阶思维能力,考查学生在面对各种复杂问题时运用已有知识进行审慎思考、分析推理、实证验证等方面的能力。批判性思维以探究和创新为导向,以理性和开放精神为核心。具体来讲,批判性思维是一种自觉通过质疑、查证和推理考察论证的合理性从而决定信什么和做什么的思维。一个完整的批判性思维过程包括理解主题论点、分析论证结构、澄清观念意义、审查理由质量、评价推理关系、挖掘隐含假设、考察替代论证、综合组织论证等步骤或要素。

批判性思维与创新思维要求学生具有独立思考的能力,能够自觉运用分析推理、逻辑论证、甄别加工等方法,使用可靠的证据,得出自己的观点,解决实际问题。对于高考试题而言,批判性思维考查形式一般表现为:澄清相关概念、独立提出问题、评估证据与理由、揭示隐含前提、开放与竞争性结论、寻求多种解决方法、构造替代论证、阐释或评估可能的后果等。概括来讲,批判性思维以质疑和提出问题为起点,以获取证据、进行分析推理为过程,以得出有说服力的结论为结果。心智开放、独立思考、敢于质疑是批判性思维的必备品质,训练有素的逻辑推理与论证分析能力以及高水平的证据获取、评估与运用能力是批判性思维的必备技能。

【例】(2024 年山东卷,第 6 题)某二倍体生物通过无性繁殖获得二倍体子代的机制有 3 种:①配子中染色体复制 1 次;②减数分裂Ⅰ正常,减数分裂Ⅱ姐妹染色单体分离但细胞不分裂;③减数分裂Ⅰ细胞不分裂,减数分裂Ⅱ时每个四分体形成的 4 条染色体中任意 2 条进入 1 个子细胞。某个体的 1 号染色体所含全部基因如下图所示,其中 A_1、A_2 为显性基因,a_1、a_2 为隐性基因。该个体通过无性繁殖获得了某个二倍体子代,该子代体细胞中所有 1 号染色体上的显性基因数与隐性基因数相等。已知发育为该子代的细胞在四分体时,1 号染色体仅 2 条非姐妹染色单体发生了 1 次互换并引起了基因重组。不考虑突变,获得该子代的所有可能机制为(　　)。

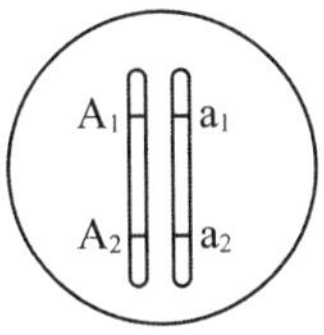

A. ①②　　B. ①③　　C. ②③　　D. ①②③

【分析】本题以“通过无性繁殖获得二倍体子代”为学科情境,考查学生对减数分裂过程中染色体特殊行为的认知与理解,本题的分析推理过程需要考生运用批判性思维揭示题目中隐含的前提,并结合所给信息进行合理论证。通过无性繁殖如何使子代体细胞中所有 1 号染色体上的显性基因数与隐性基因数相等?减数分裂过程中会发生哪种类型的变异?

又如 2023 年高考化学山东卷第 17 题,考查细胞呼吸的过程和影响细胞呼吸因素相关知识,其中“O_2 浓度为 a 时最适合保存该器官,该浓度下葡萄糖消耗速率最小”这一选项考查了考生结合所学知识计算 a 点和 b 点葡萄糖的消耗速率。学生要提出质疑:CO_2 释放量最少时,葡萄糖消耗量一定最小吗?通过计算发现,与 a 点相比,b 点为有机物消耗量更少。2023 年高考化学湖南卷第 9 题,考查学生对可遗传变异的认知与理解,该病为 X 染色体显性遗传,一男性患者与一正常女性婚配后,生育了一个患该病的男孩。母亲正常,儿子为什么会患病?一定是发生了变异。那就需要思考:变异的类型?变异发生的原因?变异是男孩胚胎在发育早期有丝分裂过程中发生了基因突变,还是亲本产生生殖细胞时发生了变异?双亲减数分裂过程中发生了基因突变,还是染色体变异?2021 年高考化学山东卷第 16 题,考查了细胞中的 H_2O 和 O_2 的相关知识,其中“植物细胞产生的 O_2 只能来自光合作用”这一选项便考查了考生结合自己所学知识敢于提出问题、敢于质疑的能力,要求考生有严密的思维逻辑。植物细胞产生的 O_2 只能来自光合作用吗?H_2O_2 是动植物细胞代谢过程中产生的一种有害物质,细胞中含有 H_2O_2 酶,该酶可以催化 H_2O_2 分解生成 O_2。因此,植物细胞产生的 O_2 不一定只来自光合作用。这是生物学科考试中对批判性思维最常考的一种形式。除此之外,生物学科的科学表达既是梳理科学逻辑的过程,也是反映生物学科思维路径的过程,因此也是高考中重要的能力之一。

4. 科学推理

科学推理是根据一个判断得出另一个判断的思维方式。其形式多种多样,如演绎推理、归纳推理、类比推理、分析与综合推理、因果推理等。演绎推理是由普遍性的前提推出特殊性结论和推理，其形式有直言三段论、假言推理和选言推理等。归纳推理是由特殊的前提推出普遍性结论的推理。类比推理是从特殊性前提推出特殊性结论的一种推理。根据两个对象在某些属性上相同或相似，通过比较而推断出它们在其他属性上也相同的推理过程。

【例 1】(2024 年全国新课标卷，第 5 题)某种二倍体植物的 P_1 和 P_2 植株杂交得 F_1，F_1 自交得 F_2。对个体的 DNA 进行 PCR 检测，产物的电泳结果如图所示，其中①～⑧为部分 F_2 个体，上部 2 条带是一对等位基因的扩增产物，下部 2 条带是另一对等位基因的扩增产物，这 2 对等位基因位于非同源染色体上。下列叙述错误的是(　　)。

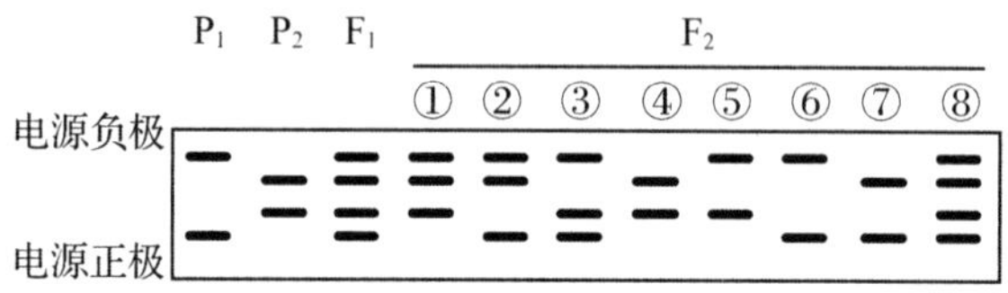

A. ①②个体均为杂合体，F_2 中③所占的比例大于⑤

B. 还有一种 F_2 个体的 PCR 产物电泳结果有 3 条带

C. ③和⑦杂交子代的 PCR 产物电泳结果与②⑧电泳结果相同

D. ①自交子代的 PCR 产物电泳结果与④电泳结果相同的占 $\frac{1}{2}$

【分析】本题以某种二倍体植物的杂交实验为情景，考查学生对基因自由组合定律的实质的理解及应用，分析本题着重考查了逻辑推理论证的能力。

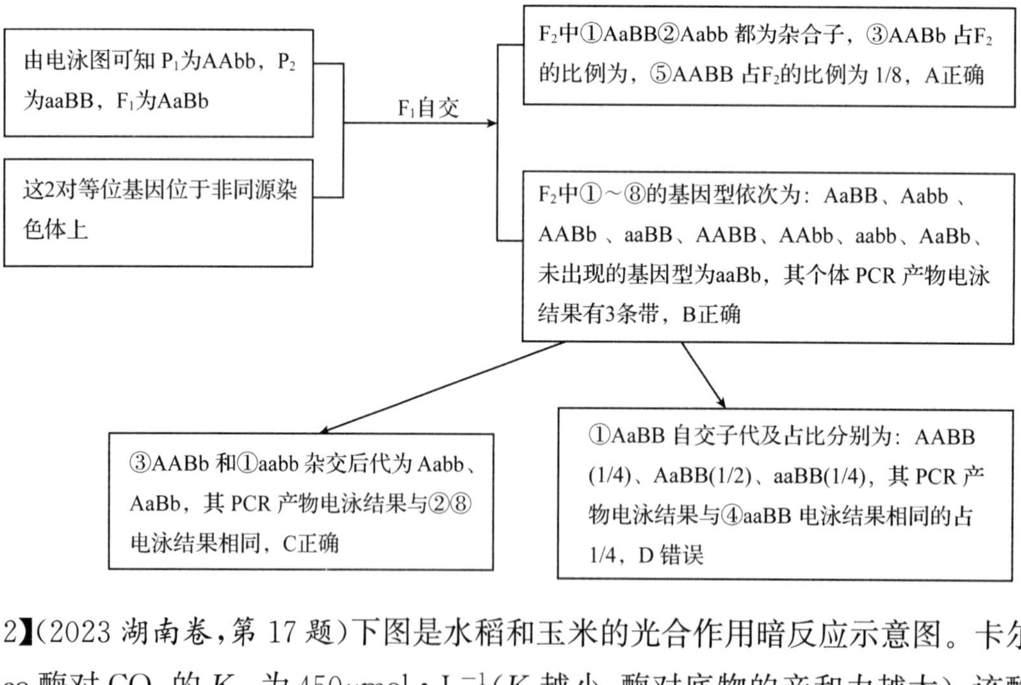

【例 2】(2023 湖南卷，第 17 题)下图是水稻和玉米的光合作用暗反应示意图。卡尔文循环的 Rubisco 酶对 CO_2 的 K_m 为 450μmol・L^{-1}(K 越小，酶对底物的亲和力越大)，该酶既可催化 RuBP 与 CO_2 反应，进行卡尔文循环，又可催化 RuBP 与 O_2 反应，进行光呼吸(绿色植物在光照下消耗 O_2 并释放 CO_2 的反应)。该酶的酶促反应方向受 CO_2 和 O_2 相对浓度的影响。与水稻相比，玉米叶肉细胞紧密围绕维管束鞘，其中叶肉细胞叶绿体是水光解的主要场所，维管束鞘细胞的叶绿体主要与 ATP 生成有关。玉米的暗反应先在叶肉细胞中利用 PEPC 酶(PEPC 对 CO_2 的 K_m 为 7μmol・L^{-1})催化磷酸烯醇式丙酮酸(PEP)与 CO_2 反应

生成 C_4，固定产物 C_4 转运到维管束鞘细胞后释放 CO_2，再进行卡尔文循环。回答下列问题：

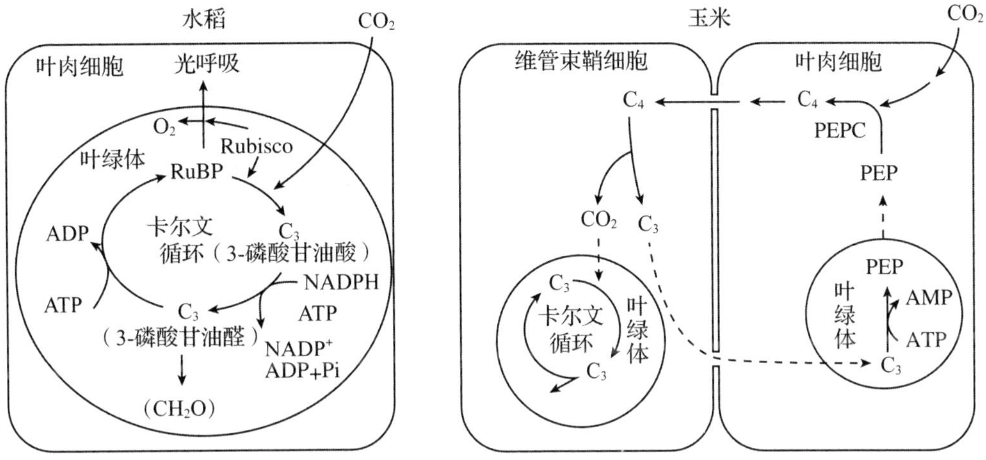

（1）玉米的卡尔文循环中第一个光合还原产物是________（填具体名称），该产物跨叶绿体膜转运到细胞质基质合成________（填“葡萄糖”“蔗糖”或“淀粉”）后，再通过________长距离运输到其他组织器官。

（2）在干旱、高光照强度环境下，玉米的光合作用强度________（填“高于”或“低于”）水稻。从光合作用机制及其调控分析，原因是________（答出 3 点即可）。

（3）某研究将蓝细菌的 CO_2 浓缩机制导入水稻，水稻叶绿体中 CO_2 浓度大幅提升，其他生理代谢不受影响，但在光饱和条件下水稻的光合作用强度无明显变化。其原因可能是________（答出 3 点即可）。

【分析】本题以“水稻和玉米暗反应的过程”为学科情境，考查学生对光合作用原理以及应用的认知与理解，要求学生有一定的逻辑推理论证能力。

第（2）题要求考生对比玉米和水稻的光合强度大小并分析原因。根据题干信息可知：

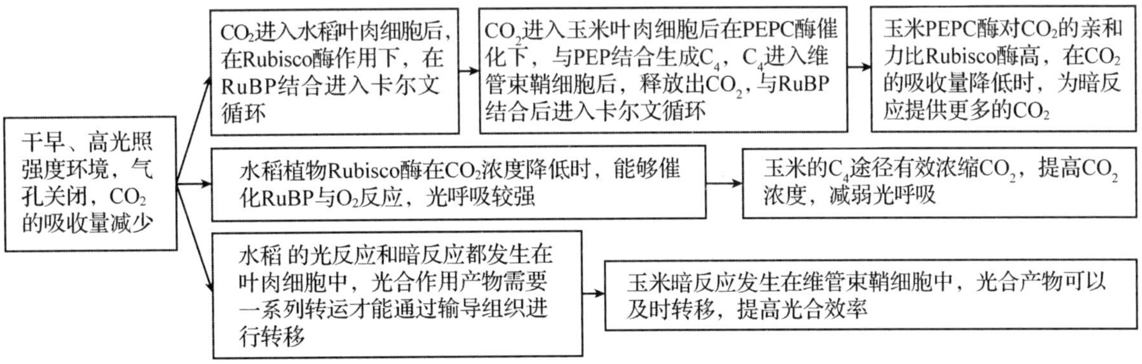

第（3）题要求考生根据实验结果进行因果推理。实验过程为“将蓝细菌的 CO_2 浓缩机制导入水稻”，实验结果为“水稻叶绿体中 CO_2 浓度大幅提升，其他生理代谢不受影响，但在光饱和条件下水稻的光合作用强度无明显变化”。因果推理如下。

限制光合作用强度的因素
外因：温度、光照强度、CO_2浓度、水、无机盐等；
内因：光合色素、光合酶活性与数量、光呼吸

↓

蓝细菌的CO_2浓缩机制导入水稻，水稻叶绿体中CO_2浓度大幅提升，但在光饱和条件下水稻的光合作用强度无明显变化

↓

光照强度、CO_2浓度不是限制因素。限制因素可能是：光合色素、光合酶活性与数量、光呼吸(光反应过程导致产生的O_2增多)

5. 模型构建

模型是人们为了某种特定目的而对认识对象所作出的一种简化的、概括性的描述，这种描述可以是定性的，也可以是定量的；有的借助于具体的、形象化的实物，有的则以抽象化的形式表现出来，它没有包括原型的所有特征，但是能反映出原型的本质特征。在生物学科教学中，模型建构就是指用一定的物质形式或思维形式构建生物模型，使得生物事实直观化、简单化，帮助学生理解和构建概念，也为学生认识事物提供新的思路和方法。模型的形式很多，主要包括物理模型、概念模型和数学模型。通过模型构建能够加深学生对生物学科基本概念、基本原理的理解，并有助于学生掌握生物学科基本技能，帮助学生构建正确的知识体系，培养学生的创新精神，提高观察分析、实验探究等综合能力。

【例 1】(2024 年山东卷，第 1 题)植物细胞被感染后产生的环核苷酸结合并打开细胞膜上的 Ca^{2+} 通道蛋白，使细胞内 Ca^{2+} 浓度升高，调控相关基因表达，导致 H_2O_2 含量升高进而对细胞造成伤害；细胞膜上的受体激酶 BAK1 被油菜素内酯活化后关闭上述 Ca^{2+} 通道蛋白。下列说法正确的是(　　)。

A. 环核苷酸与 Ca^{2+} 均可结合 Ca^{2+} 通道蛋白

B. 维持细胞 Ca^{2+} 浓度的内低外高需消耗能量

C. Ca^{2+} 作为信号分子直接抑制 H_2O_2 的分解

D. 油菜素内酯可使 BAK1 缺失的被感染细胞内 H_2O_2 含量降低

【分析】本题以“探究植物细胞膜上 Ca^{2+} 通道蛋白的开关机制”为学科情境，可以构建如下模型用于分析。

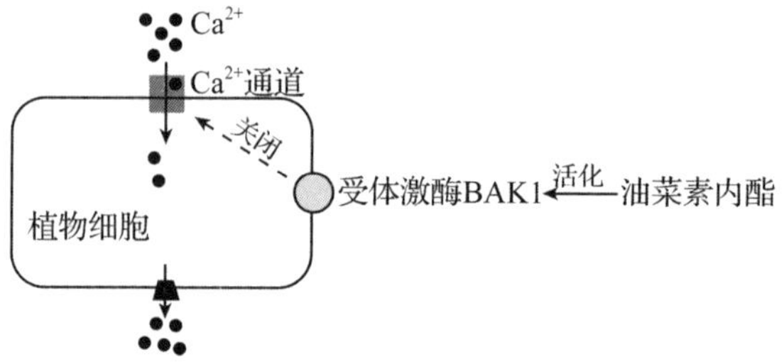

【例 2】(2023 年山东卷，第 2 题)溶酶体膜上的 H^+ 载体蛋白和 Cl^-/H^+ 转运蛋白都能运输 H^+，溶酶体内 H^+ 浓度由 H^+ 载体蛋白维持，Cl^-/H^+ 转运蛋白在 H^+ 浓度梯度驱动下，运出 H^+ 的同时把 Cl^- 逆浓度梯度运入溶酶体。Cl^-/H^+ 转运蛋白缺失突变体的细胞中，因 Cl^- 转运受阻导致溶酶体内的吞噬物积累，严重时可导致溶酶体破裂。下列说法错误的是(　　)。

A. H^+进入溶酶体的方式属于主动运输

B. H^+载体蛋白失活可引起溶酶体内的吞噬物积累

C. 该突变体的细胞中损伤和衰老的细胞器无法得到及时清除

D. 溶酶体破裂后，释放到细胞质基质中的水解酶活性增强

分析：由题目信息可知溶酶体膜上有两种转运 H^+ 的蛋白：H^+ 载体蛋白和 Cl^-/H^+ 转运蛋白。H^+ 载体蛋白能够维持溶酶体内的 H^+ 浓度，溶酶体内 H^+ 浓度较高，因此 H^+ 载体蛋白对 H^+ 的转运为主动运输，能量来自 ATP；Cl^-/H^+ 转运蛋白在 H^+ 浓度梯度驱动下，运出 H^+ 的同时把 Cl^- 逆浓度梯度运入溶酶体，因此 Cl^- 的转运为主动运输，能量来自 H^+ 的浓度梯度。根据题干，构建模型如下图所示：

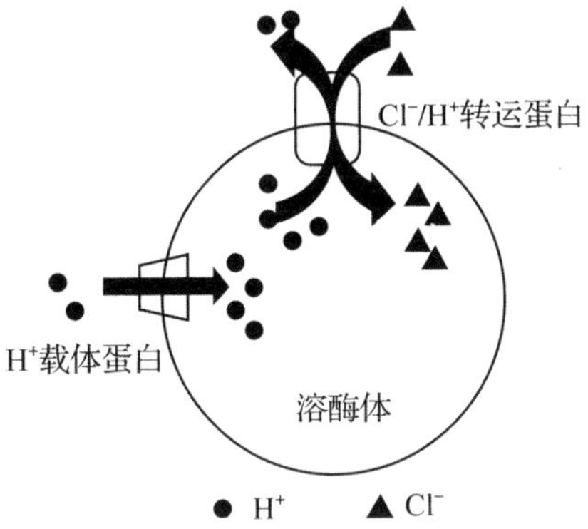

注：溶酶体内 H^+ 浓度＞溶酶体外 H^+ 浓度，H^+ 载体蛋白逆浓度梯度运入 H^+，Cl^-/H^+ 转运蛋白可顺浓度运出 H^+ 的同时将 Cl^- 逆浓度梯度运入溶酶体。

这两种蛋白对于维持溶酶体内正常的 Cl^- 和 H^+ 浓度，以及溶酶体内水解蛋白活性和溶酶体膜的完整性具有重要作用。H^+ 载体蛋白失活或者 Cl^-/H^+ 转运蛋白缺失，都会导致 Cl^- 和 H^+ 浓度异常，进而影响溶酶体的正常功能。

【例 3】（2023 年全国乙卷，第 30 题）人体心脏和肾上腺所受神经支配的方式如下图所示。回答下列问题。

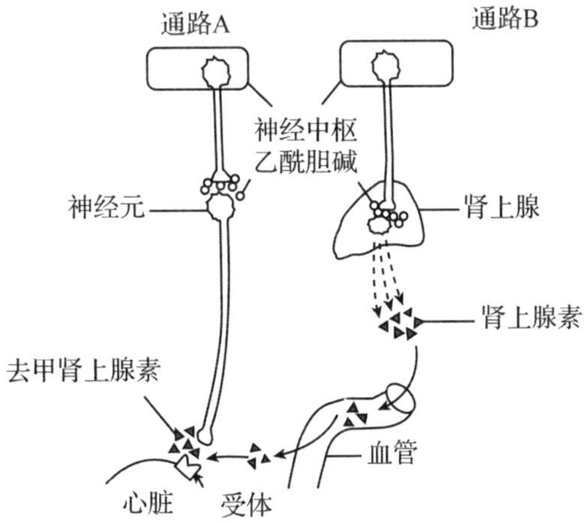

（1）神经元未兴奋时，神经元细胞膜两侧可测得静息电位。静息电位产生和维持的主要原因是________。

（2）当动脉血压降低时，压力感受器将信息由传入神经传到神经中枢，通过通路 A 和通路

B使心跳加快。在上述反射活动中,效应器有________。通路A中,神经末梢释放的可作用于效应器并使其兴奋的神经递质是________。

(3)经过通路B调节心血管活动的调节方式有________。

【分析】从题目信息可知,人体神经系统通过支配心脏和肾上腺的方式调节动脉血压。根据题干图示信息,构建学生熟悉的反射弧模型。

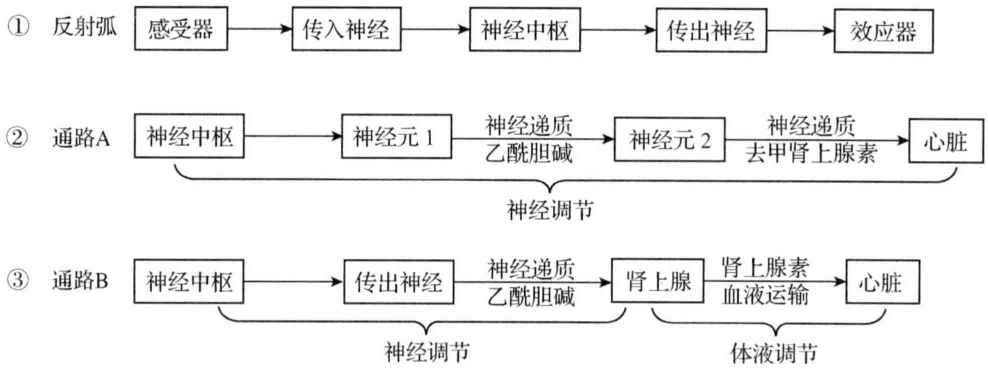

由模型可知当动脉血压降低时,压力感受器将信息由传入神经传到神经中枢,通过通路A和通路B使心跳加快,通路A中,神经末梢释放神经递质,通路B神经调节产生神经递质作用于肾上腺,其产生激素作用于心脏,属于体液调节与神经调节。

四、情境载体串联线与生物学科命题实践

高考生物试卷创新试题形式,加强情境设计,注重联系社会生活实际,增加综合性、开放性、应用性、探究性试题。试题以贴近时代、贴近社会、贴近生活的生活实践或学习探索问题情境为载体,将陈述性知识与程序性知识的有机整合和运用作为考查目标,设计生产生活中的实际问题,体现对即将进入高等学校的学习者迁移课堂所学内容、理论联系实际水平的测量与评价。

1. 学习探索和生活实践情境

学习探索和生活实践情境,是指考生日常生活中或社会实践中常见的生物学科相关现象或问题。这类情境可以引导学生将生物知识与实际生活加以联系,用科学的方法观察、思考实际生活中的问题,将这些问题通过生物学科知识进行认知,并学会用探究式的学习来掌握生物学科相关知识。生活、学习和实践情境类试题与考生实际生活最为亲近,可用来考查考生知识技能迁移的能力,考生对融入生活情境的学科知识觉得更加亲切,也更易理解。

【例】(2024年江西卷,第20题)人体水盐代谢平衡是内环境稳态的重要方面。研究人员为了探究运动中机体维持水盐平衡的机制,让若干名身体健康的志愿者以10 km/h的速度跑步1h,采集志愿者运动前、运动中和运动后的血液与尿液样本,测定相关指标(下表)。回答下列问题:

状态指标	血浆渗透压(mOsm/L)	血浆Na^+浓度(mmol/L)	血浆K^+浓度(mmol/L)	尿渗透压(mOsm/L)	尿Na^+浓度(mmol/L)	尿K^+浓度(mmol/L)
运动前	289.1	139.0	4.3	911.2	242.4	40.4
运动中	291.0	141.0	4.4	915.4	206.3	71.1
运动后	289.2	139.1	4.1	1005.1	228.1	72.3

(1)上表中的数据显示,与尿液相比,血浆的各项指标相对稳定。原因是血浆属于内环境,机体可通过________、体液调节和________维持内环境的稳态。

(2)参与形成人体血浆渗透压的离子主要是 Na^+ 和________。

(3)运动中,尿液中 Na^+ 浓度降低、K^+ 浓度升高,是因为________(从"肾小球""肾小管""肾小囊"和"集合管"中选 2 项)加强了保钠排钾的作用,同时也加强了对________的重吸收,使得尿液渗透压升高。

(4)为探究上表数据变化的原因,测定了自运动开始 2h 内血浆中醛固酮(由________分泌)和抗利尿激素(由________释放)的浓度,结果发现,血浆中 2 种激素的浓度均呈现先上升后下降的趋势。分析激素浓度下降的可能原因包括________(答出 2 点即可)。

(5)进一步实验发现,与运动前相比,运动后血容量(参与循环的血量)减少,并引起一系列生理反应,由此可知,机体水盐平衡调节途径为________(将以下选项排序:①醛固酮和抗利尿激素分泌增多;②肾脏的重吸收等作用增强;③血容量减少;④尿液浓缩和尿量减少),使血浆渗透压维持相对稳定。

【分析】本题以"运动前、运动中和运动后内环境稳态的调节"为学科情境,从生物学科角度探讨运动对机体机能的影响,内容贴近学生实际,引导学生全面发展。此类试题都是利用生活、学习和实践情境,考查考生的必备知识、关键能力及学科素养。

2. 生态环境情境

生态环境情境,是指与生态系统组成成分和营养结构、生态系统物质循环、能量流动、信息传递的规律和特点、环境资源的利用与保护、生物多样性及其保护、生态工程等相关的情境,这类情境试题也贴近考生的实际生活,除考查考生有关生态环境的必备知识外,还可以考查考生理解能力、运用所学知识分析解决实际问题等能力,最终指向的学科素养是使考生形成生态文明的观念。

【例】(2024 年北京卷,第 15 题)1961—2007 年全球人类的生态足迹如下图所示,下列叙述错误的是( )。

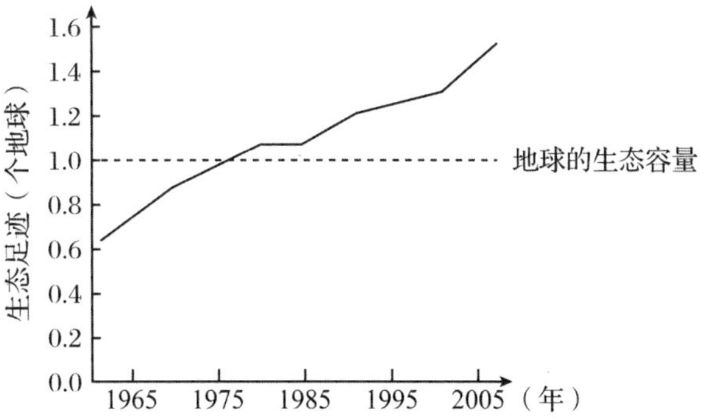

A. 1961—2007 年人类的生态足迹从未明显下降过

B. 2005 年人类的生态足迹约为地球生态容量的 1.4 倍

C. 绿色出行、节水节能等生活方式会增加生态足迹

D. 人类命运共同体意识是引导人类利用科技缩小生态足迹的重要基础

【分析】本题以全球人类生态足迹为情境,考查学生的理解能力、信息获取与加工、逻辑推

理与论证和解决问题的能力。此类试题利用生态环境的情境，考查考生的必备知识和关键能力，并引导学生以关注全球性生态环境问题为题源，旨在提高考生关心爱护环境的社会责任。

3. 科学实验和探究情境

科学实验与探究情境，包括教材实验的整合与迁移，以实验为背景的相关问题分析及实验验证，探究某些问题的实验设计与分析等。实验是进行生物学科研究的基本方法之一，彰显学科特质。大多数的生物学科必备知识都可以放在科学实验与探究情境中进行考查，这类题目能较好地考查学生的表述能力、设计能力、对实验方案作出评价或完善的能力，从而培养考生的科学精神和科学品质。

【例 1】(2024 年广东卷，第 3 题)银杏是我国特有的珍稀植物，其叶片变黄后极具观赏价值。某同学用纸层析法探究银杏绿叶和黄叶的色素差别，下列实验操作正确的是(　　)。

A. 选择新鲜程度不同的叶片混合研磨　　B. 研磨时用水补充损失的提取液

C. 将两组滤纸条置于同一烧杯中层析　　D. 用过的层析液直接倒入下水道

【分析】本题以“用纸层析法探究银杏绿叶和黄叶的色素差别”为学科情境，考查学生对课程标准内容“植物细胞的叶绿体从太阳光中捕获能量”的理解，在考查必备知识的基础上，重点考查理解能力、实验探究能力。

【例 2】(2024 年山东卷，第 21 题)从开花至籽粒成熟，小麦叶片逐渐变黄。与野生型相比，某突变体叶片变黄的速度慢，籽粒淀粉含量低。研究发现，该突变体内细胞分裂素合成异常，进而影响了类囊体膜蛋白稳定性和蔗糖转化酶活性，而呼吸代谢不受影响。类囊体膜蛋白稳定性和蔗糖转化酶活性检测结果如下图所示，开花 14 天后植株的胞间 CO_2 浓度和气孔导度如表所示，其中 Lov 为细胞分裂素合成抑制剂，KT 为细胞分裂素类植物生长调节剂，气孔导度表示气孔张开的程度。已知蔗糖转化酶催化蔗糖分解为单糖。

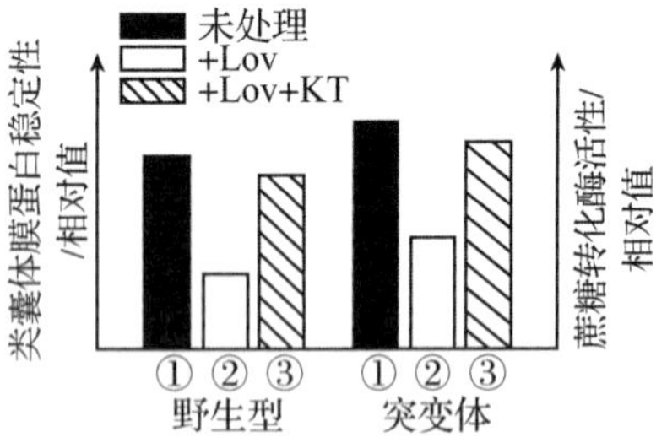

检测指标	植株	14天	21天	28天
胞间CO_2浓度($\mu molCO_2mol^{-1}$)	野生型	140	151	270
	突变体	110	140	205
气孔导度($molH_2Om^{-2}s^{-1}$)	野生型	125	95	41
	突变体	140	112	78

(1)光反应在类囊体上进行，生成可供暗反应利用的物质有________。结合细胞分裂素的作用，据上图分析，与野生型相比，开花后突变体叶片变黄的速度慢的原因是________。

(2)光饱和点是光合速率达到最大时的最低光照强度。据上表分析，与野生型相比，开花 14 天后突变体的光饱和点________(填“高”或“低”)，理由是________。

(3)已知叶片的光合产物主要以蔗糖的形式运输到植株各处。据上图分析，突变体籽粒淀粉含量低的原因是________。

【分析】本题以“野生型和细胞分裂素合成异常的突变体小麦”为学科情境，要求学生在分析科研人员科学探究实验所得数据的基础上，结合高中生物学科光合作用原理、影响光合作用因素、植物激素的作用等必备知识解决实际问题。

4. 生命科学史情境

生命科学史情境主要是研究生命科学本身是怎样发生与发展的，讲述的是生物学科发展的脉络轨迹，是生物学科知识体系的重要组成成分，它向我们展示了生物学科学理论的发展趋势、科学家的探究历程、科研方法、科学家的生平、科学态度以及科学精神。

【例】(2024 年全国甲卷，第 10 题)袁隆平研究杂交水稻，对粮食生产具有突出贡献。回答下列问题。

(1)用性状优良的水稻纯合体(甲)给某雄性不育水稻植株授粉，杂交子一代均表现雄性不育；杂交子一代与甲回交(回交是杂交后代与两个亲本之一再次交配)，子代均表现雄性不育；连续回交获得性状优良的雄性不育品系(乙)。由此推测控制雄性不育的基因(A)位于________(填"细胞质"或"细胞核")。

(2)将另一性状优良的水稻纯合体(丙)与乙杂交，F_1 均表现雄性可育，且长势与产量优势明显，F_1 即为优良的杂交水稻。丙的细胞核基因 R 的表达产物能够抑制基因 A 的表达。基因 R 表达过程中，以 mRNA 为模板翻译产生多肽链的细胞器是________。F_1 自交子代中雄性可育株与雄性不育株的数量比为________。

(3)以丙为父本与甲杂交(正交)得 F_1，F_1 自交得 F_2，则 F_2 中与育性有关的表现型有________种。反交结果与正交结果不同，反交的 F_2 中与育性有关的基因型有________种。

【分析】本题选取共和国勋章获得者、"杂交水稻之父"袁隆平培育杂交水稻的研究历程为情境，学习其独特的思维方式，让考生领悟科学家设计实验、处理实验结果、对实验结果分析的逻辑性、得出结论的严谨性和实验手段的先进性，考查理解能力、实验探究能力和解决问题的能力，体现其科学报国的拼搏精神与克服困难的坚强意志，融入科学家精神。

五、高考生物学科命题中的必备知识考查

必备知识是高考评价体系的"四层"之一，是指即将进入高等学校的学习者在面对与生物学科相关的生活实践或学习探索问题情境时，有效地认识问题、分析问题、解决问题所必须具备的知识。它是由生物学科的基本概念、基本规律、基本方法组成的学科基础知识体系。高考生物学科试题从六个专题方向上对必备知识进行考查，分别是细胞生物学科、植物生理学、动物生理学、遗传学、生态学和生物技术与工程。依据《普通高中生物学科课程标准》对知识内容的要求，进行了适当简化，以便统计高考试题对必备知识的考查情况。以下为近三年全国卷中各专题考查频度较高的必备知识细目。

专题	小专题	必备知识细目
细胞生物学	细胞的分子组成	无机盐及作用
		糖的种类和作用
		蛋白质的种类及作用
		核酸的种类及作用
	细胞结构分工合作，共同完成各项生命活动	细胞器的功能与分工协作
	细胞的生命历程	细胞周期与有丝分裂

续表

专题	小专题	必备知识细目
植物生理学	物质进出细胞的方式	物质通过主动运输、被动运输和胞吞胞吐等方式进出细胞
	酶、ATP与光合作用和细胞呼吸	光合作用的条件及物质、能量变化过程
		细胞呼吸的条件及物质、能量变化过程
	植物生命活动的调节	植物生长素的作用及特性
		几种植物激素对植物生命活动的调节作用
	植物生理学实验	观察植物细胞的质壁分离和复原
		探究不同环境因素对光合作用的影响
动物生理学	内环境的变化会引发机体的自动调节,以维持内环境稳态	内环境稳态的实例(血糖、体温、pH和渗透压等的调节)
	神经系统能够及时感知机体内、外环境的变化,并做出反应调控各器官、系统的活动,实现机体稳态	神经系统的组成及在稳态调节中的作用
		兴奋在神经纤维及细胞间的传递特点
	激素通过体液传送调节内环境稳态	内分泌腺分泌的激素及其参与的生命活动调节
	免疫系统在维持稳态中的作用	免疫系统的组成和功能
遗传学	亲代传递给子代的遗传信息主要编码在DNA上	DNA的基本单位、分子结构、遗传信息
		基因通过控制蛋白质的合成控制生物的性状
	有性生殖中基因的分离和重组导致双亲后代的基因组合有多种可能	减数分裂与生殖细胞的形成
		基因的分离定律和自由组合定律
		伴性遗传
	可遗传变异	基因突变的概念
生态学	种群和群落	种群的数量特征及调查种群密度的方法
		群落的结构及丰富度的概念
		群落演替的类型及过程
	生态系统的结构和功能	生态系统的组成成分及各成分之间的关系
		生态系统的物质循环和能量流动规律及实例
	生态学实验	探究培养液中某种酵母种群数量的动态变化
生物技术与工程	获得纯净的微生物培养物是发酵工程的基础	常用灭菌方法
		通过调整培养基的配方可有目的地培养某种微生物
	发酵工程为人类提供多样的生物产品	发酵工程的原理及应用

续表

专题	小专题	必备知识细目
生物技术与工程	植物细胞工程包括组织培养和体细胞杂交技术	植物组织培养的原理和过程
	胚胎工程	体外受精的过程
	基因工程是一种重组 DNA 技术	基因工程的工具和基本操作程序
		DNA 的粗提取与电泳、PCR 技术

六、高考评价体系下的生物学科命题展望

高考生物命题依托高考评价体系进行设计，注重发挥科学选才和引导教学的功能。立足学科特征，精心选取素材、创设情境，注重衔接课程改革，保持以稳为主、稳中求进的总基调；进一步加大对学科素养和关键能力的考查力度，尤其是科学精神、创新能力和批判性思维的考查，这意味着高考不再仅仅关注知识的记忆，而是更加重视学生如何运用所学知识发现问题、提出问题、分析问题和解决问题，更加重视学生如何独立思考、批判性分析，激发学生崇尚科学、探索未知的兴趣，引导学生培养探索性、创新性思维品质，服务拔尖创新人才选拔培养，助力人才自主培养质量提升。

1. 坚持立德树人，凸显育人功能

育人的根本在于立德。高考命题落实立德树人根本任务，有机融入习近平新时代中国特色社会主义思想，引导学生更好地理解党的创新理论成果，夯实学生思想根基。坚持考查社会主义核心价值，是学科命题的共同理念，强化社会主义核心价值观培育，将其中蕴含的道义力量、信念力量嵌入学科内容，引导学生争做社会主义核心价值观的坚定信仰者、积极传播者、模范践行者。大力弘扬中华优秀传统文化，以中华优秀传统文化启智润心，让学生体会中华优秀传统文化的源远流长和博大精深，激发学生对社会主义先进文化的认同感和担当中华民族伟大复兴大任的使命感。高考命题坚持正确的政治方向和价值导向，充分发掘各学科的德育内涵，致力于培养德智体美劳全面发展的社会主义建设者和接班人。

2. 强化思维品质考查，助力拔尖创新人才选拔

高考改革，应社会发展之需，如领航之舵引领课程改革不断深入前行。本轮高考综合改革将对学生思维品质的考查要求提到了前所未有的高度，明确将考查重点放在学生的思维品质以及综合运用所学知识发现问题、分析问题和解决问题的能力上。思维品质是拔尖创新人才培养关键指标和核心要素，对思维品质考查成为高考试卷核心要求，这一测量目标不可动摇。加强思维品质考查，通过优化试卷结构，让学生有更多的时间深入思考，同时通过丰富呈现方式、创新设问角度，拓展思维考查的空间，强化思维过程和思维方式的考查，引导学生提升思维品质，减少死记硬背和“机械刷题”。在思维品质考查形式上，主要包括思维过程化、思维可视化和思维规范化三个方面。思维过程化是指要对思维能力尤其是思维过程进行分解，严格界定思维的过程形式、关键方法与构成要素，让思维成为可学习、可操作性的实在之物。思维可

视化是指要将思维包括过程、方法和技能清晰准确地呈现出来，让思维看得见。思维规范化是思维品质的核心构成，要求思维必须是专业的、准确的和规范的，而非混乱的乃至错误的思维。思维品质在近年来的高考命题中得到了越来越多的重视，思维过程化、可视化和规范化是思维品质考查的具体形式。我们要通过过程化、可视化和规范化的训练来提高学生思维品质，有效应对高考综合改革，提升人才自主培养质量。展望未来，随着高考改革的不断深化，对思维品质的考查将进一步凸显其重要性，成为引领教育评价改革的重要方向。

3. 紧扣“三线”逻辑，重点考查关键能力

“核心价值金线”“能力素养银线”“情境载体串联线”是高考命题的逻辑主线，这在过去几年的高考命题中得到了充分体现，也将是未来高考命题遵循的基本规则。高考命题将继续落实立德树人的基本任务，加强价值引领，促进学生德智体美劳全面发展，并坚持素养导向，着重考查关键能力，服务拔尖创新人才培养和人才自主培养质量提升。为此，高考命题将进一步优化情境创设，加大试题的开放性、探究性和创新性，注重学用结合。鼓励学生发散思维，破除唯一标准答案的束缚，在对所学知识灵活运用、举一反三的基础上，从不同角度提出解决问题的新思路和新方法，引导学生在独立思考、深入探索的过程中增强创新意识，培育创新精神。以“三线”为基础，高考命题坚持“无价值，不入题；无思维，不命题；无情境，不成题；无任务，不立题”的命题原则，其中，“无价值，不入题”是指高考紧扣时代主题与时代精神，加强对学生理想信念、道德品质、奋斗精神、爱国情怀等方面的引导和考查，将立德树人融入高考试题中。“无思维，不命题”是指高考突出对学生关键能力、思维过程和思维品质的考查要求。“无情境，不成题”是指紧密结合社会热点问题、经济社会发展成就、科学技术进步、生产生活实际等创设真实情境，考查学生灵活运用所学知识方法解决实际问题的能力。“无任务，不立题”坚持问题导向和任务驱动，以解决实际问题和学科任务为考查目标，要求学生运用所学知识、调动关键能力，寻找解决问题的方案。在关键能力方面，高考命题将注重对信息获取与加工、逻辑推理与论证、科学探究与思维建模、批判性思维与辩证思维、语言组织与表达等方面的考查。高考试题将通过特定的任务驱动和情境创设，增强试题的开放性、探究性和创新性，考查学生灵活运用所学知识、调动关键能力发现问题、分析问题和解决问题的综合品质。

4. 加强学科基础考查，注重考教衔接，促进教育提质增效

高考生物试题持续加大对学科主干基础内容的考查力度，多维度切入考查对必备知识的理解和掌握，兼具深度与广度。近几年高考生物试题选材广泛，几乎涵盖了高中的全部 18 个学习任务群，引导学生加强对必备知识的准确理解和灵活运用，减少死记硬背和机械刷题现象。命题组深入调研教情学情，加强与高中教育教学的衔接，积极推动教考评一体化，充分发挥考试评价的积极导向作用和协同育人功能。在夯实知识基础方面，依据普通高中课程标准设计命题内容，引导中学教学回归课标、回归课堂；聚焦高校人才选拔要求，注重考查学生对基础知识、基本技能、基本方法的理解和掌握，打牢发展的根基。在考查关键能力方面，通过优化考查内容、丰富题型和考查功能等途径，注重考查支撑学生未来成长和适应社会发展要求的关键能力，有效鉴别学生发展潜质；在突出素养导向方面，紧扣时代发展，设置真实的问题情境，引导学生将知识学习与实践应用相结合，在解决实际问题的过程中发展核心素养。因此，课堂教学要以教科书为依据，落实好基本概念、基本原理和基本方法的教学，注重知识的生成过程，注意研究概念的内涵和外延，围绕某一核心概念发散思维，围绕多模块教材相关知识进行专题网络的构建。另外，复习备考时教科书研究要全面，有部分高考试题及答案来自教科书的问题探讨、阅读、内容提示、习题、与社会的联系等内容，可见教科书中的所有内容都可能成为高考命题的素材，所以教师要引导学生认真研读教科书，做到融会贯通、举一反三。对于一线课堂教学而言，要进一步转变教学理念和教育观念。高考试题以问题为导向，实现从“考知识”向“考能力素养”的转变，实现从“解答题目”向“解决问题”的转变，进一步加大试题的开放性、探究性和创新性，进一步打破固化形式、优化试卷结构、丰富呈现方式、创新设问角度、拓展思维空间，破除唯一标准答案束缚，强化关键能力、思维过程和思维方式的考查，引导学生提升思维品质和思维能力，减少死记硬背和机械刷题，激发学生崇尚科学、探索未知的兴趣与勇于创新、敢于探究的科学精神。在拔尖创新人才培养成为国家战略这样的大背景下，传统的那套以知识传授和知识理解程度深浅为主要目标的教学模式面临挑战，原有的教育理念和教学观念要进行转换，主要表现在：从“知识就是力量”转向“思维就是力量”、从“知识传递”转向“知识建构”、从“授人以鱼”转向“授人以渔”等。

基于高考评价体系的历史科命题解读

以高考评价体系为指导的高考历史命题，基于历史的学科属性和普通高中历史课程标准进行了学科化表达，明确了历史学科的功能定位，确定了“价值引领、素养导向、能力为重、知识为基”的四维考查内容和要求。近年来，高考和学业水平等级考历史试题以习近平新时代中国特色社会主义思想为指导，落实立德树人根本任务，服务高校人才选拔，服务引导高中教学，服务拔尖创新人才培养。试题突出学科素养立意，强化必备知识和关键能力考查，引导学生提升学科素养，促进全面发展，注重教考衔接，引导中学课堂提质增效，促进学生德智体美劳全面发展，稳步推进高考考试内容改革，充分发挥高考的育人功能和积极的导向作用。

一、高考历史科的功能定位

历史学具有鉴古知今、增识明智的价值，在立德树人方面发挥着重要的作用。高考历史试题以《历史课程标准》为依据、以高考评价体系为命题理念，坚持学科素养导向，以必备知识为基础，着重考查关键能力和思维品质，引导拔尖创新人才培养。高考历史试题承担着立德树人、服务选才、引导教学的核心功能，明确了核心价值、学科素养、关键能力、必备知识的考查内容，落实了基础性、综合性、应用性和创新性的考查要求。

1. 历史科的课程性质与目标

《历史课程标准》对历史的课程性质、基本理念、学科素养和课程目标均作出了明确的界定或要求。历史学是在一定历史观指导下叙述和阐释人类历史进程及其规律的学科。探寻历史真相，总结历史经验，认识历史规律，顺应历史发展趋势，是历史学的重要社会功能。历史学是人类文化的重要组成部分，在传承人类文明的共同遗产、提高公民文化素质等方面起着不可替代的重要作用。①

历史课程的基本理念包括：(1)以立德树人为历史课程的根本任务。历史课程最基本和最重要的教育理念，是全面贯彻党的教育方针，切实落实立德树人根本任务，坚持育人为本、德育为先，使历史教育成为形成和发展社会主义核心价值观的重要途径。发挥历史课程立德树人的教育功能，使学生能够从历史的角度关心国家的命运，关注世界的发展，成为德智体美劳全面发展的社会主义建设者和接班人。(2)坚持正确的思想导向和价值判断。历史课程要以唯物史观为指导，对人类历史发展进行科学的阐释，将正确的思想导向和价值判断融入对历史的叙述和评判中；要引领学生通过历史学习，认清历史发展规律，对历史与现实有全面、正确的认识，形成实事求是的科学态度以及正确的世界观、人生观、价值观和历史观；要增强学生的历史使命感，不断增强学生对伟大祖国的认同，对中华民族的认同，对中华文化的认同，对中国共产党的认同，对中国特色社会主义道路的认同；增强学生的世界意识，拓宽国际视野。(3)以培养

---

① 教育部：《普通高中历史课程标准 2017 年版 2020 年修订》，人民教育出版社 2020 年修订版，第 1 页。

和提高学生的历史学科核心素养为目标。历史课程要将培养和提高学生的历史学科核心素养作为目标,使学生通过历史课程的学习逐步形成具有历史学科特征的正确价值观、必备品格与关键能力。课程结构的设计、课程内容的选择、课程的实施等,都要始终贯穿发展学生历史学科核心素养这一任务。在结构设计上,要在体现基础性的同时,构建多视角、多类型、多层次的课程体系。在内容选择上,要精选基本的、重要的史事。在课程实施上,进一步改进教学方式、学习方式和评价机制,将教、学、评有机结合,促进学生的自主学习、合作学习和探究学习,提高实践能力,培养创新精神。①

历史学科核心素养包括唯物史观、时空观念、史料实证、历史解释、家国情怀五个方面。其中,(1)唯物史观是揭示人类社会历史客观基础及发展规律的科学的历史观和方法论。(2)时空观念是在特定的时间联系和空间联系中对事物进行观察、分析的意识和思维方式。任何历史事物都是在特定的、具体的时间和空间条件下发生的,只有在特定的时空框架当中,才可能对史事有准确的理解。(3)史料实证是指对获取的史料进行辨析,并运用可信的史料努力重现历史真实的态度与方法。历史过程是不可逆的,认识历史只能通过现存的史料。要形成对历史正确、客观的认识,必须重视史料的搜集、整理和辨析,去伪存真。(4)历史解释是指以史料为依据,对历史事物进行理性分析和客观评判的态度、能力与方法。所有历史叙述在本质上都是对历史的解释,即便是对基本事实的陈述也包含了陈述者的主观认识。人们通过多种不同的方式描述和解释过去,通过对史料的搜集、整理和辨析,辩证、客观地理解历史事物,不仅要将其描述出来,还要揭示其表象背后的深层因果关系。通过对历史的解释,不断接近历史真实。(5)家国情怀是学习和探究历史应具有的人文追求,体现了对国家富强、人民幸福的情感,以及对国家的高度认同感、归属感、责任感和使命感。②

普通高中历史课程的目标主要包括:(1)了解唯物史观的基本观点和方法,包括人类社会形态从低级到高级的发展、生产力和生产关系之间的辩证关系、经济基础和上层建筑之间的相互作用、人民群众在社会发展中的重要作用等,理解唯物史观是科学的历史观;能够正确认识人类历史发展的总趋势;能够将唯物史观运用于历史的学习与探究中,并将唯物史观作为认识和解决现实问题的指导思想。(2)知道特定的史事是与特定的时间和空间相联系的;知道划分历史时间与空间的多种方式,并能够运用这些方式叙述过去;能够按照时间顺序和空间要素,建构历史事件、历史人物、历史现象之间的相互关联;能够在不同的时空框架下对史事作出合理解释;在认识现实社会时,能够将认识的对象置于具体的时空条件下进行考查。(3)知道史料是通向历史认识的桥梁,了解史料的多种类型,掌握搜集史料的途径与方法;能够通过对史料的辨析和对史料作者意图的认知,判断史料的真伪和价值,并在此过程中增强实证意识;能够从史料中提取有效信息,作为历史叙述的可靠证据,并据此提出自己的历史认识;能够以实证精神对待历史与现实问题。(4)区分历史叙述中的史实与解释,知道对同一历史事物会有不同解释,并能对各种历史解释加以辨析和价值判断;能够客观论述历史事件、历史人物和历史现象,有理有据地表达自己的看法;能够认识历史解释的重要性,学会从历史表象中发现问题,对历史事物之间的因果关系作出解释;能够客观评判现实社会生活中的问题。(5)在树立正确

① 教育部:《普通高中历史课程标准 2017 年版 2020 年修订》,人民教育出版社 2020 年修订版,第 2—3 页。
② 教育部:《普通高中历史课程标准 2017 年版 2020 年修订》,人民教育出版社 2020 年修订版,第 4—5 页。

历史观基础上,从历史的角度认识中国的国情,形成对祖国的认同感和正确的国家观;能够认识中华民族多元一体的历史发展趋势,形成对中华民族的认同感和正确的民族观,具有民族自信心和自豪感;了解并认同中华优秀传统文化、革命文化、社会主义先进文化,了解中国各个历史时期的英雄人物,传承民族气节、崇尚英雄气概,认识中华文明的历史价值和现实意义;了解世界历史发展的多样性,理解和尊重世界各国、各民族的文化传统,具有广阔的国际视野,树立正确的文化观;坚持社会主义核心价值观,认同走中国特色社会主义道路是历史的必然,树立中国特色社会主义道路自信、理论自信、制度自信和文化自信;能够确立积极进取的人生态度,塑造健全的人格,树立正确的世界观、人生观和价值观。①

2. 历史科考查内容

历史科考试的核心价值旨在引导学生培养人文精神、理性思维和探究意识,培植学生的家国情怀,树立正确的国家观、民族观,形成正确的世界观、人生观、价值观,开拓学生的视野和提高思辨能力,增强创新意识。通过设置体现核心价值的情境和考查内容,引导学生增强理想信念、厚植家国情怀;通过融入德智体美劳的相关情境,培养学生全面发展。

历史科核心素养包括唯物史观、时空观念、史料实证、历史解释、家国情怀五个方面。唯物史观是诸素养得以达成的理论保证;时空观念是诸素养中学科本质的体现;史料实证是诸素养得以达成的必要途径;历史解释是诸素养中对历史思维与表达能力的要求;家国情怀是诸素养中价值追求的目标。通过诸多素养的培育,达到立德树人的要求。②

关键能力是基于学科素养导向,承接学科素养的要求,并结合学生认知实际,形成的符合考试评价规律的指标体系。历史学科的关键能力包括获取和解读历史信息的能力、分析历史问题的能力和历史探究能力。要求学生运用概括、归纳和演绎等方法对试题素材所提供信息进行提炼和整理;要求学生能够运用辩证唯物主义和历史唯物主义方法分析历史事物,运用历史思维分析历史事物,并规范地阐述历史事物;要求学生能够自主发现问题,综合运用历史知识与方法解决问题和独立提出历史观点。

《历史课程标准》将课程内容分为必修部分,包括中外历史纲要上下册;选择性必修部分,包括国家制度与社会治理、经济与社会生活、文化交流与传播。对参加历史高考或学业水平等级考试的学生来说,必修内容与选择性必修内容都是全修全考的内容,历史考试将必修和选择性必修有机融合,考查题目以历史大概念的形式呈现。

3. 历史学科考查要求

(1)基础性:基础性包括学科内容的基本性、通用性以及情境的典型性。历史试题注重考查对基础知识、基本技能、基本方法的深刻理解,引导教学把精力放在讲透课程重点内容上,强调在深刻理解基础上的融会贯通、灵活运用,不考死记硬背、不出偏题怪题,引导教师把教学重点从总结解题技巧转向培养学生学科核心素养,提升课堂效果和作业的效率。

(2)综合性:综合性不仅针对学科内容,还包括情境的复杂性。从学科内容选择的角度看,综合性要求以多项相互关联的活动组成的复杂情境作为载体,体现对即将进入高等学校的学生的知识、能力、素养之间的纵向整合能力以及综合运用水平的测量与评价。历史试题在历史

① 教育部:《普通高中历史课程标准 2017 年版 2020 年修订》,人民教育出版社 2020 年修订版,第 6—7 页。
② 教育部:《普通高中历史课程标准 2017 年版 2020 年修订》,人民教育出版社 2020 年修订版,第 4 页。

价值观与社会主义核心价值观的有机结合、历史知识体系的内部联系中，强调历史各分支内容的相互交叉与渗透，要求学生能够触类旁通、举一反三；能够综合运用历史学科的知识、理论和方法，从多角度、多层次观察、思考历史事物，发现问题、分析问题和解决问题。在历史命题中体现在考查内容贯通古今中外历史，融合必修和选择性必修内容，并涉及历史学科与其他科目的交叉，引导学生具备广阔的历史视野和宽阔的胸怀抱负。

(3)应用性：应用性要求以贴近生活、贴近社会的生活实践或学习探索问题情境为载体，将陈述性知识与程序性知识的有机整合和运作作为目标，设计生产生活中的实际问题，体现对即将进入高等学校的学习者迁移课堂所学内容、理论联系实际水平的测量与评价。历史试题要求运用历史学科的知识和能力发现问题、分析问题、解决问题；运用正确的价值观和方法论，总结历史经验教训，为现实提供有意义、有价值的借鉴；从现实出发，回溯历史，探究历史，形成对现实问题的正确认识，提高改造现实世界的能力。在命题中体现在设置相关生活情境和社会情境，引导学生运用历史的眼光看待生活中的事情，看待国际、国内社会中的事情，从历史中汲取经验，运用历史智慧解决问题。

(4)创新性：创新性要求创设合理情境，设置新颖的试题呈现方式和设问方式，要求对即将进入高等学校的学习者在新颖或陌生的情境中主动思考，完成开放性或探究性的任务，发现新问题、找到新规律、得出新结论的水平进行测量与评价。历史试题对创新性的要求体现在对史料进行新的解释和新的运用，对历史事物之间的联系进行新的发掘；对已有的历史观点、方法与历史结论进行批判性思考，得出新结论；运用创新思维，利用历史学知识和方法回应现实问题。在命题中体现在呈现学者观点的情境材料，要求学生对相关历史问题进行思考，对历史观点进行辨析；体现在开放性试题的设置上，要求学生获取历史信息、提取主要观点并进行合理论证，答案不唯一，鼓励学生独立思考、发散思维，从而提高解决问题的能力。

二、核心价值金线与历史命题实践

历史命题落实立德树人根本任务，贯彻党的二十大精神，把习近平新时代中国特色社会主义思想最新成果有机融入试题，引导学生把习近平新时代中国特色社会主义思想的世界观和方法论以及贯穿其中的立场观点方法，转化为认识问题、分析问题和解决问题的思想方法。融入党的二十大精神，构建“五史”考查体系，筑牢理想信念，坚定“四个自信”，落实“五育”并举，促进全面发展。

1. 传承爱国主义与红色基因，深化“五史”考查

坚持党的全面领导是坚持和发展中国特色社会主义的必由之路。弘扬伟大建党精神，高考历史试题从党史蕴含的丰富育人资源中选取素材，引导学生在具体史实中感悟中国共产党人运用马克思主义解决中国革命、建设和改革难题的理论自觉，并从中汲取思想养分，引导学生知史爱党、知史爱国，增强守初心、担使命的思想自觉和行动自觉。2024 年高考历史试题通过选取新民主主义革命时期、社会主义革命与建设时期、改革开放时期等历史时段的重大历史事件和历史线索，引导学生知史爱党、知史爱国。2024 年山东卷第 6 题引用吴玉章在中国国民党二大上的谈话，考查了对国民革命运动必要性的认识；山东卷第 7 题以新民主主义时期报刊的关键词切入，考查了对新民主主义革命时期各阶段特别是国共十年对峙时期阶段特征的认识，引导学生理解革命的艰难曲折。2024 年文综全国甲卷第 30 题以 1943 年陕甘宁边区佳

县城关区各阶层公粮负担情况创设情境,展现中国共产党为团结一切抗日力量,调动社会各阶层支持抗日的坚强决心和不懈努力,引导学生认识中国共产党在抗日战争中的中流砥柱作用,培育爱国精神。2024 年东三省卷(黑、吉、辽卷)第 9 题以土地改革后农民认识的变化切入,考查土地改革带来的重大变化,引导学生充分认识党在民主革命时期战略决策和政策调整的伟大之处。从对新中国国史的考查来看,2024 年文综新课标卷第 44 题以新中国装备制造业"从无到有""从弱到强"的发展过程为切入点,展现从新中国成立到新时代,中国现代化建设取得的巨大成就,引导学生了解党领导中国人民探索中国式现代化道路的奋斗历程,领悟习近平新时代中国特色社会主义思想与社会主义现代化建设成就之间的内在联系。2024 年山东历史卷第 19 题以"数字里的上海"为题,所选材料涉及上海在中华人民共和国成立前后工业数字的变化,考查对新中国成立为上海带来巨变的认识,引导学生充分理解新中国党和国家具有的强大的治国能力。2024 年湖南卷第 11 题把 1993 年的粮食播种面积、农村商品零售总额与 1978 年的相关数字作比较,引导学生在比较的基础上认识经济体制改革决策的伟大,从而坚定坚持改革开放的意识,坚定道路自信的理念。

2024 年试题突出了对中华优秀传统文化和人类优秀思想文化的考查。全国文综新课标卷第 1 题以考古发现切入,通过对墓葬规模大小不一以及出现礼器等信息的加工整理,引导学生理解中华早期文明的特点。第 2 题以春秋战国时期诸子百家在"选贤任能"主张方面的同与不同构建情境,引导学生认识诸子百家思想的特色,增强对中华优秀传统文化的认同感。

2. 铸牢中华民族共同体意识,增强中华文化认同

党的十八大以来,习近平总书记多次强调铸牢中华民族共同体意识,抓好民族团结进步事业。2024 年文综全国甲卷第 45 题以北魏时期冯太后的教育改革为背景,呈现了冯太后作为历史上的少数民族政权统治者尊崇华夏制度文化、推行儒学、设立郡学、编写《劝戒歌》向鲜卑人传播中原文化等举措,再现了鲜卑与中原交往交流交融的史实,考查学生对鲜卑民族华夏文化认同形成意义的认识,以及魏晋南北朝时期中华民族多元一体格局的理解,引导学生领悟中华文明兼收并蓄的开放胸怀和大一统传统,启发他们认同和铸牢中华民族共同体意识。

甘肃地处祖国西北边陲,在历史上曾出现过一系列的民族政权。在历史上,该地区对促进中华各民族文化的交融以及中华文化与外来文化的交融方面曾发挥过重要作用。2024 年甘肃卷将引导学生从熟悉的地域入手,思考该地域与中华文明内涵发展之间的互动关系。试题将家国情怀与时空观念相融合,启发学生由爱家、爱乡到爱国,争做中华文明的拥护者、传承者。甘肃卷第 3 题以北魏孝文帝改定刑律为切入点,通过对其"宽仁""民由化穆""示之以礼"的认识以及北魏统治者对中华优秀文化的认同,引导学生认识中华文化对促进民族交融、稳定社会秩序以及促进社会发展的重要作用。甘肃卷第 4 题以唐代波斯人李素及其后代的经历设置情境,从促进中外交流的视角展现了中华民族优秀文化的包容性和开放性。甘肃卷第 17 题以辽、西夏、金的职官设置切入,通过了解辽、西夏、金职官设置的发展历程,认识它们的共同特点,在分析和解决上述问题的过程中,学生自觉地形成了中华民族共同体意识,更加明确各民族在相互借鉴、相互学习的基础上,共同促进了中华民族优秀文化的发展。

3. 弘扬中华传统优秀文化,厚植家国情怀

文化是民族的血脉,中华优秀传统文化是中华民族五千多年的智慧结晶。中华优秀传统文化蕴含着丰富多彩的内容，承载着中华民族的精神追求，是中华民族不断前行最深层、最持久的力量。习近平总书记指出，“深厚的家国情怀与深沉的历史意识，为中华民族打下了维护大一统的人心根基，成为中华民族历经千难万险而不断复兴的精神支撑”。2024 年文综全国甲卷第 26 题立足于中华文明的创新性，依托明代中期经济社会转型背景，以明代中后期士大夫广泛参与日用类书编纂的现象创设情境，展现士人以守正不守旧的创新精神，回应民众对日用知识的急迫需求，引导学生认识中国传统文化的创新动力。2024 年湖南卷第 6 题以元代对皇帝圣旨开头的蒙汉融合及明代初年对圣旨开头的继承与创新为切入点，展示了中华文化的博大精深、源远流长，引导学生充分认识中华文化的多元性与包容性，体会中华文明的伟大。

4. 落实“五育”并举，促进全面发展

习近平总书记在全国教育大会上提出德智体美劳“五育”并举和“六个下功夫”等重要讲话，标志着新时代教育工作迈上新台阶。近年来，历史试题多次将各艺术门类与历史相结合创设情境，引导学生感悟艺术的美学理念，培养高雅的审美情趣和良好的审美意识，并在审美的过程中培养历史素养，深化对历史发展的理解和认识。2024 年文综全国甲卷第 31 题以 1982 年宪法的规定切入，考查中华人民共和国对文艺创作以及对其他文化事业的创造的支持和鼓励，引导学生从国家政策层面认识我国文艺创作的良好环境。文综甲卷第 32 题以文艺复兴时期一位母亲给儿子的信设置情境，考查文艺发展、思想解放与社会进步之间的内在联系，引导学生理解接受文艺熏陶对陶冶情操，促进个性成长乃至对社会发展的重要作用。文综甲卷第 34 题引用伏尔泰的演讲构建学习情境，旨在通过对伏尔泰关于理性的认识，引导学生体会美德在社会进步中的作用和力量。

历史试题还通过设置与体育、劳动相关的情境渗透对“五育”的考查。2024 年甘肃卷第 9 题选取了 1959—1971 年中国乒乓球运动发展的材料，考查体育运动的发展与国际影响扩大，甚至外交领域拓展之间的内在联系，引导学生深刻理解体育运动的重要意义，培养学生健康强体，为国争光的意识。湖南卷第 9 题以 20 世纪 30 年代毛泽东对江西寻乌人口成分的调查切入，引导学生认识劳动人民在近代民主革命中的重要地位，培养人们关注社会、关注农民的社会责任感。文综全国新课标卷第 42 题把中国古代传统农业与欧洲传统农业的发展放在一起比较，在比较的基础上引导学生认识中国古代劳动人民的高超智慧，培养热爱劳动、热爱国家的情怀。

三、能力素养银线与历史命题实践

学科素养和关键能力的明确界定和考查要求是高考评价体系最大的突破点和创新点，体现了高考内容改革的时代性和新颖性，体现了人才培养战略转型下我国对高水平、创新人才选拔和培养的现实需求。高考评价体系提出的“核心价值、学科素养、关键能力、必备知识”的四层考查内容，是实现由传统的“知识考查”向“价值引领、素养导向、能力为重、知识为基”考查转变的具体表现。高考评价体系综合统筹知识、能力、素养的关系，将高考考查内容凝练为核心价值、学科素养、关键能力、必备知识四个层面，在必备知识的基础上，突出考查学生的学科素养和关键能力。学科素养是指面对生活实践或学习探索问题情境时，能够在正确的思想价值观念指导下,合理运用科学的思维方法,有效整合学科相关知识,提高学科相关能力,高质量地认识问题、分析问题、解决问题的综合品质。高考历史的关键能力主要包括运用信息加工方法获取和解读关键历史信息的能力、运用逻辑推理与辩证思维分析历史问题的能力、运用批判性思维进行历史探究的能力等。

在高考命题和测试的实际操作过程中,能力考查往往体现出综合性和交叉性特点,即一道试题可能考查多种能力,若干道试题也可能均考查多种能力,一次考试应该覆盖到多种能力的考查。

1. 运用信息加工方法获取和解读关键历史信息

获取和解读历史信息的能力,要求考生运用概括、归纳和演绎等方法对试题素材所提供的信息进行提炼和整理。高考命题一般通过文字、图形、表格等方式呈现试题,加大试题信息的广度和容量,考查学生从多种形式呈现的丰富材料中"定位、识别、筛选、分类、概括、连接、转述"关键信息的能力。其中,筛选是指区分有效与无效、主要与次要、排除干扰信息,识别关键信息,一般体现为分析的过程;概括是指从个别到一般、从多到一的归纳过程以及从个别到个别或从一般到一般的类比过程;连接是指在关键信息间建立简单的逻辑关系,形成完整一贯的逻辑链条与关系,一般表现为推理的过程;转述包括图文转化、数形转化、句式转换、立场转换、坐标转换等,主要体现为理解过程。历史高考命题越来越重视对学生信息获取与加工能力的考查,获取与解读历史信息,形成合理见解并作出合理评价,是获取与加工历史信息能力考查的主要方向。历史信息包括文献原文、数据、档案等多种史料和统计图表、图片、表格等多种呈现形式。考查学生对材料信息读取、筛选、分类、归纳、提炼、阐释的能力,或要求学生在阅读理解和信息加工的基础上对史料进行去伪存真、去粗取精的处理,形成新的合理见解和客观评价。

历史学科试题材料中的历史信息包括文字信息和图表信息等。试题选取的文字信息一般不设置阅读障碍,力争所有学生能够读得通、读得懂。2024 年新课标卷第 44 题以新中国装备制造业从无到有、从弱到强的发展过程为切入点,展现新中国成立以来中国现代化建设所取得的巨大成就,要求学生从材料中提取有效历史信息,考量具体的时空环境,结合所学知识予以解读,概述出新中国成立以来装备制造业的发展历程,综合考查学生最大限度地获取有效信息、开展论证和探讨问题的能力。全国甲卷第 42 题以 1900 年与 2000 年的世界城市分布地图设置情境,要求学生提取材料中的有效信息,概括出 1900—2000 年的世界变化趋势,对学生的筛选、概括和转述等逻辑思维能力进行了较好的考查。全国甲卷第 26 题围绕明朝进士编纂农村生产生活的指导书籍创设情境,考查学生联系明朝中后期的特定背景,在找准题干关键信息的基础上对士大夫阶层广泛参与日用类书籍编纂做出合理历史解释的能力。2023 年文科综合全国 3 套试卷中考查中国古代史的选择题共有 12 道,这些试题中仅有乙卷的第 24 题题干叙述、新课标卷第 25 题的选项表述及第 27 题的题干表述选用纯文言文的材料,但这些材料浅显易懂,不构成学生解题的障碍。就必做部分的非选择题来看,考查中国古代史的 3 道题目没有一道采用文言文的叙述。特别需要指出的是,历史试题选取的文言文,立足于考查历史学科的素养,它与语文学科文言文对字、词、句的考查有着明显的不同。

【例1】(2024年新课标卷，第28题)清乾隆进士李调元在《卖田说》中借佃户王某之口说明“卖田以佃田”的好处：家中有十亩耕地，难以养活十口之家；卖出自己的十亩地，则可以长期租佃一百亩维持生计，且能免于官府钱粮加派。当时农业中租佃关系的盛行(　　)。

A. 延续了个体农耕方式　　B. 遏制了土地兼并扩大

C. 抑制了商业货币经济　　D. 削减了国家赋税来源

【关键能力】考查从乾隆年间某一进士的论述中提取关于农业经营模式的信息，并把其置于农业社会这一特定的时间框架下分析，进而得出正确历史结论的能力。

第一步：获取关键信息	信息1：清代乾隆年间佃户对于租佃关系的认可； 信息2：乾隆年间，时人认为成为雇工，可以维持家庭生计，且能免于官府钱粮加派
第二步：加工整理信息	信息1：随着人头税的废除，租佃经营逐渐被世人所认可； 信息2：乾隆年间，时人认为租佃经营模式优于自营
第三步：揭示隐含前提	前提1：雍正帝推行摊丁入亩，正式废除了人头税； 前提2：以家庭为生产和生活单位的小农经济始终是中国传统农业基本的经营模式
第四步：推理评判选项	A项：题目提供的材料表明，虽然自耕农出卖了自己的土地靠租佃方式生存，但其租种的土地仍然有限，仍然维持着小农的经营状态。事实上，铁器牛耕的生产力发展水平，决定了古代中国不可能突破小农经济这一生产关系的范畴，依然是延续个体农耕方式，故A项正确； B项：土地兼并是指地主通过土地买卖、巧取豪夺等方式将土地越来越集中到自己手中。清朝时期盛行的土地买卖会导致土地买卖加剧，而非遏制土地兼并的扩大，故B项错误； C项：农村中租佃关系的盛行，适应了社会发展潮流，促进了农业经济的发展，也为商品经济的发展奠定基础，促进商品货币关系的发展，故C项错误； D项：清朝雍正年间实行摊丁入亩，以占有的土地作为课税依据，顺应了历史发展潮流，保证了国家赋税的来源，故D项错误

历史试题的图表信息形式多样，主要包括地图、柱状图、饼状图、表格等，图表信息可以直观地呈现历史事实和历史变化，考查学生从图表中获取和解读、理解和辨识图表中历史信息的能力，便于学生发现和把握历史规律。以下是2022—2024年全国卷试题材料为图表信息的题目：

试卷	题号	图表信息
2024年文综新课标卷	第27题	涉及南宋初年与金朝关系的史书统计表
	第29题	清末新军第九镇、第八镇及第二十一协军官的来源构成表
2024年全国文综甲卷	第30题	1943年陕甘宁边区佳县城关区各阶层公粮负担情况表
	第42题	1900年与2000年的世界城市分布地图
2023年全国文综甲卷	第25题	两汉间江浙一带与湘江流域人口增长示意图
	第42题	武汉长江大桥图

续表

试卷	题号	图表信息
2023 年全国文综乙卷	第 30 题	《神笔》和《骄傲的将军》剧照
	第 42 题	《中国历代民德升降表》
2023 年文综新课标卷	第 27 题	关于唐代李元谅身世的史料表
	第 30 题	中国民族资本构成比重表
	第 33 题	1808 年欧洲的时事漫画《蛛网里的科西嘉蜘蛛》
2022 年文综全国甲卷	第 31 题	1978 年和 1987 年全国社会商品零售总额中各经济成分所占比重图
	第 33 题	17—18 世纪英国东印度公司进口的部分亚洲货物价值占比表
2022 年全国文综乙卷	第 24 题	商周时期关于青铜器铸造的地图
	第 31 题	1978 年与 1986 年北京郊区男户主职业占比变化情况柱状图

以 2023 年山东卷为例。2023 年山东卷共出现涉及图表的题目有 8 道之多，呈现形式多样。仅就图来看，既包括地图，如第 3 题的西汉与隋京畿图、第 12 题的某时期欧洲主要殖民国家在美洲和非洲的殖民地分布图；也包括纯文字的设计图，如第 6 题《少年社会》创刊宣言图；还包括示意图，如第 10 题的亚述宫殿门、安息宫殿门和罗马凯旋门，第 15 题美国联邦政府研发投资中用于国防研究占比情况示意图。第 19 题的温布利博览会规划示意图和相关展览内容图。这些图示一方面活跃了试卷的版面，更主要的是提供了新的情境，拓展了历史问题思维的视角，更好地实现了考查的功能。

【例 2】(2023 年山东卷，第 10 题)自罗马共和国晚期起，拱门形制逐渐成为古罗马建筑的一个显著特色。据下图可知，人类文明交往(　　)。

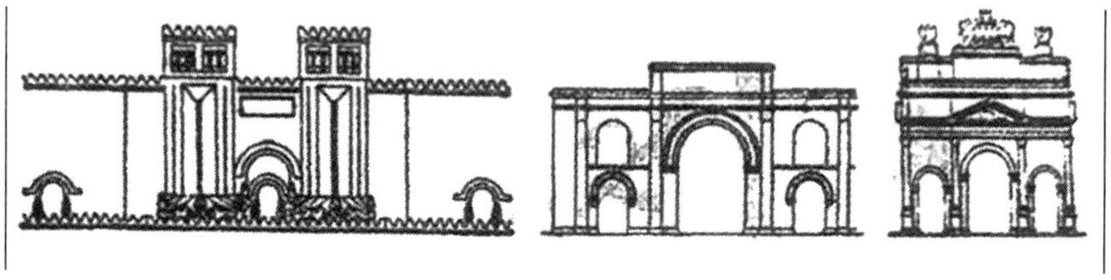

A. 促进了文化艺术的融合　　　　B. 推动了区域文化的统一

C. 改变了文化中心的分布　　　　D. 重塑了民族文化的内核

本题以亚述、安息及罗马建筑艺术设置情境，以独特的视角考查了古代社会的文明交往及交融。

【例 3】(2023 年山东卷，第 15 题)下图为 1949—1985 年财政年度美国联邦政府研发投资中用于国防研究的占比(%)情况。影响其变化的主要因素是(　　)。

A. 国内经济的发展状况　　　　　B. 对外战争的频度烈度

C. 国际科技竞争的压力　　　　　D. 政府外交战略的调整

本题将美国联邦政府研发投资中用于国防研究的经费占比变化以示意图的形式呈现，让学生直观地了解到美国国防研究投资的变化情况，进而根据所学知识分析发生变化的原因并得出正确的答案，机械照搬或死记硬背是很难解决这一问题的。

运用信息加工方法获取与解读关键历史信息，进而获得相应的历史结论，一般而言，主要包括以下几个步骤：第一步：从题干中识别和获取关键信息；第二步：对关键信息进行整理和加工；第三步：识别或解释隐含前提；第四步：进行推理论证和判断，进而得出观点或结论。以2023年全国新课标卷第24题为例，呈现运用信息加工方法解读和获取关键历史信息的具体步骤及方法。

【例4】（2023年全国新课标卷，第24题）中国新石器时代晚期，南方的良渚文化与北方的龙山文化都呈现出向更高社会阶段发展的迹象，这主要表现在（　　）。

A. 公共墓地出现　　　　　B. 农业的产生

C. 贫富分化加剧　　　　　D. 文字的使用

本题主要考查运用信息加工获取和解读关键历史信息的能力，在此基础上，将良渚文化与龙山文化置于新石器时代晚期这一特定的时空框架下，运用生产力与生产关系的辩证关系原理，分析和解决历史问题。

第一步：获取关键信息	信息1：新石器时代晚期； 信息2：南方的良渚文化和北方的龙山文化都呈现出向更高社会阶段发展的迹象
第二步：加工整理信息	信息1：新石器时代晚期，磨制石器被普遍使用，生产力有了进一步的发展； 信息2：良渚文化和龙山文化出现相同的向更高社会阶段发展迹象，说明中国即将过渡到更高一级的社会发展阶段。新石器时代是原始社会的最后一个发展阶段，更高阶段的社会是奴隶社会，也就是中国即将进入阶级社会
第三步：揭示隐含前提	前提1：新石器时代晚期，阶级逐渐产生，人类即将迈入阶级社会的“门槛” 前提2：私有制是阶级社会产生的经济基础，是原始社会迈入阶级社会（更高社会阶段）的典型特征； 前提3：贫富分化加剧意味着私有制的产生
第四步：推理评判选项	A项：公共墓地出现是原始公有制的体现，原始公有制与私有制是对立的，故A项错误； B项：原始农业产生于新石器时代的早期。随着工具的进步，人们开始从事原始农业，有了早期的村落和定居生活，故B项的时间与题干中“晚期”不符； C项：新石器时代的晚期，生产的发展使产品有了剩余，一些部落首领利用权力占有剩余产品，部落中出现了贫富分化，私有制开始产生。私有制的发展为阶级社会的到来奠定了经济基础，故C项正确； D项：文字的产生是人类文明进步的体现。到目前为止，考古仍没有确认良渚文化和龙山文化已经出现并使用文字。另外，私有制的发展奠定了进入阶级社会的经济基础，贫富分化是私有制产生的重要表现，文字的使用与否与社会阶段没有直接关联，故排除D项

2. 运用逻辑推理与辩证思维分析历史问题

逻辑推理与论证是学生形成科学思维不可或缺的能力,无论科学发现还是理论建立,抑或是工程师寻找解决问题的方案,都依赖于推理与论证技能。通过培养学生的推理与论证技能,可以让学生学会如何提出问题、论证推理、得出结论、修正观点,并能选择和运用证据支持自己的观点,为研究问题建构合理的解释。在推理和论证过程中,学生的思维能力和思维品质尤其是科学思维得到有效提高,而且这种思维能力可以有效运用和迁移到其他的任何情境、学科和问题中。通过推理与论证过程,学生将学会如何针对一个主张表达自己的观点,以及如何评价别人的主张。另外,良好的逻辑推理与论证能力训练能够帮助学生大幅提高其论文写作和表达的能力,引导学生在写作中呈现概念清晰、逻辑严谨、边界明确、证据可靠、论证充分的论证过程及结论。

逻辑推理与论证是指从已知的事实或理论(前提、条件或假设)出发,经由准确、充分的证据链(有效信息)和清晰、严密的逻辑链(相关性、因果性),推导出合理结论的思维过程。逻辑推理与论证着重考查学生根据已有前提和证据逻辑一贯地得出可靠结论的能力,一方面强调逻辑的有效性,另一方面要求证据的可靠性。逻辑推理与论证一般由前提(条件或假设)、证据(数据、文献、史料、理论观点等)、逻辑关系(归纳、演绎、因果、类比等)和结论(观点或主张)四个部分构成。通过比较、概括、推理、综合等思维方法的学习运用提高学生的逻辑论证能力,促使学生思考时做到清晰、准确、规范、严谨,表达时做到言之有物、言之有理、言之有据。

课程标准各个学科的核心素养都提出了要加强学生逻辑思维的发展,促进思维品质的提升,《中国高考评价体系》明确规定了高考命题改革就是要加强对学生思维品质和思维过程的考查,尤其是归纳推理、演绎推理等逻辑思维能力的考查。如果不掌握基本的逻辑推理和有效论证方法,将在整个高中学习和高考备考中举步维艰、事倍功半。我们日常生活和学习中,逻辑推理与论证无所不在,而且每个人都要面对他人的推理和论证。学习逻辑和推理,可以使思维更缜密,论证更严谨,结论更可靠,语言表达更准确有力。逻辑推理与论证能力是高品质思维的核心构成要素,是高素质人才培养的必备条件。良好的思考、推理和论证能力,都是要通过系统学习和规范训练得到改进和提高的。规范、系统的逻辑训练是具备良好推理和论证能力的基础,我们至少应该对规范的逻辑形式及论证方法做系统训练,这些逻辑形式和论证方法包括但不限于:演绎法(如直言三段论、选言三段论、假言三段论、构造性两难等)、归纳法(如概括法、简单枚举法、科学归纳法、统计归纳法等)、类比法(如类比的加强与减弱、类比的五要素等)、因果推理(如穆勒法的契合法、差异法、契合差异并用法、共变法、剩余法)、识别常见的逻辑谬误(如概念偷换、以偏概全、不当类比、虚假因果、因果倒置、稻草人谬误、熏鲱谬误、滑坡谬误、否定前件谬误、肯定后件谬误、合成谬误、分解谬误、循环论证、证据偏见等)、论证的结构(如垂直模型、水平模型、共同前提、多重结论等)、论证的评估(如评估三要素:观点、证据、逻辑;评估五准则:清晰、可靠、相关、完整、合理)、论证的构成(如图尔敏模型)等。

分析历史要求学生能够运用辩证唯物主义和历史唯物主义方法分析历史事物,运用历史思维分析历史事物,并规范地阐述历史事物。具体而言,需要学生掌握逻辑推理与判断的方法,运用辩证思维去分析已获知的历史信息。

(1)逻辑推理与论证。

近年来高考历史试题,不论是开放性综合试题还是封闭型的选择题,不论是全国卷还是分省卷,对逻辑推理与论证能力的考查都成为命题的基本要求和普遍特征。2024年历史高考试题延续开放性的设题特点和答题要求,对学生围绕相关主题进行独立思考,收集、组织并运用高质量的史料或证据对某一观点进行逻辑严密的论证提出了明确要求。以历史事件、历史现象、历史人物等的发展演变为背景,考查学生分析并全面解读历史信息,辨别历史事实与历史结论、历史观点,进而发现历史问题,独立提出观点,并结合相关历史证据和事实予以逻辑严谨的论证,从而明确得出个人观点的综合能力。

2024年历史试题强调综合运用科学方法对历史现象进行梳理、论证和探讨,新课标卷第43题,结合所学中国近现代史知识,择取材料中的有关时事,拟定一个主题,写一篇短评,要求:主题正确,运用材料,史实准确,评论合理。山东卷第18题,提取材料信息,以“上海·缩影”为题写一则历史短文。要求:表述成文,叙述完整;立论正确,史论结合;逻辑严密,条理清晰。安徽卷第19题,田子茂的生平是宋代某些历史场景的再现。从材料中提取历史信息,运用所学中国古代史知识,任选角度,自拟论题,加以阐释,要求:论题明确,观点正确,史论结合,表述清晰。甘肃卷第20题,请根据上述视角,运用所学知识,选取某一历史事件或现象,展开评述。要求:自拟题目,史论结合,观点正确,结构完整,逻辑严谨,表述清晰,不得抄袭示例。上述这些开放性试题在设问和答题要求上都明确要求学生观点清晰、言之成理、证据可靠、逻辑严谨、表达正确,着重考查学生逻辑推理与论证的能力,这已成为近年来高考历史试题的一般性要求。

新课标卷第35题围绕1956年美国干涉英国占领苏伊士运河事件的史实创设情境,考查学生在找准题干关键信息的基础上调动所学知识进行推理判断的能力,提取信息、推理判断的过程如下:

【例1】(2024年新课标卷,35题)1956年苏伊士运河危机爆发后,美国大量抛售英镑,导致英国外汇储备骤减。英国抱怨美国的行为是对国际货币基金组织宗旨和精神“不可饶恕的背叛”。最终,英国停止了对埃及的军事干涉行动。这反映出(　　)。

A. 美元占据国际货币体系主导地位　B. 埃及民族解放运动获得广泛支持

C. 布雷顿森林体系走向瓦解　　　　D. 西方大国间盟友关系破裂

【关键能力】考查学生快速准确获取关键信息,并通过逻辑推理得出正确结论的能力。

第一步：获取关键信息	信息 1:1956 年苏伊士运河危机； 信息 2:美国大量抛售英镑导致英国外汇储备骤减，英国停止对埃及的军事干涉行动
第二步：加工整理信息	信息 1:第二次世界大战后，非洲民族解放运动进入高潮，埃及要求收回苏伊士运河的主权； 信息 2:第二次世界大战后，欧洲地位下降，美国成为资本主义世界的核心。美国抛售英镑的行为导致英国外汇储备骤减，显示了美元的中心地位
第三步：揭示隐含前提	前提 1:国际货币基金组织是根据布雷顿森林会议签订的《国际货币基金组织协定》，于 1945 年 12 月 27 日在华盛顿成立的国际组织之一； 前提 2:20 世纪 70 年代初，在日本、西欧崛起的同时，美国经济实力相对削弱，以美元为中心的布雷顿森林体系瓦解
第四步：推理评判选项	A 项：美元与英镑都是国际货币基金组织的重要货币，美国的行为造成英国外汇储备骤减，迫使英国停止对埃及的军事干涉，表明美元占据国际货币体系的主导地位，故 A 项正确； B 项：美国干涉英国占领苏伊士运河事件的本质目的是基于美国自身国家利益的考虑，其行为实质是新殖民主义的体现。材料中仅涉及美国的态度，“广泛”无从谈起，故 B 项错误； C 项：布雷顿森林体系走向瓦解是在 20 世纪 70 年代，故 C 项错误； D 项：第二次世界大战后，英法等西欧国家衰落，在对外政策上唯美国马首是瞻。虽然在苏伊士运河事件上双方发生分歧，但在对苏冷战上，双方依然是盟友，故 D 项错误

逻辑推理与论证能力要求学生根据从材料中获取的历史信息，结合所学知识进一步推理论证，得出正确结论。逻辑推理包括演绎推理、归纳推理和类比推理，要求学生掌握几种推理能力，引导学生注重思维品质的形成，强调解题的思维过程。历史试题通过呈现多维度、多角度、立体化和具体思辨特征的材料，加强对信息加工、逻辑推理等关键能力的考查，引导学生突破思维定式，透过现象看本质。如 2023 年文科综合全国甲卷第 41 题引入学术界近年来对《塞尔登中国地图》的研究成果，从绘制方法、图像内容、流传收藏等角度立体描述了该地图的史料价值、来龙去脉，要求学生根据材料信息分析该地图为中国人所绘制的依据，对推理判断、逻辑表达等能力进行了较好的考查。

【例 2】(2023 年文科综合全国甲卷，第 41 题)阅读材料，完成下列问题。

《塞尔登中国地图》长 160 厘米，宽 96.5 厘米，采用中国古代风景画手法，使用汉字标注，并采用上北下南方位，同时标识了欧洲风格的罗盘和比例尺条。图中明朝信息最为丰富，北京城、黄河、各省边界等都有详细描绘。但却仅位于地图左上部分，中国南海前所未有地占据了中央位置。地图展现了东亚和东南亚全貌，覆盖了西起印度洋、北抵日本海、东南达印尼中部诸岛的广大地区。该地图瞻观性较高，但它并非一幅中国传统的陆地舆图，而更可能是一幅航海路线图。这些航线以中国南部的泉州与漳州港为起点，形成一个网络、最远可达地区最西端的印度于利于特港。图中还标注了如何前往也门、阿曼和霍尔木兹海峡。有学者根据图中信息判定，该地图为明末中国人所绘。

该地图后被英国东印度公司的约翰·萨利斯获得，辗转落到了约翰·塞尔登(1584—1654

年)手中。塞尔登是英国律师,下议院议员,东方学家。是对波斯、阿拉伯以及中国的相关知识感兴趣的英国学者之一。在他那个年代,海洋是全世界关注的焦点。塞尔登比同时代的人更敏锐地察觉到,自己生活在一个正经历海洋变迁的时代。他主张海洋在某些特定情况下,可以由国家行使管辖权。在去世前夕,他将该地图捐赠给母校牛津大学博德利图书馆,《塞尔登中国地图》的名字也由此而来。

——摘编自(加)卜正民著《塞尔登的中国地图:重返东方大航海时代》等

(1)根据材料并结合所学世界近代史知识,简析这幅地图流传到英国的背景。

(2)根据材料并结合所学知识,说明学者判断这幅地图为中国人所绘制的依据,以及该地图的意义。

解答本题的逻辑推理与论证过程如下:

第一步:获取关键信息	信息1:绘制特色:采用中国风景画绘制手法、汉字标注、上北下南,也采用欧洲的罗盘和比例标尺; 信息2:绘制内容:中国的内容最详细、南海居于中心位置、覆盖东亚和东南亚; 信息3:学者研究:中国人绘制、可能是航线图; 信息4:流传:东印度公司、英国
第二步:加工整理信息	信息1:地图体现了浓厚的中国色彩; 信息2:内容丰富、具体,又与传统的地图不同; 信息3:学者的研究是根据地图的内容和特色作出的推断; 信息4:地图的外传与西方殖民扩张和东西方联系的加强有关
第三步:逻辑推理与论证	第(1)问:要从塞尔登生卒年月着手,结合当时新航路开辟和西欧的殖民扩张,东西方联系的加强等加以说明; 第(2)问:对于"依据"要从地图的描绘手法、中国元素等方面加以说明。对于"意义",要从史料实证的角度说明该地图对研究中国对外贸易、对于研究中国的思想意识以及中国明代、东南亚、东亚地区的地理风貌都有一定的价值
第四步:得出正确结论	①新航路的开辟; ②西方列强的殖民扩张,对东方航路与资源的争夺; ③世界经济联系的加强,东西方贸易的需求; ④英国海上力量增强,英国东印度公司成立与扩张; ⑤塞尔登对海洋重要性的认知

(2)辩证思维。

辩证思维旨在反映事物的本来面目,揭露事物内部的深层次矛盾。由于辩证思维是一种深度思维,是从对象的内在矛盾的运动变化中去回答事物的"为什么"与"怎么样"。在理科试题中,要求考生运用开放性、流动性和发散性思维,提出新问题、创建新设想、发现新方法、得出新观点;在文科试题中,试题涉及辨析"观点"、说明"理由"、分析"根本原因"以及评价"意义"的时候,要求考生能够灵活运用辩证思维,从事物的相互联系与动态发展中进行深度考察,以便从整体上、本质上完整地认识对象。

辩证思维是反映和符合客观事物辩证发展过程及其规律性的思维。辩证思维的考查主要体现在观点评述、人物评价的试题中,要求学生运用辩证唯物主义的方法分析问题,引导学生采用一分为二的方法评析事件和评价人物。

【例 1】(2024 年湖北卷,第 4 题)元英宗即位初,中书省奏议:南宋故地纳入版图四十余年来,有田地的纳地税,做买卖的纳商税,此外别无征发,比北方的汉人负担要轻;田多的富户们,有的一年收二三十万租子,纳的官粮却轻。据此可知,元朝前期(　　)。

A. 抑制土地兼并　　B. 优容江南经济

C. 简化赋税名目　　D. 提高南人地位

本题考查了运用唯物史观分析历史问题的能力。元朝时期实行“四等人制”,南宋故地的人们地位低下,受到种种不平等待遇。但本题另辟蹊径,考查了元朝统治者对南宋故地的一些优容政策。注意培养学生的批判性思维,引导学生打破思维定式,全面、辩证地看待历史问题。

【例 2】(2023 年北京卷,第 14 题)墨西哥在 1821 年独立后,以阿兹特克帝国的继承者自居。墨西哥土生白人将阿兹特克人视为祖先,将阿兹特克人的末代皇帝视为抵抗西班牙殖民者的民族英雄。这些做法意在(　　)。

A. 打击英法在拉美的殖民统治　　B. 深化民族意识和国家观念

C. 推动墨西哥的民族独立运动　　D. 重建阿兹特克帝国的文明

本题选取了墨西哥土生白人对阿兹特克人及末代皇帝的评价设置情境,辩证地反映了两个方面的问题:一是他们与宗主国关系的逐渐疏远,二是他们潜意识地拉近与墨西哥原住民之间的关系。二者综合起来看,实质上这是拉美国家发展进程中出现的民族意识,该意识的发展有利于国家观念的增强和墨西哥独立国家的发展。

【例 3】(2023 年湖南卷,第 18 题)阅读材料,完成下列要求。

1919 年 12 月,实业家穆藕初创办的上海厚生纱厂准备添雇工人千余名,其中 50 名女工计划在湖南招募。1920 年 1 月,纱厂在湖南《大公报》等处刊登招工简章。与长沙同工种工人相比,该厂提供的待遇更为优厚。截止日未到,便有 100 余人报名,最后 64 人成行。

招工简章引起湖南知识分子高度关注。他们在报上质问,为什么从上海跑到长沙来招募女工?女工每日须工作 12 小时,最后能剩下多少自由支配的时间?日夜轮班怎么可能不损害身体健康?以上海的物价,每月 8 元工资怎么够用?他们还认为,女工入厂要家长署名加铺保,三年契约,统统等于漠视自由人权。

对上述质疑,穆藕初刊文表示,厚生纱厂给湖南女工的工资中规中矩,对其工作环境已尽最大努力加以改善。他批评湖南知识分子不知道中西发展水平的巨大差距,不了解当下中国工人的教育程度、工作能力、职业道德尚弱于西方,不明白中国大多数社会阶层的生活水平还不及工人等。他讥讽这些知识分子以“泰西之糟粕”来拯救中国等于“自杀主义”。

穆藕初的回应引发了沪湘知识分子新一轮批评。他们借助“劳动主义”“劳工神圣”与社会主义学说,批评资本家群体是“掠夺者”“剥削者”,并警告他们,如果固守“资本掠夺”,“那小的就是同盟罢工和歇业,厉害一点就是俄国的榜样来了”。

在这场激烈的争论中,湖南女工近乎置身事外。妇女界代表张默君参观厚生纱厂后,称女工们“起居饮食，虽不如居家之适然，视彼江北苦工破屋不蔽风雨、薄粥不充饥肠者，固胜一筹矣”。

——改编自李国芳《一九二〇年初上海厚生纱厂招募湖南女工争议》

根据材料，结合所学知识，对上海厚生纱厂招募湖南女工一事引发的争议进行评析。（要求：史实准确，符合逻辑，表述清晰。）

在解答本题时，要充分运用辩证的观点分析与论证各派的观点。

派别或群体	基本观点	分析与论证	总体评价
知识分子	女工工时太长，有害身体健康；女工工资过低、侵犯女工自由人权；资本家是剥削者；劳工神圣	1919年五四运动爆发后，工人阶级登上政治舞台，马克思主义在中国得到广泛传播；国际上俄国十月革命的胜利，影响到中国知识分子重新选择救亡图存的道路	知识分子的批评建立在维护工人阶级合法权益基础上是值得肯定的，体现了社会进步。知识分子的批评和纱厂主的主张都有一定合理性，而且资本主义经济也有利于推动社会经济的发展。但当时湖南女工却置身事外。维护工人的眼前和长远利益及资本家的合法权益，则需要制定相应的法律法规和保障制度，既要限制资本家的过度剥削，又要切实有效地保护工人的合法权益
纱厂主	知识分子不知道中西发展水平差距和工人素质低；工人待遇比其他阶层要好	20世纪初，受到第一次世界大战的影响和政府的支持以及提倡国货运动的影响，民族资本主义得到快速的发展，一定程度上抵制了外国企业的入侵。因此纱厂主的主张建立在中西资本主义发展差距和劳动者素质基础上，纱厂主主张发展实业来救国	
妇女界代表	女工比起其他劳动者的待遇较好	着眼于现实	

3. 运用批判性思维提高历史探究能力

发展学生批判性思维有利于学生在学习中慎重鉴别、筛选和运用纷繁复杂的信息，保持客观而深刻的认识，敢于挑战固有观念或权威结论，是学生形成独立人格的前提，也是学生自主创新的基础。批判性思维是科学思维和理性思维的重要构成要件，是创新人才培养不可或缺的前提。批判性思维属于高阶思维能力，考查学生在面对各种复杂问题时运用已有知识进行审慎思考、分析推理、实证验证等方面的能力。批判性思维以探究和创新为导向，以理性和开放精神为核心。具体来讲，批判性思维是一种自觉通过质疑、查证和推理考查论证的合理性从而决定信什么和做什么的思维。一个完整的批判性思维过程包括理解主题论点、分析论证结构、澄清观念意义、审查理由质量、评价推理关系、挖掘隐含假设、考察替代论证、综合组织论证等步骤或要素。批判性思维与创新思维要求学生具有独立思考的能力，能够自觉运用分析推理、逻辑论证、甄别加工等方法，使用可靠的证据，得出自己的观点，解决实际问题。对于高考试题而言，批判性思维考查形式一般表现为：澄清相关概念、独立提出问题、评估证据与理由、揭示隐含前提、开放与竞争性结论、寻求多种解决方法、构造替代论证、阐释或评估可能的后果等。概括来讲,批判性思维以质疑和提出问题为起点,以获取证据、进行分析推理为过程,以得出有说服力的结论为结果。心智开放、独立思考、敢于质疑是批判性思维的必备品质,训练有素的逻辑推理与论证分析能力以及高水平的证据获取、评估与运用能力是批判性思维的必备技能。

历史探究能力,要求学生能够自主发现问题,综合运用历史知识与方法解决问题和独立提出历史观点。历史探究能力突出考查了学生的批判性思维。批判性思维主要强调开放心态与独立思考、明确的问题意识和清晰的逻辑思维、严密的论证过程、求真与验证的科学思维,发现新规律,运用新方法,解释或解决新问题。揭示隐含前提是历史批判性思维的重要表现之一,也是快速准确作答历史试题必备的关键能力之一。如果培养起快速、准确揭示隐含前提的能力,很多历史问题将迎刃而解。一般而言,前提表现为两种形式:被明确表达出来和没有被明确表达出来的,前者称为“已知条件”,后者称为“隐含前提”,“隐含前提”往往是被省略的、被隐藏的、被默认为“真”的。认真研究高考历史试题,我们会发现,绝大多数的历史试题,不论是选择题还是非选择题,都需要学生能快速识别某一特定的隐含前提,这些隐含前提可能是特定时空信息背后的历史事实,也可能是唯物史观或历史规律等,这些隐含前提构成了解题的关键条件。历史学科素养包括唯物史观、时空观念、史料实证、历史解释和家国情怀。时空观念、史料实证和历史解释三大学科素养都需要运用批判性思维和历史探究的能力。

2024 年高考历史试题强调多个知识点的综合运用以及从不同角度进行分析,启发考生自主发现问题、进行合理推理与论证,鼓励考生独立思考和质疑,并形成独立见解等。如山东卷第 13 题引入 1918 年刊登于英国《笨拙》杂志的一幅漫画,引导学生对漫画的内容、性质和价值进行初步鉴别,培养学生对历史问题自主探究的能力。甘肃卷第 20 题以历史的发展变化由多种因素共同促成为主题,要求学生对材料中的观点提出自己的看法,并进行论证,这种全开放的试题,要求学生自主选择论述内容,独立阐释历史内容的深刻含义,引导学生的思维更具开放性和独立性,有效考查学生的独立观察力、思考力等综合能力。

【例 1】(2024 年全国甲卷,第 24 题)春秋时期,诸侯争当“盟主”。齐国、晋国、楚国接续争雄,吴越争霸。诸侯成为“盟主”可以(　　)。

A. 取代周天子获得分封权力　　B. 成为诸侯国的“大宗”

C. 免除向周王室纳税的义务　　D. 号令各诸侯国的行动

要快速准确作答这道题,要求学生能根据题干提供的时空和人物信息,快速揭示出隐含的前提:①时间为春秋时期,出现了礼崩乐坏;②人物为各诸侯,各国争当盟主。诸侯争霸是社会大变革的表现形式之一,其违背了礼乐秩序,使传统政治秩序受到挑战。这些强大的诸侯召集其他诸侯会盟并称霸,得以号令诸侯。在有效识别以上两个关键隐含前提的条件下,答案也就自然呈现出来。

【例 2】(2024 年安徽卷,第 1 题)西周前期,青铜器高古凝重,无取巧用意,纹饰原始,颇有图腾意味;春秋中叶至战国末年,器制多轻便实用,每每以现实性的动物为附饰物,追求精巧玲珑，标新立异。这一变化说明(　　)。

A. 宗法观念已经名存实亡　　B. 青铜铸造进入鼎盛时期

C. 青铜器的礼乐功能弱化　　D. 农耕工具发生显著变化

在解答时，如能准确揭示其隐含的两个主题：一是青铜器是夏商周礼乐文化的代表；二是春秋战国时期礼崩乐坏，是中国历史上的社会转型时期，本题的解答就非常迅速。揭示隐含前提的例子非常多，遍布了几乎所有的历史试题(包括选择题和非选择题)，在此不再赘述。

2023 年历史高考试题强调多个知识点的综合运用以及从不同角度进行分析，启发学生自主发现问题、进行合理推理与论证，鼓励学生独立思考和质疑，并形成独立见解等。如 2023 年新课标卷第 33 题引入 1808 年欧洲的时事漫画《蛛网里的科西嘉蜘蛛》，引导学生对漫画的内容、性质和价值进行初步鉴别，培养学生对历史问题自主探究的能力。全国乙卷第 42 题以梁启超对“民德”的观点为主题，要求学生对材料中的观点提出自己的看法，并进行论证。该题构建了多视角的问题任务，学生可以肯定或否定材料中的观点，也可以对观点进行商榷补充，对中国古代不同时期的“民德”作出客观评价。全国甲卷第 42 题，以长江第一桥的武汉长江大桥为引导，要求学生自主选择一则新中国成立以来，我国在中国共产党的领导下创造的伟大奇迹，并阐释该成就能够被称为国家记忆的理由。这种全开放的试题，要求学生自主选择论述内容，独立阐释历史内容的深刻含义，引导学生的思维更具开放性和独立性，有效考查学生独立的观察力、思考力等综合能力。

近年来，历史试题着重考查学生的历史探究能力，充分体现在开放性试题上。开放性试题答案不唯一，旨在让学生打破思维定式，培养发散思维能力，引导学生从多维视角观察历史发展，多角度发现问题、思考问题和解决问题，提升学生的自主思维和创新思维。以下是 2022—2024 年全国卷开放性试题的题目及要求：

题目来源	题号	题目材料	题目要求
2024 年文综新课标卷	第 43 题	1932 年中国重要新闻标题摘编	结合所学中国近现代史知识，择取材料中的有关时事，拟定一个主题，写一篇短评。
2024 年全国文综甲卷	第 42 题	1900 年与 2000 年的世界城市分布地图	根据材料，结合所学世界近现代史知识，概括出 1900—2000 年世界变化趋势，并加以阐释。
2023 年全国文综甲卷	第 42 题	武汉长江大桥成为新中国的“国家记忆”	结合史实阐释一则新中国的“国家记忆”
2023 年全国文综乙卷	第 42 题	梁启超对“民德”的研究与阐释	选取中国古代史整体、部分或某个朝代，对材料中的观点提出自己的看法，并加以阐释
2023 年全国文综综合卷	第 43 题	中华文明五千多年发展史呈现出的突出特征	选择一个地域，结合所学中国古代史知识，以具体史实阐述该地域对于中华文明的贡献

续表

题目来源	题号	题目材料	题目要求
2022年全国文综甲卷	第42题	学者对1914年至20世纪70年代国家发展“面向”的定义和阐释	根据材料，结合所学知识，提出世界近现代某一历史时期的国家发展“面向”，并进行简要阐释
2022年全国文综乙卷	第42题	史书所载东汉四位良吏的事迹	简述从上述材料中发现的历史现象并得出一个历史结论

四、情境载体串联线与历史命题实践

历史学科试题情境按照复杂程度可分为简单情境、综合情境和复杂情境。简单情境材料信息构成单一，问题指向是显性的，方法和路径是再认再现的，作答指向是材料和已有知识的对应；综合情境材料的信息构成多样，问题指向是显性和多维度的，方法和路径需要比较、概括和说明，作答指向需要叙述和论证；复杂情境材料的信息构成复杂，问题指向是多维度和多层级的，方法和路径需要分析和论证，作答指向需要现实材料、观点、论述和历史价值观的有机统一。从近几年的历史试题中可以看出，综合情境和复杂情境的设置成为命题的趋势，突出体现在开放性试题的设置上。“无情境，不成题”历史高考试题考查内容和考查目的的实现，离不开学习情境、生活情境、社会情境和学术情境的创设，情境由文字、图表等多种形式构成，大量引用史料，通过优化情境创设，增强试题的开放性、探究性和创新性，实现对学生关键能力和思维品质的考查。

1. 学习情境

学习情境多突出历史学习中遇到的问题，包括史料、图表、历史叙述、史论等。高考历史试题学习情境的呈现并不是单单把教材中的知识和史料简单迁移，再认再现，而是对教材中的学习情境进行变式或者拓展延伸。如2024年东三省卷第4题以宋代赦书颁行要求的变化为切入点，从国家治理的角度以北宋赦书颁行方式的变化考查了国家治理方式的创新，从一个侧面展示了宋代加强中央集权的举措及其成效。从不同的层面展示中国古代制度创新的成果，并将其与国家治理密切结合，引导学生认识中国古代文明不断发展、国家治理水平不断提升的历史进程，培养学生的民族自豪感和自尊心。2024年湖北卷第5题以明太祖行事多仿汉高祖为切入点，引导学生善于把相似的历史现象放在一起，并能将历史现象置于特定的时空背景下分析做出正确判断的能力，以拓展学生的历史思维。又如2023年全国文科综合甲卷12道选择题中有10道设置了学习情境，乙卷12道选择题中有11道选择题设置了学习情境，新课标卷12道选择题中有10道设置了学习情境，这表明在当前的历史学科试题中，学习情境的设置占绝对优势。2023年历史学科试题通过构建学习情境，重点加强了对学科必备知识的考查。这些题目以历史课程标准和教材主干知识为依据，侧重对基础知识中重点知识的考查。如2023年新课标卷第24题以良渚文化与龙山文化的相同发展趋向构建学习情境，考查学生对于历史学科必备知识“中国文明的起源与早期国家”的掌握和理解，落实学科核心素养中对唯物史观的要求。本题围绕历史学科必备知识命题，题干简明，有助于引导中学历史教学与学习将教材图、表及其介绍文字作为教材知识不可分割的一部分，并注意分散知识叙述的知识点之间的联系。

2. 生活情境

生活情境指在现实生活中遇到的与历史有关的问题，包括长辈的回忆、影视剧、名胜古迹中的问题等。近年来，历史试题的生活情境设置旨在贴近真实生活，拉近学生与历史学习的距离，引导学生运用历史思维和历史方法诠释生活中发生的事情。如 2024 年甘肃卷第 16 题以新中国第一支服装模特队的建立及开展的活动构建生活情境，考查改革开放对中国带来的巨大影响，引导学生多角度地认识改革开放的伟大意义。本题贴近社会生活，是一个实际的案例，它引导学生进一步深入思考在社会发展过程中出现的新现象，认识改革开放给人们生活带来的巨变，培养学生坚定“四个自信”。又如 2023 年山东卷第 2 题以东汉时期乘车风尚的变化构建生活情境，考查从材料中提取历史信息，把其放在秦汉特别是东汉后期这一特定的时代背景下，分析乘车风尚变化与社会政治变化内在联系的能力。再如 2023 年文科综合新课标卷第 28 题以 16 世纪东南沿海某港口的兴盛构建生活情境，考查从 16 世纪东南沿海某港口的兴盛中提取中国市场与世界市场联系密切的信息，并把其置于新航路开辟这一国际背景下分析，进而得出正确历史结论的能力。本题通过生动的个案，展示了明中后期我国海外贸易的情况，丰富了学生对明清两代对外政策的了解。

3. 社会情境

社会情境指对社会问题的历史考查，包括社会风俗的来源、国际争端中的历史背景等。历史试题不回避社会热点问题，反而关注国际、国内重大事件，引导学生关注国际关系和国内社会热点。如 2024 年安徽卷第 18 题，以第二次世界大战后国际货币体系的演变设置问题情境，考查的知识点包括国际货币体系的确立，“二战”后资本主义国家的新变化，试题将第二次世界大战后资本主义各国经济实力的变化对国际货币体系所带来的冲击，所选材料新颖，契合当前“人民币国际化”的时代背景。引导学生了解一些社会热点话题，加强历史与现实之间的联系，启发学生运用历史思维对现实问题进行思考。又如 2023 年全国文科综合新课标卷第 35 题以发达国家对发展中国家在世界环境恶化中所应承担责任的主张构建社会情境，围绕当今部分发达国家关于世界环境问题责任划分的热点话题展开，要求学生分析持环境问题“共同责任论”的国家的真实意图。学生需要快速迁移所学的经济全球化的知识，认识到发达国家鼓吹“共同责任论”，实质是在推卸其应当承担的历史责任，只有建立互相尊重、合作共赢的新型国际关系，才能真正解决人类面临的共同性问题。

4. 学术情境

学术情境指历史学术研究中的问题，包括历史学家对某一历史问题有多种看法等。高考和学业水平等级考试是迈向高等教育的起点，历史试题考查内容的选取对接大学教材和学术研究,引导学生增加对历史研究的兴趣、增强对大学历史课堂的向往。同时,试题旨在引导学生增强对课外书籍阅读兴趣,提高学生独立思考的能力。如 2024 年山东卷第 17 题第 2 问以学者对中国近代史研究的观点构建学术情境,全面考查了影响历史解释的因素及不同时代历史解释的区别,鲜明地体现了素养立意的导向。又如 2023 年全国文科综合新课标卷第 32 题以学者对拜占庭帝国的研究构建学术情境,旨在通过新情境,考查学生调动、运用所学知识解读材料并获取有效信息的能力。本题以历史学科必备知识为着眼点,引导教学回归课程标准和教材,注重考查学生的思维品质。本题通过引导学生理解国家兴衰的内源性和外源性解释,理解疆域规模与人口、军事、经济、政治实力等方面的密切关联,深刻认识疆域这一要素在解释国家和文明发展中的重要价值。再如 2023 年文科综合全国甲卷第 34 题以学者对于巴黎公社作用的论断构建学术情境,考查从学者对巴黎公社作用的论断中提取有效信息,并把其置于国际社会主义运动发展进程中分析,进而得出正确历史结论的能力。本题题干提供了“断裂”“历史的连贯性步伐在这里戛然而止”的评价性结论,要求学生运用唯物史观,认识巴黎工人摧毁资本主义政权、建立无产阶级专政的伟大创举,理解巴黎公社的伟大意义。

五、高考历史命题中的必备知识考查

历史学科试题中对于必备知识的考查,要求全面落实依标施考,不追求“偏”“难”“怪”题的设置,而是深入考查学科主干知识和重要知识,要求学生深入理解历史基本史实、基本概念,学会运用历史基本原理、基本方法解决问题,从而使得死记硬背、机械刷题失效,助力落实“双减”政策。同时引导教考衔接,要求教师依标教学、提高教学质量,学生回归教材、投入课堂。近年来,历史学科试题重视基础主干知识的考查,其中基本史实、基本概念、基本原理和基本方法是学生掌握历史知识和训练历史思维的基础。历史学科试题突出基本概念的考查,但是“概念的考查并不是直接考查概念定义,而是以课程标准为依据,主要从政治制度、经济和社会发展、思想文化、科技、艺术等方面展开,通过情境创设融合概念要义,注意对同类概念的比较辨析和不同概念掌握程度的测量和评价。”①如 2024 年全国新课标卷第 35 题以 1956 年苏伊士运河危机切入,涉及了“苏伊士运河”“英镑”“美元”“外汇储备”“国际货币基金组织”“布雷顿森林体系”等众多概念,解答时首先要求学生掌握这些概念的基本内涵,在此基础上还要分析美国干涉英国侵略埃及事件与这些概念之间的内在联系,从而得出美国在当时主导国际货币体系的结论。

六、高考评价体系下的历史命题展望

普通高中课程标准和《中国高考评价体系》是新时代指导全国和各省命题工作的纲领性文献,是所有师生都应该重视的核心文本与指导性文件。高考评价体系和课程标准在高考命题实践中最为明显的地方体现为“三线贯通”:第一,“核心价值金线”将贯穿高考命题的始终。高

---

① 徐奉先. 传承红色基因把握历史规律:2021 年高考历史试题述评. 历史教学(上半月刊),2021(7):11.

考考查的内容和倡导的价值,必须反映党的教育方针,体现国家意志。历史试题突出正确政治方向和社会主义核心价值观的引领,厚植学生爱党爱国爱社会主义的思想情怀,扎实落实立德树人根本任务。以习近平新时代中国特色社会主义思想铸魂育人,强化对社会主义核心价值观的考查,引导学生成为自立自强、爱党爱国、堪当民族复兴重任的时代新人,是高考和学业水平等级考命题的重要使命。第二,“能力素养银线”始终是高考命题考查的重心。强调对学科素养、关键能力的考查,特别是对创新性思维、批判性思维、辩证思维等高阶思维能力的考查。第三,“情境载体串联线”在高考命题实践中不断优化和加强。各个学科下足功夫增强试题的综合性、应用性和创新性,贴近生活、联系社会实际,借助情境化的设计理念与实践,实现对学生发现问题、分析问题和解决问题能力的考查。

综观近几年的高考试题,呈现出“无价值,不入题;无思维,不命题;无情境,不成题;无任务,不立题”(简称“四无四不”)的典型特征,高考历史试题自然也不例外,“四无四不”也是高考命题的重要原则。准确理解和掌握“四无四不”原则,是全面把握高考评价体系和课程标准总体特征,准确把握高考考查内容和考查要求的有效途径,有利于通过高考进一步落实立德树人根本任务,发挥高考对拔尖创新人才培养的促进作用。

近年来,高考历史试题以习近平新时代中国特色社会主义思想为指导,坚持落实立德树人根本任务,将服务高校人才选拔、服务引导高中教学、服务拔尖创新人才选拔等要求融入试题,优化试卷设计,突出关键能力和核心素养考查,注重教考衔接,引导中学课堂提质增效。试卷风格、结构、题型和题量保持稳定,推动考试内容改革稳步前行。结合近年来的高考历史命题实践,历史命题将呈现以下特点及考查要求:

第一,坚持立德树人有机融入,培养有理想信念的时代新人。历史学科命题将把传承爱国主义红色基因,深化“五史”考查放在战略高度,通过选取新民主主义革命时期、社会主义革命与建设时期、改革开放时期等历史时段的重大历史事件和历史线索,引导学生知史爱党、知史爱国。党的十八大以来,习近平总书记多次强调铸牢中华民族共同体意识,抓好民族团结进步事业。历史学科命题将强化铸牢中华民族共同体意识,增强中华文化认同。习近平总书记指出,“深厚的家国情怀与深沉的历史意识,为中华民族打下了维护大一统的人心根基,成为中华民族历经千难万险而不断复兴的精神支撑”。历史学科命题将坚守弘扬中华传统优秀文化,厚植家国情怀的初心,在这方面做出有益的探索。

第二,优化考查要求设计,服务拔尖创新人才选拔培养。首先,创新试题设问方式,凸显关键能力考查。《深化新时代教育评价改革总体方案》要求增强试题开放性,减少死记硬背和机械刷题。高考历史试题注重增强试题的开放性、综合性,灵活设计设问方式,考查学生调取信息、分析信息、综合处理信息的能力。其次,优化试题情境设置,突出思维品质要求。高考历史试题注重增加试题情境的生动性、真实性,强调对独立思考、深度分析能力的考查,实现高考从“考知识”向“考能力素养”转变,引导教学从“解题”向“解决问题”转变。进一步增强试题的开放性、探究性和创新性,创新试题的呈现形式,加强对考生关键能力和思维品质的考查,助力拔尖创新人才培养。历史试题鼓励创新意识、探究意识,通过设置开放性、探究性和创新性试题,鼓励学生自主发现问题、分析问题、得出结论,或从多种途径解决问题,对论证结果进行反证、探索和创新,凸显思维的个性和潜力。

第三,进一步加强教考衔接,确保考试内容改革平稳实施。首先,对接高中课程标准,落实素养考查目标。高考历史试题始终坚持依标施考、以考促教,注重对学科核心素养的全面考查。其次,强化基础主干考查,促进教学提质增效。基本概念和基本原理是构成历史学科主体框架和本质内核的重要内容。高考历史试题注重增强高考基础性导向,引导教学回归课程标准,提高教学质量。最后,还要注重呈现内容新特点,推动课程改革进程。新课标卷历史试题注重呈现高中课标新要求,强化核心素养考查,关注新增教学内容。

面对新的人才培养要求和高考内容改革趋势,对高中历史教学提出以下建议。

1. 提高政治站位,突出价值引领

立德树人是新时代高中教育的根本任务,也是新时代高考的根本任务。近年来,历史试题突出立德树人意识,彰显了价值引领的导向。历史教师要提升政治站位,深入学习贯彻习近平新时代中国特色社会主义思想,坚定“四个自信”,充分挖掘“五史”、中华优秀传统文化以及世界历史中蕴含的丰富育人资源,充分发挥历史学科的育人功能,培养学生自觉弘扬中华优秀传统文化、革命文化、社会主义先进文化的意识。

2. 关注顶层设计,明确新高考功能定位

2020 年,中央全面深化改革委员会通过《深化新时代教育评价改革总体方案》,首次提出“改进结果评价,强化过程评价,探索增值评价,健全综合评价”,为未来教育评价和高考评价指明了方向。新时代高考的定位是:既是择优录取的选拔性考试,还是素质教育的关键环节。新高考以立德树人为根本任务,以公平、科学评价人才为主要使命,积极引导和促进教与学。高考评价体系将德、智、体、美、劳全面发展的教育体系纳入高考评价。今后的高考命题将进一步贯彻高考评价体系的精神、原则,体现“一核四层四翼”的评价要求,紧扣“核心价值金线、能力素养银线、情境载体串联线”的三线逻辑,坚持“无价值,不入题;无思维,不命题;无情境,不成题;无任务,不立题”的命题原则,进一步加大改革力度,拓展考查内容,加大对考生关键能力和思维品质的考查,助力拔尖创新人才培养,发挥高考指挥棒的正向指挥作用。

3. 研读高考评价体系,把握命题改革方向

“一核四层四翼”高考评价体系的提出和实施,标志着高考命题理念从“知识立意”“能力立意”向“价值引领、素养导向、能力为重、知识为基”的“素养立意”转变,高考真正成为德智体美劳全面发展的教育体系的有机组成部分。我们应当认真学习高考评价体系,研读考试中心权威人士有关高考改革方面的解读文章,顺应高考改革的发展趋势。依据新高考历史考试的功能定位,掌握历史学科在核心价值、学科素养、关键能力、必备知识方面的考查内容,把握历史学科在基础性、综合性、应用性、创新性方面的考查要求。

4. 准确把握方向，优化教学流程

新时代高考命题为高中教学流程的优化和教学方式的改革指明了方向。纵览近年所有关于新课程的历史试题，都以新情境导入，考查学科素养和历史思维品质。这些情境教材都没有涉及，答案在教材中都无处可寻。但所有的试题都考查了课程标准的要求，只要准确理解课标要求，具备历史学科素养，都可以轻松应对。在教学中，首先，要研究课程标准的要求，把课程标准的要求细化、具体化。其次，在此基础上，要研究近年历史试题，明确考查了课程标准要求的哪些内容，哪些内容没有在考查中出现，深度思考考查的原因和没有考查的原因，进而以课程标准的要求和高考考查方向为指导，加工整合教材，优化教学内容。

5. 推进教学改革，促进课堂提质增效

近年来的高考历史试题更加突出对历史学科思维品质和思维能力的考查，试题取材更加广泛，设问更为灵活，对思维层次的要求进一步提升。为适应这一新的变化，教师在课堂教学中，要充分考虑学生的主体地位，要以问题驱动的方式开发学生的思维，引导学生广泛参与教学过程，深入思考历史问题。同时，要有整体的课程观，准确把握各部分内容在历史课程总体中的地位，突出对重点知识和主干知识的学习。在课堂教学过程中，教师要注意和学生思维的碰撞和共鸣，在教学观念上实现从“知识就是力量”向“思维就是力量”的转变、从“知识传递”向“知识构建”的转变、从“授人以鱼”向“授人以渔”的转变，在潜移默化中提升学生的历史学科关键能力和学科素养。

基于高考评价体系的思想政治科命题解读

《中国高考评价体系》是深化新时代高考内容改革的基础工程、理论支撑和实践指南,明确规定了高考的核心功能、考查内容、考查要求和考查载体。高考评价体系的创新主要体现在三个方面。一是在教育功能上,实现了高考由单纯的考试评价向立德树人重要载体和素质教育关键环节的转变。力求运用教育评价的新理念和新方法,在高考评价中完成落实立德树人根本任务的机制设计,以及与素质教育理念、目标和要求的衔接。二是在评价理念上,实现了高考由传统的"知识立意""能力立意"评价向"价值引领、素养导向、能力为重、知识为基"综合评价的转变。多年来,高考评价体系在高考内容改革实践的基础上,吸收中外教育发展和评价研究的新成果,结合国家课程标准修订的新要求,创造性地提出综合评价的新理念。三是在评价模式上,实现了高考从主要基于"考查内容"的一维评价模式向"考查内容、考查要求、考查载体""三位一体"评价模式的转变。高考评价体系指导下的高考命题落实立德树人根本任务,服务高校人才选拔,服务引导高中教学,服务拔尖创新人才培养。近年来,高考评价体系的理念在高考内容改革及命题当中逐步体现,为保持高考命题科学性和稳定性奠定基础。

一、高考思想政治科的功能定位

基于高考评价体系的思想政治科考试承担着立德树人、服务选才和引导教学的重要功能。思想政治科涉及核心价值、学科素养、关键能力、必备知识四个方面的考查内容,遵循基础性、综合性、应用性、创新性四个维度的考查要求。

1. 考试功能

思想政治科考试以立德树人为根本任务,以培育社会主义核心价值观为根本目的,着力帮助学生确立正确政治方向、提高思想政治素养、增强社会认知和实践参与能力。思想政治科高考主要考查考生对马克思主义基本原理、观点,特别是马克思主义中国化最新成果的掌握程度,引导考生理解中国特色社会主义进入新时代的历史方位,了解新时代中国特色社会主义政治、经济、文化、社会、生态建设及党的建设成就和进程,发展和培育学科素养,坚定中国特色社会主义理想信念,坚定中国特色社会主义道路自信、理论自信、制度自信、文化自信,基本形成正确的世界观、人生观、价值观。

"立德树人、服务选才、引导教学"的高考核心功能突出教育立德树人根本任务,作为立德树人关键课程的思想政治课程,其考试首先以这一核心功能为统领,一是坚定不移地贯彻党的教育方针,坚持正确政治方向,坚持立德树人,把社会主义核心价值观的考查和引导放在首位,体现考试所承载的育人功能和政治使命;二是按照科学、公平、规范的要求,以科学的方法确定考查内容和考查形式，命制难度适宜、区分度良好的试题，提高考试的信度和效度，切实发挥服务选才的基本功能；三是立足学科素养的培育和关键能力的塑造，通过试题反映考试的价值追求和取向，引导考生注重品格、能力和素养的综合发展，从而发挥考试引导教学的积极作用。

2. 考查内容

思想政治科的考查内容，是高考评价体系提出的“核心价值、学科素养、关键能力、必备知识”4 个层面的有机结合。在构建“四层”考查内容体系中，坚持核心价值引领，坚持学科素养导向，以关键能力为重点，以必备知识为基础，充分发挥各要素对实现考试目标的不同作用，共同形成发展和培育学科素养的合力。

思想政治科核心价值，是学习者在掌握必备知识、关键能力和形成学科素养的基础上，逐步发展形成符合习近平新时代中国特色社会主义思想要求的政治素质、道德品质和科学思想方法的综合体现。它是学科的价值追求和灵魂，是应对现实问题情境时应当表现出来的正确的情感、态度和价值观的综合。思想政治科考试着眼于引导考生确立正确的政治方向，形成良好思想素质和道德品质，树立奋斗精神、劳动观念和健康意识，主动承担社会责任，培养追求真理、勇于探索创新的精神，努力成为德智体美劳全面发展的社会主义建设者和接班人。

思想政治科素养，是指学习者在面对社会生活实践与学习探索的问题情境时，能够在正确的世界观、人生观、价值观的指导下，运用思想政治科的知识、能力、思维方法完成各种任务活动时所展现出来的综合品质。思想政治科素养主要包括政治立场与理想信念、思想品质与道德情操、科学认知与求真务实、价值判断与行为选择、法治思维与法治实践、公共参与与责任担当 6 个方面的内容。以下是新课程标准中核心素养与高考评价体系下的对应关系：

核心素养	思想政治科素养	要求
政治认同	政治立场与理想信念	政治方向上的素养要求
	思想品质与道德情操	思想品德方面的素养要求
科学精神	科学认知与求真务实	思想路线方面的素养要求
	价值判断与行为选择	价值观方面的素养要求
法治意识	法治思维与法治实践	法治意识方面的素养要求
公共参与	公共参与与责任担当	社会责任方面的素养要求

思想政治科关键能力，是学习者在社会生活实践与学习探索情境中认识世界、改造世界，发现问题、分析和解决问题所必备的能力，是形成与发展思想政治科素养的重要基石。思想政治科在充分总结多年高考命题经验的基础上，形成了包括辨识与判断、分析与综合、推理与论证、探究与建构、反思与评价等维度的能力目标框架。

(1)辨识与判断。辨识与判断是指知识记忆基础上的再认再现和简单迁移。思想政治科要求：辨识政治、经济、文化等社会现象，判断其性质，概括其特点，并与学科的理论和观点相印证。发展辨识与判断能力，要求掌握扎实的知识基础，面对具体事物、现象时，能够分辨其属性、类别和特征。

(2)分析与综合。一切思维活动,从简单到复杂,从概念形成到创造性思维,都离不开分析与综合。思想政治科要求运用科学的思维方法,从不同角度分析社会现象和问题,正确理解党的路线方针政策,综合形成整体性认识。

(3)推理与论证。推理与论证能力包含推理、论证两个能力分项。思想政治科要求遵循逻辑思维的要求,运用各种推理方法得出正确结论,避免推理错误;运用所学的基本原理和恰当的论据,对观点、论断进行有说服力的论证和阐释。

(4)探究与建构。探究与建构是指在新的问题情境中通过观察分析,发现问题,运用学科概念、原理、方法和理论等,探寻解决问题的方法途径,形成问题答案或者新结论的过程。思想政治科要求灵活运用学科知识、能力、方法研究问题,提炼和形成具有新意的观点,提出解决问题的合理可行的思路、对策和方法,具有把学到的知识应用于新的情境、解决实际问题的能力。

(5)反思与评价。反思与评价是指通过批判性思维方法对一定的事实、现象、观点等进行价值判断和综合评价。它是要在慎思明辨的基础上,理性深刻地对事物的本质作出有说服力的价值判断,综合内在与外在的各种要素,作出符合客观事实的推断。思想政治科要求以建设性批判的态度,对社会现象、社会问题等进行独立思考,批驳错误观点,作出正确价值判断和评价。

上述学科关键能力体现学科特色,属于学科化的特殊能力;除此之外,学生还应具备从学科认知活动中所必需的获取和解读信息、语言文字表达等一般能力。二者共同形成学科能力的整体性要求。

思想政治科的必备知识,是指学习者今后进入大学学习社会科学相关学科,以及参与社会政治、经济、文化、法治生活,开展有关社会实践活动所必须掌握的基础性、通用性知识。这些知识内容覆盖学科主干知识,包括核心概念、主要原理、基本理论观点、重要论断等。

3. 考查要求

思想政治科基于高考评价体系提出“基础性、综合性、应用性、创新性”的考查要求,从人才选拔和试题命制两个维度落实“四翼”要求。

(1)基础性。要求学生掌握符合高校人才选拔要求、社会生活实践需要、终身发展需要的基础知识、基本技能。考试命题要加强对基本概念、基本原理和思想方法的考查,引导考生重视基础,将所学知识和方法内化为自身的能力。

(2)综合性。要求学生能够综合运用思想政治科的知识和思想方法,多角度观察、思考,发现、分析和解决问题。考试命题突出考查不同知识间的内在联系和不同能力的综合运用,注重知识的完整性和能力的复合性,引导考生学会整合知识,发展复合能力。

(3)应用性。要求考生能够观察现象、主动灵活地应用所学知识分析和解决实际问题,具备较强的公共参与能力和社会实践能力。考试命题要通过设置新颖的问题情境,将学科内容与国家经济社会发展、生产生活实际等紧密联系起来,引导考生关心国家大事、关注时代主题,培养和发展理论联系实际的能力。

(4)创新性。要求考生具有独立思考能力,善于质疑,敢于批判,勇于创新,在回答问题时能够提出自己的观点和结论。考试命题要增强情境与设问的开放性和探究性,允许考生根据自己的理解，从不同角度加以探讨，对同一问题或现象得出不同的结论，引导考生独立思考、批判创新，培养批判思维和创新思维能力。

4. 考查载体

试题情境是用于引导问题、刺激应试者作答反应和完成特定任务的背景与依托，是测试和反映应试者思想政治科素养的载体。为有效测试思想政治科素养，必须构建良好的问题情境。

良好的问题情境应当具有新颖性、简明性、丰富性、真实性、典型性特点。第一，新颖性，是指构建试题情境的材料在形式上要体现创新特色，在内容上具有原创性、时效性特点，不能使用已经出现过的试题和失去时效的素材。第二，简明性，是指构建试题情境材料的文字表述等要简洁平实清晰，语义准确无歧义，符合语法规范，内在的逻辑关系清楚。第三，丰富性，是指构建试题情境的材料要包含引导设问的必要且充分的信息，具有较强的包容性、延展性和可解释性，体现出应有的价值取向。第四，真实性，是指构建试题情境的材料要符合逻辑真实和事实真实的要求，选择客观存在的自然社会现象，真实发生的社会历史事件，真实可靠的人物活动，要避免使用主观臆造的自然现象、社会事件、历史人物、统计数据、认识活动等作为情境材料，杜绝使用有悖事实和常理的材料搭建情境。第五，典型性，是指构建试题情境的材料要有较大代表性和影响力，有利于实现考查目标。

根据情境的复杂程度，思想政治科的试题情境可分为简单情境、一般情境、复杂情境。简单情境是指表现内容不复杂、呈现形式比较单一、测试目标比较单一的情境，一般用于选择题；一般情境是指表现内容或呈现形式较简单但情境复杂、测试目标比较单一的情境，一般用于需要补充性、注释性场景设计的试题；复杂情境是指反映的内容层次较多、呈现的形式比较多元、测试目标具有综合性、需要深入解读的情境，一般用于材料性非选择题（如下表）。

层次	内涵及适用题型
简单情境	指表现内容不复杂、呈现形式比较单一、测试目标比较单一的情境，一般用于选择题
一般情境	指表现内容或呈现形式较简单但情境复杂、测试目标比较单一的情境，一般用于需要补充性、注释性场景设计的试题
复杂情境	指反映的内容层次较多、呈现的形式比较多元、测试目标具有综合性、需要深入解读的情境，一般用于材料性非选择题

二、核心价值金线与思想政治命题实践

从近三年的全国卷、地方卷来看，思想政治科以高考评价体系为依托，有机融入习近平新时代中国特色社会主义思想，紧扣社会政治经济生活重大主题，突出中华人民共和国成立75周年、中法建交60周年、厚植爱党爱国爱社会主义情感，全面贯彻党的二十大精神、总体国家安全观、人类命运共同体、建设全国统一大市场、新质生产力、消费品以旧换新、低空经济、乡村全面振兴、全过程人民民主、社会主义法治建设等重大社会热点，强化思想教育和价值引领，引导考生德智体美劳全面发展，坚定中国特色社会主义道路自信、理论自信、制度自信、文化自信，体现出鲜明的时代要求和学科特色。命题依托高考评价体系巧妙设题，突出强基固本的考

查要求,以学科核心素养为主线,弘扬时代精神,在考查考生必备知识、关键能力的同时,关注必备品格、学科素养、核心价值的培育,突出"立德树人、服务选才、引导教学"的功能,助力落实"双减"政策目标。通过有效的情境设计对知识、能力、素养进行综合考查,稳步推进考试内容改革和高中育人方式改革,提高能力考核的有效性,稳步提升命题质量。

1. 彰显理想信念的引领作用,培根铸魂

对马克思主义的信仰,对社会主义和共产主义的信念,是共产党人的政治灵魂。培养社会主义建设者和接班人,必须加强理想信念教育和价值引领。近年来,高考试题进一步加强习近平新时代中国特色社会主义思想融入试题的深度和广度,让学生在考试中得到马克思主义中国化最新成果的熏陶和教育,坚持做好学习贯彻习近平新时代中国特色社会主义思想的深化、内化、转化工作,力图以试题为载体把党的创新理论讲实讲透讲活。例如,2024 年文综全国甲卷第 23 题,以党的二十大报告中关于党的理论及党与人民群众关系的论述为题材,要求学生理解人民群众既是实践的主体也是认识和价值的主体的道理,引导学生把握习近平新时代中国特色社会主义思想的世界观和方法论。2024 年文综新课标卷第 39 题,以习近平文化思想为指引,选取大南坡村探索美学赋能乡村振兴的典型案例创设情境,考查学生对文化的功能、辩证思维的特征等学科主干知识的掌握水平和运用能力,将美育同乡村振兴有机结合起来,以美育人、以美化人,让学生在答题过程中提升审美素养,激发创新创造活力。2024 年安徽卷第 2 题,习近平总书记指出:"马克思主义中国化时代化这个重大命题本身就决定,我们决不能抛弃马克思主义这个魂脉,决不能抛弃中华优秀传统文化这个根脉。"考查学生对"魂脉"与"根脉"的正确理解。2024 年山东卷第 1 题和第 19 题直接以习近平总书记讲话内容入题,做到首尾呼应、浑然一体。第 1 题引用习近平总书记讲话内容"只要是对全人类有益的事情,中国就应该义不容辞地做,并且做好",展现大党大国的天下胸怀和责任担当。第 19 题设问引用习近平总书记讲话内容"以'一辈子办成一件事'的执着,成就有价值的人生",引导学生坚定信仰、砥砺躬耕。

2. 展现新时代建设成就,引导考生增强"四个自信"

高考思想政治试题通过选取考生有切身感受、富于时代气息的素材,创设鲜活、生动的试题情境,展现党的十八大以来我国社会主义现代化建设成就,激发考生的民族自豪感、社会责任感与时代使命感,引导考生增强中国特色社会主义道路自信、理论自信、制度自信、文化自信。例如,2024 年全国高考新课标卷第 21 题,"中国复眼"二期项目开工建设,项目计划实现对千万公里外的小行星探测,拓展人类深空观察的边界,为近地小行星撞击防御和行星形成等世界前沿科学研究提供重要支撑。2024 年湖北卷第 4 题,2023 年中国贡献了超过一半的全球可再生能源新增装机容量,中国出口风电、光伏产品到 200 多个国家和地区,帮助他们获得清洁、可靠、用得起的能源;第 17 题,进入新时代,在改革开放以来创造的经济快速发展奇迹的基础上,我国国内生产总值由 2012 年的 54 万亿元跃升到 2023 年超过 126 万亿元,增速在全球主要经济体中位于前列;中国特色社会主义进入新时代,取得伟大成就,意味着科学社会主义在 21 世纪的中国焕发出强大生机活力。又如,2023 年全国新课标卷第 40 题胡凤益团队的多年生稻研究成果入选美国《科学》杂志公布的"2022 年度十大科学突破"榜单,引导学生树立正确的历史观、民族观、国家观、文化观，弘扬科学精神，不断创新，为人类的发展和社会的进步作出贡献。2023 年北京卷第 2 题在习近平新时代中国特色社会主义思想引领下京津冀协同发展不断书写新篇章。2023 年山东卷第 3 题对比图表数据说明我国万元 GDP 能耗降低、能源结构持续优化，第 4 题近年来我国医保多项改革措施取得显著成效，增强学生民族自豪感和自信心。

3. 突出体美劳教育在培育时代新人中的重要价值

高考思想政治命题注重挖掘素材中蕴含的体、美、劳育人价值，将对体、美、劳教育的引导与考查内容、考查要求、考查情境有机融合，促进考生在人格、心理等方面获得丰富体验，引导高中教学增强育人的综合性、拓展性，促进考生全面发展、健康成长。试题选取中国古代某一代表性艺术作品（或文化遗产、科技成果、思想观点），抽丝剥茧、一窥究竟，引导学生从中华优秀传统文化中汲取营养和智慧，感知中华文化魅力，传承中华文化基因，坚定历史自信、文化自信。例如，2024 年北京卷第 5 题，长城是中华文明的重要象征，带动更多人了解长城、保护长城，传承长城文化。2024 年山东卷，第 9 题图文展示坐落于北京天文馆古观象台的玑衡抚辰仪，其外形是中国传统浑仪样式，但细节上又具有很多欧洲仪器的特点，实现了中国古代传统仪器制度与西方计量刻度的完美结合。汲古润今，与时偕行，2024 年中国制作玑衡抚辰仪复制品赠送给斯洛文尼亚，见证着中斯友好源远流长以及中欧文明交流互鉴。从哲学角度深层次考查对物质概念的理解，分析仪器的设计思路、中西文化和科技交流融合、赠送复制品等蕴含的哲学道理，借用“和实生物”“天人合一”“尚和合、求大同”设置选项，诠释了中国传统哲学辩证法思想；第 13 题生动形象地描述了我国古代欹器的构造，分析注水量与器皿倾斜度的关系，陈述厨师把握火候、医生把握剂量的道理，以此说明工作中把握好“度”的重要性，赞美中国古代劳动人民的智慧，阐发“满招损，谦受益”“中则正”的人生哲理。2024 年湖北卷第 15 题，图文并茂展现马面裙，新式马面裙添加了复古提花松紧腰带，融入了现代的设计与裁剪，款式简约百搭，成为年轻人的龙年“战袍”，引导学生做中华优秀传统文化的传承者和弘扬者。又如，2024 年湖北卷第 6 题，某中学开设了植物栽培、面点制作、陶瓷修复、三维打印等劳动课程，让学生感受到“你劳动的样子真美”。2024 年湖南卷第 16 题，某班开展劳动教育，并评选一名劳动小能手，考查考生对劳动教育在培育时代新人中的重要意义的理解。再如，2023 年全国乙卷第 19 题和山东卷第 2 题以近年来乡村球赛“火”了、全民健身“热气腾腾”为情境，2023 年湖北卷第 13 题学校举办教职工健康长跑比赛，2023 年广东卷第 16 题校运会跳高决赛等，引导学生认识体育运动的重要性、我国加快建设体育强国的必要性。

三、能力素养银线与思想政治命题实践

思想政治科关键能力是学生面对思想政治生活实践问题情境时能有效发现问题、分析问题、解决问题所必须具备的能力。它是形成与发展思想政治科素养、培育核心价值观的重要基石。高考评价体系综合统筹知识、能力、素养的关系，将高考考查内容凝练为核心价值、学科素养、关键能力、必备知识四个层面，在必备知识的基础上，突出考查考生的学科素养和关键能力。高考思想政治命题准确认识和把握“无思维，不命题”的特点，以高考评价体系为指南，突

出对信息获取与加工、逻辑推理与论证、探究与建构、反思与评价等高阶思维的考查,提升人才选拔效果,是近年来新高考命题中的核心指导思想,在具体的命题实践中,无论是全国卷还是地方卷,都得到了充分的体现。

1. 信息获取与加工

信息辨识与判断、获取与加工、分析与综合是思想政治科解决问题最重要的基础能力,要求学生能辨识图表、数据、文本中各种类型的信息,从中提取关键内容,建立关键信息之间的逻辑关联,并与相关知识进行嫁接整合,是思维形成中的第一道关卡。高考思想政治,通过文字、图形、表格等方式呈现试题,加大试题信息的广度和容量,考查考生从多种形式呈现的材料中筛选、分类、概括、联接、转述关键信息的能力。其中,筛选主要体现为分析过程,包括区分有效信息与无效信息、主要信息与次要信息,排除干扰信息,识别关键信息等;概括一般表现为归纳过程,包括从个别到一般、从特殊到普遍、从多到一等归纳活动;联接主要是指在关键信息间建立逻辑关联,形成相对完整一贯的证据链条和关系;转述往往表现为理解过程,包括图文转化、数形转化、句式转化、语义转化等。考生如果缺乏良好的信息处理能力,那么将越来越难以应对未来的高考。

【例 1】(2024 年课标卷,第 18 题)2023 年春节期间上映的中国科幻影片《流浪地球 2》引起热烈反响。影片中的行星发动机与中国环流器二号实验装置具有视觉相似性;运送核聚变燃料的巨车,让人联想到中国生产的巨型矿车;展示太空天梯的长镜头,折射出中国在太空设备上的最新发展。这表明(　　)。

①任何意识包括幻想都是对客观存在的反映

②意识对客观存在的反映是自觉的和创造性的

③意识来源于客观存在,与客观存在相符合、相一致

④意识反映客观存在的方式是人自由选择的,与意识的内容无关

A. ①②　　B. ①④　　C. ②③　　D. ③④

本题以科幻电影《流浪地球》中的科技发明和中国的现实科技发展成就相对比,利用了学生已有的观影体验,有利于调动学生的阅读积极性。从知识层面也考查了学生对意识的本质、意识的能动性等马克思主义哲学基本知识的掌握程度。考查信息获取与加工、辨识与判断的能力。

关键信息	信息加工	辨识与判断
影片中的行星发动机与中国环流器二号实验装置具有视觉相似性	影片中的行星发动机是电影人依据现实生活中的中国环流器二号实验装置仿造设计出来的	任何意识包括幻想都是对客观存在的反映,选项①正确
展示太空天梯的长镜头,折射出中国在太空设备上的最新发展	太空天梯在现实生活中不存在,但是体现了人们对中国太空设备发展的预测	意识对客观存在的反映是自觉的和创造性的,选项②正确

【参考答案】A

【例 2】(2024 年湖北卷,第 1 题)我们即将迎来祖国 75 周年华诞。经过不懈奋斗,中国由一穷二白到全面小康,如今已踏上以中国式现代化全面推进强国建设、民族复兴的新征程。新中国成立以来的经济建设实践证明:生产关系一定要与生产力发展要求相适应。以下对此作出正确诠释的是(　　)。

①实行家庭联产承包责任制,促进了粮食增产农民增收

②鼓励非公有制经济发展,唤醒了很多人的创业梦想

③农村"三权分置"改革,推动了基层社会治理的完善

④科技创新赋能产业发展,让新能源汽车走俏世界

A. ①②　　B. ①④　　C. ②③　　D. ③④

本题以中华人民共和国成立 75 年来我国取得的发展成就为情境,主要考查生产力与生产关系、我国的生产资料所有制等必备知识,引导学生感受祖国繁荣进步,感悟我国与生产力发展要求相适应的生产关系促进了生产力的发展,增强制度自信。考查了学生对关键信息的获取与加工能力以及辨识经济现象、作出判断的能力。

关键信息	信息加工	辨识与判断
生产关系一定要与生产力发展要求相适应	选出能够体现"生产关系与生产力发展要求相适应"的选项	实行家庭联产承包责任制属于生产关系的调整,粮食增产农民增收属于促进生产力的发展,选项①体现了生产关系与生产力发展要求相适应,故正确
		鼓励非公有制经济发展是我国生产资料所有制的完善,属于生产关系的调整,唤醒了很多人的创业梦想属于促进生产力发展,选项②体现了生产关系与生产力发展要求相适应,故正确

【参考答案】A

【例 3】(2024 年山东卷,第 2 题)贷款余额是指在某一时间点上银行尚未收回的各类贷款本金总额,反映银行的信贷规模。截至 2023 年年末,中国银行等六大国有银行的绿色贷款余额达 17.86 万亿元。图 1 是 2018—2023 年我国金融机构绿色贷款余额及其增长情况。根据材料,可以推断出(　　)。

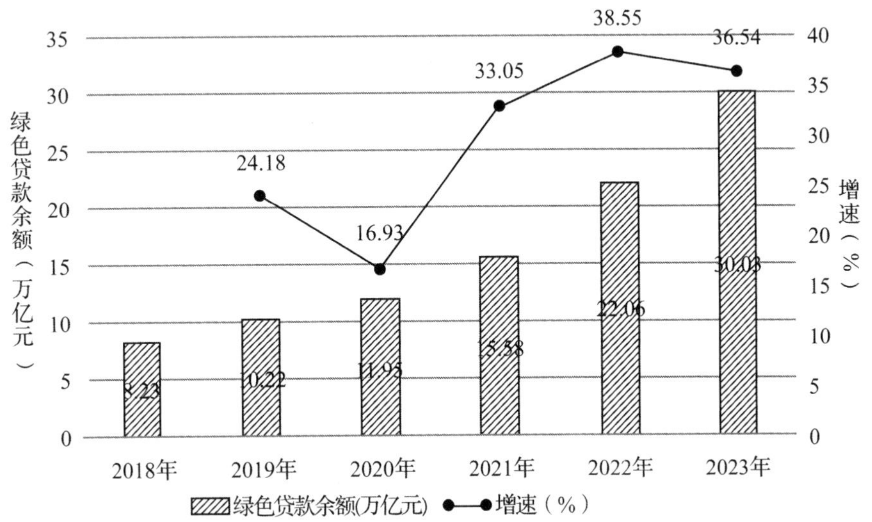

图 1

①绿色贷款余额增加使市场流动性出现了过剩

②国有银行在绿色信贷领域发挥着主导作用

③金融机构绿色贷款安全性、收益率逐年提高

④企业绿色发展的营商环境不断优化

A. ①② B. ①③ C. ②④ D. ③④

本题以我国金融机构绿色贷款余额及其增长情况为情境，主要考查国有经济的地位与作用、宏观调控政策、绿色发展理念等必备知识，引导学生理解国有经济的主导作用和我国的货币政策，增强对我国经济绿色发展的科学认知。考查了学生对关键信息的获取与加工能力以及辨识经济现象、作出判断的能力。

关键信息	信息加工	辨识与判断
2023 年，我国金融机构绿色贷款余额 30.03 万亿元；截至 2023 年年末，中国银行等六大国有银行的绿色贷款余额达 17.86 万亿元	六大国有银行的绿色贷款余额在金融机构绿色贷款余额中占比近 60%→国有银行绿色信贷规模较大，在绿色信贷领域发挥重要作用	国有银行在绿色信贷领域发挥着主导作用，②正确
2018—2023 年我国金融机构绿色贷款余额不断增长	我国金融机构绿色信贷规模不断扩大→支持企业绿色发展	企业绿色发展的营商环境不断优化，④正确

【参考答案】C

2. 逻辑推理与论证

逻辑推理与论证是指从已知的事实或理论（前提、条件或假设）出发，经由准确、充分的证据链（有效信息）和清晰、严密的逻辑链（相关性、因果性），推导出合理结论的思维过程。逻辑推理与论证着重考查考生根据已有前提和证据逻辑一贯地得出可靠结论的能力，一方面强调逻辑的有效性，另一方面要求证据的可靠性。逻辑推理与论证一般由前提（条件或假设）、证据（数据、文献、史料、理论观点等）、逻辑关系（归纳、演绎、因果、类比等）和结论（观点或主张）四个部分构成。通过比较、概括、推理、综合等思维方法的学习运用提高逻辑论证能力，促使考生思考时做到清晰、准确、规范、严谨，表达时做到言之有物、言之有理、言之有据。发展推理与论证能力，可以有效引导考生正确地进行思维，准确、有条理地表达思想；可以用来检查和发现逻辑错误，辨别是非。高考思想政治命题对逻辑推理与论证的考查，主要是要求考生遵循一定的逻辑思维要求，运用各种推理方法得出正确结论，避免推理错误；运用所学的基本原理和恰当的论据，对观点、论断进行有说服力的论证和阐释。

【例 1】[(2024 年新课标卷 39(2)]习近平总书记指出，要发挥美术在服务经济社会发展中的重要作用，把更多美术元素、艺术元素应用到城乡规划建设中，增强城乡审美韵味、文化品位，把美术成果更好地服务于人民群众的高品质生活需求。

大南坡村地处太行山区，曾经依靠挖煤而致富，又因煤炭资源枯竭而陷入贫困。2019 年成功脱贫后，该村开始探索美学赋能乡村振兴的发展之路。在上级政府的引导和支持下，该村引进建筑、设计、美学、教育等领域的专家，对村里的建筑和环境加以美学改造和重新利用。村

大队部、大舞台、供销社等闲置老旧公共建筑设施，被改造成为大南坡艺术中心、书店、游乐景观装置等，用于开展文化活动、展销文创产品；举办大南坡艺术团演出、南坡村民讲堂、民谣音乐会等充满乡风乡情的文化活动，给游客和村民带来美的享受；开展“艺同生长”美育系列活动，让美的种子在孩子们心中生根发芽……如今，村民热爱家乡、建设家乡的积极性空前高涨，文化产业、休闲农业、乡村旅游等特色产业不断发展，大南坡村入选省级文化产业特色乡村、全国乡村旅游重点村。2024 年，大南坡村“留住乡愁，传承文脉用‘美学经济’引领乡村振兴”入选全国文化和旅游赋能乡村振兴十佳案例。

运用《逻辑与思维》相关知识并结合材料，分析大南坡村探索美学赋能乡村振兴的发展之路体现的辩证思维特征。

本题以大南坡村探索美学赋能乡村振兴的发展之路为情境，考查辩证思维的特征等必备知识，提升学生综合运用学科知识应对真实情境的能力，增强学生对乡村振兴国家战略的理解与认同，培养学生的科学精神。主要考查学生信息获取与加工、辨识与判断的能力。

(1)信息获取与加工。

关键信息	归纳判断
大南坡村引进建筑、设计、美学、教育等领域的专家，对村里的建筑和环境加以美学改造和重新利用	辩证思维的整体性特征
大南坡村曾经依靠挖煤而富，又因煤炭资源枯竭而陷入贫困，2019 年成功脱贫后，特色产业不断发展，大南坡村入选省级文化产业特色乡村、全国乡村旅游重点村	辩证思维的动态性特征

(2)逻辑推理与论证。

理论基础	辩证思维的整体性与动态性特征
推理与论证	大南坡村引进建筑、设计、美学、教育等领域的专家，对村里的建筑和环境加以美学改造和重新利用 ↓ 整体性是辩证思维的重要特征，要求用全面的观点看问题 大南坡村曾经依靠挖煤而富，又因煤炭资源枯竭而陷入贫困，2019年成功脱贫后，特色产业不断发展，大南坡村入选省级文化产业特色乡村、全国乡村旅游重点村 ↓ 动态性是辩证思维的重要特征，要求用变化发展的观点看问题，用矛盾运动的观点看问题 ↓ 辩证思维在整体性与独立性、动态性与静态性的对立统一中把握事物，赋能乡村振兴

【参考答案】

①整体性是辩证思维的重要特征，要求用全面的观点看问题。大南坡村全面看待与建筑、环境、教育、文化活动、经济等各方面发展的联系。②动态性是辩证思维的又一重要特征，要求

用变化发展的观点看问题。大南坡村从因煤炭资源枯竭而陷入贫困到“留住乡愁，传承文脉用‘美学经济’引领乡村振兴”的过程体现了辩证思维的动态性特征。③坚持在整体性与独立性、动态性与静态性的对立统一中把握事物。实践证明，大南坡村入选省级文化产业特色乡村、全国乡村旅游重点村，入选全国文化和旅游赋能乡村振兴十佳案例的成果证明了大南坡村探索美学赋能乡村振兴的发展之路的正确性。

【例 2】(2024 年全国新课标卷，第 23 题)某市就地铁客流高峰时段调价举行听证会。有人认为，如果在地铁客流高峰时段提高票价，就能减轻客流压力。从逻辑的角度看，假设上述观点成立，以下判断必定为假的是(　　)。

A. 只有在地铁客流高峰时段提高票价，才能减轻客流压力

B. 虽然在地铁客流高峰时段提高票价，但是不能减轻客流压力

C. 即使不在地铁客流高峰时段提高票价，也能减轻客流压力

D. 如果要减轻客流压力，那么要在地铁客流高峰时段提高票价

本题以地铁客流与票价之间的关系创设情境，主要考查充分条件假言判断所断定的前后件逻辑关系等必备知识，引导学生认识现实问题的系统性、条件性，进而提升学生正确使用假言判断和有效进行演绎推理的逻辑思维能力。主要考查了学生对关键信息的获取与加工、辨识与判断的能力。

关键信息	信息加工	辨识与判断
如果在地铁客流高峰时段提高票价，就能减轻客流压力	“如果在地铁客流高峰时段提高票价，就能减轻客流压力”属于充分条件假言判断，充分条件假言判断所断定的前件和后件的关系为前件真，后件一定真；后件假，前件一定假	假设“如果在地铁客流高峰时段提高票价，就能减轻客流压力”该观点成立，根据其所断定的前件和后件的关系可知：在地铁客流高峰时段提高票价，一定能减轻客流压力，因此不能减轻客流压力为假，故 B 选项符合题意

【参考答案】B

【例 3】(2024 年黑吉辽卷，第 9 题)“昔我往矣，杨柳依依”(《诗经·采薇》)。柳树被古人赋予丰富的文化内涵，以其飘逸、优美的姿态出现在众多艺术作品中。柳树根系发达，古人在道旁植柳以固堤护路，并营造了“细柳夹道生”(刘桢《赠徐干诗》)的景色。20 世纪末以来，研究人员利用柳树能吸收并转化土壤中污染物的特性将其用于生态修复。由此可知(　　)。

①柳树在艺术作品中的呈现是思维对感性材料的能动反映

②柳树根系发达的特性是人们利用其固堤护路的前提条件

③古诗中所描绘的柳树形象源自作者头脑中的主观理念

④形象思维的运用使研究人员发现了柳树的生态修复功能

A. ①②　　B. ①③　　C. ②④　　D. ③④

本题以人们对柳树的古今认知为素材创设情境，既有《诗经》的语言美，“细柳夹道生”的形象美，也有今天科研人员通过科学研究发现了柳树对生态修复的积极功能，材料文字简练，却内容丰富，融汇古今。在选项的设置上综合考查了意识的能动性、联系的客观性、实践与认识

的辩证关系等知识，具备一定的广度，引导学生既要关注生活，善于发现生活中的美，也要提高科学改造世界，创造更美好生活的能力。主要考查信息获取与加工、辨识与判断的能力。

关键信息	信息加工	辨识与判断
柳树以其飘逸、优美的姿态出现在众多艺术作品中	柳树作为现实中客观事物，给人的思维活动提供了感性材料，经过艺术加工柳树常被赋予丰富的文化内涵，以其优美的姿态出现在众多艺术作品中	柳树在艺术作品中的呈现是思维对感性材料的能动反映，选项①正确
研究人员利用柳树能吸收并转化土壤中污染物的特性将其用于生态修复	吸收并转化土壤中污染物是柳树自身所具有的客观特性，科技人员对这一特性加以利用，将其用于生态修复	柳树根系发达的特性是人们利用其固堤护路的前提条件，选项②正确

【例 4】(2023 年新课标卷，第 40 题)阅读材料，完成下列要求。

胡凤益从小参与田间劳动，感受着农业劳作的艰辛，梦想着“种一次就能年年收割”的庄稼。为圆少年时期的梦，上大学时他选择了农学专业，长期致力于“把一年生的水稻变成多年生的水稻”。2004 年，胡凤益团队利用长雄野生稻无性繁殖特性，将多年生野生种和一年生栽培种杂交，选育出多年生后代群体，该成果获得云南省自然科学奖一等奖。培育多年生稻种的研究漫长又艰辛，他们克服了项目经费不足、田野工作辛苦等困难，目标在前却难见终点等困扰，坚持进行实地调查、科学实验、试验示范和理论研究，成功培育了一系列多年生稻栽培品种。多年生稻播种一次持续收获多年，具有广适、高产稳产等特点，节约了劳动力投入，减少了生产成本，提高了经济效益。2018 年，他们培育的“多年生稻 23”成为全球第一个商业化的多年生粮食作物品种，在国际多年生作物研发领域具有里程碑意义，2021 年，胡凤益团队“利用长雄野生稻无性繁殖特性培育多年生稻的方法”获得云南省技术发明奖一等奖。多年生稻研究成果入选美国《科学》杂志公布的 2022 年度十大科学突破榜单。

运用价值观的知识并结合材料，分析胡凤益能够实现少年时期梦想的原因。

本题以胡凤益及其团队克服困难，努力研发多年生稻的科研故事为情境，主要考查了价值观的相关知识。通过材料的阅读，有利于引导学生走近这些为人民和国家努力拼搏、默默耕耘的科学家团体，了解他们的感人事例，从其身上感受到道德风范，提升自身道德修养，牢固树立为国家努力奋斗的劳动精神，努力学习，增强成为能够担当民族复兴大任的时代新人的责任感。本题主要考查学生信息获取与加工、逻辑推理与论证、语言组织与表达的能力。

(1)信息获取与加工。

关键信息	关键信息获取与加工
胡凤益从小参与田间劳动，感受着农业劳作的艰辛，梦想着“种一次就能年年收割”的庄稼。为圆少年时期的梦，上大学时他选择了农学专业，长期致力于“把一年生的水稻变成多年生的水稻”	胡凤益从小就树立了正确的价值观
坚持进行实地调查、科学实验、试验示范和理论研究；培育多年生稻种的研究既漫长又艰辛，他们克服了项目经费不足、田野工作辛苦等困难，目标在前却难见终点等困扰，坚持进行实地调查、科学实验、试验示范和理论研究，成功培育了一系列多年生稻栽培品种	胡凤益遵循客观规律，坚持科学研究，顽强拼搏，不断创新，克服困难，不断自我砥砺前行

(2)逻辑推理与论证、语言组织与表达。

理论基础	由价值观知识或理论可知: (1)价值观的导向作用:价值观对人们认识世界和改造世界的活动有重要的导向作用 (2)如何实现人生价值:①必须坚持真理,自觉遵循社会发展的客观规律;②弘扬劳动精神,提高本领技能;③投身社会实践,在个人与社会的统一中创造和实现人生价值;④发挥主观能动性,在砥砺自我中创造和实现人生价值	
逻辑推理1	大前提	价值观对人们认识世界、改造世界的活动具有重要导向作用,正确的价值观(中项)导向正确的人生道路(大项)【知识性原理,由“价值观理论”可知】
	小前提	胡凤益(小项)从小就树立了正确的价值观(树立了寻求多年生水稻的理想)(中项)【关键信息获取,从材料中提取和归纳关键信息】
	推论	胡凤益(小项)选择了正确的人生道路(大学选择农学专业,投身多年生水稻研究)(大项)
逻辑推理2	大前提	只有遵循客观规律、弘扬劳动精神、投身社会实践、发挥主观能动性、不断自我砥砺前行(中项),才能创造和实现人生的价值和理想(大项)【知识性原理,由“价值观理论”可知】
	小前提	胡凤益(小项)遵循客观规律、弘扬劳动精神、投身社会实践,发挥主观能动性、不断自我砥砺前行(坚持科学研究,投身科学实践,顽强拼搏,带领团队克服艰辛困难,不断创新)(中项)【关键信息获取,从材料中提取和归纳关键信息】
	推论	胡凤益(小项)创造和实现了自己的人生价值和理想(取得了多年生水稻培育的重大成就,实现了少年时期的梦想和人生价值)(大项)
总结并整理出答案	①价值观对人们认识世界、改造世界的活动具有重要导向作用,正确的价值观导向正确的人生道路。胡凤益从小梦想着“种一次就能年年收割”的庄稼,大学时选择农学专业,投身多年生水稻研究,确立了正确的人生道路 ②创造和实现人生价值,需要遵循客观规律,发挥主观能动性,弘扬劳动精神,提高能力本领,投身社会实践。胡凤益坚持科学研究,投身科学实践,顽强拼搏,带领团队克服艰辛困难,不断创新,取得了多年生水稻培育的重大成就,实现了少年时期的梦想和人生价值	

【例 8】[2020 年全国卷Ⅲ第 40 题,第(1)问]阅读材料,完成下列要求:

黄河是中华民族的母亲河,也是一条桀骜难驯的忧患河。“九曲黄河万里沙”,三年两决口、百年一改道,曾给沿岸百姓带来深重灾难。中华民族始终在同黄河水旱灾害作斗争,但是受主客观条件的制约,黄河屡治屡决的状况没有得到根本改观。

20 世纪中叶,黄河治理的千古难题历史性地交到了中国共产党人手中。1952 年,毛泽东发出“要把黄河的事情办好”的伟大号召,动员和激励了千百万黄河儿女兴修水利、筑坝拦洪、修复生态,开启了破解黄河治理千古难题之旅。经过几代人不屈不挠的顽强拼搏,特别是党的十八大以来按照“节水优先、空间均衡、系统治理、两手发力”的治水思路进行的全面整治,黄河水沙治理取得显著成效,实现连续 20 年不断流,黄河流域生态环境持续明显向好,经济社会发展水平不断提升,黄河儿女交出了一份优异的治黄答卷。

2019 年 9 月,习近平总书记郑重宣布,黄河流域生态保护和高质量发展是重大国家战略。他深入剖析黄河水少沙多等难题症结,强调黄河治理要坚持“绿水青山就是金山银山”的理念;

坚持生态优先、绿色发展，紧紧抓住水沙关系调节这个“牛鼻子”；坚持山水林田湖草综合治理、系统治理、源头治理。习近平总书记关于黄河治理的重要论述，为“让黄河成为造福人民的幸福河”提供了行动指南。

运用整体与部分辩证关系原理说明黄河治理战略思想的科学性。

分析：逻辑推理与论证以及语言组织与表达。

（1）信息获取与加工。

关键信息	关键信息获取与加工
兴修水利、筑坝拦洪、修复生态，开启了破解黄河治理千古难题之旅。经过几代人不屈不挠的顽强拼搏，特别是党的十八大以来按照“节水优先、空间均衡、系统治理、两手发力”的治水思路进行的全面整治，黄河水沙治理取得显著成效。坚持山水林田湖草综合治理、系统治理、源头治理，习近平总书记关于黄河治理的战略思想	黄河治理是一个系统和整体工程
2019 年 9 月，习近平总书记郑重宣布，黄河流域生态保护和高质量发展是重大国家战略。他深入剖析黄河水少沙多等难题症结，强调黄河治理要坚持“绿水青山就是金山银山”的理念；坚持生态优先、绿色发展，紧紧抓住水沙关系调节这个“牛鼻子”；坚持山水林田湖草综合治理、系统治理、源头治理	水沙关系调节是黄河治理的关键部分或局部

（2）逻辑推理与论证、语言组织与表达。

理论基础		整体与部分辩证关系告诉我们： （1）整体居于主导地位，整体统率着部分，具有部分所不具备的功能，这就要求我们具有全局观念，立足整体，实现整体目标；整体离不开部分。 （2）部分的功能及其变化会影响整体的功能，关键部分的功能及其变化甚至对整体的功能起决定作用，要求我们重视部分和局部的作用，尤其是要重视关键部分对推动整体发展的核心作用
逻辑推理 1	大前提	整体统率部分，整体工程（中项）要树立全局观念，立足整体（大项）【知识性原理，由“整体与部分辩证关系”可知】
	小前提	黄河治理（小项）是个整体工程（中项）【关键信息获取，从材料中提取和归纳关键信息】
	推论	黄河治理（小项）要树立全局观念，立足整体（大项）
逻辑推理 2	大前提	整体离不开部分，关键部分对整体功能起决定作用（中项），要充分重视部分的作用与功能（大项）【知识性原理，由“整体与部分辩证关系”可知】
	小前提	水沙关系调节（小项）是黄河治理的关键部分或局部（中项）【关键信息获取，从材料中提取和归纳关键信息】
	推论	水沙关系调节（小项）在黄河治理中要得到充分的重视（大项）
总结并整理出答案		整体与部分的辩证关系原理要求一方面要树立全局观念，立足整体，统筹全局，实现整体目标；另一方面要重视部分的作用与功能，尤其要抓住那些对推动整体发展起决定作用的关键部分。黄河治理作为一个系统和整体工程，我们要确立全局观念，立足整体，坚持全面治理、综合治理、系统治理、源头治理，统筹水沙治理、环境保护、经济发展和民众生活各项工作，实现整体目标。与此同时，水沙关系调节是黄河治理的关键部分，对黄河治理发挥着决定性作用，黄河治理要紧紧抓住水沙关系调节这个关键任务，推动黄河治理工作整体发展

通过对上面这两道“价值观知识”和“整体与部分”的试题剖析，我们能得到以下启示。

第一，逻辑推理与论证能力对学生解题至关重要。上述两题的逻辑推理属于典型的直言三段论演绎推理，这就要求学生必须准确掌握直言三段论的推理形式和规范，严格区分大前提、小前提、推论，严格界定大项、中项、小项，以及大项、小项和中项的位置。可以说，如果没有建立起良好、规范的逻辑思维能力，我们对参考答案的来龙去脉及内在逻辑关联就缺乏清晰、准确的认识和把握，正所谓“知其然而不知其所以然”，在这种情况下，我们是很难准确、高效作答的。

第二，关键信息获取与加工能力不可或缺。学生必须能够从文本信息中快速识别关键信息，并对关键信息进行提炼和概括。如黄河治理这道题要识别和概括出两个关键信息：“黄河治理是一个整体工程”和“水沙关系是黄河治理的关键局部”。“价值观知识”这道题必须要能从材料中识别和归纳出“胡凤益从小就树立了正确的价值观”“胡凤益遵循科学规律、投身科学实践、弘扬劳动精神、顽强拼搏、克服艰辛苦难、不断砥砺前行”这两个关键信息。如果不能快速、准确提取归纳出以上关键信息，那么就很难准确进行逻辑推理并作答。

第三，对此类题目而言，大前提往往由知识性原理(如价值观知识、整体与部分辩证关系)提炼得出，小前提由材料信息提炼归纳得出，推论是演绎的必然结论。将上述逻辑推理的过程整理并表达出来，就构成了参考答案，由此得到的答案是稳定的、准确的、严谨的、可控的，而且是可迁移的。这进一步告诉我们，训练规范、有效的逻辑推理能力尤为重要，一旦学生掌握了规范、有效的逻辑推理和论证能力，就能有效应对高考综合改革，极大地提高解题的准确性和效率。

第四，规范有效的关键能力培养能够实现从“解剖一道题”到“解决一类题”，而且这种解决问题的关键能力具有可迁移性，这就是典型的“磨刀不误砍柴工”。这里所谓的“磨刀”就是指要通过规范、系统的专业训练，提升学生信息获取与加工、逻辑推理与论证、科学探究与思维建模、批判性思维与辩证思维、语言组织与表达等关键能力。

3. 探究与建构

探究和建构能力是高中思想政治科关键能力中较高水平的能力层次。它要求学生能灵活运用学科知识、能力、方法研究问题，提炼和形成具有新意的观点，提出解决问题的合理可行的思路、对策和方法，将所学知识应用于新情境，解决新问题。

【例】(2024年北京卷，第17题)阅读材料，完成下列要求。

“凭学生证半价？不！到这里参观应免费。”某市检察机关在履职中发现，有部分爱国主义教育基地未落实未成年人保护法新规，存在缩小免票主体范围、附加免票条件等违法向未成年人收取门票费的情况。

《中华人民共和国未成年人保护法》第四十四条爱国主义教育基地、图书馆、青少年宫、儿童活动中心、儿童之家应当对未成年人免费开放；博物馆、纪念馆、科技馆、展览馆、美术馆、文化馆、社区公益性互联网上网服务场所以及影剧院、体育场馆、动物园、植物园、公园等场所，应当按照有关规定对未成年人免费或者优惠开放。

①市检察院依法启动行政公益诉讼诉前程序就爱国主义教育基地向未成年人收取门票费违反法律规定、价格主管部门应履行监管职责等问题，阐明法律依据，会同有关部门对整改方案进行磋商	②相关区检察院向本区发展改革委制发诉前检察建议，督促其落实未成年人保护法，要求爱国主义教育基地对未成年人免费开放，并在收费场所醒目位置及购票平台公示	③发展改革委持续跟进各爱国主义教育基地对未成年人免费开放的落实情况，采取措施，督促整改。目前，全市爱国主义教育基地均依法落实了对未成年人免费开放的规定

结合材料，说明在这一过程中法治是如何发挥作用的。

本题以某市推动爱国主义教育基地落实未成年人保护法新规的法治实践为情境，介绍了市检察院、相关区检察院、区发改委和价格主管部门等有关部门就部分爱国主义教育基地存在的实际问题所采取的有效措施，综合考查法治国家、法治社会、严格执法、公正司法等相关知识，引导学生感悟法治在落实未成年人保护法新规中所发挥的重要作用，理解全面推进依法治国的必要性，认同我国的政治制度和国家政策，增强法治意识，树立法治精神。主要考查了学生信息获取与加工、分析与综合、逻辑推理与论证的能力。

（1）信息获取与加工的能力。

关键信息定位	归纳判断
①市检察院依法启动行政公益诉讼诉前程序，就……问题，阐明法律依据	推进法律实施，就部分爱国主义教育基地向未成年人收取门票费违反法律规定等问题阐明法律依据
②相关区检察院向本区发改委制发诉前检察建议，督促其落实未成年人保护法	严格公正司法，相关区检察院向本区发改委制发诉前检察建议，督促政府履行监管职责和相关部门落实未成年人保护法
③发改委持续跟进各爱国主义教育基地对未成年人免费开放的落实情况，采取措施，督促整改	全面履行政府职能，发改委持续跟进督促爱国主义教育基地整改情况，严格公正执法
④目前，全市爱国主义教育基地均依法落实了对未成年人免费开放的规定	形成治理合力，提高社会治理法治化水平，推动全社会树立法治意识

（2）探究与建构。

理论基础	法治国家、法治社会、严格执法、公正司法的有关知识
探究与建构	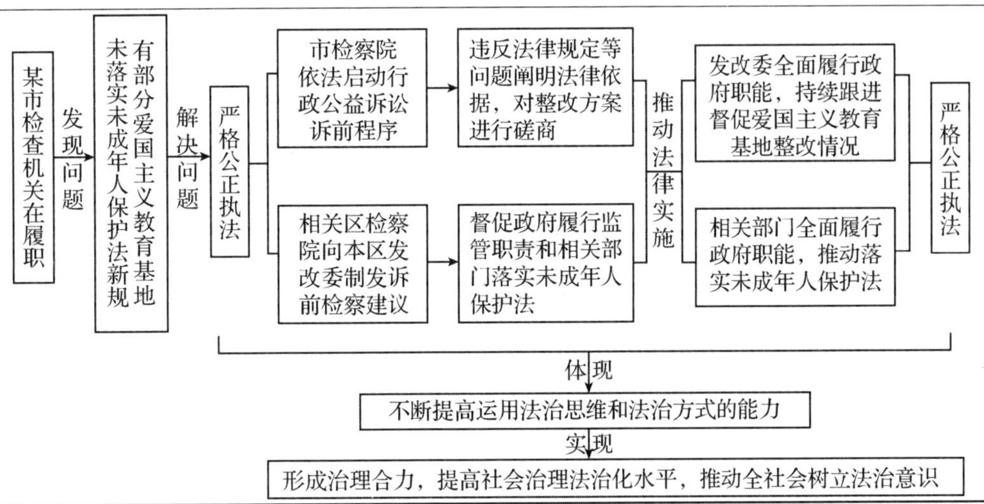

4. 反思与评价

反思与评价是高中思想政治科关键能力中高水平的能力层次。它要求学生能以批判性思维的态度,在慎思明辨的基础上,对社会现象、社会问题等进行独立思考,批驳错误观点,作出正确价值判断和评价。批判性思维属于高阶思维能力,高考思想政治命题特别注重对考生独立思考和思维品质的考查,增强试题开放性,促进考生学会主动学习、自主思考,从不同角度发现与思考问题。

【例 1】(2024 年山东卷,第 17 题)阅读材料,完成下列要求。

我国积极实施标准化战略。一方面,对标国际先进水平,引进转化先进适用的国际标准;另一方面,加强我国重点领域标准的外文编译,让世界更多了解中国标准。

材料一 目前,以标准、合格评定等为主要内容的技术性贸易措施影响全球 80%的贸易活动,但我国主导制定的国际标准仅占国际标准总数的 2%左右。由于世界经济复苏乏力,外需放缓,导致一些外贸企业“出口转内销”需求强烈;我国经济发展势头强劲,一些具有竞争力的内贸企业“走出去”意愿不断增强。要实现内外贸“两条腿”走路,企业就需要面对产品适用国内国际标准的差异。

材料二 高质量专利技术标准化是国际大型企业占领国际市场最有效的措施。我国是全球新一代汽车专利布局数量最多的国家,但被用于标准的高价值专利相对较少,不到全球十分之一。

有观点认为,我国企业应采用国际标准以提升自身竞争力。结合材料,运用经济与社会、当代国际政治与经济知识,对该观点进行评析。

本题以我国积极实施标准化战略为情境,设置分析探究的学科任务,主要考查企业的经营、构建新发展格局、高水平对外开放等必备知识,引导学生理解我国对外开放的基本国策,开拓国际视野,对经济全球化和我国开放发展理念有科学的认知。考查了学生的关键信息获取与加工能力,以及运用所学经济知识进行逻辑推理与论证、反思与评价的能力。

(1)信息获取与加工。

关键信息	归纳判断
目前,以标准、合格评定等为主要内容的技术性贸易措施影响全球 80%的贸易活动;高质量专利技术标准化是国际大型企业占领国际市场最有效的措施	标准化对全球经济有重要影响→企业需要通过标准化提升自身竞争力
对标国际先进水平,引进转化先进适用的国际标准;我国经济发展势头强劲,一些具有竞争力的内贸企业“走出去”意愿不断增强	企业采用国际标准有利于更好地与国际市场接轨→企业要正确认识国际标准对企业发展的影响
加强我国重点领域标准的外文编译,让世界更多了解中国标准;我国主导制定的国际标准仅占国际标准总数的 2%左右;一些外贸企业“出口转内销”需求强烈	我国要积极参与制定国际标准,并推动中国标准走向世界
要实现内外贸“两条腿”走路,企业就需要面对产品适用国内国际标准的差异	企业要根据实际情况灵活运用国内标准与国际标准

(2)反思与评价。

<table>
<tr><td>理论基础</td><td>企业如何经营成功
经济全球化发展趋势
开放发展理念;构建新发展格局;独立自主、自力更生与高水平对外开放</td></tr>
<tr><td>推理与论证、反思与评价</td><td>

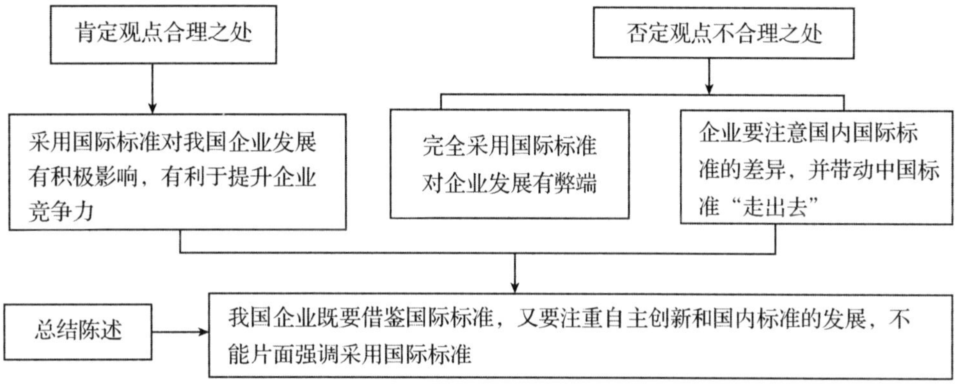

</td></tr>
</table>

【例 2】(2022 年山东卷,第 17 题)推进碳达峰碳中和是推动高质量发展的内在要求。

材料一 粗钢的主要用途是作为原料,用来制成各种规格的管材、铸件等。长期以来,我国一直是全球最大粗钢生产国,全球占比最高达到 56.7%。2021 年,我国粗钢产量 10.3 亿吨。随着国际市场需求恢复,粗钢价格飙升,我国粗钢出口量明显增长。2021 年我国粗钢净出口 4096.1 万吨,较 2020 年增加 2451.6 万吨。但同时钢铁行业的碳排放问题日益引起人们的关注。2021 年我国钢铁行业碳排放量占全国碳排放总量的 15%左右,是制造业门类中碳排放量最大的行业。

材料二 铁矿石是生产粗钢的重要原材料之一。我国铁矿石的对外依存度超过 80%,而且缺乏定价权。下图是 2019—2021 年我国铁矿石进口情况。

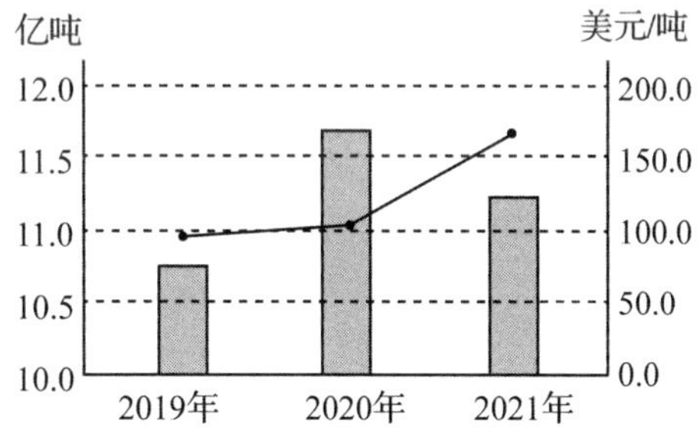

进口铁矿石数量—进口铁矿石均价

有观点认为,为推动我国经济高质量发展,钢铁行业应扩大粗钢产量并增加出口。结合材料,运用经济与社会、当代国际政治与经济知识,对该观点进行评析。

本题以推进碳达峰碳中和是推动高质量发展的内在要求为情境,考查经济高质量发展、经济全球化、企业的经营与发展等必备知识,需要考生在关键信息获取与加工的基础上运用批判性思维对观点作出正确的反思与评价,引导考生深刻理解党和国家在高质量发展问题上的策略和行动,坚定政治立场与理想信念,增强对党和国家政策的认同。

(1)信息获取与加工。

关键信息	归纳判断
粗钢的主要用途是作为原料	扩大粗钢产量,有利于保障国内供给,保障国内相关产业链稳定
长期以来,我国一直是全球最大粗钢生产国,随着国际市场需求恢复,粗钢价格飙升,我国粗钢出口量明显增长	供求与价格相互影响。粗钢国际市场需求增加,价格上涨,我国粗钢出口量增长,这有利于提高经济效益,通过国际贸易化解产能过剩问题
但同时钢铁行业的碳排放问题日益引起人们的关注。2021年我国钢铁行业碳排放量是制造业门类中碳排放量最大的行业	我国钢铁行业碳排放量较多,污染环境,不利于碳达峰碳中和
铁矿石是生产粗钢的重要原材料之一。我国铁矿石的对外依存度超过80%,而且缺乏定价权。图表显示,2019—2021年,我国进口铁矿石数量较多,而且均价逐年增长	我国铁矿石对外依存度较高,而且缺乏定价权。扩大粗钢产量会增加对铁矿石的需求,增加经济风险,不利于经济安全

(2)反思与评价。

<table>
<tr><th>观点</th><th>反思与评价</th><th>其他举措</th><th>得出答案</th></tr>
<tr><td rowspan="2">产量问题</td><td>扩大产量能保证国内供应,但钢铁行业碳排量高,会增加碳排放</td><td rowspan="2">正确观点:应在保障国内供给基础上,适度、逐步压缩粗钢产量</td><td rowspan="4">深化供给侧结构性改革,扩大中高端产品供给;转变经济发展方式……构建发展新格局;充分利用两种资源两个市场,培育国际竞争新优势;等等</td></tr>
<tr><td>压缩产量会减少碳排放,但会影响国内产业链健康发展</td></tr>
<tr><td rowspan="2">出口问题</td><td>增加出口可以利用国际市场化解产能过剩,但成本高,经济效益低</td><td rowspan="2">正确观点:企业应领先节能降碳、资源循环利用等降本增效,减少粗钢出口</td></tr>
<tr><td>减少出口会使碳经济安全,但会降低企业收益</td></tr>
</table>

四、情境载体串联线与思想政治命题实践

高考评价体系中的“四层”考查内容和“四翼”考查要求,是通过情境与情境活动两类载体来实现的,即通过选取适宜的素材,再现学科理论产生的场景或呈现现实中的问题情境,让考生在真实的背景下发挥核心价值的引领作用,运用必备知识和关键能力去解决实际问题,全面综合展现学科素养水平。情境正是实现这种“价值引领、素养导向、能力为重、知识为基”的综合考查的载体,是“金线”和“银线”考查的串联线。新的高考评价体系下,可谓“无情境,不成题”,通过着力创设符合课程性质和素养考查要求的试题情境,力求提高考查载体适当性,提高核心价值、学科素养及关键能力考查的有效性,从而使“立德树人”真正在高考评价实践中落地。

高考试题正在实现由考试评价工具到全面育人载体的转变,试题情境能发挥重要的育人

导向功能。

高考思想政治命题情境设计通常有以下四种类型：一是以基础性为主的试题。在命制试题时，以问题情境为载体，加强对基本概念、原理、思想方法的考查，体现高考试题的“基础性”。二是以综合性为主的试题。在命制试题时，注重选择生产生活中的真实案例，参照考生的实际认知水平，进行合理的简化或处理来设置问题情境，从而体现出高考试题的“综合性”。三是以应用性为主的试题。在命制试题时，命制结论开放、解题方法多样、答案不唯一的试题，增强试题的开放性和探究性，引导考生打破常规进行独立思考和判断，提出解决问题的方案，考查考生学以致用、应对生活实践问题的能力，体现了高考试题的“应用性”。四是以创新性为主的试题。在命制试题时，紧密结合我国社会亟待解决的紧迫问题、科学技术前沿理论、工程技术领域的重大项目等进行编拟，这类试题旨在考查考生独立思考、对问题或观点提出不同看法并进行论证的能力，考查考生敢于质疑、敢于批判的思维能力，考查考生创新性地运用知识发现新规律、研发新理论、开发新技术，为制定新政策、开拓新领域提供支撑的能力，体现了高考试题的“创新性”。

从近三年全国卷、地方卷来看，高考思想政治试题情境来源于广阔的、纷繁复杂的、鲜活的社会生活实践，既选取政治、经济、文化、社会、生态文明建设等各领域的重大热点主题，又选取了马克思的重要观点及习近平总书记的重要论断；既关注紧贴时代热点的宏大叙事，又关注日常微观生活中的热点现象。试题情境素材的选择和创设兼具新颖性、简明性、丰富性、真实性、典型性等特点，能够有效测试考生的思想政治科素养和关键能力，保证了学科素养测试的全面性和层次性。根据情境的表现内容、呈现形式、测试目标等复杂程度的不同，思想政治科的试题设置了不同类型的情境。

第一，设置简单情境，考查辨识与判断等较低层级能力。简单情境一般用于选择题，通过辨识政治、经济、文化等社会现象，判断其性质，概括其特点，并与学科的理论和观点相印证。例如，2024 年山东卷第 4 题山东某市运用数字化技术打造新型智慧医疗服务体系，增强基层医疗服务能力，践行“以人民健康为中心”的发展思想，考查学生对建设新型医疗服务体系举措和意义的分析能力，加深对社会保障形式和基本医疗保障范围的理解。

第二，设置一般情境，考查分析与综合等较高层级能力。一般情境一般用于需要补充性、注释性场景设计的简单主观题，要求运用科学的思维方法，从不同角度分析社会现象和问题，综合形成整体性认识。例如，2024 年北京卷第 18 题，发展新质生产力是推动高质量发展的内在要求和重要着力点，关系到中国式现代化的全局。聚焦新质生产力这一党的重大理论创新成果，展现了在新一轮科技革命和产业变革背景下，我国培育壮大新兴产业，超前布局未来产业，完善现代化产业体系的擘画，引导学生理解新质生产力的重要价值，提升在新时代参与中国式现代化建设的能力。2022 年全国乙卷第 39 题，以近两年我国推出的扩大高水平对外开放的若干举措为素材，引导考生运用辩证思维等思想方法，从经济全球化、世界多元化、综合国力、改革和开放关系等维度,深刻领会这些举措对中国及世界的重要意义。

第三,设置复杂情境,考查学科能力的综合运用。复杂情境是指反映的内容层次较多、呈现形式多样、测试目标综合、需要深入解析的情境,一般用于综合性主观题。例如,2024 年新课标卷第 41 题,以邻居之间的纠纷创设情境,将相邻关系、权利行使界限、侵权责任等多个知识点有机地融合在一起,考查学生运用法律知识分析解决实际法律问题的能力,引导学生树立权利行使有边界、损害他人利益应承担法律责任的规则意识,进而增强法治意识和法治观念。又如,2024 年山东卷第 18 题以“法治护航乡村振兴”为主题,以法院宣讲团宣讲涉农典型案例的形式,创设生活化、实践化、结构化真实法治情境,从合同、不正当竞争、商标权、无过错侵权等角度设置多个问题,考查学生释法析理:第 1 问从“流转合同是否有效”“诉讼请求能否得到支持”“对造成的经济损失应承担何种责任”角度设置 3 个小问题进行释法析理;第 2 问说明宣讲案例在加强农民群众哪些方面的法治意识。引导学生发现问题、分析问题、解决问题,在学法、懂法、用法中得出结论。再如,2023 年文科综合新课标卷第 38 题,选取近年来我国一些城市兴建宪法主题公园开展宪法宣传、主题教育、宪法宣誓等活动的事实为素材,创设指向法治意识的试题情境,要求学生思考兴建宪法主题公园开展相关活动对坚持依宪治国、建设法治社会的作用。

五、高考思想政治命题中的必备知识考查

作为有机整体,高考评价体系“四层”考查内容之间有着清晰的内在逻辑关系:核心价值是学科素养、关键能力、必备知识考查中体现出的正确方向、正确价值观、正确方法论、健康的情感态度;学科素养反映核心价值,是在复杂情境中对必备知识和关键能力的综合运用;关键能力是以必备知识的学习探究为载体,表现为对必备知识的运用,是形成学科素养的必要前提;必备知识的积累是形成关键能力和学科素养的基础,在对关键能力和学科素养进行考查时,必然涉及对必备知识的考查。综合上述特征,“四层”考查内容之间的关系结构如下图:

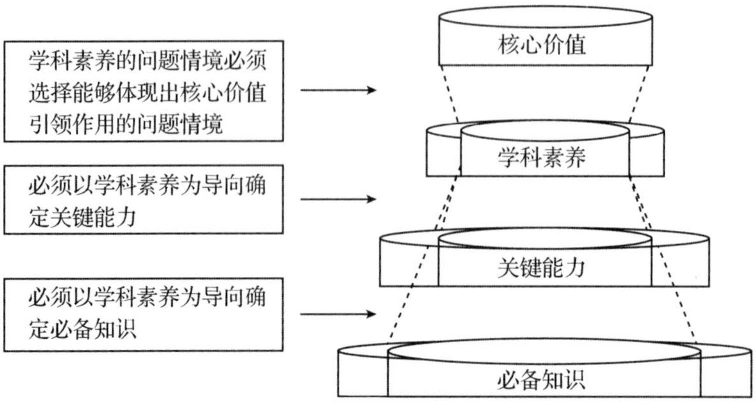

“四层”各要素之间的关系

思想政治科统编新教材包括中国特色社会主义、经济与社会、政治与法治、哲学与文化 4 个必修模块，以及当代国际政治与经济、法律与生活、逻辑与思维 3 个选择性必修模块。根据《普通高中思想政治课程标准》和高校人才选拔要求，思想政治科必备知识的储备需要对教材知识和课程标准中的内容进行更为精细的分类和系统的整合，同时还需要结合学科特点和高考考查方向以及社会热点，进一步形成全面反映高中教育阶段思想政治科的全科知识体系。结合学科特点，思想政治科的考试中考生应该掌握的必备知识包括：

经济层面	习近平经济思想、贯彻新发展理念与推动高质量发展、我国的基本经济制度、社会主义市场经济的基本特征等
政治层面	习近平法治思想、党的领导、人民当家做主、依法治国的有机统一等
文化层面	习近平文化思想、中华优秀传统文化、革命文化、社会主义先进文化、世界文化多样性、文化自信等
哲学层面	马克思主义哲学的基本原理，辩证唯物主义和历史唯物主义观点，实践是检验真理的唯一标准，解放思想、实事求是、与时俱进的观念，科学的价值判断和行为选择，正确的世界观、人生观和价值观等
当代国际政治与经济层面	国体与政体、国家结构形式、多极化趋势、当今时代的主题、国际关系民主化、中国的外交、习近平外交思想、人类命运共同体、经济全球化与中国、联合国、中国与国际组织等
法律与生活层面	民法基本原则、民事权利与义务、侵权责任与权力边界、婚姻关系、父母与子女的关系、就业与创业、纠纷的多元解决方式、诉讼实现公平正义等
逻辑与思维层面	思维与科学思维、逻辑思维的基本要求及规律、遵循逻辑思维规则、运用辩证思维方法、提高创新思维能力等
综合知识层面	中国特色社会主义 习近平新时代中国特色社会主义思想
时政知识层面	习近平总书记的重要讲话，中国共产党的重大会议精神，中央经济工作会议内容，每年“两会”的关注点，重大外交成果，中国取得的辉煌成就，“道德榜样”评选活动，自主创新、依法治国、改革开放、党的建设、民生问题等长效热点

把考试内容集中于这些学科主干，避免偏、难、繁、怪试题，意在引导课堂教学回归课程标准、回归教材，把精力集中在讲深讲透基本概念、基本原理上，夯实知识、能力和素养基础，把考生从不必要的死记硬背和机械刷题中解放出来，真正发挥好考试“指挥棒”的导向作用。

从近三年全国卷、地方卷来看，高考思想政治命题坚持在试题中强化对学科大概念及其统领下的基本概念、基本原理的考查，突出高考的基础性导向，引导考生夯实必备知识以强基，把握学科本原性思想方法以固本，以增强考试与教学的有效衔接。例如，2024 年新课标卷第 17 题以某市推动数字政府建设的创新实践为情境，考查大概念“全面推进依法治国”统摄下法治政府建设的相关知识，引导学生理解认同我国的法律制度，树立法治意识。2024 年广东卷第 19 题以“中国故事”折射出的“中国智慧”为情境，设置探究学习任务，考查学生对学科大概念构建人类命运共同体统摄下的中国外交必备知识，引导学生理解“中国故事”折射出的“中国智慧”，认同中国在国际社会中的中国智慧、中国力量、大国担当，增强民族自信心和自豪感，积极践行人类命运共同体理念。2023 年文综新课标卷第 39 题以“全球面临生物安全挑战形势下中国何为”为主题，要求学生以出席联合国安理会召开的生物安全会议的中国代表的身份，草拟一份阐述中国关于生物安全问题立场的发言提纲。考查学生对学科大概念构建人类命运共同体统摄下的总体国家安全观、我国独立自主的外交政策等相关概念内涵的深入理解，学生需要从形势判断、政策立场和成就、进行国际合作的主张、对错误做法的立场等维度运用学科语言阐明立场。又如，2022 年全国甲卷文科综合第 12 题以国家《关于建立健全生态产品价值实现机制的意见》中对生态产品的论述为背景，考查考生对商品、价值和使用价值等劳动价值论相关概念理论内涵的深入理解。

六、高考评价体系下的思想政治命题展望

自高考评价体系实施以来，思想政治科命题以高考评价体系为依托，有机融入习近平新时代中国特色社会主义思想，强化思想教育和价值引领，推进立德树人落实落地。高考内容改革是考试招生制度改革的重要内容，是新时代教育评价改革的重要载体，对高中教育教学改革和育人方式的转变具有重要导向作用，直接影响高校人才选拔与培养质量。综合近三年的全国卷和地方卷试题可以看出，命题在保持总体稳定的基础上，坚持守正创新。全面贯彻党的教育方针，落实立德树人根本任务，成为铸魂育人的有效途径和引导学校实施素质教育的风向标；从能力立意走向素养导向、从单一评价走向多维评价，与高中育人方式改革和高考综合改革同向同行，实现了学生成长、国家选才、社会公平的有机统一。近年来，高考命题探索形成具有中国特色的考试评价理论和实践体系，确立“立德树人、服务选才、引导教学”的核心功能，回答了“为什么考”的问题；构建引导学生德智体美劳全面发展的考试内容体系，凸显学生发展核心素养要求，回答了“考什么”的问题；研制中国高考评价体系，回答了“怎么考”的问题。高考命题不断完善考试内容，创新考查形式，丰富评价手段，强化保障措施，取得了一系列突破性进展，我们从以下几个方面进行思想政治科未来命题展望。

1. 聚焦育人实效，夯实信仰之基，上好“立德树人第一堂课”

思政课是一项思想铸魂工程，要解决学生理想信念问题。一个民族要走在时代前列，就一刻不能没有理论思维，一刻不能没有思想指引。只有思想在心里落地生根，梦想才能开花结果。未来高考试题坚持不懈做好学习贯彻习近平新时代中国特色社会主义思想的深化、内化、转化工作，从思想上正本清源、固本培元，筑牢人才培养的思想根基。

坚持以习近平新时代中国特色社会主义思想培根铸魂，习近平经济思想、法治思想、文化思想、生态文明思想、外交思想……习近平新时代中国特色社会主义思想展示出巨大的引领力，学生通过答题逐步认识习近平新时代中国特色社会主义思想的时代意义、理论意义、实践

意义、世界意义，力图以试题为载体把党的创新理论讲实讲透讲活。考试内容深度融入社会主义核心价值观，弘扬中华优秀传统文化、革命文化、社会主义先进文化，在引导学生坚定理想信念、厚植爱国主义情怀、加强品德修养、培养奋斗精神上下功夫，将显性考查和隐性教育相结合，用精品试题让学生接受思想的启迪、文化的熏陶。围绕党和国家、社会生活等重大时代主题，走进学生的家庭生活、社区生活和未来的职业生活，精心选材和设计试题，采用符合高中学生认知特点的呈现方式，在考试内容中巧妙融入新时代党和国家事业取得的历史性成就、发生的历史性变革，引导学生坚定“四个自信”，助力培养担当民族复兴大任的时代新人。充分发挥思政学科的育人优势，将对体美劳教育的引导与考查内容、考查要求、考查载体有机融合，促进学生在思想道德修养、科学文化素养、人文和审美素养、健康和劳动素养等方面全面提升，彰显“五育”并举，引导全面发展。

2. 强化素养培育，注重问题解决，做精“服务选才一把尺”

“为国选才”是高考的基本功能。高考命题探索科学服务选才“价值引领、素养导向、能力为重、知识为基”的综合考查模式，不断增强试题的应用性、探究性、开放性，把考查的重点放在学生的思维品质和综合应用所学知识解决实际问题的能力上，不断完善人才选拔标准和方式方法，服务高校招生和人才培养改革。

未来高考注重考查支撑学生未来长远发展和适应社会进步要求的能力，有效鉴别学生发展潜质。通过优化考查内容、丰富呈现方式、创新设问角度等途径，突出对关键能力的考查，让善于独立思考、认知能力强的学生脱颖而出。加强理论联系实际，紧密结合国家经济社会发展、科学技术进步、生产生活实际等创设情境，充分考虑学生学习和生活实际，把课本知识与“具体真实的世界”联系起来，考查学生灵活运用所学知识方法分析和解决实际问题的能力，引导学生在解决实际问题的过程中建构知识、培养能力、提升素养。持续优化试卷结构，创设新的题型，强调开放灵活。从材料信息的丰富性、试题要素的灵活性、解题路径的多样性等方面增强试题开放性，强调思维过程和思维方式，鼓励学生多角度主动思考、深入探究，发现新问题、找到新规律。

3. 发挥导向作用，促进考教衔接，树起“引导教学一面旗”

高考充分发挥教育评价的积极导向作用，与高中教育教学同向同行、同频共振，逐步形成“招—考—教—学”良性互动、有机结合的一体化育人格局，引导教学回归课标、回归课堂主渠道。

高考命题依据高中课程标准，考查内容限定在课程标准范围之内，既注重考查内容的全面性，又突出主干和重点内容的考查；考查要求依据学业质量标准，深度不超过其规定的层次，引导中学做到应教尽教，引导依标教学，遵循课程标准。遵循教育规律，注重考查学生对基础知识、基本技能、基本方法的深刻理解，引导学生要知其然，更要知其所以然，学有所思、思有所疑、疑有所问、问有所悟，引导教学把精力放在讲透课程重点内容上。强调在深刻理解基础上的融会贯通、灵活运用,不考死记硬背、不出偏题怪题,平和中有新意,灵活中见潜力,实践中出真知,引导中学把教学重点从总结解题技巧转向培养学生学科核心素养,提升课堂效果和作业效率。高考试题以问题为导向,实现从“考知识”向“考能力素养”的转变,实现从“解答题目”向“解决问题”的转变,进一步加大试题的开放性、探究性和创新性,进一步打破固化形式、优化试卷结构、丰富呈现方式、创新设问角度、拓展思维空间,破除唯一标准答案束缚,强化关键能力、思维过程和思维方式的考查,引导学生提升思维品质和思维能力,减少死记硬背和机械刷题,激发学生崇尚科学、探索未知的兴趣与勇于创新、敢于探究的科学精神。在拔尖创新人才培养成为国家战略这样的大背景下,传统的那套以知识传授和知识理解程度深浅为主要目标的教学模式面临挑战,原有的教育理念和教学观念要进行转换,主要表现在:从“知识就是力量”转向“思维就是力量”、从“知识传递”转向“知识建构”、从“授人以鱼”转向“授人以渔”等。

总之,未来高考思想政治命题将深入学习贯彻习近平总书记关于思政课的重要论述和关于高考工作的重要指示批示精神,贯彻党的二十届三中全会精神,始终心怀“国之大者”,继续坚定正确的政治方向,紧紧围绕高考的核心功能,上好“立德树人一堂课”、做精“服务选才一把尺”、树起“引导教学一面旗”,做到科学设计考试内容,优化高考选拔功能,强化能力立意与素养导向,突出思想政治引领与思维品质考查。助力教育高质量发展、拔尖人才培养,为建设教育强国作出更大贡献。

基于高考评价体系的地理科命题解读

《中国高考评价体系》是深化新时代高考内容改革的基础工程、理论支撑和实践指南，全面把握高考评价体系的总体特点，深入理解高考的核心功能，准确把握高考的考查内容、考查要求和考查载体，恰当使用和实践高考评价体系，灵活运用不同类型的试题情境，同时深入实践高考评价体系的命题理念和核心要求，是我们应对高考综合改革、提高人才培养质量的必由之路。地理科高考命题以《中国高考评价体系》为指导，不断地进行探索与创新，落实立德树人根本任务，服务于高校人才选拔、服务于引导高中教学、服务于拔尖创新人才培养，坚持学科素养导向，强化关键能力考查，优化情境创设，加大试题的开放性、探究性和创新性，实现“价值引领、素养导向、能力为重、知识为基”的四维考查目标，贯彻基础性、综合性、应用性、创新性的考查要求，加强考教衔接，落实课程标准，助力人才自主培养质量提升。

一、高考地理科的功能定位

《普通高中地理课程标准(2017 年版 2020 年修订)》(以下简称《地理课程标准》)对地理学的课程性质和基本理念作了明确界定。地理学是研究地理环境以及人类活动与地理环境关系的科学，具有综合性和区域性等特点。地理学兼有自然科学和社会科学的性质，在现代科学体系中占有重要地位，对于解决当代人口、资源、环境和发展问题，建设美丽中国，维护全球生态安全具有重要作用。地理课程旨在使学生具备人地协调观、综合思维、区域认知、地理实践力等地理科核心素养，学会从地理视角认识和欣赏自然与人文环境，懂得人与自然和谐共生的道理，提高生活品位和精神境界，为培养德智体美劳全面发展的社会主义建设者和接班人奠定基础。通过地理学习，使学生强化人类与环境协调发展的观念，提升地理科方面的品格和关键能力，具备家国情怀和世界眼光，形成关注地方、国家与全球地理问题及可持续发展问题的意识。①

地理课程的基本理念包括：(1)培养学生必备的地理科核心素养。使学生强化人类与环境协调发展的观念，提升地理科方面的品格和关键能力，具备家国情怀和世界眼光，形成关注地方、国家和全球地理问题及可持续发展问题的意识。(2)构建以地理科核心素养为主导的地理课程。构建科学合理、功能互补的课程体系，坚持基础性、多样性、选择性并重，满足不同学生自身发展的需要；精选利于地理科核心素养形成的课程内容，力求科学性、实践性、时代性的统一，满足学生现在和未来学习、工作、生活的需求。(3)创新培育地理科核心素养的学习方式。科学设计地理教学过程，引导学生通过自主、合作、探究等学习方式，在自然、社会等真实情境中开展丰富多样的地理实践活动；充分利用地理信息技术，营造直观、实时、生动的地理教学环境。(4)建立基于地理科核心素养发展的学习评价体系。以学业质量标准为依据，形成过程性评价与终结性评价相结合的学习评价体系，科学测评学生的认知水平，以及价值判断能力、思

① 教育部:《普通高中地理课程标准(2017 年版 2020 年修订)》，人民教育出版社 2020 年修订版，第 1—2 页。

维能力、实践能力等的水平，全面反映学生地理科核心素养的发展状况。②

地理科核心素养主要包括：人地协调观、综合思维、区域认知和地理实践力，它们是相互联系的有机整体。其中，“人地协调观”是指人们对人类与地理环境之间关系秉持的正确的价值观。人地关系是地理学研究的核心主题。面对不断出现的人口、资源、环境和发展问题，人们越来越深刻地认识到，人类社会要更好地发展，必须尊重自然规律，协调好人类活动与地理环境的关系。“综合思维”指人们运用综合的观点认识地理环境的思维方式和能力。人类生存的地理环境是一个综合体，在不同时空组合条件下，地理要素相互作用，综合决定着地理环境的形成和发展。“区域认知”指人们运用空间—区域的观点认识地理环境的思维方式和能力。人类生存的地理环境多种多样，将其划分成不同尺度、不同类型的区域加以认识，是人们认识地理环境复杂性的基本方法。“地理实践力”指人们在考察、实验和调查等地理实践活动中所具备的意志品质和行动能力。考察、实验、调查等是地理学重要的研究方法，也是地理课程重要的学习方式。③

高中地理课程的总目标就是要通过地理科核心素养培养，落实立德树人根本任务。一是要引导学生正确看待地理环境与人类活动相互影响，认同人地协调、可持续发展以及尊重自然、和谐发展的态度和理念。二是要形成从综合的角度认识地理事物和现象的意识，全面观察、分析和认识不同地方的地理环境特点，辩证地看待地理问题。三是要从空间—区域视角认识地理事物和现象，运用区域综合分析、区域比较、区域关联等方法认识和评价区域现状与发展。四是要运用所学知识和地理工具，通过考察、实验、调查等方式获取地理信息，探索和解决实际问题。④

1. 落实“四层”考查要求，服务人才选拔

以地理科核心素养为导向的高考地理命题，应遵循高考评价体系的要求，坚持学科素养导向、优化情境创设、创设典型任务驱动、突出试题的开放性与创新性，重点考查学生地理科关键能力。2020 年 1 月正式发布的《中国高考评价体系》是深化新时代高考内容改革、指导高考命题工作的理论支撑和实践指南，地理命题工作坚持“立德树人、服务选才、引导教学”的核心目标，落实立德树人根本任务，充分发挥考试的引导作用，切实体现高考的育人功能，形成人才选拔、考试评价、教育引导和教学反哺的一体化新格局。地理高考命题坚持以“核心价值、学科素养、关键能力、必备知识”为考查内容，同时实现“基础性、综合性、应用性、创新性”的考查要求，并通过创设真实情境为平台和载体，将“四层”考试内容和“四翼”考试要求融入学科任务中，对考生的综合素养进行全方位的考查和评价，充分体现地理科的本质和价值，展示其核心思想和独特视角，使学生养成运用地理学的综合思维与区域认知方法，认识、理解、解释自然与人文环境特点、地理事象发生发展过程的思维习惯，服务学生终身发展，为学生未来学习和走向社会奠定基础，为高校选拔人才提供可靠的依据。

2. 加强考教衔接，引导课堂教学

坚持依标施考、以考促教是平稳推进高考内容改革的关键举措，也是落实学科核心素养的重要前提。地理科的考试遵循《中国高考评价体系》的要求充分发挥了引导教学的核心功能，

② 教育部：《普通高中地理课程标准（2017 年版 2020 年修订）》，人民教育出版社 2020 年修订版，第 1—2 页。

③ 教育部：《普通高中地理课程标准（2017 年版 2020 年修订）》，人民教育出版社 2020 年修订版，第 3—4 页。

④ 教育部：《普通高中地理课程标准（2017 年版 2020 年修订）》，人民教育出版社 2020 年修订版，第 4 页。

促进教学内容优化。通过设置不同情境的试题，多层次、多角度地考查学生灵活运用所学知识，认识、分析与解决问题的能力，引导学生学会认知、学会思考、学以致用，同时帮助教师开阔选材视野、丰富认知视角，不断调整和改进地理教学的策略和方法，体现课程改革的理念和要求，使地理科的考试成为助力素质教育的有效途径。“学科素养”是课程标准和本轮课程改革的核心关键词，坚持素养本位，培养德智体美劳全面发展的人才，是教育改革的基本方向。学科素养是地理科育人价值的集中体现。试题以“项目—题组”的形式进行全面动态考查，充分体现了新一轮高考改革的方向和要求，对一线地理教学改革具有较强的引领作用。以学科方法与思维为重点，导向关键能力教学。试题多从时间、空间的角度，对区域地理环境的要素联系、空间联系、时空演变等进行设问，重点考查了综合思维和区域认知等核心素养，有利于引导地理教学改革的推进。以真实案例为载体，引导教学与实践相结合。试卷多采用自然或人文的真实案例创设情境，考查实际问题，可以有效地引导教学走向学生的生活实际、走向自然环境、走向生产实际，组织地理考察、模拟实验、调查等教学活动，培养学生的地理实践能力。

二、核心价值金线与地理命题实践

近年来高考命题坚持以习近平新时代中国特色社会主义思想为指导，深入贯彻党的教育方针，落实立德树人根本任务，将党的创新理论有机融入试题，培育社会主义核心价值观，加强价值引领，彰显考试的育人功能。充分发挥考试的育人导向。各学科形成合力，服务全面育人、全面发展社会主义先进文化，弘扬革命文化，传承中华优秀传统文化，将学科内容与国家发展进步、社会生活实际紧密联系，引导学生自觉践行社会主义核心价值观，增强中国特色社会主义道路自信、理论自信、制度自信、文化自信，形成正确的世界观、人生观、价值观，并鼓励广大青年学子积极投身新时代伟大事业，努力成长为担当民族复兴大任的时代新人。高考地理试题在育人价值上主要表现为以下三点。

第一，在考查内容层面，地理试题紧紧围绕新时代社会发展的新成就，选择新时代国家建设伟大成就和重大发展战略，关注地方、国家和全球的地理事象及可持续发展问题，建立全球视野，引导学生能够正确认识世界和中国发展大势，以及认识中国特色和进行国际比较，彰显学科价值，考查解决现实问题的能力，凸显学以致用，厚植家国情怀。家国情怀和全球视野的培养在实现地理科立德树人任务方面具有天然的优势和重要地位。地理科的命题离不开具体的区域及其发展问题，势必要涉及全球、国家、地方的地理事象和可持续发展问题，由此可培育学生爱国、爱家乡的情感，培养学生的全球视野。地理试题紧密结合学科内容，从国家重大成就（生态文明建设、精准扶贫、经济发展、科技进步等）、重大发展战略（区域协调发展、海洋发展战略等）、面临的主要问题（资源与环境问题、产业升级问题、城镇化问题、人口老龄化问题等）以及中华优秀传统文化等角度选取素材，引导考生关注国家、地方的发展，坚定道路自信和文化自信，有利于强化考生的理想信念、爱国主义思想和品德修养。

第二，在社会需求层面，地理试题以贴近时代、贴近社会、贴近生活实践的真实情境为载体，通过精心设计的具体任务，倡导学以致用，引导学生厚植爱国主义情怀。注重对考生迁移和综合运用所学地理知识、地理规律、地理原理，面对新情境、发现新问题、提出新对策的水平和综合素养进行了有效的测量和评价，引导学生从“解题”到“解决问题”的转变。党的二十大报告指出，大自然是人类赖以生存发展的基本条件，必须牢固树立和践行“绿水青山就是金山银山”的理念,站在人与自然和谐共生的高度谋划发展。地理试题响应现代社会对国民基本素养的要求,紧密联系生活、社会生产实际,围绕人地关系设置问题,引导学生构建认知地理环境及其与人类活动之间关系的能力和素养,使学生形成正确的人口、资源、环境和发展的观念,并将其付诸实践,提高人们生活、生产方式的文明程度。

第三,在价值引领层面,应密切联系学生的生活经验,加强对学生政治立场和思想观念的引导,培养学生形成正确的世界观和价值观,积极引导提高学生的道德品质和综合素质,弘扬中华优秀传统文化,践行社会主义先进文化,坚定文化自信。地理科跨多个领域,情境创设来源渠道广,表现形式多样,加大试题情境创设的开放性、探究性和创新性,为学科任务和素养能力考查提供了良好的载体,可结合地理元素的多元性,选择能够渗透正确情感态度和价值观的主题和材料进行命题。其他立德树人功能在地理科命题中的体现如下表所示。

情感态度和价值观		命题主题和材料
一级指标	二级指标	
政治立场和思想观念	理想信念,以人民为中心	从我国已取得的伟大成就中取材命题,彰显“四个自信”和“以人民为中心的发展思想”;比如在经济建设(工业、农业、交通等)、生态文明建设方面取得的成就
	法治意识	如资源、环境、区域发展等有许多涉及法制的材料
世界观和方法论	正确的世界观和方法论	辩证的观点、理论与实践相结合、尊重客观规律等世界观和方法论本身就是地理科世界观和方法论的统领,命题中会自然渗透;人地协调观、资源观、人口观和环境观是考查的重点
道德品质与综合素质	品德修养	从广义来讲,品德修养可以渗透到自然和人文地理的考查中;从狭义来讲,人地协调则是重点考查对象
	劳动精神,奋斗精神	新时代我国经济建设所取得的每一项成就,都离不开群体和个体的努力奋斗。大到国之重器、国家战略、产业活动等,小到环卫工人、快递小哥的辛苦工作,都可以渗透劳动和奋斗精神这一命题上。将产业活动与地理环境相结合来命题,可以很好地渗透劳动教育主题
	责任担当	关心国家大事、关注国家和社会发展面临的问题都是责任担当的表现。命题的角度很多,比如生态文明建设、产业升级、城市问题的解决、乡村振兴、人口老龄化、国际合作等。比如从共建“一带一路”角度命题,既可以很好地体现地理科的应用价值,又可以在实践中渗透构建人类命运共同体、互学互鉴、合作共赢和责任担当的理念
	健康情感	将医疗健康产业、体育活动、体育设施建设等与地理环境和地理原理相结合命题,是很好的考查角度;自然景观、人文景观的考查可以很好地渗透审美情趣与审美意识的教育;人地协调本身就是美的一种表现

三、能力素养银线与地理命题实践

学科素养和关键能力的明确界定和考查要求是高考评价体系最大的突破点和创新点,体现了高考内容改革的时代性和新颖性,体现了人才培养战略转型下我国对高水平、创新人才选拔和培养的现实需求。高考评价体系提出的“核心价值、学科素养、关键能力、必备知识”的四层考查内容,是实现由传统的“知识考查”向“知识为基、能力为重”考查转变的具体表现。高考评价体系综合统筹知识、能力、素养的关系，将高考考查内容凝练为核心价值、学科素养、关键能力、必备知识四个层面，在必备知识的基础上，突出考查学生的学科素养和关键能力。地理科以高考评价体系和课程标准为命题依据，坚持学科素养导向，强化关键能力考查，通过关键能力的测量来评价综合素养水平。关键能力相对明显，在课时教学和限时答题中的表现具体明确，可操作性强。关键能力居于学科素养的主体地位。地理科的高考命题方向是“素养导向，能力为重”，也就是通过关键能力的测量来评价学科素养水平，因此关键能力成为高考命题和考查的重点。

依据课程标准和高考评价体系，结合近年来的高考命题实践，可将地理科的关键能力和学科素养整合为七大类：信息的获取与加工、模型建构、逻辑推理与论证、综合思维、区域认知、批判性思维、语言组织与表达。

1. 信息获取与加工以及逻辑推理

信息获取与加工以及逻辑推理是地理科试题普遍考查的能力，几乎所有试题都涉及这两种能力，这两种关键能力在解题过程中具有基础性的地位，而且在解决问题过程中往往是联系在一起，可以形成解题的基本思路框架。

信息获取与加工要求学生能辨识模型、图表、数据、文本中的各类信息，从中提取关键内容，建立关键信息之间的逻辑关联，并与已学知识进行嫁接整合，将熟悉的背景知识迁移到新的情境中，解决复杂环境中没有确定答案的问题。地理高考命题多通过文字、图形、表格等方式呈现试题，加大试题信息的广度和容量，考查学生从形式多样、内容丰富的材料中进行“筛选—分类—概括—连接—转述”关键信息的能力。其中，筛选主要体现为分析过程，包括区分有效信息与无效信息、主要信息与次要信息、排除干扰信息、识别关键信息等；概括一般表现为归纳过程，包括从个别到一般、从特殊到一般等的归纳活动；连接主要表现为推理过程，主要是指在关键信息间建立逻辑关联，形成相对完整一贯的证据链条和关系；转述往往表现为理解过程，包括图文转化、数形转化、句式转化、语义转化、立场变换等。高考命题越来越重视对学生信息获取与加工能力的考查，不论是地理试题还是其他学科的试题，如果缺乏良好的信息处理能力，那么将越来越难以应对未来的高考。

逻辑推理是指从已知的事实或理论（前提、条件或假设）出发，经由准确、充分的证据链（有效信息）和清晰、严密的逻辑链（相关性、因果性），推导出合理结论的思维过程。逻辑推理着重考查学生根据已有前提和证据逻辑一贯地得出可靠结论的能力，一方面强调逻辑的有效性，另一方面要求证据的可靠性。逻辑推理的具体形式包括归纳、演绎、类比、因果等，关键是要能够从证据中得出正确的结论。

【例 1】（2024 年全国甲卷，第 6～8 题）阿拉斯加某冰川前端（61.5°N，142.9°W 附近）的冰面上，呈斑块状分布着少量的矿物质，并生长着一种苔藓球。这种苔藓球内部由生物体和有机残体交织，形成相对独立的生存环境。它们靠暖季在冰面上滚动方能维持生存，被形象地称为“冰川老鼠”。下图是冰面上的苔藓球照片。据此完成 6～8 题。

6. 最能增加该地冰面矿物质的是(　　)。

A. 冰蚀洼地冻融　　B. 冰川两侧河流沉积

C. 大气粉尘沉降　　D. 冰面砾石物理风化

7. “冰川老鼠”在暖季滚动使其(　　)。

A. 排出水分　　B. 获得养分　　C. 躲避阳光　　D. 保持热量

8. 暖季“冰川老鼠”内部比周边大气(　　)。

A. 平均温度高　　B. 氧气含量高　　C. 水汽含量低　　D. 气压波动大

试题组以阿拉斯加某冰川冰面上生长的“冰川老鼠”为案例创设学习探索情境，材料给出的显性信息包括区域位置、冰面上的斑块状矿物质分布、苔藓球内部组成、苔藓球在冰面上滚动维持生存等，解答该题组需要考生准确获取这些显性信息，并解读出其中的隐性信息，才能进行准确作答。信息获取与解读的具体分析过程如下：

第 6 题：

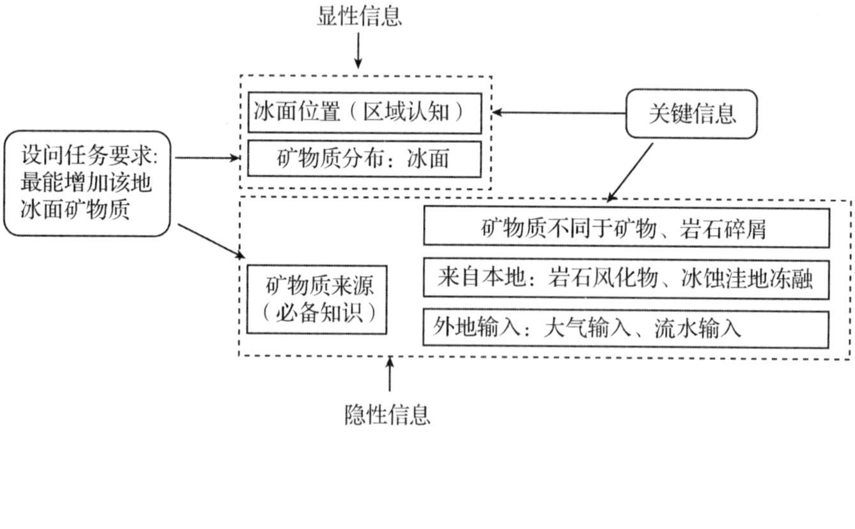

第 7 题：

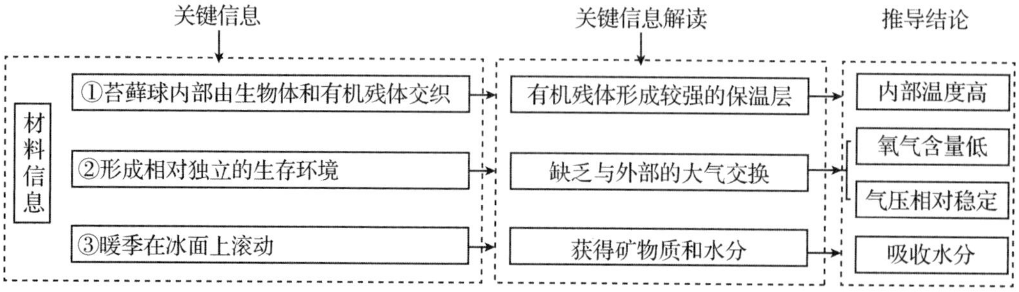

第 8 题：

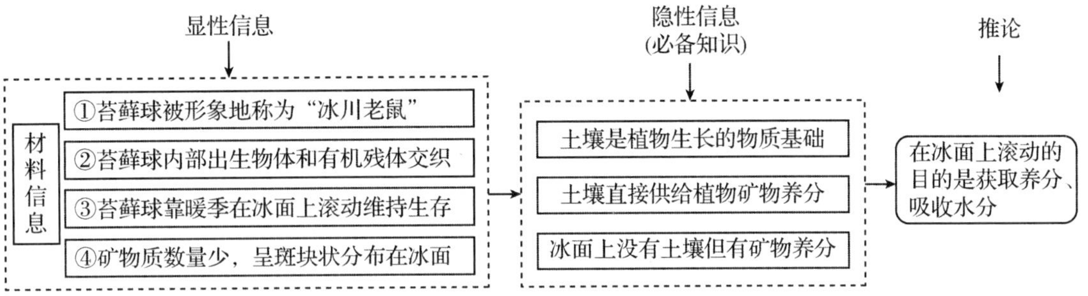

【例 2】(2024 年山东卷，第 10～12 题)锡拉岛位于地中海，整个岛屿被厚厚的火山岩和火山灰覆盖，夏季岛上北风频发。约 3600 年前的古锡拉岛是一个圆形的大岛(范围包括现在的锡拉岛和附近小岛，以及这些岛屿之间的海域)，后来演变成环形群岛，其中最大的岛屿为锡拉岛(图 1)。锡拉岛的西部葡萄种植历史悠久，当地农民在管理葡萄时将葡萄藤盘成圆形的篮子状(图 2)，并将葡萄果实置于“篮子”内生长。据此完成 10～12 题。

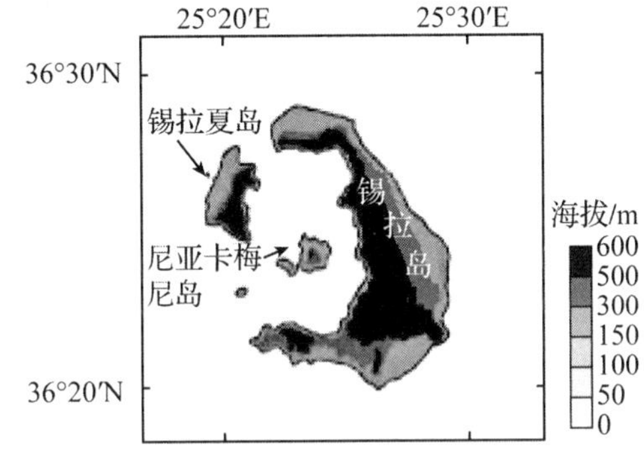

图1

图2

10. 导致古锡拉岛演变为环形群岛的主要地质作用是(　　)。

A. 火山喷发　　B. 地壳运动　　C. 海浪侵蚀　　D. 风力侵蚀

11. 锡拉岛上的葡萄在需水量较大的生长期也无须灌溉，主要是因为(　　)。

A. 大气降水多　　B. 土壤保水性好　　C. 地表蒸发弱　　D. 空气湿度大

12. 当地农民将葡萄藤盘成篮子状的主要目的是(　　)。

A. 保土　　B. 增湿　　C. 防风　　D. 降温

试题组以锡拉岛的演变和岛上葡萄种植为案例创设情境，考查考生获取与解读关键信息的能力，涉及地质作用、水循环与水平衡、农业区位因素等主干知识，信息获取与加工的思路如下：

第 10 题：

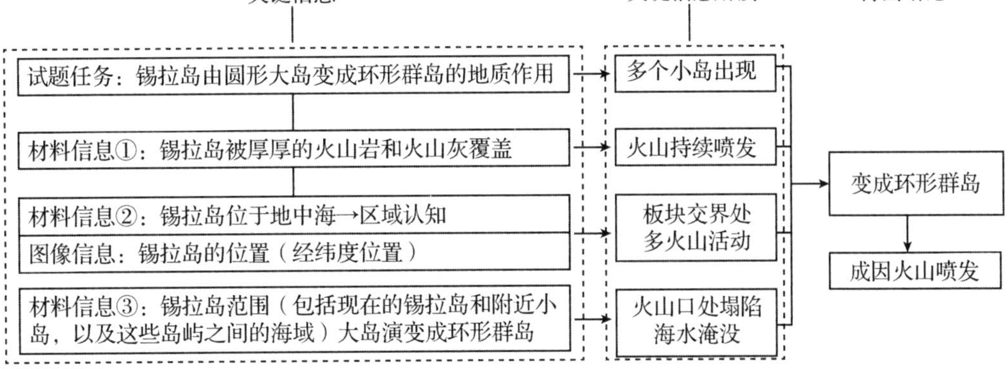

第 11 题:逆向推理,由果及因。

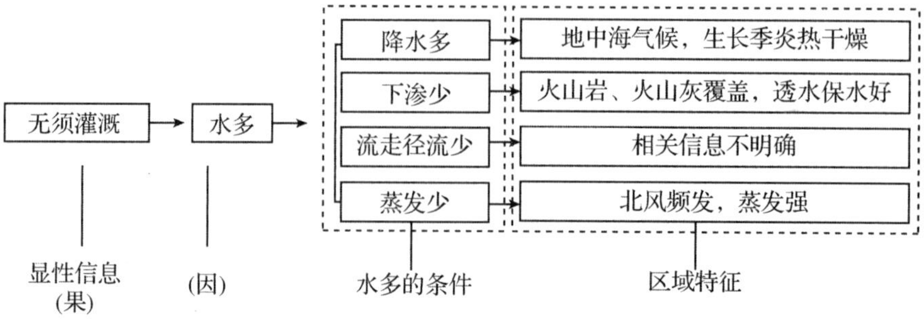

第 12 题:

材料信息:夏季岛上北风频发→结论:防风

【例 3】(2024 年全国甲卷,第 6～7 题)图 1 显示地中海北岸某地水系分布,①②③④为湖泊,其中①②③分别与入湖河流构成独立水系。研究者在野外考察中发现,①②③南侧高地上均存在谷地,谷底卵石堆积。研究表明该地曾发生过水系重组。据此完成 6～7 题。

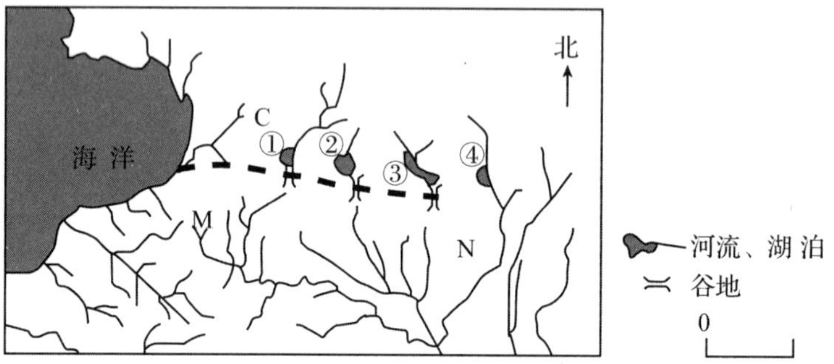

图 1

6. 推测①②③的湖泊类型、湖水主要输出方式分别为(　　)。

A. 淡水湖、下渗　　B. 淡水湖、蒸发　　C. 咸水湖、下渗　　D. 咸水湖、蒸发

7. 判断①②③南侧谷地是(　　)。

A. 狭长湖盆　　B. 断流河道　　C. 古冰川槽谷　　D. 泥石流通道

解答该题组需要能够准确理解文字材料中的“地中海北岸”“独立水系”“卵石堆积”和图像中的“水系、断层、谷地分布”等关键信息,并能够准确解读出隐含的信息,在信息之间建立联系,然后进行推理判断即可得出正确结论。(具体过程见下图)

第 6 题:

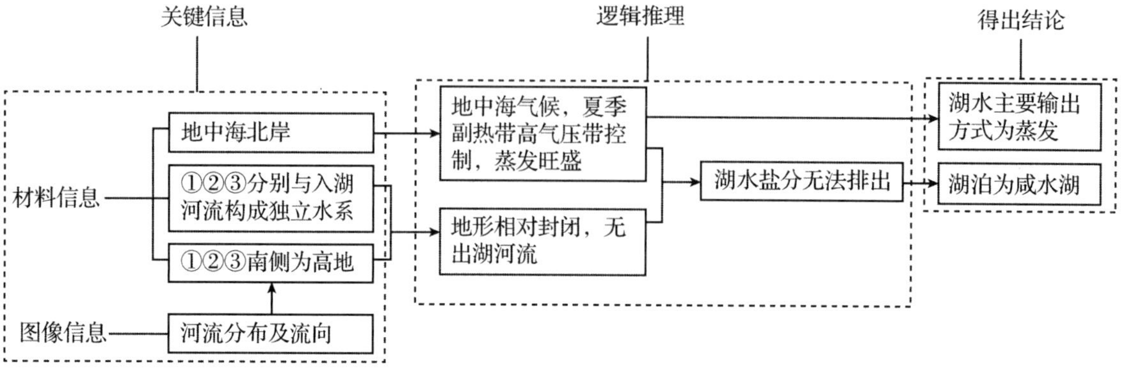

第 7 题：

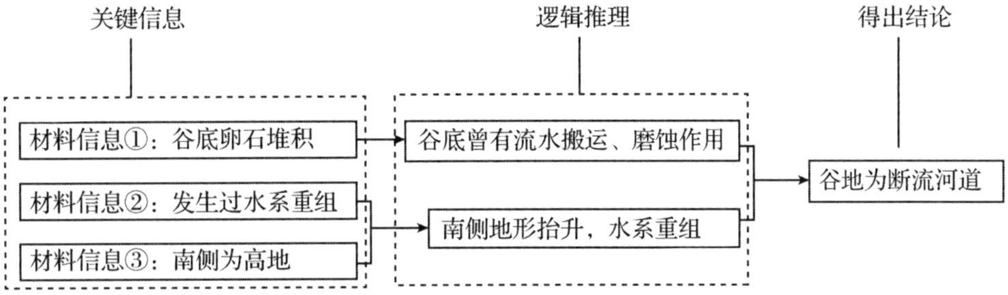

2. 模型建构

地理科的模型可以通俗地理解为有组织有结构的知识、思路和方法。教材中的知识是相对零散的、浅显的，难以应对高考，只有将其整理成有一定的组织和结构的模型并渗透严密的思维，才有意义，才可以解决实际问题，这就是模型建构。模型建构是知识与解决问题之间的纽带和桥梁。地理模型的建构和使用是有条件的，因此需要在学习的过程中不断总结完善，并能够在不同条件下灵活运用。地理模型建构主要有三个依据：一是地理概念、地理原理和地理规律；二是地理思维；三是实践检验（真题）。下面以水量平衡分析模型、密度流模型和外力作用受力分析模型予以说明。

(1)水量平衡分析模型。

水平衡是自然地理基础部分经典的内容之一，也是非常自然地理部分经常考查的重要考点。水平衡原理即某地区多年平均水量收入－多年平均水量支出＝水量变化量，分析某地区的水量变化，关键是要结合水循环原理，明确该地区的水量收入与支出（如下图所示）。

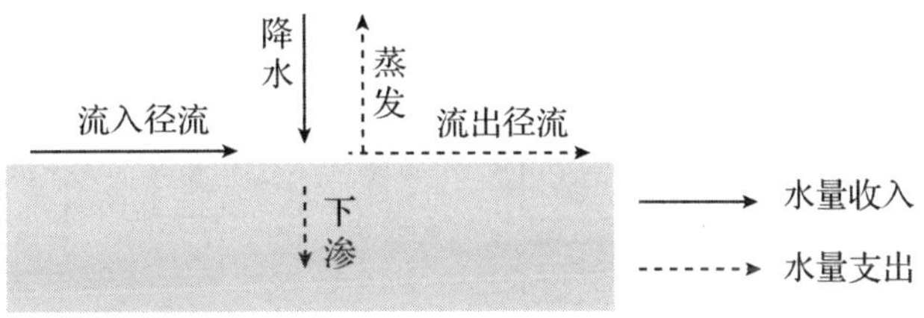

区域尺度不同，水量收支来源不同；来水多于去水，则区域水多积水，去水多于来水，则区域少积水。如上图所示，区域水的收入主要有降水、流入的径流，区域水的支出主要有蒸发、下渗、流出的径流。不同区域尺度，水的收支不同，因此一定要结合具体区域的实际情况具体问题具体分析。2024 年全国卷第 4 题、新课标卷第 11 题、山东卷第 11 题、湖南卷第 18 题，都从不同角度考查了这一模型。

【例 1】（2024 年全国甲卷，第 4～5 题）三江平原某农场由最初开垦沼泽地种小麦，到近年来种植水稻的变化，沼泽是因水多积水导致，而小麦属于旱作谷物，沼泽地发展小麦种植，需要解决积水的问题；地表积水减少，导致生态环境恶化；在国家大力实施生态文明建设背景下，应该恢复湿地面积，发展水田作物生产。结合水循环原理分析，基本思路如下：

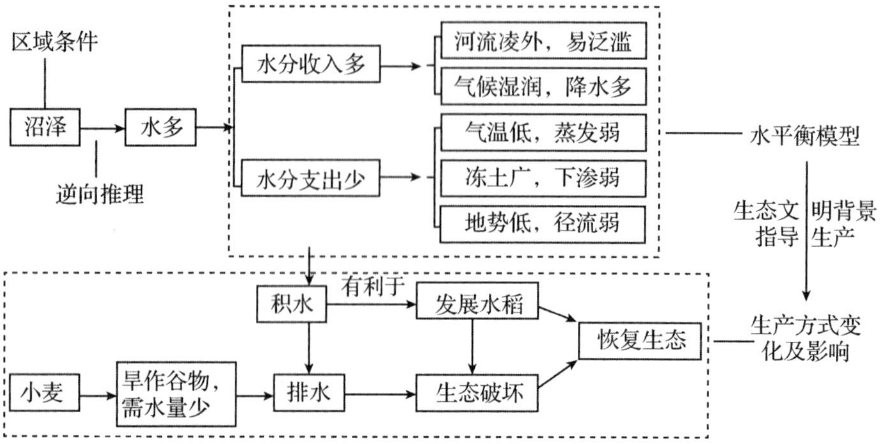

【例 2】(2024 年山东卷，第 11 题)锡拉岛上的葡萄生产问题，任务要求提供的信息是在“需水量较大的生长期”也“无须灌溉”，说明该地土壤水分充足，结合水平衡原理及模型，分析如下：

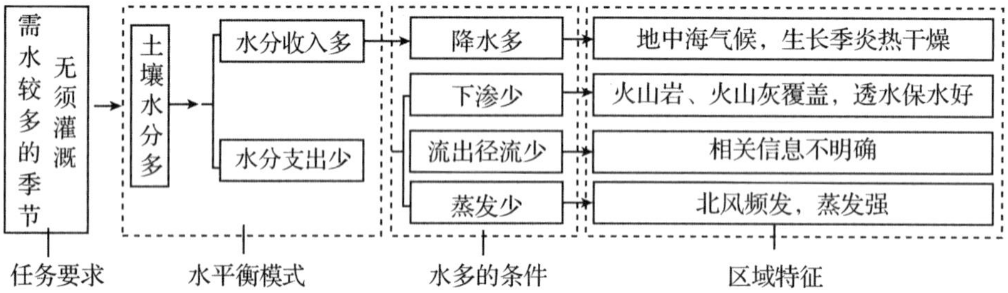

【例 3】(2024 年新课标卷，第 11 题)利用以提高降水—土壤水转化效率为目标的人工降雨实验，改变其中一个变量“坡地上覆盖石子”，影响到水循环环节，进而影响土壤水收支状况，利用水平衡模型分析如下：

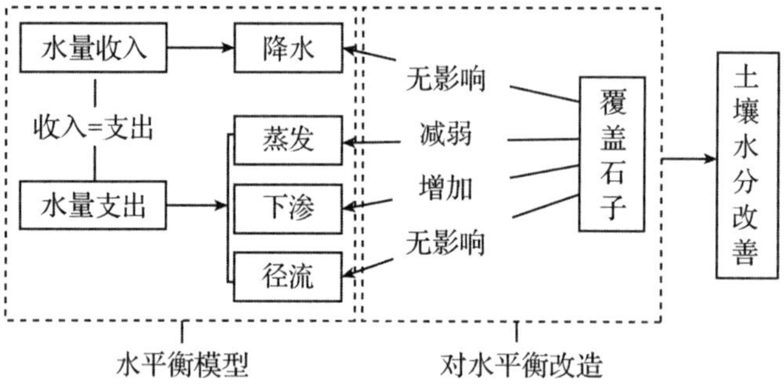

【例 4】(2024 年湖南卷，18 题第(3)小题)针对伊朗北部淡水湿地演变为沼泽的过程，为减缓这种现状提出合理对策，可以利用水平衡原理，围绕减少水量支出，维持水分平衡进行分析。

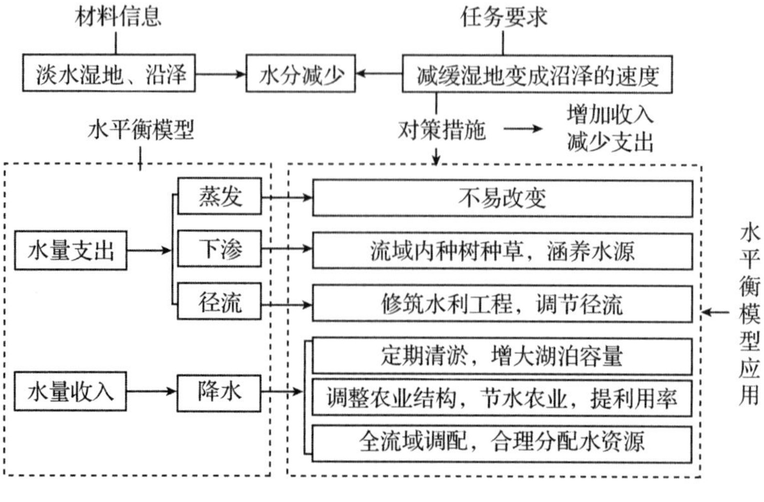

(2)密度流模型。

随着新课标、新教材的实施，海水的性质、海水的运动、海—气相互作用等部分成为新的考试内容，因为三个内容联系紧密，还催生出了洋流的成因这一新考点，比如密度洋流。2023 年山东卷第 7 题和 2023 年海南卷 18(1)题以该模型从不同角度进行了考查。

【例 1】(2023 年山东卷，第 7 题)马德雷湖位于墨西哥湾沿岸(下图)，水体较浅，湖水盐度通常维持在 50%以上。

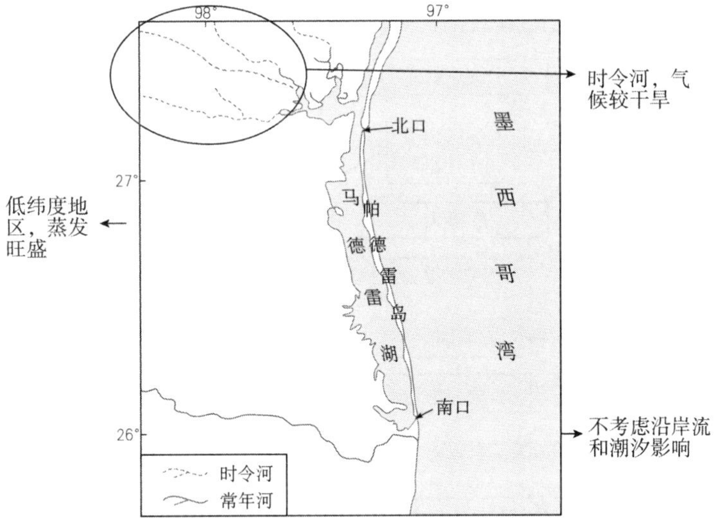

在帕德雷岛南北两侧的水体出入口处，表层水流动方向通常为(　　)。

A. 由海向湖　　B. 南口由海向湖，北口由湖向海

C. 由湖向海　　D. 北口由海向湖，南口由湖向海

【例 2】(2023 年海南卷，第 18(1)题)在极地地区的某些海区，盐度是影响海水密度变化的主要因素。受某些因素的影响，表层海水的盐度会发生较为明显的变化。图 1 为极地地区某海区由于表层海水盐度升高形成的环流示意图。图 2 为中低纬地区的某海区受盛行风影响而形成的上升补偿流示意图。

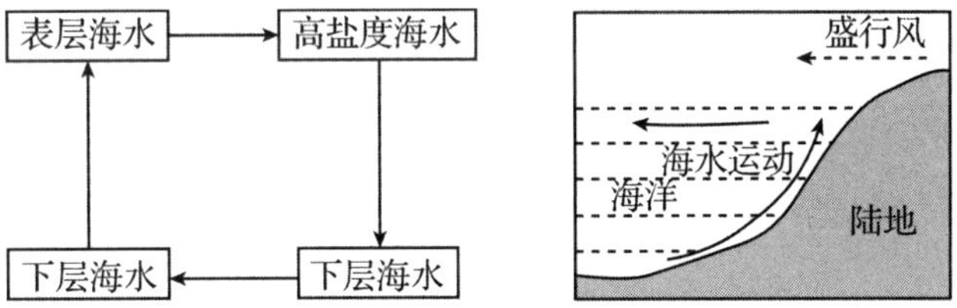

图1　　图2

密度流模型：有狭窄水道相通的相邻海域，因盐度差异大等原因会导致密度产生差异，从而产生密度流。高盐度水域密度大、水面低，低盐度水域密度小、水面高；表层水流从低盐度水域流向高盐度水域，深层水流从高盐度水域流向低盐度水域。这一现象，不仅普遍出现在地中海、波斯湾、红海等较封闭的高盐度海域与盐度较低的外部海域之间的海峡，还可以出现在本题呈现的湖泊与海洋之间的狭窄水道。2023 年山东卷第 7 题就是考查了对上述模型的运用能力。

【例 3】(2024 年山东卷，第 9～10 题)以孟加拉湾区域海洋浮游植物密度的空间分布为例

创设情境,考查学生从区域地理环境入手,分析不同时间、不同空间海域海水性质、营养盐等环境因子的变化。从其他角度考查了对密度流模型的迁移运用能力,利用上升补偿流解释海水垂直运动,进而分析垂直运动对营养盐和浮游植物密度的影响。

(3)外力作用受力分析。

外力地质作用部分,力的分析是判断外力地貌形成变化的基础,力强则以侵蚀搬运为主,力弱则以沉积作用为主,让学生学会从受力分析的角度,围绕力的强弱构建模型(如下图),能够更好地应对外力地貌形成演变的试题。

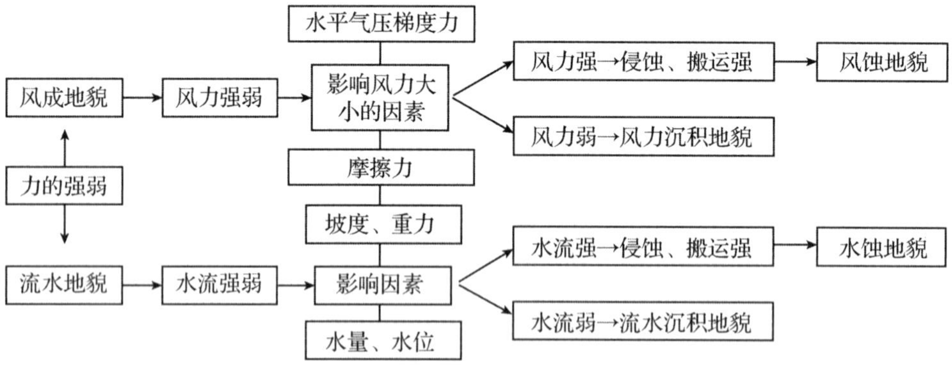

【例4】(2024年安徽卷,第7~8题)陕西榆林横山区沙漠—黄土过渡带的问题,可以利用此模型进行分析。结合试题提供的图文信息,利用沉积层的变化推测风力强弱变化,进而推知古地理环境的特点;安徽卷第19题南美洲卡河袭夺奥河问题,围绕特定地理区域具体河流水流速度的变化,分析该区域堆积体的形成、河道变迁、并导致整个区域地理环境整体发生变化的过程等;福建卷19题第(2)小题,利用造沟排水的特点,分析造沟后水流速度的变化导致的水土流失的强弱变化;湖北卷13~15题,以冬季"绿洲风"与"沙漠风"为案例创设的学习探索问题,同样可以利用该模型进行迁移分析。

因此,帮助学生构建模型或学生自主构建模型,将碎片化的知识点串联、构建成完善的知识体系,才能构建完善的分析解决问题的思路,才能更好地在面对复杂、真实情境时,灵活利用所学地理规律原理解决问题,真正实现由"解题"到"解决问题"的转变。

3. 批判性思维与创新思维

批判性思维属于高阶思维能力,考查学生在面对各种复杂问题时运用已有知识进行审慎思考、分析推理、实验验证等方面的能力,要求学生具有独立思考的能力,能够自觉运用分析推理、逻辑论证、甄别加工等方法,使用可靠的证据,得出自己的观点,解决实际问题。对于高考试题而言,批判性思维考查形式一般表现为:独立提出问题、评估证据与理由、揭示隐含前提、开放与竞争性结论、构造替代论证、阐释或评估可能的后果等。概括来讲,批判性思维以质疑和提出问题为起点,以获取证据、进行分析推理为过程,以得出有说服力的结论为结果。心智开放、独立思考、敢于质疑是批判性思维的必备品质,训练有素的逻辑推理与论证分析能力以及高水平的证据获取、评估与运用能力是批判性思维的必备技能。

(1)批判性思维。

互联网时代,面对铺天盖地的网络媒体、真假掺杂的各种信息,如何准确的甄别判断各种信息的真伪也是学生特别重要的基本技能之一。批判性思维是一种求真的高阶思维能力，以质疑和提出问题为起点，以获取证据、进行分析推理为过程，以得出有说服力的结论为结果，因此在近年高考地理试题中的考查非常广泛。甄别、判断选择题选项的真伪，就是批判性思维的过程，综合题中往往也会提出某个观点，要求考生对其进行评价并得出自己的观点，这个过程也需要批判性思维。2024年高考试题通过精心设问，突出试题的辩证性与开放性，在多因素交织并且动态变化的真实情境中，考查学生全面、辩证地看待和分析地理问题的能力。

【例1】（2024年全国甲卷，第36题）以厄瓜多尔沿海居民利用托奎拉草帽产业发展为背景，创设托奎拉草帽用途、生产、销售及发展变化的生活情景，设置了区域地理环境特征分析、贸易公司选址条件、创业初期需要面对的问题并针对目前现状提出解决对策等任务，突出考查学生区域认知、综合思维素养，倡导学生用辩证发展的观点客观地认知与评价区域产业的形成与发展问题，科学准确地理解区域之间的联系和相互作用。

【例2】（2024年山东卷，第19题）围绕受防洪限制水位的约束，汛期降雨径流经水库调节后，仍有大量径流未得到充分利用，作为弃水排放的问题，以丹江口水利枢纽调度规程的图文材料创设学术情境，考查学生独立思考、严密的论证和求真务实的科学精神。

(2)创新思维。

创新思维是指人们除旧布新和创造新事物的能力，要求人们运用开放性、批判性和发散性思维，提出新问题、创建新设想、发现新方法、得出新观点，创新思维是创新人才培养的本质要求。新情境的创设、新问题设置和新知识的考查可以在一定意义上考查学生的创新思维。全国卷和各地方试题基本都是通过真实的情境设置新颖的问题，考查学生的创新思维能力。如2024年湖北卷第16题，以集“山区、革命老区、民族散杂区”为一体的农业大市云南省昭通市为材料创设情境，通过其不断创新发展模式，打造脱贫致富示范区的历程，展现时代风貌和创新成果，设置了三个问题，分别涉及区域地理特征分析、特色发展模式评价、并针对昭通市基于资源和区位优势发展乡村新业态提出合理化建议，增加了试题的开放性，强化创新思维的考查。

开放性的试题最能考查创新思维，但目前地理试题开放性程度还比较低，主要属于半开放性试题。近年来，地理半开放性试题的探索已经形成了相对固定的模式，其设问方式大概有两类：一是给出两种观点，要求考生选择其一，给出支持的理由；二是针对问题提出合理的解决措施。这两类试题的情境、过程和结果都比较确定，属于半开放的试题，其中最主要的标志是有比较标准的答案。2024年福建卷第17题，以小红选取指标研究一天中人均碳排放为背景创设地理实践情境，针对其选取指标其中选择不正确的、并补充增加新指标，同时分别说明理由，增加了试题的灵活性和创新性。

4. 综合思维与比较思维

地理环境具有整体性和区域性两大特性。整体性与关联性是世界存在的本质特征，是各学科研究对象的基本特点之一。区域性是地理环境的本质特征，从区域的角度是认知地理环境的重要方法，其中区域对比是常用的思维方法。因此综合思维和比较思维是高考中考查最频繁的思维方式。

综合思维的考查维度一般包括要素综合、时空综合和地方综合三个方面。综合思维的一般路径是“先拆分，再综合”，也就是首先将研究的对象从要素、时空等角度进行角度的分解，然后再对各角度进行全面系统的分析。因此综合思维的关键是“分解”。

比较思维就是分析事物间异同的思维方式，通过比较思维可以更清晰地把握事物的特征，为分类和选择提供科学的判断依据。区域差异的绝对性、区域地理特征和区位条件评价的相对性，共同决定了区域问题的研究必须要运用比较思维。地理试题中常见限定了比较对象的设问，一般形式是“与……相比较，指出、分析说明……的条件、原因、特征、影响等”，这一类试题已经明确地指出要用比较的方法。另外还有很多试题虽然没有明确指出要用比较的方法，但是往往隐含着需要用比较思维的要求，否则难以找到答题思路。比如“分析或说明……的优势条件、特征、原因、影响等”，没有限定比较对象，但往往存在着隐含的比较对象，需要根据题目推理确定，进行对比分析后，才能全面而准确地作答。

要想使学生掌握并能灵活运用比较思维，提供科学可操作性强的模式，给出原则、步骤和方法是一种有效的手段。这种手段可以使学生在运用的过程中逐步体验和感悟，形成深刻的理性认知，从而能够灵活运用比较思维。比如工农业区位条件的分析和评价往往需要比较思维，可将比较思维的模型概括为“一明二定三对比”(如下图所示)。“一明”是指明确考查区域和主题，“二定”是指确定对比区域和对比的事项(区位因素)，“三对比”是指在考查区域和对比区域之间对比分析确定的区位因素。具体步骤是：第一步，根据设问直接明确考查区域和主题，明确考查区域和主题，明确考查的空间范围、考的是什么和需要调动的知识是什么(工农业区位知识)；第二步，根据题目信息和工农业区位知识推理确定隐含的对比区域和对比的区位因素；第三步，运用相关知识将确定的区位因素在两区域间进行对比分析，筛选出答题角度并对其内在因果关系进行准确论述。

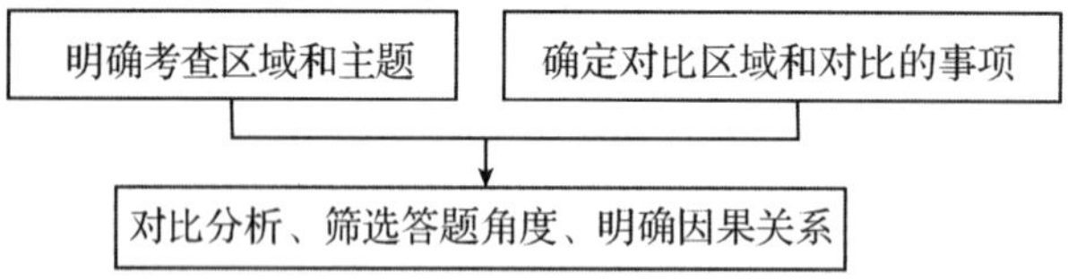

研究区域问题的过程中，往往要将综合思维和比较思维综合运用。综合思维可以解决答题角度不全的问题，比较思维可以解决答题方向、重点不突出不明确和表达不清楚的问题。

【例 1】(2022 年全国甲卷，第 1～3 题)浙江 S 集团是一家研发和生产空调控制元件和零部件的企业，其生产的零部件占全球智能空调配件市场 60%以上的份额。至 2017 年，S 集团除国内工厂外，还在美国、墨西哥、波兰等国家建有工厂。其国内工厂生产的产品除供应国内市场外，还满足出口需求。2018 年，在国内工厂产能饱和、订单不断增长的情况下，S 集团入驻越南某工业园，在买地自建厂房的同时，租用厂房开展生产。据此完成第 1～3 题。

1. 影响 S 集团在美国、墨西哥、波兰等国家建厂的主要区位因素是(　　)。

A. 技术　　B. 市场

C. 原材料　　D. 劳动力

2. 与国内建厂相比，S 集团选择在越南建厂，可以（　　）。

A. 降低生产成本　　B. 增加产品产量　　C. 提高产品质量　　D. 方便原料供应

3. 推测入驻越南的 S 集团在自建厂房的同时租用厂房的主要目的是（　　）。

A. 减少投资　　B. 提升企业形象　　C. 支持园区建设　　D. 满足客户需求

第 1 题，解答该题需要选择一个对比区域，才能凸显设问区域的优势因素。从情境材料看，该公司主要生产布局在中国，选择在美国、墨西哥、波兰等较发达的国家建厂，就需要与中国相比较，分析其优势。与在中国建厂相比较，在美国、墨西哥、波兰等较发达的国家建厂，更加靠近北美、欧洲销售市场（也可以避开贸易壁垒，降低关税）；同时，上述三国在该产品制造的技术、原材料、劳动力等方面没有显著优势，B 正确。

第 2 题，根据设问直接对比即可。与我国相比，越南经济发展水平较低，地价和劳动力价格低廉，工业园内基础设施完善，一般还有引资的优惠政策。故与在我国国内建厂相比，生产成本更低，产品在国际市场上更具有竞争力，A 正确。

第 3 题，解答该题需要将“自建厂房的同时租用厂房”与“自建厂房”相比较，才能突出其优势。由材料“2018 年在国内工厂产能饱和、订单不断增长的情况下，S 集团入驻越南某工业园，在买地自建厂房的同时，租用厂房开展生产”可知，生产任务紧迫，租用厂房开工，可尽快投产（自建厂房周期较长），完成订单，满足客户需求，D 项正确。

【例 2】（2024 山东卷，第 2 题）平贝（如下图所示）是一种鳞茎入药的名贵中药材，生长周期长，种植投入大。黑龙江省铁力市 H 村平贝种植历史悠久。在起收平贝后，村民将大鳞茎出售、中小鳞茎作为种茎分级分区栽植，实现逐年轮流起收。起收的鳞茎附着大量泥土，过去村民常在河中手工清洗鳞茎。近年来 H 村新建了沉淀式自动清洗场，将清洗鳞茎后沉淀的泥土重新还田。在 H 村的带动下，铁力市已成为全国最大的平贝栽培和集散基地。据此完成第 2 题。

2. 与传统清洗方式相比，采用沉淀式自动方式清洗鳞茎有利于（　　）。

A. 提高清洗效果　　B. 减少清洗工序　　C. 保持土壤肥力　　D. 提高产品品质

该题基本分析思路如下图：

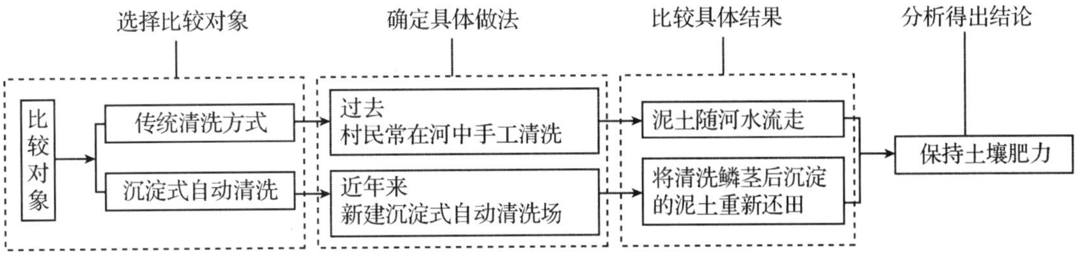

【例 3】(2024 年全国新课标卷,第 37 题)阅读图文材料,完成下列要求。

在寒冷地区的高(台)地上,流水少量汇于局部洼地,同时带来氮磷等营养元素供洼地内湿(水)生植物生长。这些洼地中植物死亡残体分解缓慢且不彻底,以泥炭形式积累,形成典型泥炭湿地(图 a),当泥炭堆积高于周围区域时,水流方向发生变化,湿地水中氮磷等营养元素缺乏,只能生长藓类等耐贫营养生物,积累成过湿的垫状泥炭藓层,形成雨养型泥炭湿地(图 b)。

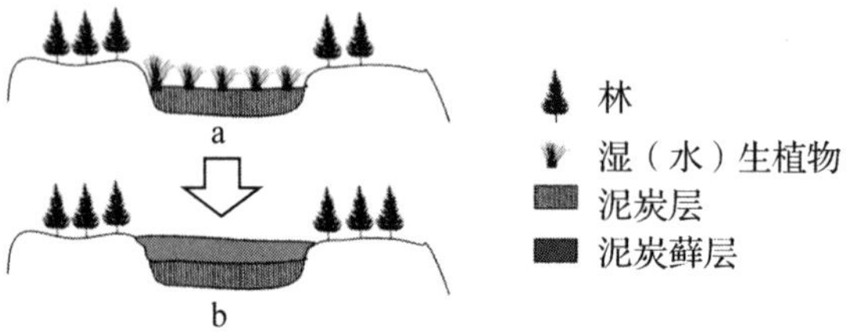

(1)分析寒冷的气候在泥炭湿地发育中的作用。

(2)简述典型泥炭湿地和雨养型泥炭湿地水流方向与生物量的差异。

(3)指出雨养型泥炭湿地发育的地形条件。

(4)说明雨养型泥炭湿地发育过程中,水中营养元素逐步减少的原因。

(5)分析垫状泥炭藓层高于周边地面但仍能处于过湿状态的原因。

以第(1)题为例,分析该题需要将泥炭湿地拆分成泥炭、湿地两个要素,寒冷气候的影响可以分解成寒冷气候对生物量的影响和寒冷气候对水分运动的影响,然后再分别分析寒冷气候下生物量、水分运动的变化对泥炭地的作用和湿地形成的作用,基本分析思路如下图所示。

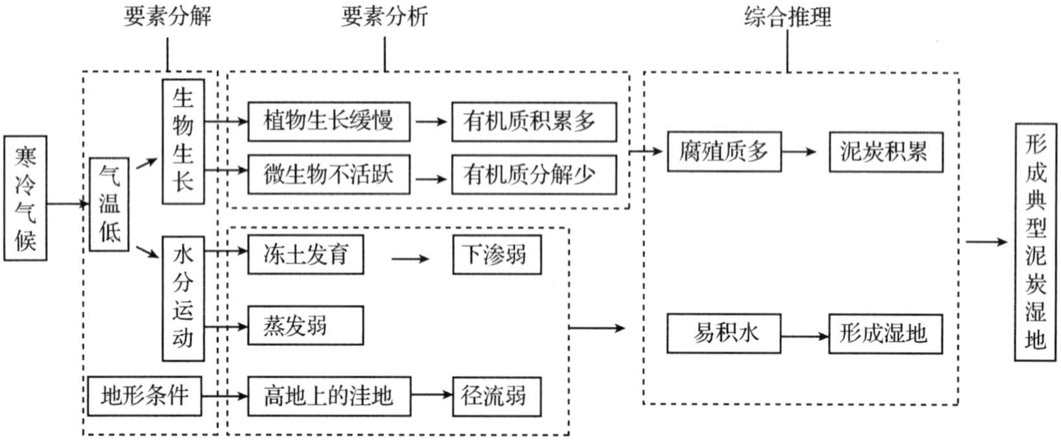

试题将雨养型泥炭湿地发育过程凝练成五个典型的地理问题,融要素综合、时空综合、过程综合于一体,将自然地理主要内容融入一个情境,涵盖生物、水文、气候、土壤、地貌等地理要素,深化区域认知和综合思维的考查。解答该题,需要将各要素间的综合作用和区域间的综合作用加以区分,再将两类作用结合分析。各小题从综合思维方面的角度推理过程如下表。

题号	设问	角度	思维过程
(1)	分析寒冷的气候在泥炭湿地发育中的作用	要素综合	将泥炭湿地拆分成泥炭、湿地两个要素,分别分析寒冷气候对泥炭地和湿地形成的作用
(2)	简述典型泥炭湿地和雨养型泥炭湿地水流方向与生物量的差异	要素、时空和过程综合	典型泥炭湿地向雨养型泥炭湿地演化过程中出现了地势的变化,并导致地势变化→水流方向→氮磷元素迁移(营养物质变化)→生物量差异的一系列变化

续表

题号	设问	角度	思维过程
(3)	指出雨养型泥炭湿地发育的地形条件	要素综合	根据雨养型泥炭湿地形成过程，判断发育的地形条件
(4)	说明雨养型泥炭湿地发育过程中，水中营养元素逐步减少的原因	要素、时空和过程综合	雨养型泥炭湿地发育→水流方向→营养元素变化； 营养元素变化→生物量变化→营养元素积累
(5)	分析垫状泥炭藓层高于周边地面但仍能处于过湿状态的原因	要素综合	过湿是水分支出少，围绕影响水分支出的要素分别从地形→水分、气候→水分、土壤→水分、生物→水分等方面进行综合分析

【例 4】(2023 年全国新课标卷，第 37 题)湖水中溶解性有机物可分为内源类有机物(主要来自湖中浮游生物排放和降解)和外源类有机物(主要为入湖河水挟带的腐殖质等)。下图所示湖泊均为可人工调控水量的天然湖泊，其中洪泽湖有淮河注入，泥沙沉积多，湖底高于周边地面。有研究表明，各湖溶解性有机物含量多在夏季达到峰值，外源类有机物降解量秋季大于夏季；洪水期不泄洪和泄洪两种情形下，湖水中溶解性有机物含量差异大；洪泽湖溶解性有机物含量峰值出现的时间常滞后于其他湖泊。

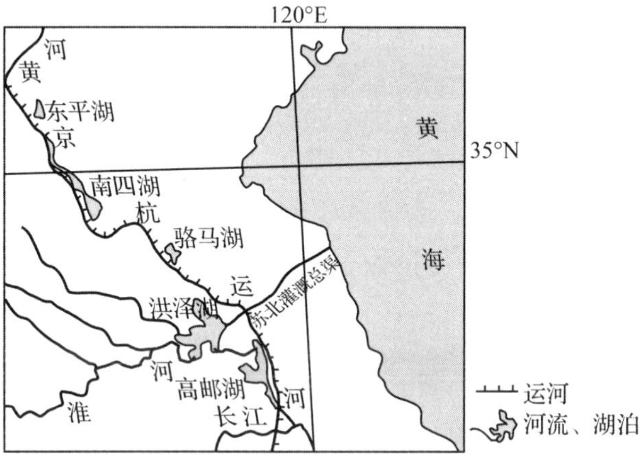

(1)指出冬、夏季高邮湖内源类有机物占湖水溶解性有机物比例的高低。(4 分)

(2)说明图示湖泊溶解性有机物含量多在夏季达到峰值的气候原因。(6 分)

(3)解释图示湖泊外源类有机物降解量秋季大于夏季的原因。(4 分)

(4)分析洪水期不泄洪和泄洪两种情形下，湖水中溶解性有机物含量不同的原因。(8 分)

(5)根据洪泽湖的特征，解释洪泽湖溶解性有机物含量峰值出现时间常滞后的现象。(6 分)

试题以湖水中溶解性有机物含量变化为核心线索，先分别讨论内源类有机物和外源类有机物，将要素间综合作用和区域间相互作用加以区分，再将两类作用相结合，体现了综合性与区域性的有机统一。本题突出了综合思维的考查，各小题考查综合思维的角度和过程如下表所示。

题号	设问	角度	思维过程
(1)	指出冬、夏季高邮湖内源类有机物占湖水溶解性有机物比例的高低	要素综合	需要将影响高邮湖内源类有机物占湖水溶解性有机物比例的要素分解出来,然后才能进行综合
(2)	说明图示湖泊溶解性有机物含量多在夏季达到峰值的气候原因	要素综合	需要根据基本信息和相关知识将影响因素分解筛选出浮游生物、径流量、腐殖质,然后进行综合
(3)	解释图示湖泊外源类有机物降解量秋季大于夏季的原因	要素综合	可将影响因素分解为有机质的量、有机质降解量两个方面,然后进行综合
(4)	分析洪水期不泄洪和泄洪两种情形下,湖水中溶解性有机物含量不同的原因	要素和过程综合	可将影响溶解性有机物含量的因素和过程分解为物质(腐殖质)的收支、微生物等,然后进行综合分析
(5)	根据洪泽湖的特征,解释洪泽湖溶解性有机物含量峰值出现时间常滞后的现象	要素和过程综合	首先将答题角度分解为收支两个方面,然后进行综合;从收入来看,受面积和河水汇入速度的影响,含量的积累较慢;从支出来看,受泄洪的影响,有机质有一定排出

5. 区域认知

区域认知是一种认识地球表面复杂性的思维方式和能力,是地理科四大核心素养之一,指人们运用空间—区域的观点认识地理环境的思维品质和能力。人类生存的地理环境多种多样,将其划分成不同尺度、不同类型的区域加以认识,是人们认识地理环境复杂性的基本方法。“区域认知”素养的养成有助于人们从区域的角度,分析和认识地理环境,以及它与人类活动的关系。区域认知的内涵包括两方面:一是用区域的方式认识,是认识地球表面复杂多样性的一种策略和视角;二是对区域本身的认识,是对区域加以认识的方法。高考试题多数都是以具体区域情境为载体,考查地理事象的共性和特性,有利于甄别考生的能力层级。明确高考命题对区域认知的考查维度,培养学生区域认知的视角和能力,是提高备考水平的关键途径。在对考生的“区域认知”素养进行考查时,高考命题的主要角度包括区域位置、时空尺度、区域差异、要素联系、区际联系、区域动态和区域决策等,从以上角度逐步培养学生区域认知的意识、角度和能力是必要且可行的(见下表)。

高考考查角度	地理位置	时空尺度	地理要素	区域差异	区域联系	动态变化	区域决策
学生培养角度	位置意识	尺度意识	要素意识	比较意识	联系意识	动态意识	决策意识

任何地理事物都处在一定的空间位置,其空间位置对区域的地理特征、地理联系和地理过程都有重要的影响。因此,空间定位及分析空间位置的影响是教学和高考的重点。

把地理环境划分为不同的尺度,从整体到局部进行设问,是高考命题的重要手段。形成尺度意识,有助于学生有层次、有结构的认知地理环境。

研究地理环境,首先需要将研究对象和影响其发展的机制分解为不同的要素,其次对各要素之间的关系进行梳理,才能更好地把握区域的特征、联系和过程。高考试题往往首先从要素的基础考查入手,然后逐步走向综合。

区域差异是绝对存在的，这也是区域联系产生的基础，区域差异导致了区域间的能量、物质(要素)流动。这是高考的重要考查角度。应对区域差异的主要思维方式是对比，也就是通过不同区域的对比，更好地把握区域的特点。地理联系是地理事象发展的基本动力，地理联系不仅存在于要素之间，还存在于不同的空间之间，因此区域间的物质、能量(要素)流动及其相互影响是研究区域联系的重要途径。比如自然地理部分的水循环、大气环流、地壳物质循环、海—气相互作用和洋流等，人文地理部分的人口迁移、产业转移等是研究区域联系的主要理论依据。

动态变化是指地理事物随时间轴的发展变化，沿时间轴进行观察容易获得地理事物发生发展的机制，可以推测过去和未来，为社会经济发展提供决策依据。因此掌握地理事物发展变化的机制(主要影响因素及其影响)，是研究地理过程类试题的关键。

高考地理试题往往围绕主题构建问题链进行问题探究，从基础逐步走向综合，最后往往要求考生根据区域特征或存在的问题给出相关的解决方案或提出相关建议、措施，这就是对决策的一般考查方式，是问题链的灵魂所在，它使得问题链有了价值和意义。决策往往需要根据问题产生的原因、区域特点和相关知识，进行因地制宜的，有针对性的综合、比较和筛选。

认知区域优势，并能进行科学的逻辑推导，是中学地理教学的重要内容。区域优势只有和其他区域相比较方能显现，同时，区域优势只有通过与外部区域的相互作用及联系，才能发挥其价值。2024 年高考地理试题注重考查地理联系，着力培养逻辑思维。全国甲卷第 36 题，以厄瓜多尔托奎拉草帽产业的形成、发展以及面临的主要问题为背景，考查学生客观地认知与评价区域产业的形成与发展，以及不同区域间的联系与相互作用。新课标卷 6～8 题，以广西弄岗自然保护区发现我国喀斯特地区“最高树”设置情境，引发学生思考“传统上被认为是亚热带季风气候的地区为何能发育出雨林”，“被普遍认为水土流失严重、土壤较为贫瘠的喀斯特地区为何能长出参天大树”，实现对喀斯特地区气候—地貌—水文—土壤—植被地理系统的综合考查。

【例】(2024 年山东卷，8～9 题)分析区域认知素养的考查如下：

海洋浮游植物密度的空间分布与海水性质、营养盐等环境因子密切相关。远岸海域浮游植物密度受陆地影响较小。如下图所示孟加拉湾及其周边区域。据此完成第 8～9 题。

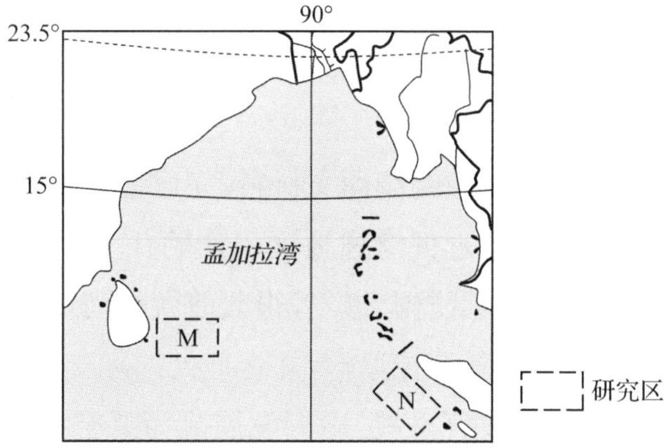

8. 下列月份中，M 区域浮游植物密度最高的是(　　)。

A. 1 月　　B. 4 月　　C. 7 月　　D. 10 月

9. 与 7—8 月相比,12 月至次年 1 月 N 区域海水盐度较高的主要影响因素是(　　)。

A. 蒸发　　B. 降水　　C. 径流　　D. 洋流

该题组以孟加拉湾区域海洋浮游植物密度的空间分布为背景创设学习探索情境,考查学生从区域地理环境入手,分析不同时间、不同空间海域海水性质、海水运动、营养盐分布等环境因子的变化。分析思路如下图:

第 8 题,

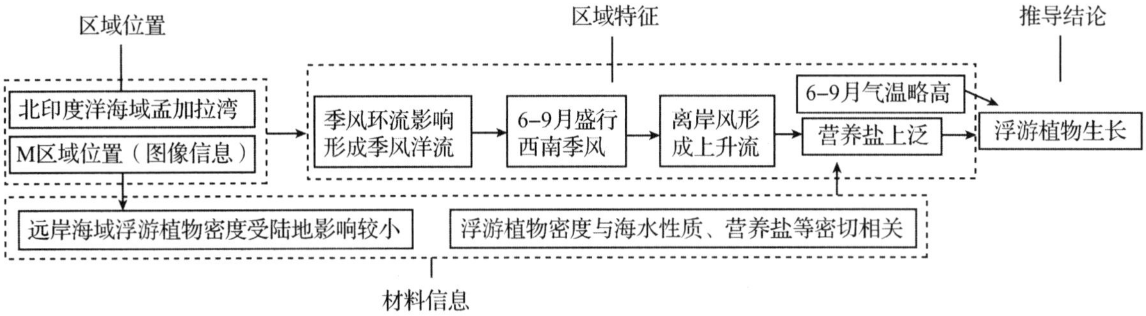

第 9 题,

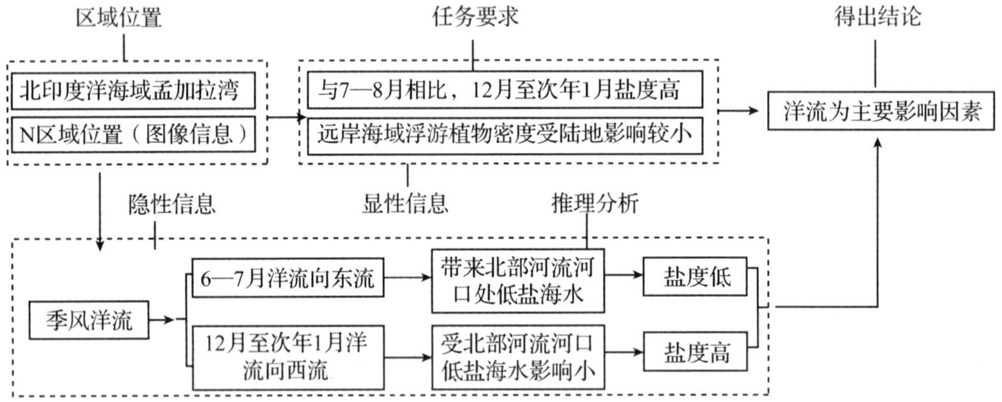

6. 语言组织与表达

高考地理试卷综合题的解答最终需要组织语言进行准确表达,要求学生能够运用规范的、富有逻辑性的学科语言,进行清晰的、有条理的书面表达,能够准确地运用地理科术语表达抽象的概念和学科知识,因此语言的组织与表达能力是地理高考命题普遍考查的能力。目前考生在这一能力上普遍存在的问题是:表达不清晰或术语使用不准确、表述因果逻辑不清、分析问题不全面等。地理综合题主要包括:特征类、过程类和联系类三大类,三大类试题答案的表达都需要能够准确地使用术语(或关键词),并能用逻辑、因果、过程、影响等将术语(或关键词)进行合理连接。

【例 1】(2024 年全国甲卷,第 36 题)阅读图文材料,完成下列要求。(24 分)

厄瓜多尔(位置见下图)沿海及附近低海拔地区出产的托奎拉草,新叶质地柔软且富有韧性。用托奎拉草新叶编织的草帽防晒、防雨、透气,很久前就被当地居民普遍使用。19 世纪 30 年代,蒙特克里斯蒂开始规模化生产托奎拉草帽,并在地处国际交通要道的巴拿马建立贸易公司,将草帽销往其他国家。之后,受政府重视,昆卡发展成为托奎拉草帽产量最大的地区。托奎拉草帽主要依靠手工制作,工序复杂,耗时长,因而售价较高。近年来,受替代产品、消费习惯以及其他国家同类商品的影响,托奎拉草帽的出口压力增大。

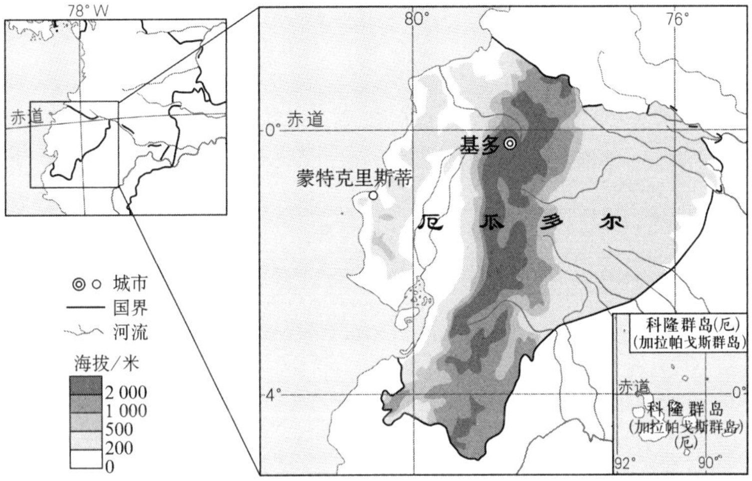

(1)很久前厄瓜多尔沿海居民就普遍使用托奎拉草编织的草帽,分析其自然原因。(6 分)

(2)说明蒙特克里斯蒂在巴拿马建立贸易公司销售托奎拉草帽的原因。(6 分)

(3)指出昆卡发展托奎拉草帽产业初期需要解决的主要问题。(6 分)

(4)近年来厄瓜多尔托奎拉草帽出口压力增大,对此提出应对措施。(6 分)

第(1)题属于区域特征类的原因分析,需要根据任务要求,结合区域特征去分析作答,分析的基本思路如下:

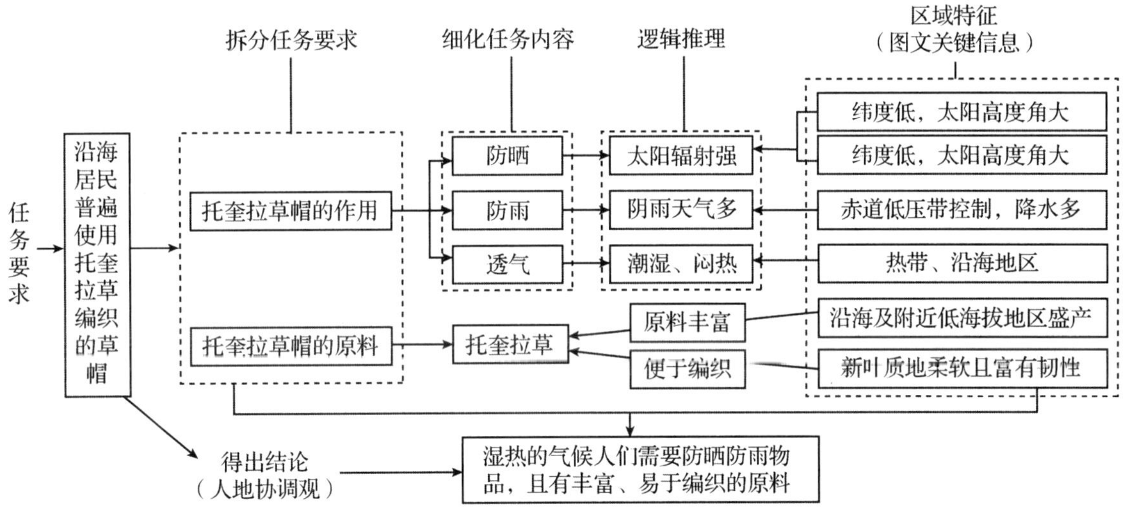

任务要求	很久前厄瓜多尔沿海居民就普遍使用托奎拉草编织的草帽,分析其自然原因(6 分)
参考答案	纬度低,太阳高度角大,晴天时光照强,需要防晒;受赤道低气压带控制。降水多,需要防雨;热带沿海地区空气潮湿、闷热,草帽透气性好;沿海及附近低海拔地区盛产托奎拉草,原料丰富
规范表达	(因)纬度低→(果)太阳高度角大,太阳辐射强→(果)需防晒; (因)安第斯山区海拔高→太阳辐射强→(果)防晒需求大; (因)赤道附近→(果)赤道低压带控制→(果)降水多→(果)防雨需求大; (因)位于热带沿海→(果)空气潮湿、闷热→(果)帽子需透气; (因)沿海及附近低海拔地区盛产托奎拉草、且托奎拉草新叶质地柔软且富有韧性→(果)原料丰富、便于编织

第(2)题,属于区域比较类问题,分析的基本思路如下:

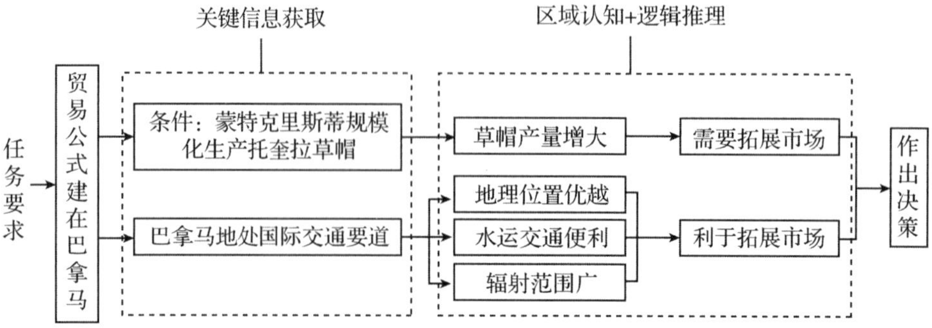

任务要求	说明蒙特克里斯蒂在巴拿马建立贸易公司销售托奎拉草帽的原因(6 分)
参考答案	蒙特克里斯蒂草帽规模化生产后,生产量大,需要开拓更广阔的市场;巴拿马地处国际交通要道,海运交通便利,利于开拓海外市场
规范表达	(因)蒙特克里斯蒂草帽生产规模化→(果)需要开拓更广阔的市场; (因)巴拿马优越的地理位置→(果)交通要道,海运便利→利于开拓海外市场

第(3)题属于区域特征类,分析如下:

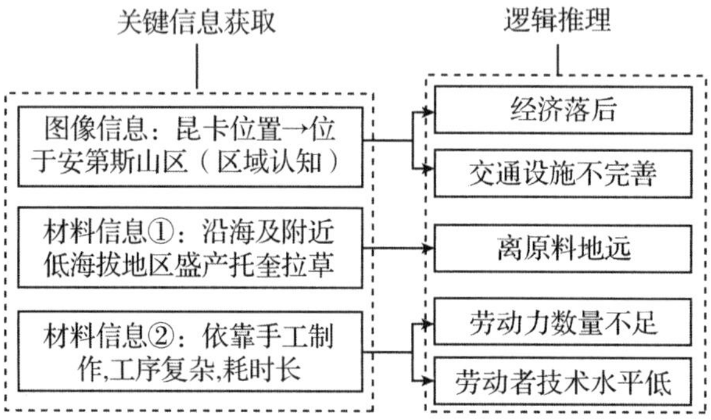

任务要求	指出昆卡发展托奎拉草帽产业初期需要解决的主要问题(6 分)
参考答案	昆卡地处安第斯山区,经济落后、交通设施不完善;离托奎拉草产地远,需要保障托奎拉草稳定的供给;需要大量且技术熟练的编织工人
规范表达	(因)地处安第斯山区→(果)经济落后、交通设施不完善; (因)地处安第斯山区→(果)离托奎拉草产地远; (因)地处安第斯山区→(果)劳动力不足、技术水平低

第(4)题,是相对开放的试题,需要学生按照任务要求,结合区域特征分析作答,思路如下:

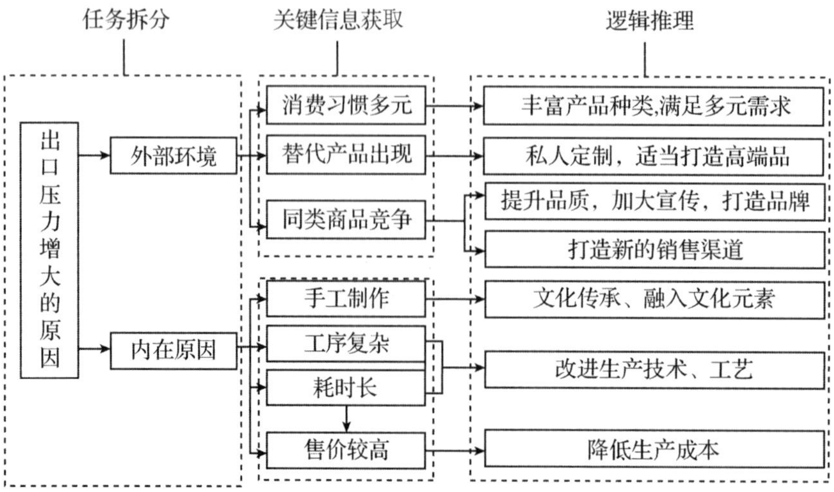

【例2】(2024年山东卷，第18题)阅读图文材料，完成下列要求。

埃尔湖(如下图所示)是澳大利亚海拔最低的地方，湖水深度较浅。某研究小组对埃尔湖流域开展了研究。

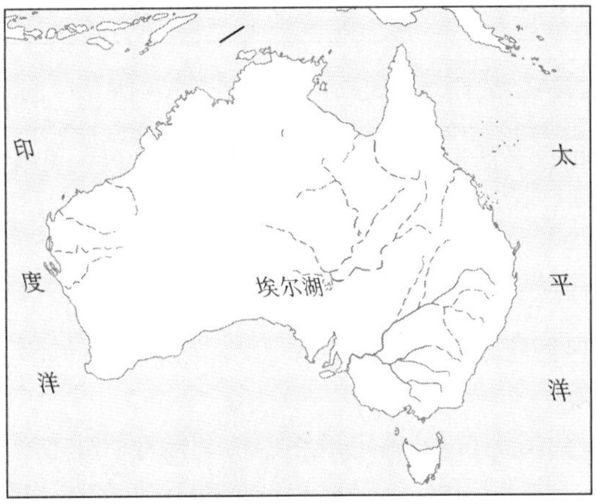

活动一 同学们通过查阅资料了解到，埃尔湖碳储量大，是巨大的碳库。

(1)分析埃尔湖入湖碳量大的自然原因。

活动二 同学们通过查阅资料和野外考察，发现埃尔湖沉积物中有多层泥炭层，有的厚度巨大。埃尔湖泥炭中的碳不易释放。旱季，强烈蒸发使湖泊水面缩小，有的地方泥沙裸露，有的地方“变成”盐壳，最厚处可达数米；雨季，若大量河水汇入，湖泊水面扩大，最大可超过15000 km^2。

(2)从湖泊水面变化的角度，分析埃尔湖泥炭中的碳不易释放的主要原因。

活动三 水生软体动物种类多，数量大，分布广，对水环境变化敏感。软体动物死亡后，其碳酸钙壳体保留在沉积物中成为化石，对古环境变化具有重要指示意义。为研究埃尔湖不同时期湖水盐度的变化，同学们采集了各地层中的软体动物化石。

(3)指出如何利用采集的生物化石研究埃尔湖不同时期湖水盐度的变化。

第(1)题，为因果联系类问题，需要学生在准确理解题意的基础上，结合所学地理规律原理，并理顺完整的因果逻辑思路进行阐释。

设问	分析埃尔湖入湖碳量大的自然原因
答案	埃尔湖流域面积广(大)、汇水面积广(大)，径流(河流)携带大量碳(含碳物质/有机质/枯枝落叶/动植物遗体)入湖；埃尔湖流域周边地区风力作用强/风力搬运作用强/风力大，使碳沉降至湖区
表达	分析思路：①入湖碳的来源：流水搬运、风力搬运；②因(流域面积大)→果(汇水面积大)→果(流水搬运入湖碳多)；③因(气候干旱)→果(风力强)→果(风力搬运入湖碳多) 规范表述：①(因)埃尔湖流域面积广，(果)汇水面积大，(果)河流径流携带大量碳入湖；②(因)流域周边地区气候干旱，(果)风力作用强，(果)使大量碳沉积在湖区

第(2)题，因果联系类问题，可在理解题意的基础上通过逆向思维分析。

设问	从湖泊水面变化的角度，分析埃尔湖泥炭中的碳不易释放的主要原因
答案	湖泊水面大(雨季)时，湖底被水覆盖(没过/淹没)；湖泊水面小(旱季)时，裸露的湖底被泥沙(盐壳)覆盖。以上两种情况，使得微生物对泥炭中的有机质分解缓慢

续表

表达	分析思路：①碳以有机质形式存在不易释放；②厌氧、缺氧环境有机质分解慢；③泥炭在湖底，雨季水多时被水覆盖，有机质不易分解；④旱季水少，湖盆出露，上有盐壳泥沙覆盖，有机质不易分解 规范表述：①(因)雨季时湖底被水覆盖，(果)微生物对泥炭中的有机质分解缓慢；②(因)旱季时湖底虽出露，(因)但裸露的湖底被泥沙盐壳覆盖，(果)微生物对泥炭中的有机质分解缓慢

第(3)题，需要调用地球演化过程的相关知识，科学准确的分析表述。

设问	指出如何利用采集的生物化石研究埃尔湖不同时期湖水盐度的变化
答案	利用地层中的软体动物化石，确定地层年代和顺序；识别不同地层中化石的生物种类，并根据其生活习性、特征推断其生存时期的湖水盐度状况，进而分析不同时期湖水盐度变化
表达	地理原理：①利用化石，可确定地层年代和顺序；②生物进化由低级到高级、由简单到复杂；③不同化石反映不同的地理环境 规范表述：①(摆明原理)利用化石，可确定地层年代和顺序；②(初级判断)识别不同地层中化石的生物种类；③(化石作用)并根据其生活习性、特征推断其生存时期的湖水盐度状况；④(深层分析)进而分析不同时期湖水盐度变化

四、情境载体串联线与地理命题实践

高考试题的命制主要包括测试内容(能力素养)、具体任务(设问)、问题情境和评价标准(答案与赋分)的确定，以上内容是一个整体的不同侧面。多年来高考试题改革经历了“知识立意→能力立意→素养立意”的发展历程，新课程改革以来，地理科的命题立意开始从技巧性的能力考查向素养考查过渡。其中最重要的表现之一就是，地图的数量和阅读难度在降低，文字数量不断增多。过去的试题大多是没有情境，单纯给出阅读难度较大的图表资料，然后让学生依据图表资料去套用地理知识答题，注重的是技巧性的能力考查。近年来的高考命题，多是以社会现实中真实的事件为背景，凝练成文字材料，再配有文字信息不能表达明白的图表资料，给考生呈现出真实生活实践情境或学习探索情境，以“项目＋任务”的形式呈现出来。试题材料往往给予一定的显性信息，并隐藏部分信息，如需要的必备知识、生活常识等，构建一个具有不良结构的真实情境，让考生运用所学地理基础知识和基本规律原理分析解决实际问题。

高中地理课程标准明确要求，“核心素养应通过学生在应对复杂现实情境时的外在表现加以推断”，高考评价体系也将情境明确为高考命题的平台和载体，因此“无情境，不命题”已成为当前高考地理命题遵循的重要原则。

值得注意的是，全国卷与地方卷在命题风格上存在一定差异。如全国卷高考综合题的设置往往是“惜字如金”，文字信息和图像信息都是非常精练，材料、图像在前，任务要求在后；山东卷与地方卷的高考综合题基本遵循这种命题方式，但往往会单独设置一个综合题，形式上以每段文字材料设置具体设问的方式呈现，且任务前的文字材料多以或对话，或实验探究，或实践观测的形式创设一个问题情境，再针对这一问题情境设置相应的任务要求，力求给学生创造相对轻松的答题环境。如2020年山东卷第19题、2024年山东卷第18题等。

1. 高考地理试题情境的一般分类

高考地理试题的情境主要分为生活实践情境和学习探索情境两类。试题多从社会生产生活中选取真实案例，并融入学科内容，着力体现《中国高考评价体系》的综合性与应用性的考查指向。生活实践情境可分为生活情境和生产情境，取材于日常生活的情境称之为生活情境，取材于产业、聚落、人口等实践的情境称之为生产情境。学习探索情境可分为学科情境和学术情境。学科情境是以地理专业语言与符号，按照学科逻辑呈现的真实情境，主要用于考查学生对地理基础知识的理解与运用，并可规避考生成长环境差异带来的不同影响，体现基础性的考查要求。学术情境多以地理科学问题的学术研究为背景，按照学术研究的一般路径呈现的真实情境，主要用于考查学生对地理问题的建构与解决，体现试题的综合性、应用性和创新性的考查要求。总体来讲，取材于日常生活的情境较少，取材于生产的情境和学科情境较多。2024年地理高考命题情境选择具体情况如下表所示。

单位：个

2024年试卷	生活情境	生产情境	学科情境	学术情境	情境总数量
全国甲卷	0	4	1	2	7
新课标卷	1	2	1	2	6
山东卷	1	3	3	3	10
湖南卷	0	3	4	2	9
安徽卷	1	2	4	2	9
湖北卷	1	3	2	2	8

2. 高考地理试题中结构不良情境

近年来，高考命题更多的是选择特定地理区域，利用真实材料创设不良结构情境，重点考查学生利用所学地理知识，应对新情境、发现新问题、探究新对策的能力和素养。设置具有不良结构的问题情境，有利于考查学生解决真实问题的能力。问题情境结构的不良性一般可以从条件和结果两个方面进行设置。条件和结果都比较清楚、简单的问题情境，我们称之为结构良好的问题情境，这种情境往往属于弱情境，一般信息材料较为简单清晰，从条件可以直接得出结论，不用进行较复杂的思考和推理，属于结构良好的问题情境。

条件和结果中的一个或者两个，具有不确定性、复杂性或开放性，我们就称之为结构不良的问题情境，也可以称之为复杂情境。按照结构不良的程度，可以把地理试题情境结构的不良性分为一般、中等和高级三个层次。通过创设新颖情境、优化考查内容、丰富呈现方式、创新设问角度等途径，突出对关键能力的考查，让善于独立思考、认知能力强的学生脱颖而出。在全国卷和山东卷等高考试卷中，首先是中等层级的情境最多，其次是一般层级和高级层级。2024年全国新课标卷第37题，情境材料丰富多样，涵盖生物、水文、气候、土壤、地貌五大自然要素，属于真实复杂的学科情境和学术情境。五个设问有层次、有梯度，结构的不良性涵盖了一般、中等和高级三个层次，试题情境和任务高度统一，科学问题和分层设问有机结合，有利于从不同能力层级要求对考生进行测量评价和区分。全国甲卷37题，利用历史上洞庭湖变迁的真实材料创设情境，时空跨度广（先秦汉晋至清代中叶）、影响因素多（不同时期修筑堤坝，干扰该地区水系）、考查要素多（自然地理过程的因果关系、人类活动对自然地理过程的影响），同样是真实复杂的学科情境和学术情境,结构的不良性相对较高。

3. 理想情境与强弱情境之分

高考命题的理想试题情境一般具有典型性、复杂性、新颖性和结构不良性四个特征,其中“典型性”是指在真实世界或学习探索中具有代表性、能够充分考查学科素养和关键能力、具有可操作性且符合学生认知和学科发展规律的情境;“复杂性”是指涉及多种关联活动、涉及多种影响因素、涉及多个参与主体以及要求调动多种关键能力的情境;“新颖性”是指学生未曾经历过,或者真实世界新出现的、呈现方式新鲜少见的情境;“结构不良”是指冗余信息较多、隐含信息较多、问题创设比较开放、结论不设定唯一、解决方案多元的情境。课程标准和高考评价体系要求高考全面落实情境式命题,材料丰富,情境多元,加强情境的新颖性、灵活性、探究性和开放性。近年来,地理高考命题呈现出“无情境,不成题”的特征,创设学生未知的新情境考查,也符合高考命题的公平性原则。未来的高考命题中,具有选拔区分度的试题将在情境创设上下功夫,可能呈现出由“简单情境”向“复杂情境”、由“熟悉情境”向“新颖情境”、由“结构良好情境”向“结构不良情境”转化。

情境式命题改革的基本原则就是减少裸考知识现象,对学生的学科素养和关键能力提出了更高的要求,它要求学生由“解答试题”转向“解决问题”,让考查发生在知识生成状态或应用状态的强情境之中,这种命题理念也与当前新课改要求的“无情境,不教学”的教学原则一致。综观近 3 年的高考命题,试题选材充分考虑学生学习和生活实际,不断加强理论联系实际,紧密结合国家经济社会发展、科学技术前沿、生产生活实践等,把课本知识与“具体真实的世界”联系起来,增强试题情境的时代性和实践性,通过复杂文本、实验场景、科技前沿、生产生活等特定情境创设,引导学生在发现和解决实际问题的过程中建构知识、培养能力、提高素养。

需要特别指出的是,我们在日常的学习和训练过程中,要注意区分“强情境”和“弱情境”。“强情境”是指试题活动场景或背景与考查内容紧密相关,如果缺乏相应的情境知识和认知,会直接影响答题的效率与准确性。强情境的情境内容很大程度上决定了解题的方向、思路、过程与结论。“弱情境”是指活动场景只是一个简单的背景、引子或话题,不直接影响答题的效率或准确性,换句话说,如果抛开情境内容,同样能顺利且有效地答题。一线师生在平时的学习、训练和备考中要注意识别和区分“强情境”与“弱情境”。

五、高考评价体系下的地理命题展望

综观近几年的高考试题,呈现出“无价值,不入题;无思维,不命题;无情境,不成题;无任务,不立题”(简称“四无四不”)的典型特征,“四无四不”也是高考命题的重要原则。准确理解和掌握“四无四不”原则,是全面把握高考评价体系和课程标准总体特征,准确把握高考考查内容和考查要求的有效途径,有利于通过高考进一步落实立德树人根本任务,发挥高考对拔尖创新人才培养的促进作用。

1. 紧扣课程标准,落实高考评价体系

《地理课程标准》和《中国高考评价体系》是高考地理试题命制的基本依据和核心指南。这就需要我们深刻理解和认识高考的核心功能，准确把握高考的考查内容和考查要求，落实立德树人根本任务，坚持学科素养导向，强化“价值引领、素养导向、能力为重、知识为基”的多维考查模式，实现从“考知识技能”向“考能力素养”的转变，实现从“解题”向“解决问题”的转变。深刻理解和把握课程标准基本要求，贯彻高考评价体系命题理念，加强考教衔接，实现以考促教，积极改进课堂教学，提高课堂质量和备考效率，有效应对高考综合改革。

2. 坚持学科素养导向，重点考查关键能力

高考命题将继续落实立德树人的基本任务，加强价值引领，引导学生德智体美劳全面发展；坚持素养导向，着重考查关键能力，服务拔尖创新人才培养和人才自主培养质量提升；进一步优化情境创设，加大试题的开放性、探究性和创新性，注重学用结合，强化思维品质考查。“核心价值金线”“能力素养银线”“情境载体串联线”是高考命题的逻辑主线，这在过去几年的高考命题中得到了充分体现，也将是未来高考命题遵循的基本方向。以“三线”为基础，高考命题坚持“无价值，不入题；无思维，不命题；无价值，不成题；无任务，不立题”的命题原则，其中，“无价值，不入题”是指高考紧扣时代主题与时代精神，加强对学生理想信念、道德品质、奋斗精神、爱国情怀等方面的引导和考查，将立德树人融入高考试题中。地理科的命题将坚持落实立德树人功能，进一步实现由考试评价选拔到全面育人载体的转变。在命题主题和材料的选择上将会更加关注国家的重大课题和成就，引导学生形成正确的情感、态度和价值观。“无思维，不命题”是指高考突出对学生关键能力、思维过程和思维品质的考查要求。地理科重点考查的关键能力和学科素养包括信息获取与加工、逻辑推理、科学论证、模型建构、综合思维与比较思维、区域认知、批判性思维与创新思维以及语言组织与表达等。“无价值，不成题”是指紧密结合社会热点问题、经济社会发展成就、科学技术进步、生产生活实际等创设真实情境，考查学生灵活运用所学知识方法解决实际问题的能力。高考地理试题的情境主要分为生活实践情境和学习探索情境两类。生活实践情境可分为生活情境和生产情境，取材于日常生活的情境我们称之为生活情境，取材于产业、聚落、人口等实践的情境我们称之为生产情境。学习探索情境可分为学科情境和学术情境。学科情境是以地理专业语言与符号，按照学科逻辑呈现的真实情境。学术情境是以地理科学问题为背景，按照学术研究的一般路径呈现的真实情境。“无任务，不立题”坚持问题导向和任务驱动，以解决实际问题和学科任务为考查目标，要求学生运用所学知识、调动关键能力，寻找解决问题的方案。在关键能力方面，高考命题将注重对信息获取与加工、逻辑推理与论证、批判性思维与辩证思维、语言组织与表达等方面的考查。高考试题要通过特定的任务驱动和情境创设，增强试题的开放性、探究性和创新性，考查学生灵活运用所学知识、调动关键能力发现问题、分析问题和解决问题的综合品质。

3. 增强试题开放性，服务拔尖创新人才培养

一方面，保持高考命题整体平稳，科学设计试题试卷难度，在考试内容的覆盖上保持平衡，在命题素材的选择上保持平实，在试题的设问上保持平和，在试卷结构的设计上保持平稳；另一方面，高考改变相对固化的试题形式，科学设计试题设问，优化试题呈现方式，降低学生死记硬背和机械刷题的收益,进一步加大对关键能力、学科素养和思维品质的考查力度,不断增强试题的开放性、探究性和创新性,加大试题的区分度,注重培养学生的创新精神,让那些具有科学精神、创新能力和批判性思维的学生脱颖而出,以更好地实现高考的选拔功能、服务人才自主培养的质量提升和拔尖创新人才的培养培育。落实课程标准要求,进一步加强考教衔接,以考促教,对基础教育发挥良好导向作用。

4. 转变教学理念和教育观念

高考试题以问题为导向,实现从"考知识"向"考能力素养"的转变,实现从"解答题目"向"解决问题"的转变,进一步加大试题的开放性、探究性和创新性,进一步打破固化形式、优化试卷结构、丰富呈现方式、创新设问角度、拓展思维空间,破除唯一标准答案束缚,强化关键能力、思维过程和思维方式的考查,引导学生提升思维品质和思维能力,减少死记硬背和机械刷题,激发学生崇尚科学、探索未知的兴趣与勇于创新、敢于探究的科学精神。在拔尖创新人才培养成为国家战略这样的大背景下,传统的那套以知识传授和知识理解程度深浅为主要目标的教学模式面临挑战,原有的教育理念和教学观念要进行转换,主要表现在:从"知识就是力量"转向"思维就是力量"、从"知识传递"转向"知识建构"、从"授人以鱼"转向"授人以渔"等。

后　记

高考蓝皮书《高考研究报告(2025)》的研究和出版,得到了山东省实验中学、山西省实验中学、长沙市长郡中学、石家庄市第二中学、西北工业大学附属中学、河北衡水中学、河南省实验中学、济南市历城第二中学等单位给予的学术支持与研究指导,在此致以最诚挚的谢意。

与此同时,高考蓝皮书《高考研究报告(2025)》还得到了多位学科专家、教研员和一线教师的帮助和指导,他们分别是(按姓氏笔画排序):

于洪彬　王月欣　王永亮　王丽娜　王春梅　王晓民　王　敏　王　曈

亓　静　方学蜜　尹玉先　孔令北　左晓宇　卢红兰　卢梅田　李　青

边克旺　邢文晶　吕桂华　任毓颖　刘元元　刘传菠　刘明星　刘建会

刘瑞萍　齐昌禹　许传梅　许华忠　孙广慧　孙玉娟　孙衍盼　麦红丽

杜明明　杜　辉　李广聚　李成顺　李　婷　李翠新　杨玉昌　连晓芹

吴振莹　吴富军　邱烨丽　张月娥　张汉霞　张红艳　张怀俊　张启森

张宝玲　张春燕　张宪治　张海洋　张梅玲　张　榕　陆伟雄　陈丽敏

武新哲　林　丹　周鲁飞　郑海森　房长新　孟凡华　赵园园　赵　毅

钟　昂　姚刘茜　贾福东　顾劭恒　高文艺　高艳红　高莉莉　高敏霞

高敬文　郭　敏　郭　霞　唐洪亮　黄万强　黄　静　曹茂林　龚　普

彭润婧　董佳明　董隋隋　程　智　靳莎莎　窦琳琳　蔡旭静　潘　悦

霍锋利

对他们的辛勤付出和卓著贡献,我们在此表示最衷心的感谢!

本书属于独立学术研究成果,由于水平有限和时间仓促,书中难免存在种种不足,恳请广大教育工作者和一线师生提出宝贵的意见和建议。

《高考研究报告》编委会

2024 年 9 月

郑重声明

高考蓝皮书《中国高考报告》是新华出版社出版的独立学术研究成果，自2019年以来已连续出版7版。编委会始终坚持独立研究、独到视角、独家成果，日拱一卒、孜孜以求、久久为功，研究成果获广大师生认可。鉴于市面上出现的假借“中国高考报告学术委员会”“中国高考报告系列丛书”之名误导读者、以假乱真的现象愈演愈烈，纷扰经年，疲于打假，本书编委会决定以变应乱，郑重宣布：《中国高考报告》自2025版起更名为《高考研究报告》。我们将不忘服务广大师生初心，牢记助力高考改革使命，传承一样的基因，奉上更好的作品。

为保护读者合法权益，避免读者因误购造成不良后果，特声明如下：

一、高考蓝皮书《高考研究报告(2025)》《高考政策与命题解读(2025)》及《高考评价体系解读(2025)》由新华出版社出版发行。

二、高考蓝皮书《高考关键能力解析》(2025版，9科9种图书)《高考关键能力专项练ABC》(2025版，9科9种图书)由首都师范大学出版社出版发行。

三、除新华出版社和首都师范大学出版社出版的上述21种图书外，其他出版社出版发行的冠以“高考蓝皮书”“中国高考报告学术委员会”“中国高考报告系列丛书”等名义的图书均与高考蓝皮书《高考研究报告》编委会无关。

四、为增加图书辨识度，2025版高考蓝皮书系列丛书统一在封面印制高考蓝皮书专有标识“B”(自2024版启用)。

请广大校长、教研员和师生认准新华出版社和首都师范大学出版社出版的高考蓝皮书，避免因误购造成研究、学习和备考效率的损失。

《高考研究报告》编委会

2024年9月

系列一

《高考研究报告（2025）》

执行主编／徐尚昆 杨汝岱 郝保伟

新华出版社
XINHUA PUBLISHING HOUSE

紧扣高考改革方向 | 洞悉高考命题意图 | 参透高考命题逻辑

系列二

《高考评价体系解读（2025）》
《高考政策与命题解读（2025）》

新华出版社
XINHUA PUBLISHING HOUSE

深刻理解评价体系 | 把握最新命题动向 | 有效应对高考改革

《高考研究报告（2025）》《高考政策与命题解读（2025）》《高考评价体系解读（2025）》**适用对象**

地方教育主管部门 | 高中校长 | 教研员 | 备课组长 | 高中教师